한자와 에크리튀르

Chinese characters and écriture
by Ha, Young-Sam

Copyright ⓒ Ha, Young-Sam
All rights reserved.

ACANET, Seoul, Korea, 2011

★ 이 책은 저작권법에 따라 보호를 받는 저작물이므로 무단 전재와 무단 복제를 금하며,
　이 책 내용의 전부 또는 일부를 이용하려면 반드시 저작권자와 아카넷의 동의를 받아야 합니다.

한자와 에크리튀르

하영삼 지음

Chinese characters and écriture

대우학술총서
605

아카넷

책머리에

한자와 에크리튀르

지금까지 한자 연구는 기존 서구의 문자 연구가 그랬던 것처럼 문자라는 유성 언어를 표현하고 의미를 전달하는 수단적인 도구, 즉 2차적 가치밖에 가지지 못한다고 생각했다. 그러나 한자는 단지 음가만을 전달하는 서구의 표음문자와는 달리, 의미를 형체 속에 담고 있기 때문에 한자 스스로 풍부한 형상성을 담보할 수 있었다. 그리고 이러한 특성 때문에 한자는 말을 전달하고 기록하는 도구라는 2차적 가치 이상의 의미를 지닌다. 즉 한자는 글자 하나하나가 모두 '한자 사용자 공동의 축적된 기억을 담은,' '살아 있는 문화의 화석'이라 할 만큼 다양하고 풍부한 문화적 정보를 담은 '독특한' 문자체계이다.

따라서 한국을 포함하여 동아시아 한자문화권의 민족들은 어떤 다른 문화권보다 문자적 전통이 강하다. 다양한 국가와 민족의 정체성에도 불구하고 동아시아는 말보다 문자를 중심으로 통치가 이루어졌다는 점, 한 글자가 한 단어를 형성함으로써 외형적 형식미와 운율을 추구할 수 있었기 때문에 운문이 문학의 중심 장르로 발달했다는 점, 한자가 가지는 풍부한 형상성 때문에 상징·형상·은유 등이 극도로 발달하여 시와 가사는 물론 서예의 발달까지 가능했다는 공통점을 지닌다. 한자는 발생에서부터 현재에 이르기까지 계속 사용되고 있으며, 그간의 사유형태와 문화의 변천을 가장 체계적으로 찾아볼 수 있는 세계에서 거의 유일한 문자체계임을 부정할 수 없다.

그러나 바로 이러한 특징 때문에 한자는 서구의 표음문자에 비해서 열등한 문자 체계라는 편견에 시달려야 했다. 서구의 지식인들은 한자에서 형이상학적인 개념들을 발견하지 못했고, 이것이 동양 문화 전반에 대한 경시로 이어졌다. 1980년대 이후 동아시아에서도 서구의 오리엔탈리즘에서 비롯하는 편견을 바로잡으려는 많은 노력의 하나로 한자 연구가 활성화되었다. 그러나 학자에 따라 한자에 접근하는 양상은 차이가 있다. 국내의 김근 교수는 중국에서는 구어보다도 문어인 한자가 지배수단임을 분명히 밝혔고, 국외의 중국학 연구자 마크 루이스$^{\text{Mark Edward Lewis}}$도 한자는 주권이나 상징권력의 행사에서 중심적 역할을 했다고 주장한다. 필자 역시 이러한 한자의 역할에 대해서는 이의가 없다. 표상이나 재현의 차원에서 한자는 서구 언어의 기능과 다르지 않다.

다른 모든 문자와 마찬가지로 한자 역시 국가권력에 봉사한다. 그러나 표음문자체계와 달리 한자는 사라진 고대의 기억을 문자 속에 흔적으로 보유하고 있기 때문에 어떤 권위적 기관이나 제도도 그 흔적까지 검열할 수는 없다. 『한자와 에크리튀르』라는 제목은 바로 이러한 문제의식에서 나왔다. 즉 한자 연구는 데리다의 '원문자$^{\text{archi-ecriture}}$'나 '차연^{différance}'에 다가가게 한다. 특히 한자의 발생시기로 거슬러 올라가면 의식적이기보다는 무의식의 보고라고 할 수 있는 의미화 단계 이전의, 즉 상징화 이전의 어떤 아카이브를 만날 수 있다. 따라서 이 책은 에크리튀르로서의 한자의 가능성에 접근하기 위하여 사상이나 철학이 이론화되고 문헌화되기 이전의 모습, 특히 불교 등 외래문화가 중국에 유입되고 토착화되기 이전의 모습에 많은 지면을 할애하고 있다.

그 결과 이 책의 목적은 다음과 같다. 첫째, 한자 속에 화석화된 과거로서 굳어 있는 문화, 혹은 상징체계의 작동에 불필요한 것으로 삭제된 의미와 그 의미의 흔적을 고고학적으로 추적하고자 한다. 둘째, 발생에서부터 지금까지 다양한 시기의 다양한 사용자에 의해 축적된 공동의 인식 결과물이라 할 수 있는 '한자'에 내재한 문화적 뜻을 찾아내고 이를 통해 한자 문화권의 사유와 문화적 특성을 다시 해석하고 재구(再構)하는 학문적 방법론을 제공하고자 한다. 셋째, 최근의 문화연구 방법론을 응용하여 관련 한자군(群)의 세밀한 자원 해석을 통해 그간 서구에 의해 일방적으로 폄하되어왔던 동양의 가치와 자리를 바로 잡을 방법을 시도할 것이다. 넷째, 이러한 연구는 과거가 단지 유물로서 가치가 있는 것이 아니라, 오늘을 반성하고 새로운 윤리를 모색할 수 있는 통로가 될 수 있다는 것을 보여주고자 한다.

2011년 8월
하영삼

차례

책머리에 | 5
일러두기 | 10

서론 한자문화 연구의 필요성 | 13

제1부 한자와 오리엔탈리즘의 해체 | 27

제1장 한자와 오리엔탈리즘 | 29
제2장 말과 문자: 언(言)과 문(文) 계열 한자군 | 38
제3장 청각과 시각: 목(目)과 견(見) 계열 한자군 | 76
제4장 한자와 진리: 진(眞)과 정(貞) 계열 한자군 | 127

제2부 한자 문화의 여러 지층 | 173

제5장 한자와 귀신: 귀(鬼)와 신(神) 계열 한자군 | 175
제6장 한자와 하늘: 천(天) 계열 한자군 | 228
제7장 한자와 숫자: 일(一)과 일(壹) | 252
제8장 한자와 시간: 실천적 · 수행적 시간 | 310

참고문헌 | 349
찾아보기 | 364

일러두기

1. 한자의 사용을 자제하며 필요한 때에만 한자를 괄호 속에 넣어 병기한다. 다만 각주에서는 책의 전문성을 고려하고 번잡함을 피하고자 원문 그대로 쓴다.
   (본문 예): 한자문화학(漢字文化學)
   (주석 예): 魯迅, 「漢字とラテン化」, 『魯迅全集』(1986), 596쪽.
2. 한자 사용권의 인명과 지명, 책 이름 등 고유명사는 시기에 관계없이 모두 한국 한자음으로 통일하여 표기한다. 단 중국의 소수민족명 등은 원음을 존중해 표기하며 한자를 괄호 속에 병기해둔다. 한자 사용권을 제외한 서구의 인명과 고유명사는 원음대로 표기함을 원칙으로 한다.
   (예): 곽말약(郭沫若), 나시[納西]족, 백천정(白川靜), 조지프 니덤(Joseph Needham)
3. 서명은 『 』, 정기간행물은 ≪ ≫, 편명・논문・단편 글・해석 대상이 되는 한자 등은 「 」, 인용문은 " ", 작은 인용문과 강조는 ' ', 중간점은・, 줄임표는 …… 등으로 표기한다.
4. 서명과 편명을 동시에 적을 때에는 『서명』「편명」의 형식으로 한다.
   (예): 『논어』「술이」(述而), 『맹자』「등문공」(상)
5. 여기에 실린 내용은 필자의 최근 십 수년간에 걸친 연구 결과를 다시 수정 보완하고, 저술의 체계에 맞도록 고친 것이다. 제1부의 2.「말과 문자」는 '言'과 '文' 계열 한자군의 자원을 통해 본 중국의 문자중심의 상징체계」(≪중어중문학≫ 38집, 2006), 3.「청각과 시각」은 「『설문해자』 '目'・'見' 계열 자를 중심으로 살펴본 중국의 시각사유」(≪중국문학≫ 52집, 2007), 4.「한자와 진리」는 「진리의 근원: '眞'의 자원고」(≪중국인문과학≫ 제43집,

2009), 제2부의 5.「한자와 귀신」은「'鬼'계열 한자군의 자원으로 살펴본 고대 중국인의 귀신 인식」(≪중국어문학≫ 제50집, 2007), 6.「한자와 하늘」은「갑골문에 나타난 천인관계」(≪중국어문학≫ 제30집, 1997), 7.「한자와 숫자」는「'一'의 상징과 '壹'의 원형: 한자의 문화성」(≪중국학≫ 16집, 2001), 8.「한자와 시간」은「갑골문에 나타난 고대 중국인의 시간관」(≪중국언어연구≫ 제10집, 2000) 등을 기초로 하였다.

6. 인용된 고문자 자형은 華東師範大學(ECNU) 中國文字硏究與應用中心에서 개발한 데이터베이스를 허락하에 사용하였다.

7. 해당 글자 뒤에 위첨자로 표시된 숫자는『설문해자』의 해당 부수에 귀속된 글자 간의 순서를 말한다.

   (예)「앵(鸎)」[1]:『설문해자』「言」부수의 첫 번째 배열 글자

서론

한자문화 연구의 필요성

1. 한자의 위상 제고를 위하여

문자는 한 민족의 역사적 기억을 보존하고 기록한다. 오늘날 한글은 한국을 대표하는 문자이며 히라가나는 일본을 대표하는 문자이고 한자는 중국을 대표하는 문자라 간주한다. 그러나 시간을 조금만 거슬러 올라간다면 한자는 단지 중국인의 구어를 기록한 중국인만의 표현 도구가 아니다.

근대 이전에는 한자가 중국뿐만 아니라 한국·대만·일본, 더 나아가 인도차이나 북동부에 이르기까지 지배적 문자 체계로 자리했다. 그러나 근대 이후 한자문화권으로 일컬어지는 이 권역이 서구 표음문자의 거대한 도전에 직면했고, 이 지역의 문화적 키워드로서 한자의 위상이 전면적으로 축소되었다. 일찍부터 한글이라는 표음문자 체계가 있던 한국에서 한자는 괄호 속에서 근근이 그 흔적을 연명하는 존재로 강등하였고, 불완전한 표음문자 체계를 가진 일본에서도 예전처럼 한문을 구사할 수 있는 사람을 찾기는 몹시 어렵다. 중국은 한때 중심 국가로서 위상이 떨어지고 발전이 지체된 이유가 한자에 있다고 판단하여 대대적으로 한자 개혁을 감행한 역사가 있다. 비록 중국이 간소화된 형태로 한자를 사용하기는 하지만 중국이 겪은 언어의 변화는 한국과 일본의 경우보다 훨씬 더 광범위했고 더 과격했다. 지역의 편차를 고려한다 할지라도 특히 지난 20세기 동아시아는 한자와 한자의 유산을 전근대적인 것으로 추방하는 데 많은 노력을 기울였다. 이 과정에서 한국을 포함하여 동아시아 제국(諸國)의 한자와 한문에 근거한 문화적 유산은 번역을 통하지 않고는 일반 대중들이 접근할 수 없는 과거의 유물로 변해버렸다.

한국의 경우, 한글은 우수한 한민족의 자산이기 때문에 한자의 축소가 자연스러운 현상이라고 생각할 수 있다. 물론 한글이 대단히 독특하고 우수한 문자 체계라는 데는 두말할 여지가 없다. 그러나 한글만이 우리나라의 문자 문화유산인 것은 아니다. 한자 역시 우리의 중요한 문자 문화유산이다. 세종대왕의 한글 창제는 위대한 업적이지만, 한글 창제 이후에도 공식적인 기록을 담당하는 한자를 한글이 대체하지는 않았다. 1948년 한글 전용 정책이 발표되기 전까지, 특히 조선시대까지는 한자가 우리나라의 공식 기록 문자이자 주도적 문자 체계였다. 따라서 우리의 역사적 기억과 정체성은 극히 최근을 제외하고서는 한자로 기록되어 있다. 그러나 오늘날 한자가 우리의 일상생활에서 사라짐으로써 한자를 읽을 수 있는 사람의 수는 현저히 줄었고, 특히 10대와 20대 학생들에게서 한자는 외국어와 다를 바 없는 문자 체계가 되었다. 그러나 영어 'people'을 '피플'로 쓴다고 해서 '피플'이 바로 한국어가 되는 것이 아니고, 영어 'mortgage loan'을 '모기지론'으로 쓴다고 해서 그 낱말이 결코 한국어가 될 수 없듯, '민족'을 한글로만 쓰고 한자로 쓰지 않는다고 해서 한자의 흔적이 사라지는 것이 아니다. 구어뿐만 아니라 문자 역시 우리의 문화와 밀접하게 연결되어 있다. 따라서 한국의 우수한 문화유산으로 한글 연구뿐만 아니라 한자 연구도 활성화되어야 한다.

그러나 현실은 한자가 마치 우리의 문화유산이 아닌 것처럼, 마치 잠시 빌려서 사용한 것에 불과한 것처럼 되어버렸다. 과연 우리의 수천 년 역사 중 최근 60~70년간의 역사를 제외한 나머지가 '잠시'라고 할 수 있을까? 우리나라 역사·문화·문학 등 학문 제반 분야에 걸쳐서 1948년 이전의 역사와 문화를 연구하려면 한자에 대한 지식이 절대적으로 필요하다. 한자에 대한 지식 없이 조선시대나 고려시대 등 역사 문화를 연구한다는 것은 말이 되지 않는다.

그러나 이러한 한자 경시 현상은 단지 한국 일국의 문제가 아니다. 중국에서도 한자는 많은 부침을 겪었다. 특히 청 왕조가 무너지고 난 뒤 5·4운동(1917~1921)의 지도자들도 한자를 표음문자로 바꾸어야 한다는 논의를 주도했다. 1927년 홍콩에서 한 노신(魯迅)의 연설에 의하면, 한자가 억압의 주원인이며 중국이 통일된 집단의 목소리를 내지 못하게 하는 근본악이었다. 「한자와 라틴화(漢字和拉丁化)」라는 글에서 선언한 것처럼 "중국을 살리고자 우리는 한자를 희생해야 한다. 한자를 살리고 중국이 죽을 수 없는 일이다."[1]라는 그의 주장은 중국 몰락의 원인을 한자로 보는 당시의 지배적 견해를 반영한다. 한자가 단지 표기부호에 지나지 않는다면, 다른 모든 제도나 관습이 아니라 한자가 중국의 발전을 지체시킨 악의 근원이 되었을까?

잠시 중국 바깥으로 눈을 돌려보자. 자국 내의 비판은 반드시 자국 내부의 문제에서만 발생하지는 않는다. 한자가 문제의 시발점이라고 인식하게 된 것은 한자 자체의 문제보다는 한자를 바라보는 서구의 시각에

---

1) 魯迅, 「漢字とラテン化」, 『魯迅全集』(1986), 596쪽. 이 글은 원래 1934년 8월 25일 ≪中華日報≫「動向」에 처음 발표되었다.

서 발생하였다. 동서양이 서로 문명에 타격을 가할 정도로 영향을 끼치기 시작한 것은 근대 이후, 특히 제국주의 시기라고 할 수 있을 것이다. 한자 체계와 알파벳 문자 체계의 차이를 서구에게 본격적으로 전파하기 시작한 사람은 17세기 선교사인 리치$^{Matteo\ Ricci}$와 트리고$^{Nicolas\ Trigaut}$라고 할 수 있다. 이후 한자의 문자 체계가 서양의 표음문자, 즉 알파벳 체계와 근본적으로 다르다는 것이 서구 지식인들의 호기심을 자극했다. 이러한 차이를 설명하기 위한 많은 시도가 이루어졌고, 마침내 문자 체계의 발전은 그림에서 시작하여 표의문자를 거쳐 표음문자에서 완성된다고 서양학자들은 결론 내렸다.

한자가 상형성과 표의성을 간직한다는 사실은 표음문자 체계를 가진 서양에 비해 왜 동양이 열등할 수밖에 없는지를 설명하는 가장 손쉬운 징표로 인식되었다. 서구 언어학의 아버지로 인정받는 소쉬르$^{Ferdinad\ de\ Saussure}$가 주장했듯이, 한자는 "합리적인 방식으로 언어를 반영하지 못하는" 문자 체계이자, 진화가 덜 된 문자 체계이며 아직 완성되지 않은 알파벳으로 자리매김하였다. 이러한 편견은 물론 소쉬르 개인의 문제가 아니라 서구인의 보편적인 인식이라 할 수 있으며, 서구의 식민지 개척 시기에 광범위하게 형성된 오리엔탈리즘^{orientalism}과 맥락이 같다.

사실 서구의 한자 인식과 분리해서 동아시아의 한자 논의를 살피면 차별화된 민족 정체성을 세우기 위한 시도로 보이지만, 이를 언어 헤게모니 싸움이라는 관점에서 보면 사태는 달라진다. 한국에서 한글 전용 문제와는 별개로 한자가 오늘날과 같이 외국어 취급을 받게 된 배경에는, 알파벳 문자가 표의문자인 한자보다 훨씬 우수하며 동양 문화보다 서양 문화가 더 우수하다는 서구의 오리엔탈리즘에 대한 자발적 동의가 있다는 사실을 완전히 부정하기 어렵다. 물론 중국이나 일본도 세부적인 차이는 있지만 큰 그림으로 보자면 다르지 않다. 일국의 관점에서 보자면 한자가 축소되거나 간화(簡化)된 데는 다른 여러 배경도 작용했겠지만, 서구와 동아시아라는 더 큰 맥락에서 한자의 문제는 단순히 문자 체계를 둘러싼 논쟁에 그치지는 않는다. 당시 한자는 문자 자체의 문제라기보다는 시대의 변화를 인정하지 않고 개혁을 가로막는 모든 것을 대신하는 표상이던 것이다. 이렇게 한자는 표기 부호로서의 한자를 초과한다. 동시에 한국에서 한자 문제는 한국을 초과하고, 일본이나 중국의 한자 문제 역시 일본이나 중국을 초과한다. 한국·일본·중국을 넘어서는 바로 그 지점에 동양에 대한 서구의 편견이 있고 이 편견에 맞서서 서구 열강에 대응하고자 하는 시도가 있다.

물론 1960년대 이후 포스트모더니즘의 물결과 더불어 한자에 대한 서구의 인식은 폄하에서 찬양으로 변모했고, 한자문화는 다시 도약을 준비하고 있다. 그러나 이러한 추세는 1960년대 이후 서구인의 한자 인식에 대한 변화에도 일정 부분 빚을 진다. 그러나 포스트모더니즘, 혹은 탈근대라는 것이 유럽 중심적 사고로는 부상하는 세계를 아우를 수 없다는 반성에서 출현했다는 사실은 동아시아 내부의 한자 논의 속에서는 잘 보이지 않는다.

설사 있다 하더라도 이 모든 논의는 한자 그 자체에 대한 심도 있는 연구에 기반을 둔다기보다는 한자를 에워싼 정치적이거나 사회적 담론에 기반을 둔다. 그러다 보니 한자 연구의 내부에서 학문적으로 바깥의 담론에 대응하기는 쉽지 않았다. 한자 연구와 문화 연구는 전통적으로 같은 분야로 묶일 수 있다고 생각하지 않았고, 표기 부호로서 한자는 정치사회적 담론과 거리가 있다고 생각되었다. 그러나 한자의 안과 밖은 쉽게 나누어지지도 않을뿐더러 한자 바깥에서 이루어진 논쟁들과 한자 그 자체는 쉽게 분리될 수 있는 문제가 아니다. 한자는 그 특성상 한 글자마다 고유의 의미를 담는다. 표의적이라는 특성 때문에 한자는 비난

받았지만, 표의성이 있다는 바로 그 점이 동시에 한자의 장점이기도 하다. 장점과 단점은 겉으로 보이는 것처럼 상반하는 것이 아니다. 단점을 제거하면 장점이 극대화될 것이라고 믿지만, 사실 한자의 단점이라고 여겨지던 표의성을 제거하고자 할 때 한자 자체는 물론 한자가 지닌 고유의 문화도 사라진다.

이러한 문제의식에서 출발하여 특히 이 책의 제1부에서는 한자 바깥의 정치 담론이 아니라 한자 자체의 자원(字源)이 담는 중층적인 문화 코드를 읽어냄으로써 한자에 대한 서구의 지식이 객관적이고 과학적인 방식으로 도출된 것이 아니라는 것을 보여주는 데 초점을 맞추었다.

2. 한자와 문화의 상호 관련성

앞에서 필자는 우리가 생각하는 한자는 단지 글자로서의 한자를 초과한다고 말했다. 한자는 단순히 표기 부호가 아니다. 한자는 표음문자처럼 음성을 기록하는 2차적 도구로 간주하기 어렵다. 한자의 특성에는 여러 가지가 있겠지만 그중 가장 먼저 생각하게 되는 것은 상형성일 것이다. 한자는 구체적 형체에 근거해 다양한 이미지를 그려낸다. 한자는 먼저 '해당 사물의 의미에 근거해 형상을 취하고(據意取象)', 다시 '형상을 갖추어 의미를 드러내는(具形顯意)' 방식을 취하기 때문에 결코 음성을 체계적으로 기록한다고 할 수는 없다. 그러나 「산(山)」과 같은 기본 글자 몇몇을 제외하고는 원형을 찾기가 쉽지 않고, 특히 복잡한 관념을 나타낼 때는 형성이나 회의 구조를 사용하기 때문에 상형성만으로 한자를 설명하기는 어렵다.

그렇다면 한자의 가장 큰 특징은 표의성일 것이다. 그러나 한자를 표의문자로 정의하게 되면 많은 한자가 의미부 외에도 소리부도 있다는 사실이 무시되기 때문에 혹자는 한자를 표의문자^{ideograph}가 아니라 표어문자^{logograph}로 정의해야 한다고 주장한다.2) 표어문자란 한 글자가 '의미가 있는 최소 단위^{morpheme}'의 역할을 한다고 보는 관점이다. 필자 역시 발음 기능이 전혀 없는 문자가 존재한다고 믿지 않으며 한자가 전적으로 표의문자라는 것은 유럽인이 만들어낸 환상이라는 데는 동의한다. 그러나 필자는 한자가 음성과는 상관이 없어서 표의적이라고 말하는 것은 아니다. 오히려 문자가 해결해야 하는 중요한 두 가지 속성인 의미와 독음을 불완전하지만 가능한 한 함께 아우르려 했고, 배타적으로 선택되어야 한다면 그중에서도 의미에 치중했다는 의미에서 표의적이라고 말하고 싶다.3) 그리고 한자의 소리부가 주로 발음을 나타내지만, 자원을 추적해 올라가면 때로는 소리부도 현재에는 통용되지 않으며 오래전에 사라진 의미를 찾아내는 데 크게 활용될 수 있다. 또 때로는 현재의 의미와도 관계가 있기도 하다. 실제로 한자는 현재 사용되고 통용되는 의미를 넘어선 많은 의미가 집약되어 있고, 표면으로 드러나지 않는 오래된 생각들이 축적된 일종의 살아 있는 화석이다. 즉 한자에는 신화, 상징, 이미지, 정신, 사유 양식, 믿음 체계, 행동 양식 등이 기입되어 있다.

그래서 필자는 이러한 한자의 특성이 가진 가능성에 주목한다. 표의성을 강조한다는 것은 한자가 어떤 이념이나 생각(idea 혹은 logos)을 기록

---

2) 이 주장에 대해서는 John De Francis, 『중국 언어의 실제와 환상(The Chinese Language, Fact and Fantasy)』(1984) 중 특히 8장 「표음문자의 신화(The Ideographic Myth)」(138~148쪽)를 참조. 중국어 연구자인 Boodberg도 20세기 초반에 이러한 주장을 펼쳤다. 그 외의 논의에 대해서는 Mary S. Erbaugh, ed., *Difficult Characters: Interdisciplinary Studies of Chinese and Japanese Writing*(2002) 등을 참조.
3) 표음문자라는 알파벳 문자도 엄밀하게 말해서 음성만으로 이루어진 것도 아니고, 마침표, 구두점 등 수많은 비음성적인 특성이 함께 들어 있다. 따라서 표음문자/표의문자라는 것은 엄밀히 말하면 편의상의 구분일 뿐이다.

(graph)한다는 의미이지만, 표면적인 한 가지 의미로만 축소되지는 않는다. 한자에 담긴 생각들은 오랜 세월 동안 축적되어온 것이기 때문에, 자원을 분석하다 보면 때로는 공존할 수 없는 다른 관념들이 병존하기도 하고 서로 충돌을 일으키기도 한다. 그리고 자형을 구성하는 부분을 합치면 현재 사용되는 한자의 의미와 반드시 일치하는 것도 아니다. 그래서 한자는 '형상을 넘어선 형상(象外之象)'이자, '언어를 넘어선 언어(言外之言)'라는 과도한 찬사를 받기도 했고, 이와 동시에 비논리적이고 따라서 '미개한' 문자로 취급되기도 했다. 그리고 동시에 이런 상반된 측면이 한자를 분석하고자 한 서구인을 혼란스럽게 만드는 요인이기도 했다.

그러나 필자는 바로 이런 중층적 의미 때문에 한자가 독특한 문자 체계라고 생각한다. 현재의 한자가 가진 표면적인 의미만을 들여다보아서는 한자 속에 담긴 다양한 생각들이 잘 드러나지 않는다. 예컨대「화(化)」는 「인(人)」과 「화(匕)」의 결합으로 이들 간의 관계적 의미, 즉 삶과 죽음 사이의 '변화'를 나타낸다. 우선「화(匕)」는 어떻게 형상화되었을까? 「인(人)」이 서 있는 사람의 측면 모습으로 살아 있는 사람을 그렸다면, 「인(人)」을 거꾸로 그린「화(匕)」는「인(人)」의 대칭적 개념으로 생명이 끝나 죽은 사람을 상징한다. 이러한 사유는 다른 소수민족의 글자에서도 보인다. 대만 고산족들의 원시 글자에서는 산 사람을 ₽로 그리고 이를 뒤집어 놓은 모습(ㅂ)이 죽은 사람이며, 이 둘을 합쳐 놓은 모습(ㅪ)이 무당이나 제사장을 뜻한다.[4]

'삶과 죽음의 변화'라는 무형적 의식에서「화(化)」라는 유형적 한자가 형성되고, 이미 만들어진「화(化)」라는 부호에서 이 글자가 담은 '변화'라는 의미의 인식이 가능해진다. 이러한 법칙은 한자의 의미 형상화 과

---

4) 臧克和, 『說文解字的文化說解』(1995), 337쪽.

정에서 체현되는 중요한 특징이다. 모든 한자는 이러한 과정을 거치며, 생성된 한자 부호의 인식 과정은 사회의 변천을 따라 변화한다. 위에서 든 「화(化)」의 경우, 음양 관념이 형성된 이후로 음과 양의 상호 전화라는 내재적 의미가 부여되었으며, 이로부터 물건과 물건을 서로 맞바꾸는 것도 물물교환의 매개물이 되는 화폐도 '화(化)'(「화(貨)」), 말에 의해 본질이 변할 수 있는 것도 '화(化)'(「와(訛)」), 가죽을 새로운 용도의 '신'으로 만드는 것도 '화(化)'(「화(靴)」), 낡은 생명에서 새 생명으로 변화 가능한 것도 '화(化)'(「화(花)」)라 부르게 되었다.

이렇게 한자의 자원을 살피면 우리가 현재의 의미 속에서는 쉽게 떠올리지 못하는 시대적 특성들이 그 모습을 드러낸다. 대표적 예로 「불(佛)」을 들어보자. 「불(佛)」은 붓다^{Buddha}의 음역어인데, 이는 인간의 경지를 넘어선 '사람(人)이 아닌(弗) 존재'라는 생각을 담았다. 그러나 배불 정책을 강력하게 시행하던 조선시대에는 「불(佛)」을 「불(伕)」로 표현하기도 했는데, 이는 부처를 신의 경지에 오른 존재로 본 것이 아니라 '요상스런(夭) 존재(人)'로 인식했다는 것을 말해준다.

이렇게 한자는 의문의 여지 없이 당연하고 과학적인 것으로 받아들여지는 지식이 어떤 역사적 시기에 발생한 것임을 보여준다. 즉 한자는 지식을 가능하게 해주는 어떤 근본적인 조건들, 미셸 푸코$^{Michel\ Foucault}$가 말하는 에피스테메^{episteme}에 접근하게 해주는 통로다. 푸코에 의하면 에피스테메는 한 시대를 지배하는 세계관이나 이념이 아니라, 그러한 공식화된 체계들을 발생시키고 도래하게 하는 관계들의 집합을 말한다.[5]

따라서 이 글은 푸코의 고고학적 방법의 도움을 받아서, 한자 속에 담겨 있지만, 밖으로 드러나지 않은 의미를 엿보고자 한다. 한자의 자원에 조금씩 더 접근해갈수록 한자는 한 글자 한 글자가 당대의 여러 담론이

---

5) 미셸 푸코, 『지식의 고고학』(1992), 이정우 옮김, 265~267쪽.

투쟁을 벌인 장소이자 현장임을 확인해준다. 동시에 한 글자 속에 담긴 한 시대의 인식 체계가 다른 시대로 넘어가면서 어떤 다른 인식 체계로 대체되는지, 그리고 한 시대 속에서도 어떤 종류의 관점이 승리를 거두고 다른 관점은 사라지게 되는지를 보여준다. 한자는 일종의 상이한 담론 구성체들이 주도권을 쟁탈하는 시공간을 넘어선 전쟁터라고 볼 수 있다. 물론 승리한 담론이 한자 속에 지배적으로 기입되어 표층 의미를 구성하는 것은 사실이지만, 한자의 특징은 알파벳 문자와는 달리 투쟁에서 패배한 담론조차도 완전히 삭제되지 않은 채 현재의 글자 속에 일정 정도 흔적이 남는다는 점이다.

한자가 사유 체계를 반영한다고 말한다고 해서, 자본주의와 같은 서구의 체계가 동아시아 지역에 침투해 들어오거나 문화대혁명과 같은 정치적 대변혁이 일어나면 그것이 바로 한자 의미의 변화로 이어진다고 보기는 어렵다. 중국 철학은 전통적으로 사유의 변화보다는 전통 경전에 대한 해석의 변화를 통해서 발전해왔다는 주장처럼[6], 한자의 경우에도 한자 자체보다는 한자에 대한 해석, 한자의 쓰임이 조금씩 변화해왔기 때문이다.

그러나 어떤 경우이든 문화와 분리해서는 한자를 제대로 이해할 수는 없다. 앞서 말한 것처럼 한자는 고대에서 현재에 이르는 사유 형태와 문화의 변천을 찾아볼 수 있는 가장 체계적인 대표적인 문자 체계이다. 한자는 철학 문헌 형성 이전의 초기 사유를 고스란히 담고 있기 때문에 중국 문화의 원형 연구에 직접적 자료가 된다.

그럼에도 지금까지 한자 연구는 실증적 연구에 지나치게 치중했을 뿐, 한자와 문화의 특수한 관계에 대한 연구는 상대적으로 홀대해왔다.

---

6) Clad Hansen, "Chinese Language, Chinese Philosophy, and 'Truth'"(1985), 493쪽, 491~519쪽 참조.

중국의 경우, 언어를 문화적 시각에서 해석한 '문화언어학' 내지 '언어문화학'의 시발점은 분명 나상배(羅常培)의 『언어와 문화(語言與文化)』(1950)라 해야 할 것이다. 이후 주진학(周振鶴)·유여걸(游汝杰)의 『방언과 중국 문화(方言與中國文化)』(1985)에서 처음으로 '언어문화학' 혹은 '문화언어학'이라는 용어가 사용되었다. 이후 1990년대에 들면서 이러한 논의가 활발해져 형복의(邢福義)의 『문화언어학(文化語言學)』(1990), 신소룡(申小龍)(편)의 『중국문화언어학(中國文化語言學)』(1990)과 신소룡·장여륜(張汝倫)(편)의 『문화의 언어학적 시야: 중국 문화 언어학 논집(文化的語言視界: 中國文化語言學論集)』(1991) 등이 출간되었으며, 이를 이어 송영배(宋永培)(편)의 『중국 문화 언어학 사전(中國文化語言學辭典)』(1993)이 출간됨으로써 그간의 연구 성과를 총체적으로 정리할 수 있었다.

또 한자와 문화의 연계적 연구를 학문의 한 분과로 보고 본격적으로 연구한 저작은 장극화(臧克和)의 『한자와 심미 심리(漢語文字與審美心理)』(1990)[7]라고 해야 할 것이며, '한자문화학'이라는 용어는 하구영(何九盈) 등의 「한자문화학을 논함(簡論漢字文化學)」(1990)에서 처음 사용되었다. 그리고 이령박(李玲璞)·장극화(臧克和)의 「한자와 한자문화학: 한자문화학을 어떻게 연구할 것인가(漢字與漢字文化學, 怎樣硏究漢字文化學)」(1997)에서는 한자문화학의 정의·연구 대상·범위·구체적 방법론 등이 심도 있게 논의되었다. 현재 이 방면의 연구에 가장 활발한 연구자 중의 한 사람은 장극화라 할 수 있다. 그의 『설문해자의 문화적 해설(說文解字的文化說解)』(1995)은 『설문해자(說文解字)』의 의미 지향을 이러한 관점에서 연구한 기념비적 저작이며, 『한자와 유가 사상(中國文

---

7) 이후 上海의 學林出版社에서 『漢字單位觀念史考述』(1998)이라는 이름으로 수정 보완되어 출간되었다.

字與儒學思想)』(1996), 『한자 단위관념사 고술(漢字單位觀念史考述)』
(1998) 등은 이러한 방법론을 응용하여 유가의 핵심 개념은 물론 중국
문화의 중요한 개념을 역사적으로 고찰한 결과물이다. 또 그의 주편으로
출판된『한자문화 신시야 총서(漢字文化新視野叢書)』(제1집, 1996년; 제2집,
1999년, 광서교육출판사)는 이러한 이론적 틀 위에서 한자의 본질은 물론
한자와 사상·역사·서예 등 각 문화 영역 간의 관계에 대해 논의한 저
작들이다. 또 하구영의『한자문화학(漢字文化學)』(2000)은 '한자문화학'
이라는 이름으로 출판한 최초의 저작으로 한자문화학의 학문적 성립을
선언한 저작이기도 하다.

이 책이 기존의 다른 연구와 다른 점은 단순히 한자와 문화를 연결하
여 생각해보고자 하는 것에 머물지 않는다는 것이다. 또 단순히 사라진
과거를 한자 자원 분석을 통해 복원하여 한자가 동아시아에서 누린 화
려한 시절을 회고하고자 하는 것도 아니다. "모든 역사는 현재의 역사
다."라고 역사가들은 말한다. 이는 한자의 역사에 있어서도 크게 다르지
않다. 정신분석의 창시자 프로이트$^{Sigmund\ Freud}$가 환자를 분석하면서 깨달
은 것 중의 하나가, 과거라는 것이 사라졌거나 죽은 것이 아니라 원래의
의미가 변화하여 전이된 현재라는 것이다. '온고이지신(溫故而知新)'이
라고 공자도 말했듯이 과거를 다시 쓰고 과거를 새로이 이해하려는 시
도가 없다면 과거는 죽은 화석에 지나지 않게 된다. 한자를 문화적으로
연구하고자 하는 시도는, 한자의 과거를 추적함으로써 한자가 사라진 과
거의 유물이 아니라는 것을 보이고 한자에 내재한 문화성 분석이 동아
시아의 과거와 현대의 문화적 사유적 특징과 전통을 밝히는 유용한 도
구임을 천명함으로써 한자를 통해 세계 속에서 동아시아의 좌표를 다시
자리매김할 수 있는 밑거름이 될 수 있다고 믿는다.

이러한 문제의식에도 불구하고, 이 책은 고대에서 현재에 이르기까지

의미의 변천이나 한자의 변화 과정을 모두 담아내지는 못한다. 지면의 제약도 제약이려니와, 한 개인인 필자의 역량으로 그 모든 것을 담아내기에는 역부족이기 때문이다. 따라서 본 책은 주로 한(漢)나라 이전의 한자에 한정하여, 특히 불교가 수입되어 선종(禪宗)의 형태로 중국화하기 이전의 시대를 오늘의 관점에서 재해석하는 데 주력하였다.

우리가 현재 체계적으로 고찰할 수 있는 가장 이른 단계의 한자 체계는 갑골문이다. 갑골문이 비록 상나라 때 주로 사용된 문자 체계이기는 하나, 실제 이에 반영된 의식 형태의 대표 시기는 상나라에 한정되지 않을뿐더러 그 훨씬 이전으로 거슬러 올라갈 수 있다. 갑골문은 상나라 때의 기록이지만 실제 상나라 갑골문은 한자의 초기 형태가 아니라 이미 상당히 발달한 체계로, 오랜 세월을 거쳐 점진적으로 형성된 문자 체계이다. 그래서 그 형성 시기가 상나라 때보다 훨씬 오래된 시대로 거슬러 올라갈 수 있으며, 이에 반영된 문화도 좀 더 먼 과거의 것이 될 것이다.

그래서 이 책의 제2부에서는 사료의 부족이나 다른 이유로 동양철학이나 동양학 연구가 간과해온 갑골문의 시대에서 춘추전국시대 이전까지 개별 한자의 문화적 의미를 분석하는 데 지면을 많이 할애하였다. 이렇게 하여 이 연구를 밑거름을 삼아 전문가 집단이 현재 동양 문헌의 고전으로 평가되는 공자(孔子)・노자(老子)・장자(莊子)・맹자(孟子) 등의 관련 문헌을 새로이 해석하고 그것들에 더욱더 큰 활력을 부여할 수 있기를 기대한다.

1

한자와 오리엔탈리즘의 해체

제1장

한자와 오리엔탈리즘

동양은 스스로 재현/대변할 수 없다.
_칼 마르크스 『루이 보나파르트의 부루메어 18일』

오리엔탈리즘^{Orientalism}이라는 말에는 여러 가지 의미가 있다. '동양 연구'나 '동양 지역에 대한 학문적 연구'라는 의미가 그 첫 번째고, 동양과 서양이라고 하는 것 사이에서 만들어지는 존재론적이고 인식론적인 구분에 근거한 사고방식이 그 두 번째다. 하지만 필자가 사용하는 오리엔탈리즘은 에드워드 사이드^{Edward Said}가 위의 두 개념과 구별하여 세 번째 개념으로 제시한 것으로 "동양을 지배하고 재구성하며 압도하기 위한 서양의 스타일"을 말한다.[1] 다시 말하면 서구인들이 계몽주의 시대 이후에 동양을 지배하고 깎아내리려고 정치·사회·이데올로기적으로, 때로는 과학적 지식을 동원하여 상상하고 만들어낸 동양의 이미지가 오리엔탈리즘이다. 사이드는 이 책을 통해서 동양을 연구하는 사람들이 생각

---

[1] Edward Said, *Orientalism*(1978), 3쪽; 박홍규 옮김, 『오리엔탈리즘』(1991), 16쪽.

하는 동양의 편견에 찬 이미지, 그리고 동양을 다루는 시인, 소설가, 철학자, 정치학자, 식민지 관료를 포함해서 수많은 저술가가 동양에 대해 가지는 뿌리 깊은 편견을 포괄적으로 해체하고자 했다.

그렇다면 동양을 경시하는 서구의 태도는 언제쯤부터 생겨난 것일까? 여러 가지 문화적 정치적 배경을 고려해야 하겠지만, 근대 이전에는 동양과 서양이 직접적으로 교류하기 어려웠고 교류도 제한적이었다는 점을 상기할 때 동양에 대한 편견에 찬 시선을 대량생산하는 시기는 근대이며, 근대 중에서도 유럽의 식민지 개척이 첨예화하는 시점이라고 보아야 할 것이다. 그러니까 본격적으로 오리엔탈리즘 담론이 대량으로 생산되고 유포된 시기는 18~19세기가 되는 셈이다. 특히 19세기는 유럽 바깥의 지역을 그들의 식민지로 삼고자 다윈의 진화론 등을 이용하였다. 흑인들은 뇌가 백인보다 더 작아서 선천적으로 열등하다는 식의 오늘날의 관점에서 보자면 대단히 비과학적인 논리였지만 당시에는 과학의 이름으로 유럽인들의 우월성을 설명하기 위해 열심히 노력한 것이다.

하지만 중국을 비롯한 동아시아의 고도로 발전한 문명은 그러한 과학적 지식을 동원해서 바라보았을 때도 서구 문화보다 열등한 문명이라 말하기는 어려웠다.2) 동아시아 문명이 서구와는 대단히 달랐고, 그래서 서구의 발전 모델을 적용해서는 문화 차이를 도저히 설명할 수가 없었다는 데 서구의 가장 큰 고민이 있었다. 오리엔탈리즘에 대한 연구가 대부분 정치적, 사회적, 철학적인 분야에서 다방면으로 이루어진 것은 사실이지만, 한·중·일을 포함한 한자문화권으로 그 분야를 축소하면 한

---

2) 실제 조지프 니덤(Joseph Needham)의 연구에 의하면 서구 과학 문명의 지표가 되는 수백 가지 항목에서 적어도 17세기까지는 적게는 수백 년에서 많게는 수천 년까지 동아시아의 문명이 앞서는 것으로 조사되었다. 상세한 표는 로버트 템플, 『그림으로 보는 중국의 과학과 문명』(2009), 과학세대 옮김; 조지프 니덤, 『중국의 과학과 문명』(1999, 2000) 등을 참조.

자라는 문자 체계가 서양의 알파벳 체계와 완전히 다르다는 점이 그것의 주된 초점이었다.

물론 중세에도 한자가 특이한 문자 체계라는 인식은 있었지만, 18~19세기 이후에는 표음문자를 사용하지 않던 문화가 어떻게 표음문자를 받아들이게 되었는가와 같은 사례 연구들을 통해 한자는 그냥 다른 문자 기호가 아니라 대단히 열등한 문자 체계로서 다분히 의도적으로 격하되었다. 그리고 시간이 지나면서 한자가 열등한 문자 체계라는 것이 편견이 아니라 당연한 사실이며 과학적으로도 증명 가능한 것처럼 받아들여지게 되었다.[3] "낱말과 명제를 기호로 표시하는 일은 미개한 민족에게 적합하고, 알파벳 문자는 개화된 민족에게 적합하다."라고 주장한 루소$^{\text{Jean-Jacques Rousseau}}$나 알파벳 문자를 가장 발전한 지적인 문자로 개념화한 헤겔$^{\text{Georg W. F. Hegel}}$ 등 이러한 예는 수없이 많다. 특히 근대의 정점으로 평가되는 헤겔이 "중국이 절대정신에 대한 어떠한 표상도 가지고 있지 않다."라는 주장을 펼쳤을 때, 이 주장이 단지 한자의 문제에만 한정된 것이 아니라 할지라도 한자가 절대정신을 표상해내지 못한다는 인식이 자리한 것은 사실이다. 그리고 이러한 헤겔의 관점을 체계적이고 이론적으로 증명해낸 언어학자가 바로 그 유명한 소쉬르$^{\text{Ferdinand de Saussure}}$이다. 과학적이고 논리적 사유를 통해 체계적으로 구성된 소쉬르의 이론은 유럽뿐만 아니라 중국의 지식인에게 끼친 영향도 정말로 대단했다. 노신이나 전현동(錢玄同) 같은 중국 학자까지도 한자의 폐기론을 들고나왔을 정도이다.

---

3) 물론 한자를 이러한 관점에서 체계적으로 서구에 소개한 이는 17세기 리치와 트리고라고 보아야겠지만, 소수 견해가 확립되어 당연한 것으로 일반 지식인들 사이에서 회자한 것은 19세기에 생산된 많은 문헌 덕분일 것이다. Matthew Ricci, *China in the Sixteenth Century: The Journals of Matthew Ricci 1583~1610*, trans. Louis J. Galliagher, New York: Randon House, 1953.

1장 한자와 오리엔탈리즘 31

문자의 형체라는 측면으로 말하자면 한자는 표음문자가 아닌 상형문자의 말류로서, 인식하기에 불편하며 쓰기에도 불편하다. 그리고 의미라는 측면에서도 의미가 중층적이고 문법은 세밀하지 못하다. 그래서 오늘날의 학문과 관련하여 새로이 등장하는 사물이나 새로운 이치에 응용할 만한 명사가 하나도 없다. 게다가 과거의 역사 기록의 측면에서도, 1000분의 999는 유가(儒家) 학설과 도가(道家)의 이상한 내용을 기록한 부호이다. 이러한 문자로는 20세기의 새로운 시대에 절대 적응할 수 없다.……
유교를 폐기하고 도교를 없애는 것이 중국의 몰락을 막는 근본적인 방법이며, 중국을 20세기에 문명화된 국가로 만드는 길이다. 그러나 이보다 더 근본적인 방식은 공자(孔子)의 사상과 오류투성이 도교의 교리를 기록한 한자를 폐기하는 것이다.[4]

물론 소쉬르의 『일반언어학강의』가 1916년에 출판되었고, "한자를 없애지 않으면 중국은 반드시 망한다"는 유언을 남기며 한자 폐기론을 주장한 노신과 전현동의 위의 글은 1918년에 출판되었다. 오늘날과 같이 출판문화가 발달하지 않은 당시에 노신이 소쉬르의 글을 읽었다는 증거는 없지만, 소쉬르가 자신의 학설을 체계화하기 전에도 한자가 열등하다는 주장은 서구에 널리 퍼져 있었다. 더 심각한 문제는 한자가 열등하다는 서구의 주장이 단순히 편견이라고 일거에 반박할 수 없을 정도로 정교하다는 데 있었다.

그러나 이러한 근대의 사유를 내부에서 비판하고 나선 탈근대(post-modernism)와 특히 사이드의 오리엔탈리즘, 문자의 의미를 해체적으로 재구성한 데리다(Jacques Derrida) 이후 한자에 대한 이러한 편견에 찬 시선은 급격하게 전환된다. 하지만 이때 유념해야 할 것은 탈근대 역시 유럽 내부의 사유의 산물이라는 점이다. 철학적 지평에서는 근대를 중심화된 주

---

4) 錢玄同, ≪新青年≫「中國今後之文字問題」(4卷4號, 1918年3月14日), 350~356쪽.

체, 이성, 총체성, 보편적 진리를 추구하던 시대로 개념화하고 탈근대를 이러한 항목에 반발하는 사유로서 설명하는 이론가들이 많지만, 중요한 것은 유럽의 산물이라는 점에서는 근대와 탈근대가 구분되기는 어렵다는 점이다. 물론 개념을 어떻게 정의하느냐에 따라 차이가 나겠지만, 근대가 서구를 중심으로 세계를 재편하려는 시도였다면 탈근대는 서구만의 세계가 아니라 다른 세계를 포섭하여 확장된 세계를 설명하고자 하는 시도로서 설명될 수도 있다는 점이다.

그렇다 보니 표면적으로 서구와는 완전히 다른 문자 체계인 한자의 문제는 탈근대의 중심 화두 중의 하나가 되었다. 왜냐하면 한자 자체가 탈근대의 중심 논제인 말, 시간, 현존의 문제와 불가피하게 연결되기 때문이다. 그 결과 현대를 사는 유명한 탈근대 이론가 치고 한자를 언급하지 않은 사람이 드물다. 하지만 결론부터 말하자면 한자에 대한 그들의 이해가 멸시에서 찬양으로 변모한 것은 분명하고 의의가 없는 것은 아니었지만, 그들이 한자나 동양 문화 전문가가 아니었으므로 피상적인 연구에 그치고 말았다는 점은 아쉽다.

우선 프로이트 이후 가장 유명한 정신분석학자인 자크 라캉^{Jacques Lacan}은 1957년의 글에서 중국 시를 평하면서 단지 한자만이 아니라 상형문자 일반에 관해 언급한다.[5] 라캉은 문자를 "언어로부터 빌려온 구체적 담화를 떠받치는 물질적인 매개"[6]라고 주장하지만, 의미는 어떤 특별한 기표에 따라 만들어지는 것이 아니라 기표들의 연쇄 속에서 비로소 가능해진다는 것을 인정한다. "문자는 생명을 빼앗고 정신은 생명을 부여한다. 하지만 문자 속에서 정신을 구하려는 사람들에게 경의를 표하면서

---

5) Jacques Lacan, "The Agency of the Letter in the Unconscious or Reason since Freud", *Écrits: The First Complete Edition in English*(2007), 412~441쪽.
6) 같은 글(2007), 413쪽

도 우리가 인정하지 않을 수 없는 것은 문자 없이 어떻게 정신이 자신을 영위할 수 있는가?"7)라고 질문하면서 서구가 지금까지 억압해온 기표의 중요성을 설파한다. 그러나 라캉은 여기서 좀 더 나아가서 동양 문화에 대한 비판적 분석이나 한자에 대한 구체적 분석을 제공하지 않았다. 「사드Sade와 더불어 칸트Kant를」에서 동양의 붓다를 논한다거나, 문자를 언급하면서 상형문자라는 큰 틀 속에 한자를 그냥 포함할 뿐이다.8)

한자에 대하여 좀 더 구체적으로 언급한 사람으로는 미셸 푸코Michel Foucault를 들 수 있다. 그는 『말과 사물』에서 "우리의 눈에는 중국 문화가 성벽에 의해 둘러싸인 대륙의 표면 전체에 확산되고 응고된 것으로 보인다. 그 문화의 기록인 한자조차도 사라져버린 음성의 여로를 수평선상에서 재생하지 못한다."9)라고 주장하면서, 한자를 백과사전적 기능이 있고 저자가 참여하지 않는 자동적 고문서실로 간주한다. 그리고 문자가 표상의 기능을 하기보다는, 대상이 공간 속에서 자리를 차지하는 것처럼 한자가 중국 전체를 채우고 있다고 말한다. 알파벳 문자와 비교해보았을 때 한자에 이러한 기능이 있는 것은 사실이지만, 한자 대부분이 사실은 형성 구조임을 고려할 때 한자에 음성을 기록하는 기능이 전혀 없는 것처럼 말하는 것은 무리가 있다.

또 롤랑 바르트Roland Barthes 역시 "중국 한자는 의미를 유보하는 것 같이 보인다. 중국이 숨길 것이 있기 때문이 아니라, 중국이 개념, 주체, 이름의 구성을 해체하기 때문이다. 중국은 해석학의 종말이다."10)라고 말한다. 바르트는 한자에 대단히 매혹된 학자 중의 한 명이지만, 단지

---

7) 같은 글(2007), 423쪽.

8) Jacques Lacan, "Kant with Sade", *Écrits: The First Complete Edition in English* (2007), 645~670쪽.

9) Michel Foucault, *The Order of Things: An Archaeology of the Human Sciences*(1973), ixi.

10) Roland Barthes, "Alors, la Chine?", *Le Monde*(1974), 32~34쪽.

한자를 기표의 차원에 배치했을 뿐이지, 한자와 동양 문화에 대해 더 심도 있게 연구하지는 못했다.

프랑스의 출신의 줄리아 크리스테바$^{Julia\ Kristeva}$ 역시 한자에 대단히 매혹되었다. 그녀는 문자가 권력의 전이를 작동하는 것으로 간주했고, 자연에서 인공으로, 말을 신체로, 사회적 역사적 공간으로 변모시킨다11)고 주장했다. 한자의 구상성이 표음문자와 상반하기에 그녀는 "중국이 히스테리 없는 장소"이자 자신이 대안으로 생각하는 기호계에 해당하는 장소로 개념화했다.12) 그러나 크리스테바 역시 한자와 동양 문화에 대한 피상적인 이해 때문에 유럽중심주의에서 아직 벗어나지 못했다는 비판을 받기도 했다.

그래서 한자를 변방에서 중심으로 끌어올린 대표적 저서는 아무래도 데리다$^{Jacques\ Derrida}$의 『그라마톨로지(Of Grammatology)』를 들어야 할 것이다. 데리다에 관해서는 다음 장에서 좀 더 구체적으로 언급할 것이다. 그러나 "동양은 한 번도 데리다의 텍스트에서 진지하게 연구되거나 해체된 적이 없다."13)라는 인도 출신의 탈식민주의 비평가 스피박$^{Gayatri\ Spivak}$의 주장처럼, 한자에 대한 인식의 전환을 이룩하는 데 공헌한 데리다까지도 한자 자체에 대해 연구했다고 보기는 어렵다. 서구 학자들에게 한자는 포스트모더니즘의 언어적 전환$^{lingustic\ turn}$, 특히 의미에 기호를 종속시키는 것이 아니라 기호의 표기, 즉 기표의 우위를 설명하기 위한 도구로서, 혹은 기표의 제국이 어떤 식으로 등장했는가에 대한 예시로서 등장할 뿐이다. 서구 학자들은 결코 동양 자체, 한자 자체에 대해 본격적으로 연구하지는 않았다.

---

11) Julia Kristeva, *La Traversee des signes*(1975), 37~38쪽.
12) Julia Kristeva, *Des Chinoises*(1974), 220~221쪽.
13) Gayatri Chakravorty Spivak, "Introduction", *Of Grammatology*(1976), lxxxii.

앞서 언급했듯이 한자는 상형문자와 표의문자의 속성을 오늘날까지도 부분적으로 보전한 문자 체계이다. 하지만 지금까지 동양과 서양의 학문 분야에서 동양과 서양은 완전히 다르다거나, 겉으로는 다르게 보이지만 본질적으로는 다르지 않다는 의견이 주종을 이루어왔다. 전자의 주장은 표음문자와 표의문자라는 문자 체계의 차이를 동양과 서양이 근본적으로 다른 이유로 꼽는 것 같고, 후자는 기호의 문제에서 생겨나는 접근 방식의 차이를 제외하면 동서양 철학 모두 본질이나 진리에 접근한다는 사실 그 자체에서 다름을 발견하기 어렵다고 주장한다.

그러나 여기서 문제는 말(로고스) 중심의 사유와 표음문자의 형이상학이 동양 문화를 이해하지 못하는 서양인 무지의 소산으로만 생각할 수 없다는 데 그 심각성이 있다. 한자는 중국과 중국을 넘어서 전체 동아시아를 아우르는 오리엔탈리즘을 주조하는 구조물이 되었고, 동양 문화 일반의 열등성이 시원적이라는 것을 드러내는 가장 명백한 증거물로 기능을 해왔기 때문이다. 따라서 기표-한자의 문제를 그 발생적 차원에서 '근본적으로' 검토하지 않는다면, 오리엔탈리즘이라는 거대담론의 논리를 반복하거나 오히려 그것에 우회적으로 포섭될 수 있다.

앞서 언급했듯이 일본을 '기호의 제국$^{Empire\ of\ Signs}$'으로 분석한 바르트나 한자 자체가 모계사회의 전통을 담았다고 상찬한 크리스테바 등이 그 대표적 예이다. 이들은 근대의 사유를 해체하고 탈근대적 사유의 지평을 열면서 서구와 비서구의 이분법에서 벗어나기를 원한 대표적 이론가임에도, 그들의 주장은 종종 '경멸'의 자리에 '매혹'을 대입한 것에 불과한 것으로 보인다. 아무래도 그들이 한자와 한자의 기호가 낳은 문화를 구체적으로 분석하기에는 한계가 많은 탓일 것이다.

따라서 이러한 오리엔탈리즘에서 기인한 편견을 바로 잡는 일은 동양 문화 내부에서 동양 문화 전공자가 해야 할 몫이 될 수밖에 없다. 그래서 여기 제1부에서는 이러한 오리엔탈리즘에서 기인한 편견을 해체하고 극복하기 위한 시도로 우선 한자문화에서 '음성중심주의'와 '문자중심주의'의 문제, '청각중심주의'와 '시각중심주의', '진리의 문제'를 살펴봄으로써, 오리엔탈리즘의 기본적이고 1차적인 전제, 이미 보편처럼 굳어져서 더는 의문의 여지가 없어 보이는 몇 가지 중요한 전제를 '해체'하고자 한다.

제2장

말과 문자: 언(言)과 문(文) 계열 한자군

1. 머리말

　서구 철학의 선구자로 생각되는 플라톤^Plato 은 말이란 영혼 안에 쓰인 것으로 "영혼의 본성에 대해서 통찰하도록 하는"[1] 특징을 지니지만, 문자는 영혼 안의 지식을 전달하지 못하고 영혼 외부의 표지로서 자기 자신을 반복하는 것에 불과하며 무엇을 기억하는 내적인 능력 대신에 외부적인 기호에만 의존하게 됨으로써 지혜의 실체를 망각하게 하는 매개로 생각했다. 이러한 플라톤의 사상은 20세기에 이르기까지 별다른 저항을 받지 않고서 서구 형이상학의 토대를 이루어왔다. 20세기 대표적 언어학자인 소쉬르가 문자가 아닌 말에 우선성을 부여한 것도 플라톤 이래로 면면히 계승된 이러한 철학적 전통을 이어받았기 때문이다. 그래서 그는 언어를 "각 개인의 두뇌 속에 저장된 사회적 산물"로 규정하고,

---

[1] Plato, "Phaedrus", *The Collected Dialogues of Plato: Including the Letters*(Bollingen Series LXXI)(1961), 276쪽.

"말과 문자는 구별되는 두 기호 체계이지만, 문자가 존재해야 하는 유일한 이유는 말을 기록하기 위해서이지 다른 이유는 없다."2)라고 주장하면서 연구의 대상이 말이지 문자가 아님을 분명히 밝혔다. 하지만 이와 동시에 그는 언어 연구를 구체화하기 위하여 보조 수단으로 문자를 이용하지 않을 수 없었다. 그는 문자를 표의문자 체계와 그리스 알파벳이 원형인 표음문자 체계로 나누었다. 소쉬르는 표의문자 체계에 해당하는 문자가 중국의 한자라는 것을 부정하지는 않았지만, 한자는 "매우 합리적인 방식으로 언어를 반영하지 못하며" 그래서 자신을 "성가시게 만들기 때문에"3) 표음문자 외의 문자 체계는 그의 연구에서 제외한다고 밝혔다. 그러나 이것은 명백히 중국 문자에 대한 소쉬르의 편견이다. 이러한 편견은 단지 소쉬르라는 언어학자 단 한 명에게만 국한된 것은 아니며, 서구의 많은 철학자가 이러한 편견을 공유했다. 대표적인 예로 자크 제르네Jacques Gernet는 한자에 대해서 다음과 같이 설명한다.

가차자는 한자의 원래 의미와 상관없이 소리를 나타내는 기호로 이용되었기 때문에 어느 정도 음성언어의 차용이라고 할 만하다. 그러나 가차자는 광범위하게 사용되지 않았기 때문에 [표의문자에 기초를 둔] 한자의 원리를 훼손하지 못했고 한자를 표음문자 체계로 변모시키지도 못했다. ……한자는 언어를 음성 단위로 분석한 적이 없었고, 음성언어를 문자로 충실하게 옮기지 못했다. 그리고 이것이 실제 대상의 독특성과 유일성을 그대로 담아낸 상징이자 표기 부호인 한자가 원시적이라는 악평에서 벗어나지 못하는 이유이다. 고대 중국에서 음성언어가 문자와 동일한 효율성을 지니지 못했다고 믿을 근거는 없지

---

2) Ferdinand de Saussure, trans. Roy Harris, *Course in General Linguistics*(1986), 24쪽. 번역은 필자의 것이며, 인용 페이지는 영어판을 따랐다. 한글 번역본인 최승언의 『일반언어학강의』(1990)와 중국어 번역본도 함께 참조하였다.
3) 같은 책(1986), 27쪽.

만, 음성언어의 위력이 문자 때문에 부분적으로 사라졌다고 말하는 것은 가능하다. 이와 반대로 표음문자와 알파벳 문자로 빠르게 진화한 문명들에서는 언어 속에 든 종교적이고 마법적인 창조의 힘을 말 속에 고스란히 응집했다. 지중해 연안에서 인도에 이르기까지 모든 위대한 고대 문명이 음성언어, 말, 음절, 모음 등에 가치를 부여했지만, 이상하게도 중국만은 그렇게 하지 않았다는 사실이 놀랍다.4)

제르네가 중국 문자를 깎아내리는 가장 큰 이유는, 중국 문자를 포함하여 표의문자, 설형문자, 그림문자 등 알파벳이 아닌 문자들이 문자가 음성언어를 발음 그대로 복제하여 그 현전성을 전달하기 위한 도구라고 정의하는 서구의 문자관에 들어맞지 않기 때문이다. 그리고 이러한 관점이 음성언어의 현전성을 전달하는 데 적합하지 못한 문자, 즉 한자는 원시적이고 진화가 덜 된 문자 체계라는 편견으로 이어진 것이다. 하지만 한자문화권에서는 이러한 편견이 "한자를 연구 대상에서 제외하고서 언어를 연구한다는 것이 불가능하다는 것, 그리고 한자를 결코 단순히 기록의 도구에 불과하다고 볼 수 없다는 사실"5)을 서구인들이 몰랐거나 설사 알았다고 하더라도 그 연유를 알지 못한 데서 연원하는 것으로 보인다.

그러나 같은 서구의 학자라 하더라도 마크 루이스^{Mark Edward Lewis}는 중국에서 말이 아닌 문자가 우주의 일반적인 구조를 인식하게 해주고, 복잡하지만 질서 정연한 방식으로 정치권력의 배분 및 가족 구조와 연관되며, 상징적 권력이 문자의 소유와 항상 연결되었다는 점을 논증한다.6)

---

4) Jacques Gernet, "La Chine, Aspects et fontions psychologiques de l'écritures", 32~38쪽; Derrida, *Of Grammatology*(1976), 91쪽(재인용); 김웅권 옮김, 『그라마톨로지에 대하여』(2004), 170~171쪽. 번역은 필자의 수정을 거친 것이다.
5) 黃亞平・孟華, 『漢字符號學』(2001), 28쪽.
6) 문자 체계를 이러한 방식으로 설명하는 예는 Mark Edward Lewis의 『초기 중국의 문자와 권위(*Writing and Authority in Early China*)』를 대표적으로 들 수 있다. 이 저작은

물론 이러한 주장을 펼친 학자가 비단 루이스 한 명에 그치는 것은 아니다.7) 그러나 문제는 말 중심의 사유가 단지 서양의 것에 불과하기에 동양 문화를 이해하지 못하는 서양인 무지의 소산으로만 생각할 수 없다는 데 그 심각성이 있다. 왜냐하면 비알파벳 문자를 깎아내리는 이러한 연구가 식민지 개척이 첨예화한 시기와 맞물려 성행했고, 다른 지역의 영토를 침탈하던 식민지 시대가 종지부를 찍은 지금에도 동양을 경시하는 태도인 오리엔탈리즘 담론을 끊임없이 재생산하는 태도와 불가피하게 연결되기 때문이다. 그러므로 말 중심의 문화를 문자 중심의 문화보다 더 우월한 문화로 개념화하는 시도가 문화 간의 위계질서를 만들고 서양의 관점을 보편적이고 의문의 여지 없는 진리로 전파함으로써 서양의 동양 지배를 합리화하려는 시도와 긴밀하게 맞물려 있다는 것은 부인할 수 없는 사실이다.

물론 필자가 이 글에서 동서양의 모든 사유 구조를 거시적으로 비교하고, 그곳에 내재하는 거대한 편견을 바로잡고자 하는 것은 아니다. 거시적인 관점에서 이러한 형태의 연구는 광범위하다고는 할 수는 없어도

초기 중국(B.C. 500년 전후)에서 동의와 복종을 끌어낸 방식을 중국 문자의 기능을 중심으로 서술한다. 이 책에서 그는 중국 제국에서 '말'이 지닌 공간적 한계 때문에 상대적으로 문자가 중요하던 것이 아니라, 문자가 중국 제국의 정신을 고취하고 제국의 질서를 합법화해주었으며 세대에서 세대로 그 정신을 역동적으로 전수해주는 역할을 문자가 담당했다는 점에서 문자가 중요성을 띤다고 주장한다. 그러므로 이 저서는 서구의 '말' 중심적 전통이 역사를 일군 것처럼 초기 중국에서 어떻게 문자적 전통이 상징적 질서를 일구어 나갔는지 살핀 서양에서 나온 독보적인 연구서라고 할 수 있다.

7) 이외에도 Pauline Yu의 『말의 방식들: 초기 중국 문헌 강독(*Ways with Words: Writing about Reading Texts from Early China*)』(U. of California P, 2000), 더 오래된 책으로 Chad Hansen의 『고대 중국에서의 언어와 논리(*Language and Logic in Ancient China*)』(Ann Arbor, U. of Michigan, 1983), Roy Harris의 『문자의 기원(*The Origin of Writing*)』(LaSalle, Illinois, Open Court, 1986) 등을 들 수 있을 것이다. 그리고 최근에 타계한 Jacques Derrida 역시 이러한 연구의 목록을 『그라마톨로지』(335쪽)에서 제시한다.

여러 방면에서 이루어져왔으며, 이미 국내에서도 단행본 형태의 연구서도 나와 있다.8) 이러한 저작들은 문자가 어떻게 강력한 상징 질서를 확립하고, 전통을 세우고, 더 나아가 국가 권력의 기반이 되었는지 보여주는 훌륭한 연구로 평가될 수 있다. 그러나 이러한 거시적인 연구는 문자에 대한 고고학적이고 실증적인 분석과 검증이 뒷받침될 때에야 비로소 그 파급력이 배가될 수 있다. 비근한 예이기는 하지만 사실 소쉬르의 『일반언어학강의』가 강의록임에도 동서양을 막론하고 언어학의 기초이자 정전으로서 자리하게 된 것도, 그것이 단순히 철학적 연구서가 아니라 언어 과학을 표방하기에 구체적 지역성을 넘어서 보편성을 띠게 되었기 때문이라고 해도 과언은 아닐 것이다.

그런데도 개별 한자와 그 자원의 형성 과정과 그 의미의 파생 과정을 중심으로 이루어진 실증적이고 사료에 근거한 분석적 연구는 대단히 찾아보기 어렵다. 사실 중국 본토도 이러한 연구 형태는 1990년대에 들어서야 비로소 발아하기 시작한다.9) 물론 이에 대한 연구가 늦어진 것은

---

8) 김근 교수의 『한자는 중국을 어떻게 지배했는가?』(1999)는 한국에서 나온 이런 연구 중 독보적인 저작이다. 그는 이 책에서 언어(말과 문자)의 주술성과 언어가 권력 사이에서 어떻게 기능을 하고 역할해왔는가를 한대를 중심으로 거시적 관점에서 통시적으로 기술했다. 이 책은 주로 철학적 문헌을 창조적으로 해석함으로써 한자가 중국 문화 형성과 확립에 이바지한 바를 국내 최초로 읽어냈다는 점에서 대단히 독창적인 저작이다. 또 『한자의 역설』(2009)에서도 비슷한 논의가 이루어졌다. 하지만 그의 논의와 이 글의 차별성은, 본 연구가 철학 경전이 형성되기 '훨씬 이전의' 한자의 자원 형성 과정을 통해서 문자 형성기의 문자가 만들어지고 사용되던 당시의 사유 체계를 살피고자 한다는 데 있다.

9) 중국은 최근에 들어 '한자와 문화 총서'의 한 부분으로 북경대학 何九盈 교수의 『漢字文化學』(2000)이 출판되어 '한자문화학'의 이론화를 시도했다. 그러나 그의 저작은 한자를 지나치게 중국의 현 정치 상황과 연계해 해석했다는 단점이 있으며 깊이가 없는 피상적 연구라는 평가를 받는다. 이후 이어진 姚淦銘 교수의 『漢字文化思維』(2008) 등에서도 이러한 시도가 지속적으로 이루어졌지만 이론적 범주와 방법론을 체계적으로 개척하진 못했다. 이에 비해 화동사범대학 臧克和 교수의 『說文解字的文

중국 내부에서 일어난 여러 정치적 사회적 변화와 무관하지는 않을 것이다. 그리고 한국이나 일본에서도 이 방면의 연구가 광범위하게 이루어지지 못한 것은 알파벳 문자인 한글과 '히라가나(平假名)'와 '가타카나(片假名)'의 존재로 말미암아 이 지역이 한자문화권에 속해 있음에도 한자와 일정 정도 거리를 유지할 수밖에 없었던 근대사의 흐름과도 일정 정도 관련이 있을 것이다.10)

따라서 본 연구는 아직 자원이 제대로 규명되지 않은 「언(言)」을 비롯하여 중국 최초의 자원 해설서인 『설문해자(說文解字)』에 수록된 「언(言)」을 부수로 하는 글자군 및 「언(言)」과 자형적·의미적 측면에서 계통이 유사한 「음(音)」, 「설(舌)」, 「왈(日)」, 「성(聲)」 등 관련 부수자, 「언(言)」과 대칭적 의미가 있는 「문(文)」과 「문(文)」을 부수로 하는 글자군의 자형 형성 과정을 종합적으로 고찰하여 이에 반영된 중국인들의 '말[言]'과 '문자[文]'에 대한 의식을 규명해내는 데 초점을 둔다. 이것은 근대와 근대가 낳은 척도가 보편적이고 유일한 척도인 것처럼 인식되어

化說解』(1995)와 『中國文字與儒學思想』(1996), 『漢字單位觀念史考述』(1998) 등은 이러한 연구를 실천한 대표작으로 보인다. 특히 『說文解字的文化說解』는 『설문해자』의 주요 한자군의 분석을 통해 그들의 의미 지향을 대단히 미시적으로 분석했으며, 『中國文字與儒學思想』은 유가 사상의 핵심 개념들을, 『漢字單位觀念史考述』에서는 중국 문화의 핵심 개념들을 한자의 자원 고찰과 문헌 등의 고증을 통해 심도 있게 분석함으로써 한자문화학의 한 방법론을 제시했다는 평가를 받고 있다. 하지만 한두 권의 연구서로서 이러한 연구가 성숙한 단계로 도약하고 진단하기에는 아직 많이 이르다. 이 논문의 주제인 말[言]과 글[文]이 가장 기본 한자임에도 특히 「언(言)」에 관한 글자들이 지니는 의미소와 상징들, 그 파생 과정과 의미의 변천이 연구되지 않은 채 공백으로 남아 있다는 것도 그 단적인 예라고 할 수 있을 것이다.

10) 한국은 허성도 교수의 「한자 의미론 서설」(1996)과 「甲骨文義素功能硏究」(2010), 최영찬(외)의 『동양철학과 문자학』(2003), 필자의 『문화로 읽는 한자』(1997) 등과 이 책에 실린 다른 장에서도 한자의 자원과 그 문화적 특징의 이론적 가능성을 타진했다. 이외에도 '한자에 반영된 문화'의 해석에 관한 연구가 몇몇 시도되기는 했으나 한자 자체의 평면적 분석에 그침으로써 심도 있는 연구는 아직 이루어지지 못했다.

온 관행이 만들어낸 휘어진 중국 문화의 위상을 그 뿌리에서부터 다시 접근해보고자 하는 기초적인 시도이다. 시작은 아주 미약하지만 이 시도가 한자문화권의 중심에는 중국만이 존재한다는 인식을 넘어서, 독립된 발성 체계가 있는 다른 지역의 한자문화에 대한 인식을 재고하는 데에도 기초가 될 수 있다고 생각한다. 따라서 이 연구에서 시도하게 될 한자 자원의 객관적 분석은 서양의 말(로고스) 중심주의를 다시 생각할 수 있는 계기를 제공하게 될 것이다.

2. 「언(言)」은 언어인가?

「언(言)」이 과연 언어인가? '언어'의 한자 표기는 '언어(言語)'이다. 이것은 너무나 당연하고 보편적 사실이기에 이렇게 질문을 던진다는 것 자체가 오히려 어리석게 느껴진다. 소쉬르는 문자가 언어가 아니라 말이 언어라고 주장했다. 이것은 소쉬르의 언어학 전반에 깔린 전제이며, 소쉬르의 전체 이론을 뒷받침하는 절대 명제이다. 하지만 한자의 경우 이 명제가 틀렸다면 어떻게 될 것인가? 수학에서 공식이 틀렸다면 그 풀이가 아무리 정확하고 엄밀하다 하더라도 그 풀이는 아무런 의미가 없다. 물론 필자가 근대 언어학의 창시자라고 간주할 수 있는 소쉬르의 언어학이 틀렸다고 주장하고자 하는 것은 아니다. 들머리에서 밝혔듯이 그는 한자에 대해서 잘 알지 못했고, 한자와 같은 비표음문자를 그의 연구에서 제외했다. 따라서 소쉬르는 한자의 「언(言)」이 언어에 해당한다고 주장한 적이 없다. 그런데도 근대화와 더불어 서양의 교육을 표준으로 삼은 우리는 한 번도 소쉬르에게 언어란 정확히 어떤 개념이었는지 생각해보지 않았기 때문에 「언(言)」과 언어를 자연스레 연계하고 만 것이다.

물론 그가 언어로서 개념화하는 랑그^{langue}의 사전적 의미는 '혀'이고, 혀가 추상화되어 언어를 표상하는 것은 사실이다. 잘 알려진 바와 같이 소쉬르는 언어활동^{language}을 랑그와 파롤^{parole}로 구분하고, 그의 연구 대상이 개별적 발화를 의미하는 파롤이 아니라 랑그라는 것을 명확히 한다. 그러므로 그가 칭하는 언어는 모든 언어활동을 망라하는 언어인 'language'가 아니라, 추상적 체계인 언어, 즉 랑그이다. 즉 랑그로 개념화되는 언어는 그 본질상 "언어 기호의 음성적 특성과 관계가 없고"[11], 중요한 것은 발음되는 음절들이 아니라 그 발음되는 음절이 귀를 통하여 만들어내는 "청각 인상"이며, 발성 도구는 "언어의 문제에 관한 한 부차적이다".[12] 불어의 'articuler'와 영어의 'articulate'는 모두 음절별로 분절하여 정확히 발음한다는 뜻이며, 라틴어의 'articulus'는 "연속된 사물을 나누어서 이음매를 통해 잇는다."라는 의미이다. 따라서 한자어로 '분절(分節)'로 옮겨지는 이 단어는 연속되는 음성을 나누어서 인식할 때 의미가 명확하게 드러난다는 뜻이다. 그래서 그는 "말을 분절하는 능력은 사회가 창안하여 만들어준 언어 도구에 의해서만 사용 가능하다."라고 주장한다.[13] 이 때문에 그가 말하는 언어는 구체적 발화가 아니라 "구조화된 체계"이다.[14]

언어학자라면 모두가 다 알고 이제는 보편화한 사실로서 기능을 하는 이 소쉬르의 주장을 다시 반복하는 것은, 그가 말하는 청각 인상, 즉 소리의 패턴은 물리적 사물인 실체적 소리가 아니라 '정신의 특성'[15]이라는 사실을 강조하기 위해서이다. 즉 소쉬르에 의하면 "입술이나 혀를 전

---

11) Ferdinand de Saussure, *Course in General Linguistics*(1986), 21쪽.
12) 같은 책, 26쪽.
13) 같은 책, 27쪽.
14) 같은 책, 31쪽.
15) 같은 책, 98쪽.

혀 움직이지 않고서도 우리는 자신에게 말할 수 있으며, 시의 구절을 소리 내지 않고 암송할 수 있기" 때문이다. 그렇다면 우리가 일반적으로 랑그를 언어로 옮길 때 「언(言)」에 이러한 정신의 특징이 흔적으로나마 남아있는지 여부에 대해 「언(言)」의 쓰임을 가장 초기 단계에서 파생된 글자에 이르기까지 살펴보는 것이 유용할 것이다. 다음에서는 「언(言)」이 소쉬르가 말하는 랑그로서 개념화된 언어의 기능을 구현하는지를 중점적으로 살필 것이다.

1_「언(言)」의 자원

「언(言)」, 「음(音)」, 「설(舌)」 등은 자형이나 의미상으로 긴밀한 연관을 맺을 뿐 아니라 상용한자로서 대단히 중요한 위치를 차지하는 한자들이다. 그럼에도 이에 대한 자원은 아직 명확하게 밝혀지지 않았다.

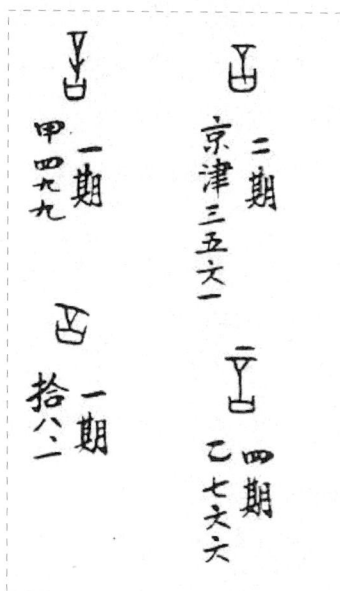

「그림 1」 「언(言)」의 갑골문 자형

『설문해자』에서는 "그저 말하는 것을 언(言)이라 하고 논란을 벌여 변론하는 것을 어(語)라 한다. 구(口)가 의미부이고 건(辛)이 소리부이다.(直言曰言, 論難曰語. 從口辛聲.)"라고만 하였을 뿐 「언(言)」의 구체적인 자원에 대해 밝히지는 않았다. 하지만 허신(許愼) 이후, 특히 1899년 갑골문이 발견된 이후, 「언(言)」의 자원에 대해 혀, 퉁소, 나팔, 종 등을 그렸다는 등 다양한 의견이 제시되었는데, 이를 구체적으로 살피면 다음과 같다.

첫째, 혀를 그렸다는 설

정초(鄭樵)의 『육서략(六書略)』에 의하면 「언(言)」은 "상(二)과 설(舌)로 구성되었는데, 상(二)은 상(上)의 고문(古文)체이며, 혀(舌)에서 위로 올라와 나오는 것이 '말'이다.(從二從舌, 二古文上字, 自舌上而出者言也.)"라고 했다.

서중서(徐中舒)는 정초의 설을 긍정하면서 "언(言)의 초기 형체는 설(舌)로 구성되었는데, 그 위에 가로획(一)을 더함으로써 말(言)이 혀(舌)에서 나옴을 나타냈으며, 지사자에 해당한다.(言之初形從舌, 加一於上, 示言出於舌, 爲指事字.)"[16]라고 했다.

둘째, 퉁소나 나팔을 그렸다는 설.

곽말약(郭沫若)의 주장이 대표적이다.[17] 그는 「언(言)」의 본래 의미에 대해, "큰 퉁소를 언(言)이라 부른다.(大簫謂之言, 小者謂之筊.)"[18]라고 한 『이아(爾雅)』의 말에 근거해 퉁소[簫]가 「언(言)」의 원래 의미이며, 『묵자』「비악(非樂)」(상)에서 인용한 『고일서(古逸書)』의 "舞羊羊, 黃言孔章"(마치 춤을 추지 못하는 사람처럼 춤을 추고, 생황의 소리 크게 들리누나)[19]을 그

---

16) 徐中舒, 『甲骨文字典』(1989), 「告」자의 해설 참조.
17) 郭沫若, 「釋龢言」, 『甲骨文字研究』(1982) 1권, 89~102쪽 참조.
18) "言, 編二十三管, 長尺四寸". "筊, 十六管, 長尺二寸簫一名籟". 『儀禮經傳通解』 제27권 주.
19) 『墨子』「非樂」(上)의 "萬舞洋洋, 黃言孔章. 上帝弗常, 九有以亡."에서 나온 말인데, 吳毓江은 주석에서 "黃은 簧의 생략된 표기법이다."라고 했다. 또 『文選』「長笛賦」의 李善 주석에서는 "大笙을 簧이라고 한다."라고 했다. 言은 앞에서 말한 것처럼 『爾雅』「釋樂」에서 "大簫를 言이라 한다."라고 했다. 이처럼 簧과 言은 모두 악기를 지칭한다. 孔章은 笙簫의 소리가 크게 들린다는 뜻이다.

증거로 삼았다. 그리고 「언(言)」의 자형에 대해, 「언(言)」을 구성하는 Ⴤ는 Y와 같으며 퉁소의 관을 그렸고, 그것을 입[口]으로 부는 형상이라고 했다. 특히 금문에서 양쪽에 첨가된 두 점은 「팽(彭)」(彡은 북소리를 나타냄)에서와 같이 음파(音波)를 상징하며, 이후 변형되어 지금처럼 되었다. 그래서 「언(言)」의 원래 뜻은 악기이며, 이후 언어와 말로 확장되었다고 했다. 즉 원시인들의 '음악'은 바로 원시인들의 '말'이며, 멀리 있는 사람들에게 명령을 전달할 때에는 악기의 음으로써 대신했기 때문에, 퉁소의 음이 언어라는 의미로 변했다고 했다. 링퀴비스트도 이와 유사한 주장을 펴 '큰 생황(大笙)'을 그렸다고 했다.20) 또 허진웅(許進雄)은 끝 부분에 나팔형의 확음통(擴音筒)을 갖춘 '긴 대롱[管]을 가진 악기'를 그렸으며, 서로 간의 연락 도구로 사용되었다고 했다.21)

셋째, 종을 그렸다는 설.

서중서는 목탁을 거꾸로 놓은 모습을 그렸는데, 글자를 구성하는 ㅂ는 목탁을 거꾸로 놓은 모습을 그렸고 Ⴤ은 탁설(鐸舌)을 뜻하며 이후 「고(告)」, 「설(舌)」, 「언(言)」 등 세 글자로 분화되었다고 했다.22)

넷째, 신에 대한 맹세 행위를 형상화했다는 설.

백천정(白川靜)의 주장으로, 「언(言)」은 「신(辛)」과 「구(口)」로 구성되었는데, 「신(辛)」은 문신을 새길 때 사용하는 침 모양을 나타내어 맹세를 할 때 자신이 한 맹세에 대해 위약하면 처벌을 받겠다는 상징이며, 「구(口)」는 맹세의 내용을 써 넣어 기물을 그렸다고 했다.23)

---

20) 세실리아 링퀴비스트, 『漢字王國』(2002), 하영삼·김하림 옮김, 310쪽.
21) 許進雄, 『中國古代社會』, 洪熹 옮김(1991), 406쪽.
22) 徐中舒, 『甲骨文字典』(1989), 卷3.
23) 白川靜, 『字統』(1984), 268쪽; 白川靜, 『한자 백 가지 이야기』(2005), 심경호 옮김, 62~63쪽.

필자는 이 중에서 곽말약의 설이 「언(言)」의 본래 의미에 가장 근접한다고 생각한다. 다만 곽말약이 「언(言)」을 단순히 퉁소로 본 것에 비해, 필자는 그것이 사람의 입과 소리를 내는 퉁소를 그린 「설(舌)」에 '소리'를 상징하는 추상 부호인 가로획이 더해진 구조이며 「설(舌)」은 사람의 혀가 아닌 퉁소의 혀를 상징화한 것이라 주장하고자 한다.

갑골문의 「언(言)」(𠱭)을 보면 「신(辛)」(𰀁)에 「구(口)」가 더해진 것임을 분명하게 볼 수 있다. 「신(辛)」의 자형에 대해서는 그간 "새김칼이다, 혹은 무기의 일종이다, 윗부분이 날카로운 날로 된 도끼[斧鉞]이다, 쪼개 놓은 장작이다, 짧은 칼[短刀]이다."24)라는 등등 의견이 분분했다. 하지만 첨은흠(詹鄞鑫)은 "신(辛)은 새기는 도구를 그렸음이 분명하다."라고 논증했다.25) 그는 비록 그것의 재질에 대해서는 언급하지 않았지만, 그가 제시한 그림과 자형을 살피면 대쪽을 갈라 한쪽을 예리하게 만든 모습과 유사하다. 대는 끝을 자르면 창으로 쓸 수 있을 정도로 단단하고 날카로워 나무에 글을 새기거나 사람에게 묵형(墨刑)과 같은 문신을 새기는 도구로 충분히 사용할 수 있다. 그리고 「신(辛)」과 「언(言)」이 같은 자형임은 일찍이 오기창(吳其昌)이 금문의 자형, 금문의 용례, 이들 간의 해성 관계, 이들의 의훈(義訓) 등에 근거해 증명한 바 있다.26)

그래서 「언(言)」은 대나무를 재료로 한 도구임이 분명하며, 이는 「언(言)」으로 구성된 「섭(燮)」이나 「기(記)」에서도 그 흔적을 확인할 수 있다. 즉 「섭(燮)」은 손[又]으로 대나무[言]를 들고 불[火]에 굽는 모습이며, 이로부터 '골고루 익히다'는 뜻이 생겼고 다시 '조화되다', '어울리다'의 뜻도 생겼다. 또 「기(記)」는 「언(言)」이 의미부이고 「기(己)」가 소리부인

---

24) 詹鄞鑫, 「釋辛及與辛有關的幾個字」(1983), 369쪽.
25) 같은 글, 369~373쪽 참조.
26) 吳其昌, 「金文名象疏證」, 『古文字詁林』(제2책), 713~715쪽에서 재인용.

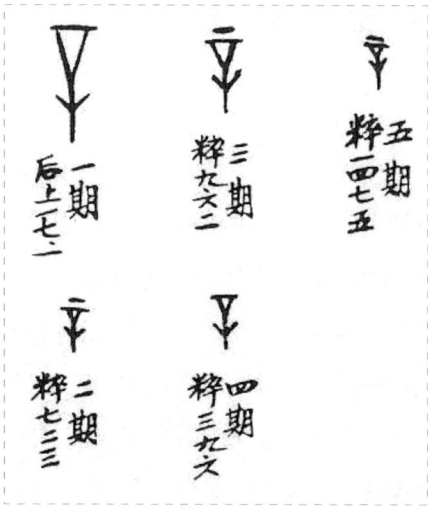

「그림 2」「신(辛)」의 갑골문 자형

데, 「언(言)」은 대나무를 말하고 「기(己)」는 끈을 뜻한다. 대나무[言]와 끈[己]은 문자가 발생하기 전 인간의 기억을 돕던 두 가지 중요한 보조 수단인 서계(書契)와 결승(結繩), 즉 대나무 등 나무에 부호를 새기고 끈에 매듭을 지어 표기하던 방법을 상징한다. 이 때문에 「기(記)」는 달리 「기(紀)」로도 쓰는데, 이는 대[竹]로 만든 칼로 새기는 행위를 상징하는 「언(言)」이 결승을 뜻하는 끈[糸]으로 변화한 결과를 반영했다.

또 「련(戀)」, 「란(欒)」, 「란(鸞)」, 「란(䜌)」, 「란(䜌)」, 「련(䜌)」, 「련(變)」, 「련(䜌)」 등 많은 글자군을 구성하는 「련(䜌)」27)도 구석규(裘錫圭)에 의하면 「언(言)」과 두 「계(系)」로 구성되어 의미와 독음이 「련(聯)」과 관련 있다고 했다.28) 또 「련(䜌)」의 자형도 자세히 살피면 「언(言)」의 양쪽으로 실[系]이 더해진 모습이어서, "긴 관악기[言]의 양옆에 장식용 술을 달아 미관을 높인 모습"으로 볼 수 있다.29)

---

27) "䜌: 어지럽다[亂]는 뜻이다. 일설에는 다스리다[治]는 뜻이라고도 한다. 또 일설에는 끊어지지 않다[不絶]는 뜻이라고도 한다. 言과 絲가 의미부이다. 𢊖은 䜌의 고문체이다. 독음은 呂員切이다.(亂也. 一曰治也. 一曰不絶也. 從言絲. 𢊖, 古文䜌. 呂員切.)"

28) 裘錫圭, 「戰國璽印文字考釋三篇」, 『古文字硏究』 제10집, 『古文字詁林』 제3책, 74~75쪽 참조.

이렇게 볼 때, 「언(言)」의 원래 뜻은 『이아』의 말처럼 "큰 퉁소"로 추정 가능하다. 『이아』「석악(釋樂)」에 의하면, "큰 퉁소를 언(言)이라 하고 작은 퉁소를 효(筊)라 한다.(大簫謂之言, 小者謂之筊.)"라고 했으며, 곽박(郭璞)은 "큰 퉁소는 관을 23개 엮어 만들고 길이는 1자 4치, 작은 퉁소는 관을 16개 엮어 만들며 길이는 1자 2치인데, 소(簫)는 달리 뢰(籟)라고도 한다."30)라고 했다.31) 또 『이아음의(爾雅音義)』에서는 「언(言)」은 본래 「언(䇾)」으로 쓴다고 했는데32), 그렇다면 「언(䇾)」은 「언(言)」이 '소리'라는 본래의 뜻보다 '말'이라는 파생 의미로 자주 쓰이게 되자 「언(䇾)」에 악기를 만드는 재료인 죽(竹)을 더해 분화했다는 말이 된다. 이는 「언(言)」이 악기 이름, 특히 관을 23개 연결한 다관 악기처럼 생긴 큰 퉁소를 지칭한 것임을 말해주며, 이후 「언(言)」이 사람의 '말'을 뜻하게 되자 원래의 뜻은 죽(竹)을 더해 「언(䇾)」으로 분화하고, 악기의 소리는 「언(言)」에다 소리를 상징하는 가로획을 더한 「음(音)」으로 독립한 것으로 추정할 수 있다. 이것 역시 「언(言)」의 초기 의미가 '악기'에서 나오는 '소리'였지 '사람'의 '음성'이 아니었음 반증해주는 중요한 자료가 될 수 있다.

그렇다면 ᙙ(言)의 아랫부분은 사람의 입(口)을, 윗부분은 퉁소의 소리를 내는 부분인 혀(舌, reed)를, 양쪽에 첨가된 두 획은 대의 잔가지를

---

29) 許進雄, 앞의 책, 406~407쪽.
30) "簫大者, 編二十三管, 長尺四寸, 小者十六管, 長尺二寸, 一名籟."
31) 또 『樂律全書』 권8에서는 이렇게 말한다. "風俗通云: 簫參差象鳳翼, 十管長二尺. 其言管數長短不同. 爾雅疏亦引風俗通云: 舜作簫, 其形參差象鳳翼, 十管長二尺. 今本風俗通但作長一尺, 復與唐儒所見之本不同. 臣愚以爲於理皆通, 蓋古本風俗通言二尺者, 指倍律也. 今本風俗通言一尺者, 指正律也. 惟言十管, 疑有脫文, 當從郭註作十六管者, 是矣."
32) "言如字本或作䇾, 音同." 四庫全書本 『爾雅注疏』 권5.

그린 것으로 추정할 수 있다. 이 두 획은 생략되기도 하고 가끔 두 점으로 나타나기도 하는데, 퉁소에서 나는 '소리'를 추상화한 것으로 해석되기도 한다. 한자에서 구체적 물상을 그릴 때 고대 중국인들은 그 대상물 자체만 그리는 것이 아니라 대상물을 인간의 행위와 관련지어 인식하였기 때문에 여기서처럼 종종 인체의 구체적 부위가 첨가된 형식으로 등장하기도 한다.

예컨대 '하늘[天]'을 그리면서 객관적 실체가 아닌 사람의 머리를 크게 키워 그려놓고 사람의 머리와 맞닿은 '하늘'을 표현하거나, '북[鼓]'을 그리면서 북[壴]에다 북채를 손에 쥐고 치는[支] 모습까지 더하거나, '사다[買]'는 개념을 그리면서 당시에 화폐로 쓰이던 조개[貝]를 그린 것이 아니라 화폐로 쓸 조개를 그물[网]로 잡는 모습을 그려낸 것 등이 그러하다. '퉁소'를 그리면서 퉁소를 부는 사람의 입[口]까지 그려 넣은 것도 이러한 표현 습관의 또 다른 반영이라 볼 수 있다. 「언(言)」이 퉁소를 그렸다는 것은 「언(言)」의 가장 위쪽 가로획을 제거하면 「설(舌)」이 되고, 「언(言)」에다 가로획을 하나 더하면 「음(音)」이 된다는 자형 간의 연관성도 이를 증명한다.33) 그리고 舌(舌)은 혀끝이 둘로 갈라져서 사람의 혀로 보기는 어렵고 피리 등 악기의 혀로 보는 것이 타당할뿐더러, 이렇게 해야만 「음(音)」자와도 의미적 연관성을 가질 수 있다. 나아가 「음(音)」과 자주 결합하여 대응 관계를 이루는 「성(聲)」(𦕠)도 석경(石磬)의 연주 소리를 귀 기울여 듣는 모습으로, 이것 역시 '악기'에서 그 의미가 만들어졌다.

---

33) 言과 音은 어원이 같으며 이후 분화된 글자임에 대해서는 郭沫若, 李孝定 등 학자들이 일반적으로 인정하는 부분이며, 이에 대해서는 『甲骨文字集釋』(1982), 743쪽, 759쪽을 참조. 또 于省吾는 이에 대해 다섯 가지 증거를 제시하며 상세히 논증했는데, 이에 대해서는 『駢續』 30쪽 하~33쪽 상. 『甲骨文字詁林』(1996), 695쪽(재인용)을 참조.

물론 이러한 해석에 대해 다음의 몇 가지 의문을 제기할 수는 있다. 먼저 갑골문에서는 「언(言)」만 존재하고 「음(音)」은 출현하지 않는데[34], 그렇다면 섭옥삼(葉玉森)의 말처럼 악기가 언어보다 먼저 생겼으며 악기로써 언어를 그렸다고 해석될 수 있는가 하는 문제이다.[35] 곽말약의 논증에 의하면 일반적으로 무형의 추상적 의미를 가지는 글자는 유형의 구체적 기물로써 그 명칭을 만들기 때문에[36], 즉 '말'이라는 추상적 개념을 '악기'라는 구체적 기물에 근거해 그려낼 수 있기 때문에, 「음(音)」의 갑골문 출현 여부와 '말'과 '소리'의 순서 관계는 문제가 되지 않는다. 게다가 발생 순서로 보아도 인간의 말보다 자연물의 소리가 먼저 출현할 수 있다. 이 때문에 「언(言)」을 악기의 소리로 볼 수 없다는 섭옥삼의 지적은 인정하기 어렵다.

둘째, 갑골문의 용례를 살펴볼 때, 「언(言)」이 "길어(吉語) 아니면 흉어(凶語)」라는 식의 용례로 쓰여, 통소가 원래 의미가 아님이 증명된다."고 섭옥삼이 지적한 문제가 있다.[37] 하지만 이에 대해서는 이미 우성오(于省吾)가 갑골문의 용례 분석을 통해 갑골문 당시 「음(音)」과 「언(言)」은 서로 통용되었으며, 어떤 경우에는 「흠(歆)」(신이나 조상의 혼령이 제사 음식을 기쁘게 받다)의 의미로 사용되었다고 밝힌 바 있다.[38] 이

---

34) 갑골문에서는 言은 音과 같이 사용되었으며, 금문에 들면서 자형에다 가로획[一]을 더해 구분하기 시작했다. 이에 대해서는 于省吾, 「釋古文字中附劃因聲指事字的一例」, 『甲骨文字釋林』(1979) 참조.
35) 葉玉森, 『殷墟書契前篇集釋』 5권 24쪽. 『甲骨文字詁林』(1996), 694~695쪽에서 재인용.
36) 郭沫若, 「釋龢言」, 『甲骨文字研究』(1982) 1권.
37) 葉玉森, 앞의 책. 694~695쪽에서 재인용.
38) 갑골문의 통용례로는, "병자일에 점을 칩니다. 점복관 '각'이 물어봅니다. 불러서 황하신에게 제사를 받도록 하는데 '료'제사를 올리고……수퇘지와 양 3마리와 (배를 가른) 소 5마리를 바칠까요?(丙子卜殼貞, 呼言(歆)于河燎……豭三羊[卯]五牛)"(『粹』

것은 갑골문이 쓰일 때 「언(言)」이 이미 다양한 파생 의미로 쓰였으며 본래 의미를 상실한 것으로 볼 수 있다. 게다가 우성오는 「음(音)」과 「언(言)」이 같은 데서 근원하였을 뿐 아니라 「음(音)」은 「흠(歆)」과도 같다고 했는데[39], 「흠(歆)」은 「음(音)」에 입을 벌리고 불거나 들이마시는 모습을 그린 「흠(欠)」이 더해져 그러한 동작을 강조한 것으로 볼 수 있다.[40]

셋째, 양쪽에 더해진 두 점에 대해 우성오는 고문자에서 글자의 필획이 빈 곳에 점을 더하거나 작은 가로획을 첨가하는 것은 수식을 위한 것으로 별다른 의미는 없다고 했다. 그러나 이는 곽말약의 해석처럼 소리를 상징하는 부호로 보아도 전혀 문제가 될 것은 없으며, 오히려 대[竹]의 잔가지나 소리의 상징으로 보는 것이 더 적절해 보인다.[41]

이상의 여러 논증을 통해 볼 때, 「언(言)」은 '혀에서 나오는 말'을 그렸다는 전통적인 해설과는 달리 '대나무 관(管)'으로 만든 악기로 보는 것이 설득력이 있다. 이는 「음(飮)」이나 「음(音)」, 「화(龢)」, 「설(舌)」, 「구(口)」, 「왈(曰)」, 「성(聲)」 등과 자원을 비교했을 때도 그렇다. 나아가 중국에서 전통적으로 「문(文)」이 글말을, 「언(言)」이 이에 대칭하는 입말을 뜻한다는 것도 상당한 상징성이 있다. 그것은 입말[白話]을 뜻하

---

48)가 보인다. 「釋言」, 『甲骨文字釋林』(1979) 상권 참조.
39) "言同音讀歆訓饗."
40) 歆과 동원적 관계를 맺는 飮은 갑골문에서 사람이 목을 쭉 빼들고 술독의 술을 대관을 통해 마시는 모습이다. 이는 중국의 리수[傈僳]족이나 뉴[怒]족 등과 같은 소수민족들의 습속에서 볼 수 있는 同心酒 마시는 모습을 연상하게 한다.
41) 하지만 그래도 다음 두 가지는 계속 의문으로 남으며 앞으로 더욱 보완되어야 할 과제이다. 첫째, 통소를 부는 입[口]과 통소의 위치가 왜 거꾸로 되었는가 하는 문제이다. 이는 ᛠ(侖)에서와 같이 입과 통소의 입이 같은 방향이어야 한다. 둘째, 言은 音과 통용되고 音은 歆이나 飮과도 통하는데, 飮과 歆에서는 言의 모습이 갑골문에서의 모습과는 거꾸로 되어 있음이 정형이니, 이는 어떻게 해석해야 할 것인가에 대한 문제가 그렇다.

는「언(言)」은「변(變)」이나「섭(燮)」의 구성에서 볼 수 있는 것처럼 그 초기 형태가 '대나무'이며 대로 만든 죽간에 기록한 당시의 입말[白話]을「언(言)」이라 부르게 되었는데, 이는 갑골이나 청동 기물, 나아가 석각 등에 기록된「문(文)」에 비해 가변성이 극히 높은 것으로 인식되었을 것이기 때문이다.

2_「언(言)」계열자의 의미 지향

여기서는 『설문해자』에 수록된「언(言)」부수 귀속자의 한자들을 자원적 입장에서 고찰하고 이의 의미 파생 과정을 고찰하였다. 이에는 갑골문, 금문, 전국(戰國) 문자, 소전 등의 실물 자료와 전인들의 한자 형체 고석에 관한 연구 성과들에 기초를 두고,「언(言)」부수에 귀속된「앵(䇂)」등 총 249자와 이체자 33자[42],「순(詢)」등 『설문해자신부(說文解字新附)』에서 추가된 8자,「경(誩)」부수에 귀속된「선(善)」등 4자를 주된 대상으로 하여 이 글자들의 의미 지향을 살폈다. 그 결과「언(言)」은 의미가 있는 인간의 '말'이나 '음성'이라는 의미보다는 뜻이 없는 '소리'를 본래 의미로 본다는 점을 발견할 수 있었다.「앵(䇂)」[1][43]은 아직 의미가 담긴 말을 제대로 구사하지 못하는 '아이(䏌·嬰의 생략된 모습)'의 말[言]을,「경(謦)」[2]은 석경(石磬)(殸, 磬의 籒文)을 치는 '소리' 같은 '기침 소리'를 말한다.[44] 『설문』에서 이 두 글자를「언(言)」부

---

42) 宋本 『說文解字』에서는 245자로 되어 있으며, 小徐本에서는 246자로 되어 있다. 段玉裁의 『說文解字注』에서는 247자로 되어 있지만, 「謚」자는 뒤에 더해진 글자이며 이를 빼면 246자가 옳다고 하였다. 하지만 臧克和의 최근 고증에 의하면 「誤」·「註」·「誤」 등을 추가하여 총 249자가 옳다고 하였다. [『說文解字新訂』(2002)] 여기서는 臧克和의 교정본을 따랐다.

43) 윗첨자는 言 부수에 귀속한 글자가 배열된 순서를 뜻한다.

44) "謦: 기침 소리를 말한다. 言이 의미부이고 殸이 소리부인데, 殸은 磬의 籒文이다. (欬也. 從言殸聲. 殸聲籒文磬字.)"(『설문』 言 부수)

수에 귀속된 249자 중 제일 앞부분에 배치하였다는 것은 이 글자들의 의미가 「언(言)」의 본래 의미에 가깝고 「언(言)」의 원래 뜻이 '소리'임을 간접적으로 보여준다. 그리고 이후의 파생 의미인 '말'의 경우, 가장 큰 특징은 「언(言)」 계열 한자에 반영된 '말'은 믿을 수 없는 거짓된 것이라는 부정적 인식일 것이다. 이를 구체적으로 살피면 다음과 같다.

(1) 「언(言)」 즉 '말'로 된 것은 '거짓'이라는 의미 지향이 두드러지게 나타난다. 예컨대 「와(譌)」[186]는 「언(言)」과 「위(爲)」로 구성된 구조로 '말'로 '하는[爲]' 행위가 바로 '거짓'임을 나타낸다. 또 이후 생겨난 이의 이체자인 「와(訛)」는 '말'로 '변화시킨[化]' 것은 바로 '거짓'이라는 의미를 담는다 할 수 있다.

(2) 「언(言)」, 즉 '말'을 '속임'이거나 '속이기 위한 수단'으로 인식한다. 예컨대 「유(誘)」[121]는 「언(言)」과 「수(秀)」로 구성된 구조로, '뛰어난[秀]' '말'을 '유혹(誘惑)'이나 '속임'으로 보았다.[45] 또 「사(詐)」[194]는 「언(言)」과 「사(乍)」로 구성된 구조로(乍는 作의 생략된 형태이다), 이는 '말'이 '만들어내는 것[作]', 즉 말의 기능은 바로 '속임'에 있다고 보았음을 반영했다.[46] 그리고 「광(誑)」[131](誆과 같음)은 미치광이[狂]처럼 지껄여대는 말은 '속임수'임을[47], 「황(謊)」[188]은 끝없이 펼쳐지는 강[㤀]처럼 '밑도 끝도 없는 말'에서 '잠꼬대[夢言]'의 뜻이, 다시 '황당한 말'이라는 뜻이 나왔다. 또 「편(諞)」[161]은 어떤 내용을 현시하기 위해 문 위에 내걸린 납작한 액자[扁]처럼 '두드러진 말', 즉 뛰어난 언변은 바로 '속임'임을, 「휼(譎)」[193]은 창으로 찌르듯[矞] 가슴을 아프게 하는 '속임수'를, 「하(虒)」[182]는 호랑이[虎] 울음소리처럼 '크

---

45) 『설문』에는 등장하지 않지만, 誘와 같은 뜻으로 䛡이 제시되었다. "䛡: 유혹하다는 뜻이다. 言이 의미부이고 㐬이 소리부이다(誘也. 從言㐬聲)."
46) "詐: 속이다는 뜻이다. 言이 의미부이고 乍이 소리부이다(欺也. 從言乍聲)."
47) "誑: 속이다는 뜻이다. 言이 의미부이고 狂이 소리부이다(欺也. 從言狂聲)."

게 지르는 소리'는 속이기 위한 행위임을 웅변한다. 그런가 하면 「만(謾)¹²³」은 길게 늘어지는[曼] 말[言]이라는 뜻으로, 늘어지는 말에는 진실성이 없으니 이로부터 '속이다'의 뜻이 나왔으며, 「과(譌)¹³³」는 아름다운[䊮] 말[言]이란 '서로 속임'을 뜻한다 할 수 있다.⁴⁸⁾ 이외에도 「조(誂)¹⁶⁵」⁴⁹⁾을 비롯해 이후의 자전에 등장하는 「이(詒)」, 「숙(諔)」, 「견(詃)」, 「작(譍)」 등도 이러한 예에 속한다.

(3) '말을 잘하는 것'을 '능력'이 아닌 아첨꾼의 '간사함'이자 '교활함'으로 인식한다. 예컨대 「유(諛)¹¹⁷」는 에둘러 하거나 번지르르하게 쌓아놓은[臾] 말은 '아첨'인데⁵⁰⁾, 『설문』에서 「유(諛)」와 같은 뜻이 있는 「첨(讇)¹¹⁸」⁵¹⁾과 이후에 나오는 「첨(諂)」은 구렁텅이에 빠뜨리는[臽] 말을 뜻한다. 「피(詖)²⁹」는 한쪽으로 치우친 말을⁵²⁾, 「첩(諜)²⁴²」은 나뭇잎(枼, 葉의 본래 글자)처럼 얄팍한 말로 염탐함을⁵³⁾, 「아(誐)⁸⁶」는 아름다운 말은 교활함임을 뜻한다.⁵⁴⁾ 이후의 자전에서 등장하는 「요(訞)」는 진실을 왜곡하는 요사스런[夭] 말을, 「독(讟)」은 교활하게 속임을 뜻한다.

(4) 「변(變)」⁵⁵⁾처럼, '말'을 항상성이 없이 '변하는' 믿을 수 없는 것으로 인

---

48) "譌: 서로 속이다는 뜻이다. 言이 의미부이고 䊮가 소리부이다.(相誤也. 從言䊮聲.)"
49) "誂: 서로 유혹하다는 뜻이다. 言이 의미부이고 兆가 소리부이다.(相呼誘也. 從言兆聲.)"
50) "諛: 아첨하다는 뜻이다. 言이 의미부이고 臾가 소리부이다.(諂也. 從言臾聲.)"
51) "讇: 아첨하다는 뜻이다. 言이 의미부이고 閻이 소리부이다. 謟은 讇의 或體로 생략된 모습이다.(諛也. 從言閻聲. 謟, 讇或省.)"
52) "詖: 변론하다는 뜻이다. 고문에서는 頗자로 여겼다. 言이 의미부이고 皮가 소리부이다.(辯論也. 古文以爲頗字. 從言皮聲.)"
53) "諜: 군대 속의 간첩을 말한다. 言이 의미부이고 枼이 소리부이다.(軍中反間也. 從言枼聲.)"
54) "誐: 아름다운 언사를 말한다. 言이 의미부이고 我가 소리부이다. 『詩』에서 '아름다운 말로써 나를 경계하네.'라고 했다.(嘉善也. 從言我聲. 詩曰: 誐以謐我. 吾何切.)"

식한다.

(5) 「애(詍)」처럼, '말'은 말만 번지르르하고 실천성이 모자란 것으로 인식하여 '게으르다'는 의미를 표현한다.

(6) 「근(謹)」[46]이나 「경(警)」[80] [56]처럼, '말'은 언제나 '삼가야 하며' '경계해야 할 대상'으로 인식한다. 예컨대 「근(謹)」은 '대단히 공경스레 경계하면서 어렵게(菫) 하는 말'에서 '삼가다'는 뜻[57]을, 「계(誡)」[52]는 말[言]을 경계한다[戒]는 뜻[58]을, 「기(誋)」[53]는 말[言]을 꺼려함[忌][59]을 말한다. 또 「휘(諱)」[54]는 성을 에워싸듯(韋, 圍의 본래 글자) 말을 잘 나가지 못하도록 막는다는 뜻에서 '말을 꺼리다'나 '말을 피하다' 등의 뜻[60]이 나왔으며, 「겸(謙)」[82]은 말이란 묶어두어[兼] 적게 해야만 '겸손'해지고 그것이 상대를 '공경하는 것'임[61]을 담았다 할 수 있다.

(7) 「과(誇)」[170]나 「이(訑)」[122] [62]처럼, '말'을 잘하는 것은 '과장'이거나 '방자함'을 대표하는 것으로 인식한다. 말로 자랑함은 곧 과장이요 과장은 속임이

---

55) "變: 바꾸다는 뜻이다. 攴이 의미부이고 䜌이 소리부이다.(更也. 從攴䜌聲.)" 권3, 攴부수.
56) "警: 경계하다는 뜻이다. 言과 敬이 의미부이며, 敬은 소리부도 겸한다.(戒也. 從言從敬, 敬亦聲.)"
57) 『說文解字』에서 "謹: 삼가다는 뜻이다. 言이 의미부이고 菫이 소리부이다.(愼也. 從言菫聲.)"라고 했다. 菫은 갑골문에서 사람을 묶어 불에 태워 기우제를 지내는 모습을 그렸으며, 여기서 가뭄 등과 같이 어렵고 힘듦을, 사람을 태워서 제사를 지낼 때처럼 대단히 공경스레 함을 뜻하게 되었다.
58) "誡: 타이르다는 뜻이다. 言이 의미부이고 戒가 소리부이다.(敕也. 從言戒聲.)"
59) "誋: 경계하다는 뜻이다. 言이 의미부이고 忌가 소리부이다.(誡也. 從言忌聲.)"
60) "諱: 경계하다는 뜻이다. 言이 의미부이고 韋가 소리부이다.(誋也. 從言韋聲.)"
61) "謙: 공경하다는 뜻이다. 言이 의미부이고 兼이 소리부이다.(敬也. 從言兼聲.)"
62) "訑: 沇州(지금의 하북성과 산동성 경계 지역)에서는 속이는 것을 訑라고 한다. 言이 의미부이고 它이 소리부이다.(沇州謂欺曰訑. 從言它聲. 託何切.)"

기 때문이다. 예컨대 「탄(誕)」¹⁷¹은 「언(言)」과 「연(延)」으로 구성되어 말을 끌어 늘이는[延] 것, 즉 과장함을 말하는데, 말이란 본디 과장이 태생적 속성이므로 '탄생'의 뜻⁶³⁾도 가지게 되었다. 「매(譖)」¹⁷²는 과장하여 말하려면 '많은[萬] 말'이 필요하다는 뜻⁶⁴⁾이, 「과(誇)」는 크게 과장하여[夸] 하는 말[言]은 떠벌림이요 자랑일 뿐이라는 뜻⁶⁵⁾이 담겼다. 「함(譀)」¹⁶⁹은 거리낌 없이 과감하게[敢] 말하는 것으로부터 '과장하여 말하다'의 뜻⁶⁶⁾을 담았다. 또 「류(謬)」¹⁸⁷는 「언(言)」과 「료(翏)」로 구성된 구조로 '말'이 '높이 날면[翏]' 그것은 '망언(妄言)'이자 '허황한 말'이 되며 이를 '잘못'이나 '오류'로 인식했음⁶⁷⁾을 반영했다. 나아가 「후(詡)」⁸⁴는 날갯짓[羽] 하듯 과장하여 '떠벌리는' 말[言]⁶⁸⁾을, 「우(謣)」¹⁸⁵는 기우제[雩]를 지낼 때 하는 말처럼 언제나 과장되고 떠벌려 하는 말⁶⁹⁾을 말한다.

(8) '저주'와 '비방', '헐뜯음'과 '험담' 등을 뜻한다. 예컨대 「저(詛)」¹⁴¹는 조상신(且, 祖의 본래 글자)에게 말로 알려 남을 해치도록 하는 '저주'를, 「자(訾)」와 「비(誹)」¹³⁷는 옳지 않은[非] 말로써 '비방함'을, 「방(謗)」은 사람의 앞이 아닌 곁[旁]에서 하는 '비방'을, 「산(訕)」은 산(山)처럼 크게 과장된 말

---

63) "誕: 말이 허황되다는 뜻이다. 言이 의미부이고 延이 소리부이다. 𣌭은 籒文의 誕으로 正의 생략된 모습으로 구성되었다.(詞誕也. 從言延聲. 𣌭, 籒文誕省正.)" 『大徐別本』에는 '省正'이라는 말이 없으며, 唐寫本 『玉篇』에서는 『說文』을 인용하여 "𧧻은 주문으로 誕이다."라고 했다.
64) "譖: 과장하여 말하다는 뜻이다. 言이 의미부이고 萬이 소리부이다.(譀也. 從言萬聲.)"
65) "誇: 과장하여 말하다는 뜻이다. 言이 의미부이고 夸가 소리부이다.(譀也. 從言夸聲.)"
66) "譀: 과장하여 말하다는 뜻이다. 言이 의미부이고 敢이 소리부이다. 誌은 譀의 俗體로 忘으로 구성되었다.(誕也. 從言敢聲. 誌, 俗譀從忘.)"
67) "謬: 미친 사람의 허황된 말을 말한다. 言이 의미부이고 翏가 소리부이다.(狂者之妄言也. 從言翏聲.) 翏는 새가 날개를 펴고 높이 나르려 하는 모습을 말한다.(『說文』「羽」부수)
68) "詡: 자랑하다는 뜻이다. 言이 의미부이고 羽가 소리부이다.(大言也. 從言羽聲.)"
69) "謣: 망언을 말한다. 言이 의미부이고 雩가 소리부이다. 䛟은 謣의 或體로 䒑로 구성되었다.(妄言也. 從言雩聲. 䛟, 謣或從䒑.)"

로 남을 '비방함'을 말한다. 「무(誣)」[136]는 무술적[巫] 행위 때 사용하는 말로 남을 저주하기 위한 말이며, 이로부터 '무고하다'의 뜻이 생겼다. 또 「주(譸)」[139], 「수(詶)」[140], 「주(詶)」[142]는 '저주하다'는 동일한 의미가 든 글자들이다. 「수(詶)」는 황하 강가 '모래톱(州, 洲의 본래 글자)에서 하는 말'이라는 뜻을 담았는데, 이는 「저초문(詛楚文)」에서 볼 수 있듯 옛날 적에 대해 저주를 할 때 황하의 신에게 저주의 말을 퍼붓고 기도를 드리며 이러한 내용을 담을 글을 돌 등에 새겨 강에 빠뜨리던 습속을 반영한다. 「주(譸)」는 장수[壽]하게 해 달라는 기도(글)임을, 「주(詶)」는 소리부인 「유(由)」가 동음 관계에 있는 「주(州)」와 교환된 관계일 뿐이며 의미는 같다.

(9) '말'의 결과는 언제나 '다툼'이나 '송사(訟事)'로 귀착되어 일을 그르치게 된다는 의미를 담은 경우이다. 예컨대 「치(誃)」[143]는 말이 많으면[多] 싸움이 일어나고 그 결과 '헤어지게' 됨을, 「패(誖)」[144]는 말이 왕성하면[孛] 결국 '어지럽게' 됨을[70], 「오(誤)」[146]는 즐거운[吳] 말은 잘못에 이르게 되고 결국은 '그르치게' 됨을, 「괘(詿)」[144] 역시 아름다운 말(圭, 佳의 생략된 모습)[71]은 잘못되어 그르치게 됨을 말한다. 또 「언(言)」이 둘 합쳐진 「경(誩)」은 '말다툼'을[72], 「선(善)」은 소전체에서 「경(誩)」과 「양(羊)」으로 구성되어 말다툼[誩]을 판결해 줄 수 있는 양(羊)의 신비한 힘을 말한다.[73] 이외에도 「송(訟)」은 '송사'에서는 사사로움이 배제된 공정한[公] 말이 필요함을 말하고, 「흉(訩)」(訩과 같음)은 왕성한[凶] 말에서 '떠들썩하다'의 뜻이 나왔다 할 수

---

70) 孛는 『說文』에서 "아이의 얼굴색이 왕성한 모양"을 그렸다고 했고 이로부터 '왕성한', '강한' 등의 뜻이 왔다. 그래서 誖는 입[口]이 많아지면 '어지러워 짐'을, 悖는 마음[心]이 여럿으로 분산되면 혼란스러워 마음이 '어그러짐'을 말한다.
71) "잘못을 말한다. 言과 圭가 의미부이다. 或體에서는 言이 의미부이고 佳의 생략된 모습이 소리부이다.(誤也. 從言圭. 或從言佳省聲.)"
72) "誩: 말로 다투다는 뜻이다. 言 두 개로 구성되었다.(競言也. 從二言. 凡誩之屬皆從誩. 讀若競.)" 『說文』「誩」부.
73) "善: 길하다는 뜻이다. 이는 義나 美와 같은 뜻이다. 誩과 羊이 의미부이다.(吉也. 從誩從羊. 此與義美同意.)" 『說文』「誩」부.

있다.

(10) 「아(訝)」처럼 '의심함'을 뜻한다. 그래서 '사람[人]'의 '말[言]'은 '진실[信]'해야 하며, 말[言]이란 '진실해야만[誠]' 이루어진다[成]는 의식이 일찍부터 생겨났다.74) 이외에도 「주(誅)」처럼, '말'의 결과는 '꾸지람'이며 최악의 결과는 '목 베임'에 이르기도 한다.

3_「언(言)」 관련 부수자의 의미 지향

말에 대한 부정적 이미지는 「언(言)」과 관련된 글자들에서만 그치는 것이 아니다. 「언(言)」과 자원적으로 의미상 밀접한 관련이 있는 「음(音)」으로 구성된 글자들에도 이러한 전통은 여전히 보존된다. 예컨대 「음(音)」은 「언(言)」에 다시 가로획이 더해져 퉁소[言]에서 나오는 소리를 상징함으로써 '소리'라는 의미를 그렸고, 이로부터 '음악'의 의미로 확장되었다. 하지만 「음(音)」으로 구성된 합성자에는 '어둡고' '캄캄하다'는 의미가 대표적으로 보존됨으로써 '소리'가 가진 부정성에 대한 인식을 반영한다. 즉 「암(暗)」은 날[日]이 캄캄하여[音] '어두움'을, 「암(闇)」은 문[門]이 닫혀 캄캄함으로부터 '닫힌 문'을, 「암(瘖)」은 목이 잠겨 소리[口]가 나지 않음에서 '벙어리'를, 「암(堷)」은 흙[土]이 묻어 '색이 혼탁해지고 어두워짐'을, 「암(揞)」은 손[手]으로 어두운 곳에 넣는 것에서 '숨김'의 의미를, 「암(罯)」은 그물로 덮어버림에서 '캄캄해짐'을,

---

74) 이러한 전통은 『春秋』「穀梁傳」(민공 22년 조)에서 "人之所以爲人者, 言也, 人而不能言, 何以爲人, 言之所以爲言者, 信也, 言而不信, 何以爲言, 信之所以爲信者, 道也, 信而不道, 何以爲道, 道之貴者時, 其行勢也."라고 한 것이 잘 나타난다. 이후 유가 경전에서는 더욱 구체화되었으며 나아가 다른 철학서까지도 보편화되었다. 예컨대, "與朋友交, 言而有信"(『論語』「學而」)이라든가 "言必行, 行必果"(『論語』「子路」), "言必先信, 行必中正"(『禮記』「儒行」), "揚言者寡信"(『逸周書』「官人」), "輕諾者寡信"(『老子』) 등이 그렇다.

「암(腤)」은 고기[肉]를 삶으면 선홍색이 어둑해짐에서 '고기를 삶다'는 뜻을, 「암(諳)」은 말[言]을 깊숙하게 간직하도록 만들다는 의미에서 '외우다'는 뜻을, 「암(黯)」은 검괴[黑] 캄캄함에서 '어둡다'는 뜻을, 「음(愔)」은 마음[心]이 '깊숙하고 조용한' 모양을, 「음(窨)」은 구멍[穴] 속처럼 캄캄함[音]에서 '암실'을, 「음(瘖)」은 말[音]을 하는 데 병[疒]이 있다는 뜻의 '벙어리'를 그려낸 글자들이라 할 수 있다.

4_「언(言)」이 파롤?

이상에서 살펴본 바와 같이 자원으로 보았을 때 「언(言)」은 통소나 관이 여럿 달린 피리 등의 '악기의 소리'에서 연원하는 글자로서, 벌린 입을 사실적으로 그린 「구(口)」와는 대조되는 글자이다. 「언(言)」이 혀의 모습에서 파생했다고 본다면 프랑스어 'langue'의 어원과 크게 다르지 않다. 파롤의 속성까지 포함하는 프랑스어 'langage'나 'language'의 어원 역시 'langue'이며 라틴어로는 'lingua'인데 모두 혀를 의미한다. 그러나 소쉬르가 창안해낸 개념으로서 랑그, 혹은 언어는 발성기관인 혀나 혀가 만들어내는 개별적 소리가 아니다. 물론 「언(言)」 속에 추상적 언어 체계로서의 랑그가 전혀 들어 있지 않다고 말할 수는 없을 것이다. 하지만 고대부터 한자문화권에 속하는 대부분 나라에서 「언(言)」을 부정적으로 인식한 것은, 말이 '모든 현상에 대한 규범'이나 '구조화된 체계'가 아니라 현상이자 부분이며 순수 청각이며 유한한 인간의 개별 신체의 특성(발성과 청취)이기 때문이다. 따라서 「언(言)」은 낱말이 담아내는 보편적 영상이나 보편적 정신의 속성으로 개념화되지 않은 탓이라고 볼 수 있다.

한편, 「구(口)」는 먹고 말하는 인간과 동물의 신체 기관은 물론 집의 입구나 기물의 아가리까지 지칭하는 다양한 의미로 확장되어 쓰이지만,

원래는 인간의 입을 형상화한 글자이다.「미(味)」가 입[口] 속에 느껴지는 갖가지[未] '맛'을 뜻하며,「탄(呑)」이 입[口]으로 삼킴에서 '먹는' 행위를,「명(名)」이 캄캄한 밤[夕]에 입[口]으로 부르는 '이름'을 뜻한다. 또「구(口)」는 '말'과 관련된 의미를 나타낸다.「고(告)」가 희생 소[牛]를 바치고 기도하는[口] 데서 '알리다'의 뜻을,「부(否)」가 아니다[不]라고 말해[口] '부정함'을,「점(占)」이 점괘[卜]를 해석하는[口] 행위를,「함(咸)」이 무기[戌]를 들고 입[口]으로 소리는 지르는 '함성'을 뜻한다. 또「명(命)」이나「군(君)」에서 보이는 것처럼 입에서 나온 말은 명령과 권위의 상징이기도 했으며,「린(吝)」처럼 아름다운[文] 말[口]이란 '아껴야' 한다는 의미가 담기도 했다. 여기서 주목할 점은「언(言)」에서 파생된 글자와 달리「구(口)」의 파생자에는 말이 믿을 수 없고 거짓된 것이라는 부정적 인식이 별로 없다는 점이다. 또 먹는 행위 등과 같은 입의 실용적 기능과 함께 기도하고 점괘를 해석하고 명령과 권위를 상징하는 말의 긍정적 의미를 포함한다는 점이다.

이런 점으로 미루어 자원적으로 살펴본「언(言)」은 서양의 랑그 개념과는 달리 인간 이성의 궁극적인 표상으로서 로고스의 역할이 아니라 시간이 흘러가면서 계속 변화하며 공간이 달라지면 원래 기능을 유지할 수 없는 가변적인 것으로 인식된 것으로 보인다. 다시 말해서『설문해자』에 수록된「언(言)」과「언(言)」계열자는 영혼의 본성에 대해 통찰하도록 하는 특징을 지닌 것이 아니라 성음(소리)이라는 의미가 있으며, 이러한「언(言)」은 영혼 안의 지식을 전달하지 못하고 발성기관의 소리에만 의존하는 것으로서 오히려 지혜의 실체를 망각하는 매개로서 생각된 것으로 보인다. 이것은 소쉬르가 문자의 특성으로 깎아내린 바로 그 속성이 한자에서는「문(文)」에 해당하는 것이 아니라「언(言)」에 해당한다는 것을 보여준다.

3. 「문(文)」은 문자인가?

이 장의 들머리에서 언급했듯이 소쉬르는 언어 연구의 구체적 대상이 각 개인의 두뇌 속에 저장된 사회적 산물인 말이며, 문자는 음성을 표시하는 기호에 불과하다고 말했다. 그는 자기의 이론에 적합한 표음문자 체계만을 연구의 대상으로 삼았고, 표의 체계로 된 언어는 분석 대상에서 제외하였다. 그러나 그는 표음문자의 연구에서도 말/문자의 위계질서를 강력하게 옹호했다. 예를 들면 그는 "14세기부터 문자 형식은 정체해 있는데 반해 언어는 진화를 계속했다. 그러자 이 시점부터 언어와 철자법 사이의 불일치가 심해졌다."[75]라고 했다. 또, 그는 이것을 언어에 영향을 주어서 언어를 변경해버릴 만큼 강력한 "문자의 폭정"[76]이라고 정의하고, 이러한 현상은 주로 문어나 문헌이 상당히 중요한 역할을 담당하는 대단히 문학적인 사회에서만 일어나는 "정신병리학적 현상"이라고 말한다. 소쉬르가 문자의 우위가 병적인 현상이며 폭정으로까지 여기는 이유는 말과 문자의 관계를 말=사유(개념), 문자=물질(소리 이미지)이라는 관계로 간주하기 때문이다. 즉 말은 사유와 정신을 표상하고, 문자는 그 사유를 담는 그릇이요 기호이다. 이 결과 문자는 언어의 내재적 속성이 아니며, 단지 형상화하는 것에 지나지 않는다.

그러나 이것은 소쉬르의 독창적인 생각도 소쉬르가 창안해낸 생각도 아니다. 이러한 문자에 대한 멸시는 플라톤에서 연원하는 서구의 전통과 연관 있다. 말은 로고스로서 진리와 같은 것으로, 사유가 문자의 옷을 입을 때 사유는 그 진정성을 잃고 사유의 표면을 은폐하고 위장하게 된다. 즉 플라톤의 표현을 빌리면, 말은 살아 있는 기억을 뜻하고 자연적

---

[75] Ferdinand de Saussure, *Course in General Linguistics*(1986), 28쪽.
[76] 같은 책, 31쪽.

인 기억을 대신하는 문자는 기억의 변형을 가져오는 폭력과 망각을 뜻하기 때문이다.

하지만 필자는 이러한 서구 전통에 입각한 소쉬르의 문자에 대한 정의는 오류가 있다고 생각한다. 왜 문자의 기능을 폭력으로만 간주하여야 하고, 문자에 의한 변형을 악으로 간주하여야 하는가? 여기에서는 문자의 「문(文)」을 중심으로 자원을 풀어가겠지만, 한자문화권에서 문자는 단지 말의 '이미지'나 '형태'에 머무는 것이 아니다. 이미 데리다가 『그라마톨로지』에서 주장한 바처럼, 인간의 발성기관이 내는 구체적 소리가 소쉬르의 연구 대상이 아니므로 "추상적 음소가 실제 음성을 닮을 수는 없으므로"[77] 문자를 언어의 표상, 즉 이미지로 정의한 소쉬르의 주장은 문제가 있다. 기표가 실제에 대한 이미지이자 표상이라는 소쉬르의 주장은 문자를 의복과 같은 외부적 체계로 파악한 결과에 불과하다. 물론 데리다의 주장은 한자문화를 잘 알았기 때문에 나온 것은 아니다. 그의 분석은 유럽의 문화를 내부적으로 비판하고자 한 의도에서 나온 것이다. 여기서 필자는 자원으로 풀어보았을 때도 「문(文)」이 소쉬르가 제기한 '문자'의 의미와 상당히 다르다는 점을 증명해 보이고자 한다.

1_「문(文)」의 자원

「문(文)」을 『설문해자』에서는 "획을 교차시키다는 뜻으로, 교차한 무늬를 형상했다.(錯畫也. 象交文.)"라고 하여, 획을 교차시킨 것이 「문(文)」의 원래 뜻이라고 했다. 하지만 이를 원래 뜻으로 보기는 어렵다. 갑골문에 근거해 보면 "축발문신(祝髮文身·머리를 짧게 깎고 문신을 새기다)"(『곡량전(穀梁傳)』 애공 3년 조)이나 "피발문신(被髮文身)"(『예기(禮

---

[77] 같은 책, 45쪽.

「그림 3」「문(文)」의 갑골문 자형

記)』「왕제(王制)」)에서와 같이 '문신'이 원래 뜻이다. 바깥의 ᄎ은 사람의 모습이고, 중간의 ×·∨·∧·／ 등은 가슴팍에 새겨진 무늬이다.78) 이처럼 사람의 몸에 새긴 무늬, 즉 문신이 처음의 뜻임에는 의견이 일치한다.

하지만 오기창(吳其昌)의 경우 금문의 용례를 중심으로「문(文)」을 제사 지낼 때 신위 대신으로 그 자리에 앉혀 제사를 받게 한 시동(尸童)과 연계해 해석했다. 즉 "문(文)은 온몸에 복잡한 무늬가 그려진 채 반듯하게 세워져 제사를 받는 시동(尸童)의 모습을 그렸다." 이후 '문신(文身)'이라는 의미에서 확장되어 문학(文學), 제도, 문물 등의 뜻이 나오게 되었고, 궁극에 가서는 '문화(文化)'라는 뜻까지 파생했다. 문신을 새겨 반듯하게 세워 제사를 받게 하는 시동(尸童)의 습속에서 추론해 볼 때, 이 '시동(尸童)'은 바로 제주의 할아비나 아비의 상징일 것이다. 그래서 경전을 비롯해 종묘에 모셔진 청동기 명문에서 '문고(文考)', '문모(文母)', "문조(文祖)', '문왕(文王)', '문공(文公)', '전문인(前文人)' 등과 같은 말이 비일비재하게 등장한다. '문고(文考)', '문비(文妣)', '문부(文父)', '문

---

78) 商承祚,『甲骨文字研究』하편.『古文字詁林』8책 68쪽에서 재인용.

모(文母)' 등은 시동(尸童)을 부모로 꾸민 것을, '문조(文祖)'는 시동을 조부로 꾸민 것을, '문왕(文王)'은 시동을 '태행황제(大行皇帝)'로 꾸민 것을, '전문인(前文人)'은 시동을 '역조력종(歷祖歷宗)'으로 꾸민 것을 말한다."79)

하지만 이러한 제사 제도가 확립되기 전으로 거슬러 올라가면 죽음을 영혼이 육체에서 분리되는 과정이라 여기고 죽음이 피 흘림을 통해 이루어진다고 생각하는 원시인들의 인식에서 문신 새기기의 습속이 근원했다. 당시에는 사고나 야수의 습격 등으로 피를 흘려 죽은 사고사가 대부분이었는데, 그런 경우가 아닌 자연사한 경우에는 인위적으로 피 흘림을 상징하는 문신을 새겨 죽은 사람의 영혼이 육신에서 분리될 수 있게 하였다. 그래서 백천정(白川靜)도 '문조(文祖)', '문고(文考)', '문모(文母)' 등은 선인에게 붙이는 말인데 여기에서 문(文)은 죽은 사람에 대한 신성화한 기호를 말하며, 죽은 시신을 묻을 때에는 붉은색을 가슴팍에 다 칠하기도 한다80)고 하여, 「문(文)」을 죽은 사람을 성스럽게 하려고 시신의 가슴에 새기는 칼집으로 해석했다.

허진웅도 이러한 견해에 전적으로 동의하였으며, 여기서 한 걸음 더 나아가 이러한 죽음에 대한 의식을 고대 사회에 존재한 노인살해를 반영한 「미(微)」 등과 연계했다.81) 그래서 나이가 든 쇠약한 노인을 살해

---

79) 吳其昌, 『殷墟書契解詁』. 『古文字詁林』 8책, 68~69쪽에서 재인용.
80) 白川靜, 『字統』(1984), 759쪽.
81) 「微」는 머리를 풀어 젖힌 병약한 노인[長]을 뒤에서 몽둥이를 든 손[攴]으로 내리치는 모습을 형상했다. 살해 대상이 된 병약한 노인에서 '쇠약하다'나 '미미하다'라는 의미가 생겨났다. 이후 인지의 발달과 함께 이를 공개적인 장소에서 행하지 못하고 은밀한 곳에서 숨어 행하게 되었는데 이로부터 '은밀한', '몰래'라는 뜻까지 생겼다. 또 楚나라 帛書에서 "天下皆知美之爲美, 亞(惡)也."에서 美를 𢼸(『老子』 甲15)와 같이 적었는데, 微와 美를 통용하고 있다. 이는 가차의 현상이기도 하겠지만, 노인살해를 반영한 微가 혐오스런 행위가 아니라 '아름다운' 행위였음을 반증하는 예라

하는 습속은 매우 일찍부터 있었던 것으로 보이며, 이는 중국뿐만 아니라 원시 사회에서는 보편적으로 존재한 것으로 보인다고 했다.[82] 예컨대 7천 년 전의 유적으로 보이는 광서성 계림의 증피암(甑皮岩) 유적지에서 발견된 유골을 보면 당시로는 노인에 드는 나이인 50세 이상의 유골에서만 인위적인 두개골 파손 흔적이 발견되었는데, 이는 바로 나이가 든 노인을 살해한 흔적으로 보인다.[83] 이처럼 「문(文)」의 옛 형태는 사람의 가슴에 무늬를 새겨놓은 것을 형상했다. 앞에서도 말했지만 고대 중국인들은 죽음을 영혼이 육체에서 분리되는 것이라 생각하고 이 분리가 피 흘림을 통해 이루어진다고 믿었기 때문에 피 흘림 없는 시체에다 문신을 그려 넣었다. 이것을 형상화한 것이 「문(文)」이고 그래서 이 글자의 처음 뜻은 '무늬'이다.

문자란 일정한 필획을 서로 아로새겨 어떤 형체들을 그려낸 것이다. 그래서 무늬라는 의미의 「문(文)」에 '문자', 즉 '글자'라는 의미도 담기게 되었다. 이후 이러한 글자로 쓰인 것, 즉 '글'을 '문장'이나 '문학작품'이라 하게 되었다. 이렇게 되자 「문(文)」은 '문자'나 '문장'이라는 의미로 주로 쓰이게 되었고, 처음의 '무늬'라는 의미를 나타낼 때에는 다시 「멱(糸)」을 더하여 「문(紋)」으로 표시했다. 물론 「멱(糸)」이 더해진 것은 베를 짜는 과정에서 생기는 무늬가 생활과 상당히 밀접하게 연관되었기 때문일 것이다. 그리하여 「문(文)」은 시신에 낸 무늬에서 시각적 아름다움으로, 다시 청각적 아름다움은 물론 철학적 형식미로까지 발전하여 급기야 문학(文學)과 문예 행위까지 지칭하게 된 것이다.

하겠다.
82) 許進雄, 앞의 책, 368쪽.
83) 같은 책, 369쪽.

2_「문(文)」 계열자의 의미 지향

「문(文)」에서 파생된 글자들은 그다지 많지 않다. 「문(文)」에 「삼(彡)」이 더해진 「문(彣)」은 문채가 화려하게 빛남을 뜻한다. 이는 문신에 의한 색채의 아름다움을 표현한 글자인데, 한자에서 「삼(彡)」은 색채나 형체, 소리 등의 아름다움을 나타낸다. 예컨대 「표(彪)」는 범[虎]에 아름다운 무늬가 들어간 것을 말하며, 「형(形)」은 외형의 아름다움을, 「문(彣)」은 문신의 아름다움을, 「동(彤)」은 붉게 칠한 장식을 말하여 붉음의 아름다움을 나타낸다. 또 「채(彩)」는 무늬나 빛의 아름다움을, 「팽(彭)」은 북소리가 퍼져 나가 멋짐을, 「조(彫)」는 조밀하게 조각을 해 넣은 네모꼴의 방패[周]에다 무늬를 그린 것을 말하며84), 「빈(彬)」은 문채와 바탕이 겸비하여 빛남을, 「창(彰)」은 새겨 넣은 무늬[章]가 화려하게 빛나거나 드러남[彡]을 말한다. 그런가 하면 「언(彦)」은 뛰어난 남자, 즉 아름다운 남자를 일컬으며85), 「산(產)」은 「엄(厂)」과 「문(文)」이 의미부이고 「생(生)」이 소리부인 구조로 사람이 태어났을[生] 때 사악한 영을 떨어내고 조상의 신령을 영접하기 위해 이마[厂]에 문신[文]을 표시한 것으로 추정된다.86)

또 「문(文)」과 비슷한 모습에서 의미를 형상한 것이 「흉(凶)」(兇의 원래 글자)인데, 「흉(凶)」은 가슴 부위에다 문신을 새겨놓은 것을 형상한 것으로, 액을 막기 위한 것으로 보인다. 여기에다 의미의 명확성을 위해 사람의 모습[儿]을 더한 것이 「흉(兇)」이다. 「흉(凶)」은 다시 사람의 몸통을 그린 「포(勹)」를 더하여 「흉(匈)」(胸의 원래 글자)으로 변하고, 다시

---

84) "彫: 琢文也. 從彡周聲." 『설문』 제9권, 彡 부수.
85) "美士有文, 人所言也. 從彣厂聲." 『설문』 제9권, 彣 부수.
86) 白川靜, 『한자 백 가지 이야기』(2005), 심경호 옮김, 38쪽.

「육(肉)」(=月)을 더하여 「흉(胸)」으로 발전하였다.87) 이렇듯 산 사람에 문신을 새기던 풍속은 여러 지역에서 보편적으로 존속된 듯하다. 역사서에 의하면 중국의 동남 지역인 오(吳)와 월(越) 지역, 동쪽 소수민족 지역, 유구(琉球), 대만 등지에서도 이러한 습속이 있었다 한다.

3_「문(文)」이 랑그?

가장 초기 단계의 한자의 자형을 담고 있다고 간주하는 갑골문에 의하면 '문자(文字)'의 「문(文)」은 인간의 시신 위에 새겨진 칼집(문신)이다. 「문(文)」은 좁은 의미에서 개별 글자를 의미하지만, 넓은 의미에서는 문화(文化)와 문학(文學), 풍습 일반을 지칭한다. '인간의 시신 위에 새겨진 칼집'이 의미하는 바는 문자가 죽은 사람의 시신 속에서 영혼이 빠져나갈 수 있는 일종의 문(門)의 역할을 한다는 것을 의미한다. 이것을 좀 더 확장해서 생각하면 「문(文)」은 정신과 육체를 연결하는 교량이며, 인간 정신의 흔적이다.88)

---

87) 이외에도 「凶」으로 구성되는 글자들은 「洶」,「汹」,「淘」,「訩」,「詾」,「詾」,「呩」,「哅」」,「忷」,「恟」,「殙」,「跾」 등이 있는데, 이들을 구성하는 「凶」의 기본적 의미는 '새 생명'이며, 새 생명이 잉태되기 위한 '기운의 왕성함'과 새 생명을 부여하기 위한 '칼집 낸 모습에 대한 두려움'이라 할 수 있다. 즉 「凶」의 의미 지향은, (1)칼집을 내는 곳 → 가슴, (2)칼집 → 흉터 → 흉하다, (3)칼집을 낸 시신 → 두렵다, (4)칼집을 내는 목적 → 육체에서 영혼의 분리 → 새 생명의 부여 → 기운의 왕성함 등으로 확장되었다 할 수 있다. 그리하여 「洶」(/洶/汹)에는 '물이 세차다'[← 물+왕성함], 「訩」(/詾/詾/呩/哅)에는 '떠들썩하다'[← 말+왕성함], 「跾」에는 '발걸음 소리'[← [발+몰려옴] ← [발+왕성함]], 「忷」(/恟/忷)에는 '두려워하다'[← 마음+칼집], 「殙」에는 '흉하다'[← 살 발린 뼈+칼집] 등의 뜻을 담게 된 것으로 추정할 수 있다.

88) 이러한 기능과 모습의 文은 북미 인디언들의 원시 그림문자와도 매우 닮았다. '영적 힘을 가진 사람'이라는 뜻의 글자는 사람이 팔을 벌리고 섰는데 머리에는 장식물이, 양팔에는 새의 날개가, 가슴팍에는 심장이 그려져 있다. B. A. 伊斯特林,『文字的産生與發展』(1989), 左小興 옮김, 71쪽 참조.

「문(文)」에서 파생한 글자는 대부분 아름다움을 표현한다. 예컨대 「문(妏)」은 문신에 의한 색채의 아름다움을 형상하는 글자이지만 좀 더 깊이 생각하자면 인간의 정신이 빛을 발하는 모습이다. 또 「반(辬)」을 『설문해자』에서는 "얼룩무늬[駁文]를 말하며, 문(文)이 의미부이고 변(釆)이 소리부인 구조이다."라고 했지만, 자세히 살피

「그림 4」「경(慶)」의 금문 자형

면 문신 칼[辛]로 새긴 무늬[文]를 말한다. 그래서 「반(辬)」은 '무늬의 모양(文貌)'으로 풀이되며[89], 처음에는 시신에 무늬를 새겼으나 이후 그 대상이 옥(玉)으로 옮겨가게 되면서 「반(斑)」이 만들어졌다. 또 「비(斐)」는 『설문해자』의 해석처럼 "아롱진 무늬[分別文]를 말한다."

물론 「문(文)」의 의미는 단순히 외형적 '아름다움'만 지향하지는 않다. 시신에 새긴 무늬가 원래 영혼을 육신에서 분리될 수 있도록 하려는 조치이던 것처럼, 「문(文)」은 중국에서 언제나 정신[心]과 밀접하게 연결되는 전통을 보여왔다. 장극화는 이를 '문심(文心)' 전통이라 불렀다.[90] 갑골문에는 가슴팍에 새겨진 무늬에 심장[心]을 그린 것이 간혹 나타나지만, 금문 이후로 접어들면 「문(文)」자의 가슴에 새겨진 무늬는 '심(心)'으로 통일되어가는 경향이 보인다. 이것은 당시 이미 '문(文)'이 '심(心)'과 밀접하게 결합하여 갔음을 보여준다. 그뿐만 아니라 『고문사성운(古文四聲韻)』의 「주(籒)」운(韻)에 수록된 「문(文)」의 고문을 보면

---

89) 馬敍倫, 『說文解字六書疏證』제17권. 『古文字詁林』8책 72쪽에서 재인용.
90) 臧克和, 『漢字單位觀念史考述』(1998), 13쪽.

「문(文)」에 「심(心)」이 더해진 상하 구조로 되어 있는데, 이는 금문에서 가슴에 그려진 「심(心)」이 바깥으로 나와 상하 구조를 이룬 것으로 해석된다.91) 나아가 합성자를 구성하는 성분으로서 「문(文)」과 「심(心)」은 종종 교환되기도 한다. 예컨대 「경(慶)」은 지금의 자형에 의하면 「심(心)」과 「쇠(夊)」와 「록(鹿)」의 생략된 모습[省形]으로 구성되었는데, 「심(心)」은 마음을, 「쇠(夊)」는 가다는 동작을, 「록(鹿)」은 옛날 축하할 때 가져가던 사슴 가죽을 뜻한다. 자형 그대로 풀자면 복희와 여와의 결합을 상징하는 것으로 알려진 사슴 가죽[鹿]과 같은 선물과 축하하는 마음[心]을 가지고 잔치 등을 벌이는 집을 방문한다[夊]는 의미이다. 하지만 갑골문이나 금문에서는 지금의 모습과는 달리 「쇠(夊)」는 아예 없이 「심[心]」과 「록(鹿)」으로 구성되었거나 「문(文)」과 「록(鹿)」으로 이루어져 있다. 또 『설문해자』에서는 「철(哲)」을 「철(悊)」로 쓰기도 했다. 이처럼 「문(文)」과 「심(心)」이 교환될 수 있었다면 「문(文)」은 바로 「심(心)」이 되고 이 두 개념은 하나가 되는 셈이다.92)

또 「빈(斌)」은 「빈(彬)」과 같은 글자로, 「문(文)」과 「무(武)」가 합쳐져 문무(文武)를 겸한 완전한 인간상을 뜻하는데, 여기서 「문(文)」은 인간의 인문 정신을 상징한다. 이러한 모습은 조선시대 문헌에 자주 등장하는 「유(儒)」의 약자(半字)로 쓰인 「유(仪)」가 요샛말로 하면 '인문학[文]을 하는 사람[人]'이라는 뜻인 데서도 잘 드러난다.

이처럼 「문(文)」은 이처럼 죽은 시신에 칼집을 내어 영혼을 육체에서 분리하고 새로운 생명을 부여하고자 하는 원시 무속 행위에서 출발했다. 그래서 「문(文)」에는 출발부터 인간의 영혼이 출입하는 문(門)의 기능이 담기게 되었다. 「문(文)」의 이러한 속성은 「문(文)」의 기능이 중국에서

---

91) 같은 책, 18쪽.
92) 같은 책, 251쪽.

'문장(文章)'이나 '문식(文飾)'을 넘어서 '문심(文心)'의 기능으로까지 옮겨간 데서도 잘 알 수 있다.[93]

그렇다면 소쉬르가 문자가 언어에 역으로 영향을 끼치는 것을 "정신병리학적 현상"이라고 했을 때 정신이 문자에 의해 변형된다는 것을 염두에 두었다면, 한자의 자원 분석을 통해서 살펴본 「문(文)」의 의미는 완전히 정반대가 된다. 그것은 앞에서 살펴본 것처럼 악기의 소리에서 근원한 「언(言)」에는 인간 정신의 표상이라는 것을 발견할 수 없고, 새 생명의 부여를 위해 시신에 새긴 무늬에서 근원한 「문(文)」에만 인간 영혼이 드러나기 때문이다.

4. 맺음말

서구에서 말과 문자, 기의와 기표라는 이분법에서 문자는 말의 표상을 위한 필요악이었고 기표는 기의를 담기 위한 그릇이었다. "문자가 존재해야 하는 유일한 이유는 말을 기록하기 위해서이지 다른 이유는 없다."[94]라는 소쉬르의 주장은 문자에 대한 서구의 보편 개념을 반영하는 단적인 예이다. 말을 보조하기 위해 생겨난 문자는 말 속에 조화로이 거주하고 있다고 생각된 기호 표상과 기호 내용을 분리해버림으로써 그 발생부터 근본 폭력을 드러내 보였다. 문자는 살아 있는 기억을 대신하여 자연적 실체 안에 가상적 이미지를 삽입시켰고 순수 기원(영혼 혹은 의미)을 망각하게 하는 도구가 되었다. 문자는 그 발생에서부터 말을 은폐하

---

93) 이 세 가지 기능과 논증에 대해서는 臧克和, 『漢字單位觀念史考述』(1998), 1~47쪽. 『中國文字與儒學思想』(1996), 189~222쪽 참조.
94) Ferdinand de Saussure. *Course in General Linguistics*(1986), 24쪽.

고 위장하고 가면을 씌우며 타락을 조장하고 인간을 본질에 이르지 못하고 가상에 현혹되게 만들었다. 의미를 왜곡하는 기표로서 문자의 속성은 영혼에 대한 육체의 속성이기도 하고, 진리에 대한 가상의 속성이기도 하고, 자연에 대한 예술의 속성이기도 하다. 따라서 이것은 서구 로고스의 정립을 위하여 반드시 극복되어야 하는 대상이었다. 서구 근대 철학의 정점에 서 있는 헤겔이 문자를 비판하는 것도 같은 맥락에서였다. 하지만 그의 문자 비판은 정확히 표음문자 앞에서 멈춘다. 표음문자가 말에 가장 예속적이고 부차적인 문자 체계라는 바로 그 점을 가장 훌륭한 문자의 속성으로 간주하기 때문이다. 즉 말에 가장 종속적인 문자(표음문자)는 말의 관념적 내면성을 존중할 수 있으며, 발생 시기의 문자가 가지는 상형성과 표상성을 지양함으로써 주체 속에 내면성의 지반을 설정하고 정화하는 데 본질적인 방식으로 이바지하기 때문이다. 그래서 헤겔은 중국이 절대정신에 대한 어떠한 표상도 없다고 말했다.[95] 이것은 물론 중국의 종교와 문화 전반에 대한 동양 경시적인 편견을 담은 표현이기는 하지만, 그 근원에는 상형문자 체계에서 출발한 한자가 표음문자가 아니기에 말 속에 들어 있는 절대정신과 정신의 내면성을 표상해내지 못한다는 인식이 있다.

그러나 이상의 한자 자원 분석을 통해서 살펴보았듯이 「언(言)」은 인간의 혀가 아닌 퉁소와 같은 악기가 만들어내는 개별적 소리에서 출발했을 뿐이다. 「언(言)」으로 구성된 합성자의 의미 지향을 거슬러 올라갔을 때도 「언(言)」은 결코 인간 정신의 구조화된 체계로 기능을 한 적이 없었다. 그래서 「언(言)」이 인간 영혼 일반의 은유로 사용된 것이 아니라 현상이자 부분이며 인간이나 사물의 변하기 쉬운 소리였다고 본다면

---

[95] Georg. W. F. Hegel, "China"(2001), 116~139쪽.

그 속에 영혼이나 정신이 개입할 여지는 없던 것으로 보인다. 따라서 인간의 실제 입을 형상한 「구(口)」와 변별적으로 「언(言)」의 자원을 추적해보았을 때, 문자가 생겨나 변하기 쉬운 소리를 표상한 「언(言)」을 은폐하고 위장하고 그것에 가면을 씌운다는 것은 있을 수 없는 일이다.

이에 반해 「문(文)」은 「언(言)」이 가지는 이러한 불완전한 속성을 지양하고 인간의 정신이나 정신의 내면성과 더 긴밀하게 연관된다. 「문(文)」이 어원적으로 무늬에서 출발한다는 말은 정신이 아닌 육체의 아름다움이나 치장의 표면적인 아름다움을 뜻하는 것이 아니라, 시간과 더불어 사라지는 유한한 육체에 칼집을 내어서 인간 정신의 영원함을 보전하기 위한 시도로 보이기 때문이다. 따라서 「언(言)」과 「문(文)」두 글자를 중심으로 하고 그 계열자와 파생자를 통해서 살펴보았을 때 정신의 내면성을 설정하는 것은 「언(言)」보다는 오히려 「문(文)」에 가깝다. 따라서 「문(文)」이 문자인 동시에 영혼이 출입하는 문(門)이라면 문자는 말을 은폐하고 가면을 씌워서 인간을 본질에 이르지 못하게 하는 것이 아니라, 영혼과 육체, 진리와 가상의 이분법을 무력화하면서 한쪽만의 진리가 아니라 모든 것을 포함하는 더욱 확장된 진리에 다가가게 한다. 이렇게 본다면 「문(文)」은 근대에 이르기까지 핵심 개념으로 자리해온 로고스의 한계를 드러낸다고 할 수 있다.

제3장

청각과 시각: 목(目)과 견(見) 계열 한자군

1. 머리말

앞장에서 서술했듯이 근대 서구의 형이상학에서 말과 문자, 기의와 기표라는 이분법에서 문자는 말의 표상을 위한 필요악이었고, 기표는 기의를 담기 위한 그릇이었다. "문자는 (음성)언어를 표상하는 유일한 목적만을 위해 존재한다"[1]는 소쉬르$^{F.\ de\ Saussure}$의 주장은 문자에 대해 편재하던 서구의 보편개념을 반영하는 단적인 예이다. 그에 의하면 말을 보조하기 위해 생겨난 문자는 말 속에 조화로이 거주하던 기표와 기의를 분리해버림으로써 그 발생에서 이미 근본적 폭력을 드러내 보이고 있었다. 그것은 살아 있는 기억을 대신하여 자연적 실체 안에 가상적 이미지를 삽입했고, 순수 기원(의미)을 망각하게 하는 도구가 되었다.

플라톤^{Plato}에 의하면 문자는 그 발생에서부터 지식의 본질을 지닌 음성언어를 은폐하고 가면을 씌워서 인간이 본질에 이르지 못하고 가상, 즉 외관에 현혹되게 만들었다. 그래서 플라톤은 문자를 약이라기보다는

---

1) Ferdinand de Saussure, *Course in General Linguistics*(1986), 24쪽.

독이라는 의미로 파르마콘^{pharmakon}이라고 불렀다. 음성언어는 살아 있는 것이고 살아 있는 영혼을 전달하지만, 음성언어의 외양만을 전달하는 문자 기호는 죽은 것이다. 이렇게 서구에서는 전통적으로 음성언어를 문자보다 우위에 놓았고, 문자는 음성언어를 보조하는 2차적인 도구에 불과한 것으로 정의하였다.

그림문자, 설형문자, 표의문자, 표음문자 등 문자 체계만을 놓고 볼 때, 음성언어를 가장 손실 없이 옮길 수 있는 체계는 표음문자이다. 그래서 서구에서는 말에 가장 예속적이고 부차적인 문자 체계인 표음문자를 가장 훌륭한 문자로 간주하였다. 말에 가장 종속적인 표음문자는 음성의 관념적 내면성을 존중할 수 있으며, 발생 시기의 문자가 가지는 상형성과 표상성을 삭제하고 음성을 가능한 한 그대로 보존하고자 한다는 것이 그 이유였다.

익히 알려졌듯이 한자는 상형문자와 표의문자의 속성을 오늘날에도 여전히 지니기 때문에 표음문자보다 진화가 덜 된 문자 체계로 간주되었다. 소쉬르는 표음문자의 대표적 특성을 "기표와 기의가 결합하는 관계가 자의적"이라는 데서 찾는다. 그러나 한자에서 이것은 유효하지 않은 가설이다. 예를 들어 상형자인 「화(火)」는 활활 타오르는 불꽃의 형상을 그 속에 담으며, 추상적인 개념을 형상화한 글자도 의미 내용과 그 의미 형식이 완전히 자의적이라고 할 수 없기 때문이다. 일예로 귀신을 의미하는 「귀(鬼)」는 사람의 눈에 보이는 구체적 형상이 아니기에 존재하는 사물로서 그 형상을 그려낼 수는 없다. 하지만 이 경우에도 '사람에서 변용된 이미지'로서 '귀신[鬼]'의 의미를 그려내고, 「귀(鬼)」가 소리부로 사용된 형성자에서도 완전하다고는 할 수 없지만 원래의 의미 내용이 숨어 있는 경우가 많다.[2)]

물론 상형성을 상당 부분 잃어버린 현대 한자에서 기표와 기의의 관계가 반드시 '직접적'이며 '일대일의 대응 관계를 이룬다'고 말할 수는 없다. 그럼에도 한자에서는 기호의 표상과 기호의 내용이 '자의적'이라고 말하기는 어렵다. 소쉬르가 자신의 연구를 표음문자에 한정했기 때문에 기호의 표상과 의미 내용이 자의적이라고 말할 수 있었던 것이다.

이렇게 볼 때, 서구의 사유에서 표음문자가 다른 문자 체계와 비교하여 우위를 획득할 수 있는 이유는 시각보다 청각을 더 중요하게 생각했기 때문이라고 할 수 있다. 사물을 관찰하는 눈보다 음성의 청취를 더 우위에 두었다는 말이다. 그래서 표음문자 체계의 청각 중심 사유를 표의문자 체계의 시각 중심 사유보다 더 발전한 형태라고 볼 수 있었다.

그러나 과연 문자 체계에서 시각이 우선이냐 청각이 우선이냐 하는 점에 근거를 두어 이를 어느 쪽이 더 우월하고 무엇이 더 열등한 체계인지 나타내는 지표로 삼을 수 있을까? 시각에 중요성을 두면 보는 자(자아)와 보이는 것(세계)에 중점을 두게 되어 자아와 타자, 즉 인간들 간의 관계는 부차적이 된다. 반대로 청각에 중요성을 두게 되면 나와 타자의 관계가 근본적이다. 즉 시각 사유는 인간이 자연을 직접 대면하는 것이고 청각 사유는 인간관계의 법칙을 통해서 자연을 포착하는 것이다.[3] 하지만 우리가 시각예술인 회화가 청각예술인 음악보다 더 열등한 예술 양식이라고 말할 수 없듯이, 시각 사유가 청각 사유보다 더 열등한 사유 양식이라고 말할 수 있는 근거는 없다.

그러나 서구의 관점에서 보자면 서구에서는 자아와 타자의 상호 관계가 문자에 선행하고 1차적 역할을 하지만, 시각 이미지로 표상된 한자나 동양의 사유는 자아와 타자의 관계를 괄호로 묶어버리고 자아와 타자의 상호 관계를 중시하지 않는다고 말할 수 있다. 특히 중국어에서는 개별

---

2) 이 책의 제5장 「한자와 귀신」 참조.
3) Yuasa Yasuo, "Image-thinking and the Understanding of Being"(2005), 188쪽.

문자가 단독 의미를 표상하기 때문에 서구 언어와는 달리 시제의 구분이 불분명하고 능동과 수동을 표현하는 문법범주가 발달하지 않았다. 그런가 하면 한 개 문자가 명사인 동시에 동사로 쓰이는 경우도 허다하고 종종 화자나 동작 주도 생략된다. 중국어의 이러한 특성 역시 화자와 청자의 관계가 큰 역할을 하지 않는 데서 연유한 현상이라 볼 수 있을 것이다.

시각(을 우선으로 하는) 사유는 세계를 보는 자아를 중심으로 생각하는 사유 양식이다. 청각(을 우선으로 하는) 사유는 자아와 타자의 관계를 중심으로 생각하는 사유 양식이라고 할 수 있다. 청각 이미지에 의존하는 언어는 청자(타자)를 전제하지 않고는 성립할 수 없기 때문이다. 소쉬르의 이론이 관계성에서 출발하는 것도 이러한 전통에 근거를 둔다 할 것이다. 이렇게 본다면 중국의 사유는 타자 없는 사유요, 타자를 경청하거나 듣는 법을 모르며 청각을 고려하지 않은 시각만의 사유라고 폄하될 여지가 있다.

그러나 서구의 청각 중심의 사유의 근원을 거슬러 올라가봤을 때 이러한 편견은 전혀 근거가 없다. 서구의 형이상학 역시 시각에서 출발했으며 근대의 사유 역시 모든 감각 중 시각을 특권화하기 때문이다. 진리를 담는 '이론^{theory}'은 그리스어 'theoria'에서 근원하는데 이는 '보다' 혹은 '관조'라는 뜻이며, '사변^{speculation}'은 라틴어 'specio'에서 근원하는데 이 역시 '보다'에서 연유했다.[4] 또 '빛을 밝히다'는 뜻의 'Enlightenment(계몽)'에서 보듯 이성을 빛으로 설명하는 서구의 관행도 시각이 어떤 다른 감각보다 중심적임을 보여준다. 하지만 서구 형이상학의 토대를 이루는 시각은 인간의 신체적인 눈이라기보다는 신체를 초월한 정신의

---

[4] *A Greek-English Lexicon*(1996); *Oxford Latin Dictionary*(1968) 참조.

눈이며, 이것은 신체적 눈(혹은 촉각 등의 다른 감각)이 갖는 시공간적 한계를 넘어서 객관적이고 보편적인 것을 담아내야 한다. 그래서 신체적인 눈에 표상되는 주관적 이미지가 아니라 보이지 않은 비가시적인 것까지 망라할 수 있는 초월적 눈이 중요해진다.

즉 서구의 형이상학에서 이 초월적 눈에 대한 은유가 바로 청각(말)이며, 그것을 신체의 눈이 포착할 수 있도록 고안된 형태가 곧 서구의 문자 체계, 즉 표음문자이다. 그러므로 서양에서 문자는 초월적 눈을 신체적 눈으로 포섭하여 말에 들어 있는 정신을 시각 이미지로서 2차적으로 표상하는 도구가 되는 것이다.

서구의 사유에서 청각은 직접적으로 듣는 행위와는 무관하다. 말(음성)은 개별적 소리가 아니라 널리 흩어져 있는 사물이 공통으로 가지는 총칭적 성격을 직관할 수 있는 이데아^{idea}로서 가시적인 것의 한계(물에 집어넣은 막대는 굴절되어 보이고 멀리 있는 물체는 조그맣게 보인다)를 '지양'하기 위한 일종의 은유로 기능을 한다. 그래서 서구의 지배적 사유에서 청각은 타자의 소리에 귀를 기울이는 청취라고 볼 수는 없.

예를 들어 플라톤의 『공화국』에 등장하는 '동굴의 우화'에서처럼 빛은 어둠의 대립 항이 아니라 어둠을 '극복'하는 존재이다. 음성 로고스를 기반으로 하는 서구의 사유는 언어 기호를 기표/기의로 분리한 소쉬르의 경우에서처럼 세계를 자아/타자, 정신/육체, 내면/외면, 의식/무의식, 진리/가상 등으로 이분법적인 논리에 의거하여 사유하는 것이 사실이다. 그런데 후자는 언제나 전자에 의해서 극복되어야 하는 대상으로 간주하거나, 전자는 주요한 것으로, 후자는 파생적인 것으로 간주하는 경향이 있다. 그러므로 말(청각 이미지)과 문자(시각 이미지)를 구분하고 음성(로고스)을 우월한 것으로 상정한 것은 "타자에의 배려와 경청"에 초점이 있다기보다는 오히려 타자를 전유하고 타자를 자아에 동화시키고자 하는 끊임없는 시도였다.

따라서 서구인들이 중국의 사유를 깎아내리는 이유는 시각 사유 그 자체에 있는 것이 아니라, 중국이 서구와 '다른' 문자 체계가 있고 그 문자 체계를 중심으로 다른 사유 체계로 나아갔다는 데 있는 것이다. 그러므로 차이를 열등한 것으로 취급한 것은 근대에서 정점을 이룬 오리엔탈리즘, 즉 서구의 동양에 대한 인식이 만들어낸 폭력$^{epistemic\ violence}$이다.

동양의 사유는 시각 이미지를 이용하여 세계를 포섭한다. 전통적으로 동양은 '보는' 행위를 통해 사물의 본질을 직관한다.5) 그래서 종종 시각 이미지(표상)는 세계(의미)와 구분되지 않고, 이성은 사물에 대한 감각과 분리되지 않으며, 의식과 무의식이 문자 속에 공존한다. 즉 문자는 그 자체로 의식인 동시에 무의식이다.6) 추상적 개념인 「일(壹)」, 「도(道)」, 「리(理)」, 「진(眞)」, 「미(美)」, 「선(善)」을 구체적 사물의 이미지로서 표현한다. 예를 들면 만물의 근원으로 생각되는 「일(一)」은 「일(壹)」의 자원과 연계해볼 때 호리병 박과 연결되고7), 「도(道)」는 사슴의 머리와 뿔과 연결되며, 「리(理)」는 옥(玉)의 무늬와 연관되며, 「진(眞)」은 거북점이나 거북점에 쓰이는 의식 도구의 상징인 정(鼎)과 연결된다.8) 그리고 「미(美)」는 양을 덮어쓴 사람의 모습이며, 「선(善)」은 양(羊)의 눈에서 그 문자의 뿌리를 찾기도 한다. 이렇게 추상적 개념으로 쓰이는 몇몇 글자군의 자원을 살펴보아도 중국의 사유가 어떻게 시각 이미지에서 출

---

5) 成中英은 「中國語言與中國傳統哲學思維方式」(1988)에서 이러한 지식 획득 모델을 가다머의 '청취 철학(Philosophy of Hearing)'에 대비해서 '관찰의 철학(Philosophy of Observation)'이라고 불렀다. 하지만, 서구의 인식 모델을 청취 철학으로 정의할 수 있는지는 더 연구해보아야 할 것이며, 필자의 천견으로는 '청각으로 포장된 시각'이라 가정할 수 있다고 생각한다.
6) 프로이트는 『꿈의 해석』에서 상형문자를 일종의 무의식으로 개념화했다.
7) 이 책의 제7장 「한자와 숫자」 참조.
8) 이 책의 제4장 「한자와 진리」 참조.

발하는지 잘 알 수 있다. 그러나 이러한 글자군들이 사물의 이미지에서 출발했다고 해서 그것이 추상적 개념으로 발전하지 않은 것은 아니다. 서구인들의 견해에 의하면 그것이 추상개념으로 발전하고 난 연후에도 그러한 사물에 대한 지각이 '지양되지' 않고 남아 있다는 것이다.

    그러므로 여기서는 표음문자를 지향하지 않은 한자를 통해서 이러한 관점이 얼마나 서구 중심적인지를 살피는 데 1차적 목적이 있다. 하지만 시각과 관련된 글자를 모두 분석한다는 것은 한자 전체를 분석한다는 것과 다를 바가 없는 무한한 작업이다. 따라서 여기서는 '보다'는 의미가 있는 대표적 글자군으로서 『설문해자』에 수록된 「견(見)」과 「목(目)」 부수 귀속자의 자원을 중심으로 그 범위를 축소하여, 보이는 것이 어떻게 보이지 않는 것과 결합하는지, 구체적인 것이 어떻게 추상적인 것과 결합하는지, 이 과정에서 서구식의 원근법에 기초를 둔 시각이 아닌 다른 동양적인 시각의 의미를 살펴보고자 한다.

2. 한자의 시각중심주의

    "대개 사람이 믿을 수 있는 것이란 오직 귀와 눈뿐이며, 그 밖의 것은 모두 의심스러운 것이다."9)라는 말처럼 동양 사유에서 보는 것과 듣는 것의 중요성이 강조되었지만, 그중에서도 시각이 청각보다, 이미지가 소리보다 우선되었다. 예컨대 중국적 사유의 전형을 보여주는 『주역(周易)』의 「계사(繫辭)」(下)편에 이런 언급이 보인다.

---

9) 顔之推, 『顔氏家訓』. 中村元, 『東洋人の思惟方法 2』(1990), 33쪽에서 재인용.

"옛날에 포희(包犧)씨가 천하를 다스릴 때, 우러러 하늘에서 형상을 보고 굽어 땅에서 법칙을 살폈다. 새와 날짐승의 무늬와 땅의 이로움을 보아, 가까이는 신체에서 찾고 멀리는 사물에서 취하였다. 이에 팔괘(八卦)를 처음 만들어 신통한 덕에 통하고 만물의 정리를 구분 지었다."10)

이것은 "사물을 보고(觀物) 형상을 취하고(取象) 부류를 비교하고(比類) 도를 체득하는(體道)" 인식 방법 운용에 대한 결정적인 언급이다.11) 이러한 사유 운용 방법은 차츰 누적되어 마침내 중국 민족의 시각 중심의 사유 방식이 되었고, 한자의 탄생과 변화, 발전, 의미의 함축에 직접적으로 관여하게 되었다. 그래서 『설문해자』의 「서(叙)」에서는 "황제의 사관인 창힐이 새와 날짐승의 발자국을 보고 결이 서로 구분될 수 있음을 알고서는 처음으로 서계를 만들었다."라고 말했다.12) 물론 창힐이 역사적 인물이라기보다는 신화적 인물이라고 봐야겠지만, "부류에 따라 형태를 본뜨는(依類象形)" 한자의 전신이 그림문자의 단계, 즉 원시의 구상적(具象的) 조자(造字) 단계를 거쳤음을 보여준다. 이처럼 형체 속에 의미를 보존하는 특징이 한자의 가장 큰 특성으로 자리 잡게 됐다.

시각성을 강조한 이러한 구상적 특징은 개별 한자의 형상과 의미 간의 관계에서뿐만 아니라 한자 구성 성분 간의 결합과 배치에서도 특별히 고려되었다. 예컨대 「첨(尖)」은 「소(小)」와 「대(大)」가 상하 구조로 결합하여 '뾰족함'과 '예리함'을 그렸고, 다시 첨단(尖端)에서처럼 그 뾰족한 첨탑의 제일 끝에 자리한 '최고'라는 의미도 가지게 되었는데, 큰

---

10) "古者包犧氏之王天下也, 仰則觀象于天, 俯則觀法于地. 觀鳥獸之文與地之宜, 近取諸身, 遠取諸物. 于是始作八卦, 以通神明之德, 以類萬物之情."
11) 蘇新春 主編, 『漢字文化引論』(1996), 74쪽.
12) 『說文解字』「叙」: "黃帝之史倉頡見鳥獸蹄迒之迹, 知分理之可相別異也, 初造書契."

것[大]이 아래에 작은 것[小]이 위에 놓여 위로 갈수록 좁고 뾰족해지는 첨탑의 이미지를 구조의 배치를 통해 잘 재현한다. 그런가 하면 「일(日)」과 「목(木)」이 상하 관계로 결합하면서 태양[日]이 나무[木] 위에 자리한 구조인 「고(杲)」로 '밝음'을, 태양[日]이 나무[木] 속에 든 구조인 「동(東)」으로 해가 뜨는 방향인 '동쪽'을, 태양[日]이 나무[木] 아래에 자리한 구조인 「묘(杳)」로 해가 나무 아래로 들어가 '어두워졌음'을 그렸다. 이처럼 한자는 그 자체로도 상형성을 강하게 담보하지만, 결합 방식도 대단히 시각적 효과에 의존한다.

이러한 특징의 한자를 자신의 문자 체계로 사용해온 중국인들은 "시각적 표상에 의존하여 세계를 직관하고자 했으며"[13], 이 때문에 상당히 추상적 개념조차도 구상적으로 이름 짓기에 능한 것이 그들의 전통으로 알려졌다. 예컨대 사냥 모자$^{hunting\ cap}$를 '오리[鴨]의 주둥이/혀[舌]를 닮은 모자(冒)'라는 뜻의 '야서마오(鴨舌帽)', 주식시장에서 초보 투자자는 물론 투기꾼들이 몰려들어 주가가 이상 급등하는 시장을 '사슴[鹿] 떼처럼 모두 모여드는 시장[市]'이라는 뜻에서 '루스(鹿市)$^{deer\ market}$', 더는 손해 보지 않게 하려고 주식을 내다 파는 손절매(損折賣)를 '거로우(割肉)$^{meat\ slicing}$'라고 한다. 또 "내구성 있는 소재에 기록하여 어떤 의사를 전달하고자 하는 문서"를 뜻하는 것을 쇠[金]와 돌[石]에 새긴 문자라는 뜻의 '금석문(金石文)'으로, 하루에 대단히 먼 거리를 달릴 수 있는 말을 '천리마(千里馬)'로, 대단히 멀리 볼 수 있는 눈을 '천리안(千里眼)^{clairvoyance}'으로, 대단히 긴 성을 '만리장성(萬里長城)$^{the\ Great\ Wall}$'이라 지칭하며, 'parivrajaka'를 떠가는 구름[雲]이나 흐르는 물[水] 같이 정처 없는 탁발승이라는 뜻으로 풀어 '운수(雲水)'라 부르는 것 등이 그러하다.

---

13) 中村元, 『東洋人の思惟方法 2』(1990), 33쪽.

또 대립적 두 개념을 통해 추상적인 개념을 형상적으로 표시하기도 했는데, 길고[長] 짧음[短]이 결합하여 '길이[長短]', 많고[多] 적음[少]이 결합하여 '얼마[多少]', 크고[大] 작음[小]이 결합하여 '크기[大小]', 느리고[緩] 빠름[急]이 결합하여 '속도[緩急]', 가볍고[輕] 무거운[重] 것이 결합하여 '무게[輕重]', 창[矛]과 방패[盾]가 결합하여 '모순(矛盾)'이라는 뜻이 만들어진다.

이러한 현상은 개별 한자의 발전 단계에서도 그대로 반영되어, '보다' 관련 한자군의 숫자는 언제나 '듣다' 관련 한자군보다 수적으로 우위를 점해왔다. 예컨대 갑골문의 경우 「견(目)」・「견(見)」・「신(臣)」 등으로 구성된 글자들은 총 79자인데 반해 「이(耳)」로 구성된 글자는 20자에 이르며[14], 금문은 '눈'과 관련된 글자가 24자인데 반해 '귀' 관련 글자는 8자에 지나지 않는다.[15] 또 최근의 연구에 의하면 금문에 출현하는 글자들을 해체한 결과 총 404개의 자소(字素)가 추출되었는데, 그중 「목(目)」을 자소로 하는 합성자는 28개로 전체 자소 중 합성 능력이 15위를 차지한 반면 「이(耳)」는 11개로 46위를 차지했다.[16] 이러한 경향은 이후의 한자 자전에서도 그대로 반영되어 『설문해자』에서는 「목(目)」 부수의 귀속자가 119자(『신부(新附)』 추가자 5자 포함)나 되지만 「이(耳)」 부수에는 34자(『신부』 추가자 1자 포함)만 수록되었고(이체자 미포함), 『옥편(玉篇)』에서는 「목(目)」 부수에 119자가 실렸지만 「이(耳)」 부수에는 33자만

---

14) 于省吾의 『甲骨文字詁林』(1996)을 근거로 삼았으며, 目・見・臣 등 '눈'과 관련된 글자들은 601~679번까지 제1책 551~647쪽에, 耳 등 '귀'에 관련된 글자들은 680~699번까지 제1책 647~672쪽에 수록되었다.

15) 周法高의 『金文詁林』(1981)을 근거로 삼았으며, 目 관련 글자가 14자(457~471번), 見 관련 글자가 5자(1170~1174번), 臣 관련 글자가 5자(386~390번)이며, 耳 관련 글자는 1504~1511번에 수록되어 있다.

16) 張再興, 『西周金文文字系統論』(2004), 91~92쪽. 目으로 구성된 글자 일람표는 109~110쪽, 耳로 구성된 글자 일람표는 107~108쪽 참조.

수록되었다.17) 또 현대 자전의 경우, 한국의『명문 한한대자전』(김혁제・김성원, 서울: 명문당, 1991)에서는「목(目)」부수에 736자(이체자 36자 포함)가 수록됐지만「이(耳)」부수에는 210자(이체자 4자 포함)만 출현하여,「목(目)」이나「견(見)」에 귀속된 한자의 숫자가「이(耳)」부수보다 월등하게 많다는 것은 보여준다. 이는 보는 것과 관련된 활동이 듣는 것에 비해 더욱 세밀하게 구분되는 것을 반증해준다. 중국에서 일찍부터 시각 관련 글자(어휘)가 발달해왔으며, 지금까지도 이어지는 전통임을 알 수 있다.

사실 시각 관련 한자의 발달은 눈과 관련된「목(目)」이나「견(見)」으로 구성된 한자의 합성자에 그치지 않으며, 개별 한자로 결합한 일반 어휘나 표현법에서도 확인할 수 있다. 예컨대 인간의 대표적인 인지 영역을 지칭하는 시각(視覺)・청각(聽覺)・후각(嗅覺)・미각(味覺)・촉각(觸覺) 등 다섯 가지 이름에 모두 '각(覺)'이 있는데, 이는 감각을 통괄하고 대표하는 것을 바로 '시각'으로 인식했음을 보여준다. 그뿐만 아니라 인간의 감각(感覺)(빛, 소리와 같은 외계의 사상 및 통증과 같이 신체에 수용되는 자극이 중추 신경에 전해졌을 때 일어나는 의식 현상)에도 '각(覺)'이 들어가 외부에 대한 느낌이라는 의식 현상조차도 '시각[覺]'에 통합하려는 시도가 보인다.

게다가 고대 한어에서「견(見)」자의 의미는 대단히 다양하여, 역대 문헌에서 해당 한자의 용례를 집대성한『고훈회찬(故訓匯纂)』에서는 총 54개 의미 항목을 나열하는데, (1)기본적인 의미인 '보다' 외에도 여기서 파생한 '만나다', '이르다', '돌보다', (2) '알다'[知], '느끼다'[感], '효과를 보다', (3) '믿다', (4) '갖추다' 등의 다양한 의미가 있다.18) 기본 의미인

---

17)『玉篇』에서는 이외에도 후각에 관한 글자로 鼻 부수에 5자, 自 부수에 2자가 수록되었고, 미각에 관한 글자로 舌 부수에 3자, 甘 부수에 5자가 수록되었다.

'보다'에서 '알다'와 '느끼다'는 물론 '현명하다'나 '믿다'는 뜻까지 있는 것을 볼 때, 이는 시각이 단순히 눈이라는 감각기관을 통해 지각 행위가 이루어지고 인지하게 되는 일반적인 기능을 넘어서 현명함의 척도이자 진실의 표상임을 천명한다. 다른 감각기관에 우선하는 시각 중심의 이러한 전통은 현대 한어에서도 남아 있는데, 예를 들면 다음과 같다.[19]

1a. 講明白(분명하게 말하다), 瞎說(허튼소리를 한다), 瞎講一氣(엉터리로 되는대로 말하다)

1b. 瞎撞(덮어놓고 부닥쳐보다), 瞎胡鬧(공연히 소란을 피우다), 瞎指揮(터무니없는 지휘나 지시), 盲人摸象(장님 코끼리 만지기 – 멋대로 추측하다), 坐井觀天(우물 안 개구리), 盲目樂觀(맹목적 낙관), 黑馬(대박주)[20]

1c. 黯然失色(빛을 잃어 어두운 모습 – 슬프고 침울함), 賞心悅目(눈과 마음을 즐겁게 하다 – 아름다운 정경을 감상하여 마음이 즐거움), 眼中釘(눈엣가시 – 가장 싫어하는 존재), 肉中刺(눈엣가시), 心靈窓口(마음의 창)

1d. 眼明心亮(마음이 환하고 눈이 밝다 – 통찰력이 있다), 明察秋毫(지극히 미세한 것까지 살피다 – 눈이 밝고 날카로워 사소한 일도 빈틈없음), 明知(분명하게 알다 – 확실하다), 一葉障目(나뭇잎 하나가 눈을 가리다 – 부분적인 현상에 미혹되어 전체를 보지 못함)

1e. 黑話(아편)[21], 色香味(음식의 완벽한 맛)[22]

---

18) 宗福邦 等 主編, 『故訓匯纂』(2003), 2085~2086쪽.
19) 예는 臧克和, 「結構的整體性 – 漢字與視知覺」(2006), 43쪽에서 가져왔으며, 몇몇 용례는 필자가 추가했다.
20) 예상을 뛰어넘는 수익률을 올려 주는 주식을 말하는데, 원래는 경마에서 예상치 않은 말(dark horse)을 지칭했으나 최근 들어 주식시장의 열풍으로 '대박주'를 뜻하는 의미로 확장되었으며, 영어로는 'black horse'로 옮긴다.
21) 이는 鴉片의 색깔이 검고 들이마신 뒤 快感을 느끼게 되므로 그렇게 불렀다. 그 외에도 달게 자다[酣睡]는 뜻도 있는데, 宋代 蘇軾의 詩 「發廣州」에 보인다.("三杯軟飽後, 一枕黑甛餘.") 上海辭書出版社, 『漢語大詞典』(2007) 참조.

1f. 聽得見(들리다), 聽不見(들리지 않다), 百聞不如一見(백문이 불여일견), 耳聽爲虛, 眼見爲實(귀로 듣는 것은 거짓이요, 눈으로 보는 것이 진실이다)

여기서 1a는 언어 행위가 시각으로 표현된 것이며, 1b는 행위가 시각으로 표현된 것이며, 1c는 심리적인 것이 시각으로 표현된 것이며, 1d는 지력 활동이 시각으로 표현된 것이며, 1e는 미각이 시각으로 표현된 것이며, 1f는 청각이 시각으로 표현된 경우이다. 나아가 '聽見(듣다)', '推見(미루어 생각하다)', '參見(참견하다)', '見效(효과를 보다)', '見好(상태가 좋아지다)', '試看(시도해보다)', '眼看(곧)'23), '看待(다루다, 취급하다)', '想想看(시험해보다)', '找找看(찾아보다)' 등도 이러한 시각 우위의 전통이 반영된 표현법이라 할 수 있다.

여기서는 더 구체적이고 미시적인 관찰을 위해 초기 단계의 한자 의미군을 가장 체계적으로 보존한다고 하는 『설문해자』에 수록된 「목(目)」과 「견(見)」으로 구성된 글자들이 어떤 의미 지향을 가지는지 살피고, 이를 통해 "보는 것"에 대한 고대 중국인들의 인식과 범주를 살피고자 한다.

---

22) 색과 향과 맛의 세 가지 조화를 말하는데, 중국에서 맛있는 음식을 평가하는 세 가지 기준이다. 보기에도 좋고 냄새도 좋고 맛도 있어야 완벽한 맛으로 평가된다.
23) 馬上과 같으며, "鷄鳴了三遍, 天眼看就要亮了.(닭이 세 번 울었으니 날이 곧 밝겠구나)"의 용법이 있다.

3. 『설문해자』의 목(目)·견(見) 부수자

「목(目)」은 동자가 갖추어진 눈을 사실적으로 그렸는데, 『설문』의 「목(目)」 부수 글자들에는 '눈'의 구조와 기능 등과 관련된 의미가 있다. 이와 달리 「견(見)」은 「목(目)」에 「인(儿)」이 더해져 눈을 크게 뜨고 무엇을 살피는 모습을 그렸으며, 그 때문에 「견(見)」에는 눈의 주요 기능인 '보다'는 뜻과 이로부터 파생한 의미가 있다.

1_「목(目)」 부수자의 의미 지향

『설문해자』「목(目)」 부수(제4권·상)에는 「목(目)」을 비롯해 「현(睍)」·「편(矏)」·「현(眩)」·「자(眥)」·「접(映)」·「현(縣)」·「희(瞔)」·「면(瞡)」 등 총 113자(이체자 8자 미포함)가 수록되었고, 『설문해자신부(說文解字新附)』에 「검(瞼)」 등 6자가 추가되어 총 119자가 수록되었다.[24]

---

24) 臧克和·王平 校訂, 『說文解字新訂』(2002)에 근거를 두었다. 이외에도 目에서 파생한 眲 부수에 총 3자, 眉 부수에 총 2자, 盾 부수에는 총 3자 등이 수록되었으나, 目에서 파생한 두 번째 단계의 글자들이므로 분석의 대상에서 제외했다. 그리고 目을 소리부로 하는 합성자는 『說文』에 보이지 않는다. 다만 한나라 이후 苜과 鉬이 새로 보인다. 苜은 苜蓿(거여목)을 말하는데, 『漢書』에서 目宿, 郭璞의 『爾雅注』에서 牧蓿, 羅愿의 『爾雅翼』에서 木粟으로 표기된 苜蓿은 카스피해 지역 방언의 하나인 Gilaki어나 원시 이란어에서 근원한 것으로 *buksuk으로 재구될 수 있다고 하며[羅常培, 『언어와 문화』(2002), 50~52쪽], 鉬는 현대에 들어 비철금속의 일종인 몰리브덴(Mo, molybdenum)을 지칭하기 위해 만들어진 음역어이다.

① 눈의 구조

내용	글자	뜻	『설문』의 설명	비고
눈	目[1]	눈((가운데의) 두 획은 눈동자)	人眼也. 重童子也.25)	
	眼[2]	눈알	目也	동자와 눈자위를 합친 것26)
눈동자	縣[7]	각막(검은 눈동자)	盧童子也27)	
	矄[8]	동공(눈동자 속의 정기)	目童子精也	
	眹[117]	동공	目精也	*說文新附字
	眸[118]	눈동자	目童子也	*說文新附字
반달주름	矒[9]	눈가로 얇은 주름이 빽빽함	目旁薄緻𥄙𥄙也	
눈가	眭[119]	눈가	目際也	*說文新附字
속눈썹	䀹[6]	속눈썹	目旁毛也	눈썹은 眉(독립부수)28)
안검	瞼[114]	눈시울	目上下瞼也	눈언저리에 속눈썹이 난 곳
눈자위	眥[5]	눈자위	目匡也	눈알의 언저리 늑안광(眼眶)

눈의 구조에 관련된 것을 보면, 「목(目)」이 눈을 총칭하는 개념으로 쓰였으며, 「안(眼)」은 눈알[眼球]을 말한다. 눈동자는 다시 눈동자 그 자체를 지칭하는 「모(眸)」 외에도 각막(角膜)^{cornea}을 지칭하는 「현(縣)」과 동공(瞳孔)^{pupil}을 지칭하는 「희(矄)」가 출현한다. 눈알을 외막과 중막

---

25) 이체자로 제시된 ⊚는 段玉裁에 의하면, 바깥 원은 얼굴을 속의 윗부분은 눈썹을 아랫부분은 눈을 말한다고 했으나, 江沅은 바깥 원이 눈을 속의 윗부분은 속눈썹을 아랫부분은 눈동자를 말한다고 했다.
26) "戴侗曰: 眼, 目中黑白也.『易』曰: 爲多白眼. 合黑白與眶謂之眼."(『說文通訓定聲』)
27)『說文解字注』에서는 "居最中如縣然, 故謂之縣."라고 했다.
28) 眉(눈썹)와 省(살피다)의 두 글자가 수록되었다.

과 내막으로 나누었을 바깥쪽의 외막에 속하는 각막은 검은 동자라고 불리기도 하는데, 눈의 가장 바깥쪽에 있는 투명한 무혈관 조직이며 안구를 보호하고 방어하는 기능과 광선을 굴절시켜 망막으로 도달시키는 역할을 한다. 『설문』에서 '노동자(盧童子)'라고 풀이한 「현(縣)」은 안구의 가장 바깥 부분으로 드러나는(縣·懸의 본래 글자) 부분임을 반영했다. 동공은 중막에 속하며 각막 뒤쪽에 있는데, 홍채의 중심 부위에 구멍이 보이는 검은 눈동자를 말하며 빛이 많아지면 동공의 크기가 작아지며 어두워지면 동공이 커진다. 「희(瞦)」는 『이아』에 의하면 「희(禧)」와 같고 「희(禧)」는 복(福)을 뜻한다고 했는데 눈의 정기가 모두 모인 '축복 받은[福]' 곳을 말한다. 『영추(靈樞)』「대혹론(大惑論)」에서 "오장육부의 정기는 모두 위로 올라가 눈에 모이고 그것을 동공이라 한다. 정기가 보금자리처럼 모이는 곳이 안(眼)이요, 뼈의 정기가 모이는 곳이 눈동자요, 근육의 정기가 모이는 곳이 검은자위요, 기의 정기가 모이는 곳이 흰자위다. 그래서 눈동자의 검은자위는 음의 이치를 본받고 흰자위와 붉은 핏줄은 양의 이치를 본받는다."29)라고 했다. 이처럼 눈에 모든 정기가 서려 있다고 생각했고, 이것의 핵심 부위를 「희(瞦)」로 본 것이다.

나아가 「면(䁠)」은 눈의 주변(邊, 邊의 본래 글자)에 얇은 주름이 빽빽한 것을 말하며, 「애(睚)」는 강가의 언덕처럼(厓, 涯의 원래 글자) 눈의 가를 말하며, 「접(睞)」은 안검(眼瞼)과 눈동자 사이[夾]에 형성된 '눈썹'을 말한다. 다만 눈 위의 눈썹은 「미(眉)」라고 하였는데, 독립된 부수로 취급해 '눈'의 범주에서 제외했음을 볼 수 있다.

---

29) "五臟六腑之精氣, 皆上注於目爲之精, 精之窠爲眼, 骨之精爲童子, 筋之精爲黑眼, 氣之精爲白眼, 故童子黑眼法於陰, 白眼赤脈法於陽." 『說文義證』에서 재인용.

② 눈의 모양

내용	글자	뜻	『설문』의 설명	비고
큰 눈	䀹[10]	큰 눈	大目也	
	䀶[11]	큰 눈	大目也	
	睅[12]	큰 눈	大目也30)	睆睅或從完
	睔[13]	큰 눈	大目也	
	暉[15]	튀어나온 큰 눈	大目出也	
	睔[17]	눈이 크다	目大也	
움푹한 눈	瞞[14]	움푹 들어간 눈	平目也31)	
	窅[24]	움푹한 눈	深目皃	
	眭[116]	움펑눈	深目也	*說文新附字
감긴 눈	瞍[3]	아이가 태어날 때의 감긴 눈	兒初生蔽目者32)	갓난아기 눈에 백태가 끼다33)

    눈의 모양에 관해서는 큰 눈, 불거진 눈, 움펑눈 등으로 분류 가능하다. 먼저 큰 눈에 관한 글자가 다양하게 출현하는데, 이들 간의 정확한 의미 변별은 쉽지 않다. 하지만 「비(䀹)」는 보통의 눈이 아닌[非] 커다란 눈을 말하며, 「신(臣)」이 세로로 된 눈을 그린 것임을 고려하면 「한(䀶)」은 아래위로 길게 찢어진 큰 눈을 그린 것으로 추정된다. 「환(睅)」에는 「한(旱)」 자체가 큰[干] 가뭄이 든 날[日]을 뜻하여 '크다'는 뜻이 있으며, 이의 이체자로 제시된 「환(睆)」을 구성하는 「완(完)」이 종묘에서 의식을 치르고자 성장을 한 모습을 그린 것임을 고려한다면 화장을 하여 눈을 크게 돌출시킨 모습을 반영한 것으로 해석할 수 있다. 또 「휘(睔)」은 큰 왕눈을, 「곤(暉)」은 원래 크면서 튀어나온 눈을34), 「곤(睔)」

---

30) 杜預의 『左傳注』에서는 튀어나온 눈[出目]으로 보았다.
31) 徐鍇는 "目瞼低也"라고 했으나, 『說文注』에서는 "平目은 出目이나 深目과 대칭적 의미로 쓰였다."라고 했다.
32) 각 판본에서는 瞥로 되었으나, 段玉裁의 『說文注』에 근거해 蔽目으로 고쳤다.
33) "生而目有瞖者."(『說文通訓定聲』)

은 바퀴처럼(侖, 輪과 통함) 큰 눈을 말한다.

움펑눈의 경우,「요(窅)」는 눈이 구멍[穴]처럼 움푹 들어간 것을 말하며,「만(瞞)」은 평목(平目)을 말한다고 했는데 평목(平目)은 튀어나온 눈[出目]과 대칭되는 개념으로 깊이 들어간 눈[深目]을 말한다고 했고(『설문주(說文注)』), 서개(徐鍇)는 "안검이 내려와(目瞼低)" 거슴츠레한 눈을 말한다고 했다.

③ 눈의 상태

내용	글자	뜻	『설문』의 설명	비고
어지럽다	眩[4]	눈동자가 움직이다	目無常主也	
흰자위	盼[18]	흰자위와 검은자위가 또렷하다	白黑分也.『詩』曰: 美目盼兮.	
	盰[19]	①흰자위가 많다 ②눈을 크게 뜨다	目白皃. 一曰張目也.	
	䀹[20]	흰자위가 많다	多白眼也.『春秋傳』曰: 鄭游䀹, 字子明.	눈을 돌리다[反][35]
	瓣[61]	흰자위가 많은 아이의 눈	小兒白眼也	
정기	矇[22]	정기가 많음	目多精也. 益州謂瞋目曰矇.	
	䁑[23]	정기가 나다	目精也	
	眊[25]	정기가 적음	目少精也.『虞書』耄字從此.	
		밝지 못하다		
		빛이 없다		
온화	睦[61]	눈길이 곱다	目順也	온화한[坴] 눈길
불거짐	䀪[21]	불거진 눈, 솟은 눈	出目皃也	
오목함	䀩[72]	눈이 움펑하다	目深皃. 讀若『易』曰勿郲之郲.	
	䁎[75]	눈자위가 짧고 눈이 움푹한 모양	短深目皃[36]	

---

34) "目本大而又出其目也"(『說文注』), "大而突出目曰矇."(『說文句讀』)
35)『集韻』에서는 "䀹, 轉目視"라고 했고, 戴侗의『六書故』에서는 "䀹, 反目貌"라고

눈동자의 고정 여부와 흰자위와 과다 여부, 정기의 유무, 온화함 등에 관한 글자들이 출현하며, 눈의 상태가 불거졌는지 오목한지 등에 관한 글자가 등장한다. 먼저「현(眩)」은 시선이나 눈동자가 실[玄]에 매달린 물건처럼 고정되지 않고 이리저리 왔다 갔다 움직이는 것을 말했고[37], 이로부터 '어지럽다'나 '현혹하다'는 뜻이 나왔다.

눈의 정기는 검은자위에 집중되므로「반(盼)」에서처럼 검은자위와 흰자위가 분명하게 구분되어[分] 또렷한 것을 '아름다움'으로 보았다. 반면 흰자위가 많은 것은 정상적이지 않거나 부정적인 것으로 보았다.「판(眅)」은 정상적인 눈과는 반대된다[反]는 개념을 담았고,「간(旰)」은 눈을 크게[干] 뜬 상태를 말하는데 눈을 크게 뜬 것은 눈을 부릅뜬[張目] 것이고 눈을 부릅뜨면 흰자위가 많아지게 되어 이 역시 부정적인 의미를 담았다.

또 인체의 모든 정기가 눈에 모인다고 했으므로, 정기는 눈의 상태를 파악하는 데 중요한 요소가 된다. 그래서「관(瞿)」은 올빼미가 노려보듯[瞿] 뚫어지게 봄을,「린(瞵)」은 번쩍거리듯[粦] 눈에 빛이 난다는 것으로 눈에 정기가 서렸음을 말했다. 이에 비해「모(眊)」는 가는 털처럼[毛] 정기가 적음을[38],「말(眜)」은 눈에 정기가 없어[末] 맑지 못함을

했다. 이는 정상적인 상태와 반대되게[反] 함, 즉 흰자위가 많아지게 한다는 뜻을 담는다. 그래서 段玉裁도 "多白眼見"이라 하면서 "多白眼也, 睅爲多白眼, 夫妻反目其象也.(흰자위가 많은 것이다. 睅은 흰자위를 많게 하는 것이다. 부부가 서로 째려보는 모습이다.)"라고 했는데, 눈을 흘기거나 하여 흰자위가 많아진 모습을 말한 것으로 보인다.

36) 『玉篇』에서는 "目深貌"라 했고, 『廣韻』에서는 "目深黑貌"라고 했으며, 『說文解字注』에서는 "目眶短而目深, 窐圓暗然如捾目也, 故從叚."라고 했다.
37) 『釋名』「釋疾病」에서 "眩, 縣也. 目視動亂, 如縣物搖搖然不定也."라고 했다.
38) 毛는 머리칼이나 짐승의 털을 그렸는데, 고대 사회에서 털은 가장 가늘고 작은 것의 상징이었다. 예컨대 耗는 소전체에서 禾와 毛로 이루어져 수확한 곡식[禾]이 대단히

말했다.

이외에도 불거진 눈은「현(睍)」으로 표현했는데, 이는 드러난[見] 눈을 강조했다. 이에 비해「열(䀇)」은 눈이 구멍처럼 푹 꺼져[宆] 움평함을,「알(睧)」은 눈을 손으로 들어낸 듯[叉] 우묵함을 말한다.

적음[毛]을 말했는데, 한나라 예서 이후 禾가 耒로 바뀌었다. 그것은 쟁기질[耒]을 적게[毛] 할 때 수확이 감소한다는 의미를 담았으며, 이로부터 '줄어들다'는 뜻이 만들어졌다. 또 毫는 높게[高] 자란 털[毛]을 말했는데 키가 큰 털일수록 더 가늘게 보이기 때문에 대단히 작은 물건이나 그런 것을 재는 척도와 단위를 말하게 되었으며, 옛 문헌에 의하면 10絲를 1毫, 10毫를 1氂라 했다.

④ 눈의 동작

내용		글자	뜻	『설문』의 설명	비고
보다	바로 보다	眂29	똑바로 보다39)	直視也. 讀若『詩』云 泌彼泉水.	
		盰31	① 사람을 가리고 보다40) ② 똑바로 보다	蔽人視也. 讀若攜手. 一曰直視也.	
		晥32	똑바로 보는 모습	晥臀, 目視皃.	겁 없이 보다41)
		眙110	똑바로 뜨고 보다42)	直視也	
	바라 보다	䜌16	바라보다.	目䜌䜌也43)	
		看79	바라보다	睎也	𥈠看或從𠦝
		䁈90	눈 위에 손을 대고 햇살을 가리고 보다	戴目也. 江淮之間謂䁈曰䁈.44)	
		睎78	바라보다	望也. 海岱之閒謂䀩曰睎.45)	
		眑42	① 지그시 감고 멀리 보다 ② 오래 보다 ③ 날이 밝다	目冥遠視也. 一曰久視也. 一曰旦明也.46)	
	살펴 보다	瞟44	살펴보다	際也47)	
		瞭45	살펴보다	察也48)	
		睹46	보다	見也	𥉹古文從見
		瞥50	눈을 돌려서 살피다	轉目視也49)	
		瞥66	살펴보다	省視也50)	
		相67	살펴보다	省視也. 『易』曰: 地可觀者, 莫可觀於木. 『詩』曰: 相鼠有皮.	
		䀠69	눈 익혀보다	目孰視也. 讀若雕.51)	
		督77	① 살펴보다 ② 눈에 통증이 있다	察視也.52) 一曰目痛也.	
		矉30	자세히 보다	矉婁, 微視也.	보이지 않는 것까지도 자세히 살피다53)
	쳐다 보다	睢58	쳐다보다	仰目也54)	
		瞻62	쳐다보다	臨視也55)	

96

내용		글자	뜻	『설문』의 설명	비고
내리 보다		眂33	내리 보는 모습	眂兒56)	
		睸35	눈을 내리깔고 보다57)	低目視也. 『周書』曰: 武王惟睸.	
		脊63	눈을 내려뜨리고 조심스레 보다	氐目謹視也.58)	
		瞰65	굽어보다	視也	
		瞫80	① 깊이 보다 ② 아래로 보다 ③ 몰래보다	深視也.59) 一曰下視也. 又竊見也.	
		䁦36	높이 쳐다보다60)	視高兒	
멀거니 보다		瞻26	멀거니 뜨고 보다	目無精直視也61)	정기 없는 눈으로 멀거니 보다
		瞻53	뜻을 잃은 채 보다	失意視也	
언뜻 보다		睒27	언뜻 보다62)	暫視兒. 讀若白蓋謂之苫相似.	
		瞻41	한 번 보고 말다	視而止也63)	
		睗70	재빠르게 보다	目疾視也64)	
		瞥84	스치듯 보다	過目也	
훔쳐 보다		睍64	몰래 보다	小視也65)	
		睇108	훔쳐보다	目小視也. 南楚謂眄曰睇.66)	
마주 보다		睼73	마주보다	迎視也. 讀若珥瑱之瑱.	
돌아 보다		眷76	돌아보다	顧也.67) 『詩』曰: 乃眷西顧.	
		遣38	서로 돌아보며 가다	相顧視而行也68)	
노려 보다		眈37	노려보다	視近而志遠	
		睜43	한이 서렸으나 노려보길 그만두다	目有所恨而止也69)	
흘겨 보다		睨34	흘겨보다	袤視也70)	
		眜48	외면하다71)	目不相聽也	
		眯52	사시로 보다	目財視也72)	
		睊71	흘겨보다73)	視兒	
		盼112	눈을 흘기다	恨視也	

내용		글자	뜻	『설문』의 설명	비고
뜨다	부릅뜨다	瞋²⁸	①부릅뜨고 보다 ②눈을 돌리다	吳楚謂瞋目, 顧視曰瞋.74)	
		盱³⁹	①눈을 부릅뜨다 ②검은 동자(조선 방언)	張目也.75) 一曰朝鮮謂盧童子曰盱.76)	
		瞸⁵⁶	부릅뜨다	恨張目也.『詩』曰: 國步斯瞸.	
		矖⁶⁰	딱 부릅뜨고 보다77)	大視兒	
		瞋⁶⁸	눈을 크게 뜨다78)	張目也	睬祕書瞋從戌.
	휘둥그레 뜨다	睘⁴⁰	휘둥그레 뜨고 보다79)	目驚視也.『詩』曰: 獨行睘睘.	
	곱게 뜨다	脙⁹⁴	눈을 곱게 뜨다	目脙謹也	
	번쩍 뜨다	貯¹¹¹	눈을 번쩍 뜨다	長眙也. 一曰張目也.	
깜박거리다		瞤⁵⁵	눈을 깜박거리다80)	目動也	
		瞚¹⁰⁹	눈을 자주 깜박거리다	開闔目數搖也.81) 臣鉉等曰: 今俗別作瞬, 非是.	
		眨¹¹⁵	눈을 깜박거리다	動目也	*說文新附字
눈알을 돌리다		旬⁵⁹	눈알을 움직이다	目搖也.82)	眴旬或從旬
미치다		眔⁴⁷	눈빛이 도달하다	目相及也. 讀若與隶同也.83)	
자다		瞳⁵⁴	졸다	謹鈍目也84)	
		睡⁸¹	앉아서 자다	坐寐也	
미혹하다		瞹⁷⁴	눈으로 서로 희롱하다	目相戲也.『詩』曰: 瞹婉之求.85)	
		瞽¹⁰⁵	미혹시키다	惑也86)	

---

39) 눈이란 필시[必] 똑바로 보아야 함을 반영했다.
40) 徐鍇는 "映人而視也"라고 했다.
41) 免은 문에서 투구를 쓴 사람의 모습인데, 투구는 전장에서 위험을 피하게 해주는 도구이기에 '모면하다'나 '벗어나다'는 뜻이 생겼다. 여기서는 투구를 쓴 채 상대를 똑바

로 보는 것을 말하며, 안전장치를 갖추었기에 '겁 없이 보다'는 뜻이 나온 것으로 추정된다.

42) 『字林』에서는 "驚貌"라고 했는데, 『義證』과 『句讀』에서는 이를 본래 뜻으로 보았다. 그렇다면 놀라거나 경이로움에 눈을 똑바로 뜨고 보다는 뜻이다.
43) 『廣雅』에서는 "視也"라고 했으나, 『句讀』에서는 "蓋目之貌"라고 했다.
44) 『爾雅』에서는 "사이[間]로 몰래 보다", 『廣韻』에서는 "人目多白也", 『校錄』에서는 "眼睛不轉而仰視也"의 뜻이라고 하였다. 『爾雅』에서처럼 '문틈으로 들어오는 빛을 바라보다'가 원래 뜻으로 보이며, 눈을 들어 위로 보면(『校錄』) 흰자위가 많아지게 된다(『廣韻』).
45) 희망하다는 뜻인데, 실현성이 드문[希] 것을 바라보다는 뜻이다. 또 "東齊青徐之間曰睎"라고 했다.
46) 이는 眑과 형체가 비슷한 眒에 대한 해석으로 보인다.
47) 徐鍇는 "微視也"라고 했는데, 票는 원래 覂로 써서 불을 태워 하늘에 올리는 제사 때 불길[火]이 위로 솟구치는 모습을 그렸음을 고려하면, 불꽃과 연기가 어느 쪽을 향하는지를 자세히 살피다[微視]는 뜻을 담았다.
48) 祭는 손으로 고기를 들고 제상에 올리는 모습을 그려, 제수가 제대로 다 갖추어졌는지를 [祭] 꼼꼼히 살피는 모습을 담았다.
49) 눈길을 돌려가며[般] 살피다는 뜻이다.
50) 『廣雅』「釋言」에서는 "窺也"라고 했는데, 손으로 문을 열고[啓] 몰래 자세히 살핌을 말한다.
51) 먹이를 노리는 수리[雕]처럼 자세히/뚫어지게 살피다는 뜻이다. 『讀若考』에서 "雕는 매[鷹]나 새매[隼] 같은 것을 말한다.……雕는 매나 새매처럼 먹잇감을 살핀다. 그래서 孰視라는 뜻의 䁬를 새[鳥]의 부류인 雕와 같이 읽는다고 한 것이다."라고 했다.
52) 畫와의 관계를 고려하면, 손에 붓을 들고 무엇을 쓰며 자세히 살피다는 뜻을 담은 것으로 추정된다.
53) 『廣雅』「釋詁」에서 "好也"라고 했는데, 王念孫의 『疏證』에서 "與嫵媚之嫵聲義同也"라고 했고, 『集韻』에서는 "美目貌"라고 했다. 『龍龕手鏡』에서는 이의 이체자로 瞴를 수록하였는데, 기우제를 지내고자 춤을 추는 무당(無, 舞의 원래 글자)의 아름답게 치장한 눈에서 '아름답다'는 뜻을 가져온 것으로 보인다.
54) 『史記正義』「伯夷傳」에서 "仰白目怒貌也"라고 했다.(『說文通訓定聲』)
55) 『說文解字注』에서는 "今人謂之仰視"라고 했고, 『句讀』에서도 "仰視也"라고 했다.
56) 氏를 허리를 숙인 채 물건을 든 모습이라고 해석하는데, 氏에 '씨', '뿌리', '낮다', '들다' 등의 의미가 있는 것으로 보아 손에 든 것은 '씨앗'이 아닌가 추정된다. 그렇다면 眂는 허리를 굽혀 아래를 보다는 뜻이다.

57) 투구나 모자를 덮어써 눈을 덮은 채[冒] 눈을 내리깔고 봄을 말한다.
58) 『玉篇』에서는 "目不明貌"라고 했으며, 『字通』에서도 고대 여러 문헌의 용례를 고찰한 결과 "瞀・霧・愁・牟・無"등과 통한다고 했으며, 『說文解字注』에서도 "冒亂不明"이 원래 뜻이라고 풀이했다.
59) 覃은 금문에서 아랫부분이 술을 거르는 기구를, 윗부분은 대로 짠 광주리를 그려, 술 거르는 그릇을 형상화했다. 술을 거르면 진한 향기가 널리 퍼져 나가게 마련이기에 이로부터 냄새가 '미치다', 맛이 '진하다', 맛이 '깊다' 등의 뜻이 생겼다.
60) 『韡詮』에 의하면 "瞂・瀎・豁 세 글자는 통용된다."라고 했다. 그렇다면 瞂은 무기(戉, 鉞의 원래 글자)를 들고 높은 곳에 올라가 확 트인 곳을 바라보다는 뜻으로 추정된다.
61) 黨이 '무리 지어' 나쁜 것[黑]을 숭상[尙]하는 무리나 집단을 말함을 고려하면, 矘은 자신의 의지와 관계없이 맹목적으로 쳐다보다는 뜻을 담았다.
62) 일렁거리며 솟구치는 불길처럼[炎] 잠시 언뜻 보다는 뜻을 담았다.
63) 『說文解字注』에서는 『廣韻』에 근거해 "視而不止"로 고쳐, 계속 보다는 뜻으로 해석했다.
64) 『韻會』에서 인용한 徐鍇本, 『增韻』, 『龍龕手鏡』에서는 "目急視"라 하여 '급하게 보다'로 해석했다. 易의 자원에 대해서는 의견이 분분하지만, 도마뱀을 그려 蜴의 원래 글자로 보는 견해가 일반적이다. 그렇다면 도마뱀이 스쳐 지나가듯 '재빠르게' 보다는 뜻으로 추정할 수 있다.
65) 『義證』에서는 "竊小視"로, 『說文解字注』와 『句讀』에서는 "竊視"로 풀이했는데, 물건을 사기(買) 위해 몰래 가격을 꼼꼼히 살펴봄을 말한다.
66) 『禮記』「內則」의 鄭玄 주에서는 "傾視也"라고 풀이했으며, 『說文解字注』에서는 徐鍇本에 근거해 "小衺視也"로 고쳤으며, 睍・昡과는 다른 뜻이라고 했다.
67) 『義證』에서는 "還視也"라고 풀이했으며, 『說文解字注』에서도 "反顧也"라고 하면서 이로부터 眷屬의 뜻이 파생되었다고 했다.
68) 서로 보면서[目] 길을 가다[延]는 뜻이다.
69) 『左傳』 은공 3년(기원전 720년) 7월 조에서 "총애를 받으면서 교만하지 아니하고, 교만하면서도 낮은 지위에 머물고, 낮은 지위에 머물면서도 원망하지 않고, 원망하면서도 참고 자중할 수 있는 자는 드뭅니다.(夫寵而不驕, 驕而能降, 降而不憾, 憾而能眕者, 鮮矣.)"라고 했다.
70) 『義證』에서는 "不正視也"라고 했다.
71) 癸는 갑골문에서는 나무 막대를 X자로 교차시킨 모습인데, 이후 간지자로 쓰이자 手를 더해 揆로 분화했다. 이렇게 볼 때 癸는 돌려서 거리를 재는 컴퍼스처럼 생긴 도구로 보인다. 그래서 睽는 시선[目]을 돌려[癸] 서로 마주 보지 아니함을 말한다.

72) 財는 邪와 같다. 『說文解字注』에서는 『廣韻』에 근거해 邪로 고쳤으며, "邪는 衺와 같다. 眽은 辰 부수의 覞과 독음이나 의미가 모두 같다."라고 하였다. 辰은 水를 반대로 뒤집은 모습으로, 정상적으로 보는 것과는 달리[辰] 사시로 보는 것을 말한다.
73) 『說文解字注』에서는 "側目相視"라고 풀이했다.
74) 『方言』에 의하면 "矔眮, 轉目也. 梁益曰矔, 吳楚曰眮."이라 했다.
75) 『列子』「黃帝篇」에서 인용한 『釋文』에서는 "仰目也"라고 했고, 『易』에서는 "上視也"라고 했으며, 『漢書』「王莽傳」의 주석에서는 "衡擧眉揚目也"라고 했다(『古本考』). 그래서 張載의 「魏都賦注」와 『說文注』에서는 "눈썹을 들어 올리고 크게 보다"라고 풀이했는데, 눈썹을 치켜들고 눈을 크게 부릅뜸을 말한다.
76) 『方言』에 의하면, "矑, 瞳之子. 燕代朝鮮洌水之間曰盱, 或謂之揚."이라고 했다.
77) 눈을 동그랗게 뜨고 주시하는 올빼미[舊]처럼 눈을 크게 부릅뜨고 보다는 뜻이다.
78) 眞은 갑골문의 貞에서 분화한 글자로 당시의 점복관을 지칭하는 貞人에서 근원을 찾을 수 있다. 卜과 소리부인 鼎으로 구성되었지만 이후 鼎이 貝로 잘못 변했다. 貞人은 상나라 당시 최고의 점인 거북점을 주관하고 점괘를 판단하던 점복관을 말한다. 신과 교통하고 신의 말을 인간세계에 전달해주던 상나라의 貞人처럼, 주나라에 들면서 천지간의 道를 체득한 仙人을 부르는 새로운 개념이 필요했고 이를 위해 貞에서 분화한 글자가 眞이며, 이후 眞人은 이러한 사람의 최고 호칭이 되었다. 그래서 眞은 신의 소리를 듣고자 점복을 행할 때의 몸과 마음가짐처럼 '眞實됨'과 '참됨', 그리고 '眞理'라는 뜻으로까지 확장된 것으로 보인다. 그렇게 본다면 신의 뜻을 헤아리기 위해(眞) 눈을 크게 뜨고 자세히 살피다는 뜻을 담았다. 이 책의 제4장 「한자와 진리」참조.
79) 袁은 옷깃이 둥근 모습에서 둥글다는 뜻을 그렸다. 그래서 䁕은 눈을 휘둥그레 둥글게[袁] 뜨고 봄을 말한다.
80) 『義證』에서는 "目搖動也"라고 하면서 "지금은 眼瞼을 끌어당겨[掣] 움직이는 것을 瞷이라 한다."라고 한 것으로 보아 눈꺼풀을 움직이는 것을 말하기도 한다.
81) 『說文解字注』에서 "眴은 눈을 움직이는 것[目搖]을, 瞚은 눈을 자주 움직이는 것[目數搖]을 말하며, 이들에는 눈짓으로 사람을 부린다는 뜻이 꼭 들어 있는 것은 아니지만, 昳만은 주동적으로 눈짓하여 시키다는 것을 통칭한다."라고 했다. 瞚은 새벽[寅]에 잠에서 깨어 일어날 때 눈을 껌벅거리는 모습에서 "눈을 감았다 떴다 하면서 자주 꿈적거리다"는 뜻을 담았다.
82) 『校議議』에서 "勻은 旬이 되어야 옳다."라고 했고, 혹체에서 旬이 소리부로 된 것으로 볼 때, 안구[目]를 빙빙 돌리다[旬]는 뜻을 담았다.
83) 隶가 짐승의 꼬리[尾]를 손[又]으로 잡은 모습인데, 짐승을 뒤쫓아 꼬리 부분을 손으로 잡은 모습에서 '미치다'와 '따라잡다'는 뜻이 나왔다. 그래서 眔은 눈길[目]이 미

눈의 동작과 기능에 관한 글자들이 61자로, 「목(目)」 부수자 전체 119자의 52% 정도를 차지한다. 이 부분은 다시 (1) 보다, (2) 뜨다, (3) 깜박거리다/눈알을 돌리다, (4) 자다, (5) 미혹시키다 등의 세부 항목으로 나눌 수 있다. 특히 '보다' 관련 한자들이 44자로 이 부분의 72%를 차지하여 보는 행위에 대한 세밀한 구분이 이루어졌음을 알 수 있다. 물론 이에 대한 세밀한 구분과 해당 글자 간의 의미 차이를 논의해야 하겠지만, 이는 따로 연구해야 할 과제이다. 다만 '보다'에 관한 의미적 구분을 거칠게나마 해보면, 심리 상태의 개입 여부와 구체적인 시선이 유무에 근거해 다음과 같이 나눌 수 있을 것이다.[87]

속성	[＋시선의 방향]	[－시선의 방향]
[＋심리 상태]	노려보다 흘겨보다	바라보다 바로 보다 멀거니 보다
[－심리 상태]	살펴보다 언뜻 보다 훔쳐보다	쳐다보다 내려보다 돌아보다 마주 보다

치다[眎]는 의미를 담았다.
84) 『觯詮』에서는 "지금은 물체를 보는 데 늦은 것을 瞋이라 하는데, 鈍과 같이 읽힌다."라고 했다.
85) 『方言』에서 "東齊에서는 瞹, 吳楊에서는 略이라 한다. 눈으로 서로 희롱하는 것을 瞹이라 한다."라고 했다.
86) 『義證』에서 "불빛이 고정되지 않은[火光不正] 모습을 말한다. 그래서 火星을 熒惑이라 한다."라고 했으며, 『荀子』「宥坐」에서는 "言談이 족히 飾邪하고 熒衆할 만하다."라고 했는데 熒衆은 惑衆과 같은 뜻이다. 瞥은 빛이 고정되지 않아 눈을 현란하게 하여 현혹함을 말한다.
87) 朴胤朝는 현대 중국어의 '보다' 관련 동사를 (1)구체적인 시선 처리 방법을 포함하지 않는 것, (2)시각 동작의 완료 의미를 포함하는 것, (3)동태적 시선 처리 방법을 포함하는 것, (4)시선 처리의 방향을 포함하는 것, (5)심리 상태를 포함하는 것 등 5가지로 분류한 바 있다. 「현대 중국어 '보다'류 동사의 선택과 응용」(2003), 554~555쪽.

⑤ 눈의 병

내용		글자	뜻	『설문』의 설명	비고
눈병	백태	眚[83]	백태가 생기다	目病生翳也	
	짓무름	眵[85]	눈이 짓무르다	目傷眥也. 一曰瞢兜.[88]	
	눈꼽	䁲[86]	눈곱이 끼다	目眵也	
	눈물	䀛[87]	눈물이 자주 흐르다	涓目也. 臣鉉等曰: 當從決省.	
	티	眯[91]	눈에 티가 들어가다[89]	艸入目中也	
시력		眼[88]	안질	目病也[90]	
		眛[89]	시력이 나쁘다	目不明也	
		瞢[113]	시력이 나쁘다	目不明也	
		眜[49]	시력이 나쁘다	目不明也[91]	
동자/시선		眺[92]	눈이 바르지 못하다	目不正也[92]	
		睞[93]	눈동자가 바르지 못하다[93]	目童子不正也	
		眷[95]	눈빛이 바르지 못하다	睞也	眘䀧或從니[94]
		眹[96]	눈이 바르지 못하다[95]	目不正也	
사시		眳[100]	사시 눈	眄也	
색맹		矇[97]	①청맹과니 ②눈이 어둡다	童矇也. 一曰不明也.	
		盲[101]	청맹과니	目無牟子[96]	
짝눈		眇[98]	한쪽 눈이 작다/짝눈	一目小也[97]	
		䀹[106]	눈이 작다	目小也. 臣鉉等曰: 案『尚書』: "元首叢脞哉! 叢脞, 猶細碎也." 今從肉, 非是.	
애꾸		眄[99]	한쪽 눈이 감긴 눈/애꾸눈	目偏合也.[98] 一曰衺視也. 秦語.	
소경		瞑[82]	소경	翕目也	
		瞶[102]	눈알이 빠짐	目陷也[99]	
		瞀[57]	눈알이 빠짐	目無明也[100]	

瞽[103]	소경	目但有䁯也[101]	
䀿[104]	눈이 빠진 사람	無目也[102]	
䀠[107]	눈을 파낸 사람	揩目也	

88) 눈에 다래끼[蕾兜]가 나 눈의 크기가 불어나다[多]는 의미를 담았고, 이로부터 눈을 상하다는 뜻이 나왔다.

89) 벼를 도정하거나 쌀[米]을 까불 때 눈에 티가 들어가기 쉽다는 의미를 담았다.

90) 어떤 병인지 구체적으로 알 수는 없으나, 『急就篇』에서 "目視不正也"라고 했고, 『方言』에서 "明也"라고 했다. 良의 자원은 해석이 분분하지만, 갑골문에서 원형이나 네모꼴로 된 (동굴) 집과 그 아래위로 길이 난 모습으로 집으로 통하는 길을 그린 것으로 추정된다. 朗이 집으로 가는 길[良]을 비추어 주는 달빛[月]을 말한 것을 고려하면 眼은 『方言』의 해석이 자원에 근접해 보이며, 눈이 너무 밝은 병을 말한 것으로 추정된다.

91) 眛[49]는 眛[89]나 瞢[13]가 眼疾에 관한 부분에 있지 않고 '눈의 정기'를 말한 앞쪽에 있었다. 하지만 모두 "目不明"이라 풀이했고, "아래쪽에 '目不明也'라고 풀이한 眛가 目病類에 있는데, 眛도 '目不明'이라고 풀이하면서 홀로 이쪽으로 뛰어나온 것은 전사 과정에서 오류가 생겼거나 아니면 이 眛은 후인들에 의해 첨가된 것일 것이다."(『校議』) 등의 말을 참조하여 '眼疾' 부분에 귀속시켰다.

92) 『校議』에서는 "다음에 '一曰視也'라는 말이 들어가야 옳다."라고 했고, 『義證』에서는 "視也, 察也, 望也"라고 하여 "보다"가 원래 뜻이라고 했다. 兆는 소전체에서 兆와 卜이 결합된 구조였는데, 卜이 생략되어 지금의 자형이 되었고, 거북 딱지나 동물 뼈를 불로 지져 점을 칠 때[卜] 갈라지는 금의 모양을 兆라 했다. 그래서 眺는 『義證』에서처럼 점복 등을 통해 길흉을 예견해 주는 '조짐[兆]'을 자세히 살핀다는 뜻이 자원에 가까워 보인다.

93) 『說文解字注』에서는 "눈의 정기[目精]를 다른 사람에게 보내므로, 來가 들어갔다."라고 했다. 달리 "곁눈질을 하다[旁視]"는 뜻이라고도 한다.

94) 『句讀』에서는 "안검이 중첩한 것[重瞼]"을 말한다고 했다.

95) 정상적인 눈빛을 잃다[失]는 뜻이다.

96) 『說文解字注』에서는 "오늘날에는 青盲을 말한다."라고 하여, 보기에는 눈이 멀쩡하나 못 보는 눈이나 그런 사람을 지칭한다고 했지만, 『韓非子』「解老」에서는 "검은색과 흰색을 구분하지 못하는 것을 말한다."라고 했고, 『論衡』에서도 "푸른색과 노란색을 보지 못하는 것을 말한다."라고 한 것으로 보아, 색맹이 원래 뜻이다.

97) 『說文解字注』에서는 一이 衍文이라고 하면서 "小目"이 원래 뜻이라고 했다. 『釋名』「釋疾病」에서는 "目眶이 陷急한 것을 말한다."라고 했다.

98) 『說文解字注』에서는 偏을 徧으로 고치고, 徧은 帀과 같고, 帀은 周와 같고, 周는

눈의 질병에 관한 것은 우선 (1)눈의 생리적 현상, (2)눈의 기능, (3)눈의 형태 등이 비정상적이거나 병적인 분류라고 할 수 있다. 먼저 눈의 생리적 현상에 관한 것을 보면, 눈에 다래끼 등이 나 눈이 짓무름을 지칭한 것으로「치(眵)」·「멸(𥃭)」(고름이 말라 눈곱이 낌), 눈물에 관한 병으로「결(䀹)」·「미(䀹)」가, 각막의 질병에 관한 것으로「생(眚)」(백태) 등이 있다. 둘째, 눈의 기능에 관한 것 중,「량(眼)」·「매(眛)」·「비(瞢)」등은 눈의 밝기(亮度) 기능에,「몽(矇)」·「망(盲)」등은 눈의 색각(色覺) 기능에,「면(眄)」은 눈의 공간 기능에,「락(略)」·「조(眺)」·「래(睞)」·「추(𥅆)」·「질(䀌)」등은 눈의 안구 운동이 비정상적인 것에 관한 것들이며,「명(瞑)」·「겹(瞁)」·「고(瞽)」·「수(睉)」·「왈(瞂)」등은 시각 기능

蜜이라는 뜻이라고 하면서 "瞑은 완전히 보이지 않는 것[臥]을 말하지만, 眄은 눈자위가 완전히 합쳐졌지만 가까운 것은 볼 수 있는 것을 말한다."라고 했다.

99)『義證』에서는 "眸子枯陷也"라고 했고,『斠詮』에서는 "오늘날에는 눈이 먼 것을 말한다."라고 했다.

100) 瞽은 瞁 등과는 달리 眼疾에 관한 부분에 있지 않고 '눈의 정기'를 말한 앞쪽에 있었다. 하지만『六書故』에서 "眸子枯陷"이라고 풀이하여『義證』에서 풀이한 瞁의 "眸子枯陷也"와 일치한다. 또 夗은 밤[夕]이 되어 몸을 웅크리고[㔾] 자는 모습을 그렸고, 이로부터 '굽다', '움푹하다' 등의 뜻이 나왔다. 예컨대 宛은 집안[宀]에서 몸을 웅크린 채 누워 뒹구는[夗] 모습에서 '굽다'의 뜻을 갖고, 婉은 집안에서 몸을 웅크린 채 누워 뒹구는[夗] 여자[女]라는 뜻에서 '온순함'을 말한다. 또 碗은 돌[石]을 깎아 움푹하게[宛] 만든 그릇을 말하고 盌은 이 글자의 정자로 알려졌으며, 또 椀은 나무[木]로 만든 주발을 말한다. 豌은 움푹하게[宛] 만든 굽이 높은 그릇[豆]에 담던 '콩'을, 腕은 안쪽으로 굽힐 수 있는 신체 부위[肉]인 '팔'을 말한다. 이렇게 볼 때 瞽도 눈[目]이 빠져 움푹하게[夗] 된 '소경'을 말하는 것으로 볼 수 있다.

101) 徐鍇는 "수정체[黑子]는 있으나 바깥으로 검은 그림자만 약간 있을 뿐이다."라고 했고,『三蒼』에서는 "눈이 없는 것을 말한다."라고 했다.『釋名』에서는 "가로 방향으로 붙은 눈이 마치 북(鼓)의 가죽을 기운 것 같다."라고 했다.

102) 눈이 없는 것과 눈알이 없는 것은 다르다. 눈알이 없는 것은 검은자위와 흰자위의 구별이 없는 것을 말하고 눈이 없는 것은 눈알 자체가 없는 것을 말한다. 瞽는 눈동자는 있지만 보지 못하는 소경을 말하고, 䀹은 눈알 자체가 빠져 없는 경우를 말한다.

이 전혀 없는 소경에 관한 글자들이다. 그런가 하면 「묘(眇)」·「죄(睉)」는 눈의 형태에 관한 것으로 크기가 다른 짝눈을 말한다.

2_「견(見)」 부수자의 의미 지향

전통 문헌에서 「견(見)」의 주요 용례를 살펴보면 (1)보다(=視), (2)눈(=目), (3)만나다/알현하다(=謁), (4)이르다/도착하다(=至), (5)밝다(=明), (6)알다(=知), (7)느끼다(=感), (8)효과를 보다(=效), (9)세우다(=見), (10)잊지 않고 믿다(不忘而恃之), (11)날이 개다(=無雲), (12)관의 장식(棺飾) 등의 다양한 뜻이 있다.[103]

『설문해자』「견(見)」 부수(제8권·하)에는 「견(見)」을 비롯해 「시(視)」·「시(觀)」·「위(覷)」 등 45자가 수록되었고, 『설문해자신부(說文解字新附)』에서 「적(覿)」이 추가되어 총 46자가 수록되었다. 이들의 의미 지향을 살펴본 결과 ①보다, ②취득하다/획득하다, ③만나다, ④돌진하다/무모하다, ⑤바라다/욕망하다, ⑥지각/깨닫다, ⑦친하다, ⑧선택하다 등의 뜻이 있는 것으로 확인되었다. 이를 구체적으로 살펴보면 다음과 같다.

① 보다

(가) 통칭

「견(見)」[1]: "보다."[104] 갑골문의 자형에 의하면, 평목(平目)으로 보는 것이 견(見)이요 눈을 들어 보는 것이 망(望)이다.[105] 이는 눈[目]이 돌출한 사람[儿]의 모습에서 어떤 사물이 사람의 눈에 들어옴을 형상화했다. '보다'는 뜻 이외에 '보이다'는 뜻도 들어 있어 [±주관]의 속성을 지닌다.

---

103) 宗福邦 等 主編, 『故訓匯纂』(2003), 2085~2086쪽, 見자 조.
104) "視也. 從儿從目. 凡見之屬皆從見. 古甸切."
105) 于省吾, 『甲骨文字詁林』(1996), 766쪽.

「시(視)」²: "살펴보다."¹⁰⁶⁾ '보다[瞻]'는 뜻인데, 첨(瞻)은 굽어살핌[臨視]을 말한다. 견[見]에 제단을 형상화한 시(示)가 더해져, 제단[示]에 다가가 신의 계시를 살펴봄(見)을 말한다. 그래서 시(示)가 "天垂象見吉凶, 所以示人也(하늘이 형상을 내려 길흉을 드러내, 사람에게 드러내 보이다)"에서처럼 '드러내 보이다'는 뜻이 있는데 반해, 시(視)는 주관적이며 주동적으로 보는 행위를 말한다. 고문에서 제시된 ⿰目示는 시(示)에 목(目)이 더해졌는데, 이는 갑골문에서부터 나타난다. 䚅를 「후마맹서(侯馬盟書)」에서는 씨(氏)와 견(見)의 결합으로 썼는데, 씨(氏)와 저(氐)의 교환 현상은 전국 전후 시기의 고대 한자에서 자주 보이는 현상이다.

「적(覿)」⁴⁶: "보다."¹⁰⁷⁾ 매(賣)[팔다←사들인 것(買)을 내다(出) 팔다]와 견(見)으로 구성되었다. 보다는 뜻이지만 사람과 사람 간의 만남에만 한정적으로 사용되는데, 이는 어떤 것을 내다 팔기[賣] 위해 사람이 서로 만나는[見] 것을 형상화한 것으로 풀이된다. 『용감수경(龍龕手鏡)』에서는 질(覟)의 이체자라고 했는데, 가서[至] 만나보다[見]는 뜻이 강조되었다.

(나) [+자세히]

「훤(睍)」⁸: "크게 보다."¹⁰⁸⁾ 단옥재는 "목(目) 부수에서 훤(睻)은 큰 눈을 말한다고 했으니, 훤(睍)은 크게 보다는 뜻이다."라고 했다.
「렴(覝)」⁹: "자세히 살펴보다."¹⁰⁹⁾ 세밀하게 살펴보다는 뜻이다. 소리부로 쓰인 점[炎](밝다·따뜻하다)이 큰[干] 불[火]이라는 뜻에서 '밝다'는 뜻이 있었으므로, 불을 크게 밝혀[炎] 구석구석 세밀하게 살펴봄을 말한다.
「관(觀)」¹¹: "자세히 보다."¹¹⁰⁾ 관(雚)은 앞을 응시하는 두 눈과 눈썹을 강조

---

106) "瞻也. 從見, 示. 神至切. ⿰目示古文視. 䚅亦古文視."
107) "見也. 從見賣聲. 徒歷切." 新附字로 추가된 글자이다.
108) "大視也. 從見爰聲. 況晚切."
109) "察視也. 從見炎聲. 讀若鐮. 力鹽切."
110) "諦視也. 從見雚聲. 古玩切. 䭮古文觀從囧."

한 새[隹]를 그렸는데, 볏이 나고 눈이 크게 그려진 수리부엉이의 모습을 그린 것으로 알려졌다. 그래서 부엉이가 동그랗게 눈을 뜨고 바라보는 것처럼 [雚] 뚫어지게 주시하는 것을 말한다. 그래서 꿰뚫어 보다는 뜻이 다시 관점(觀點)을 뜻하게 되었다. 불교가 수입되고 나서 불교 용어로서 '지혜로 경계를 비추어 봄'도 뜻하게 되었다.111) 고대 자형에서는 견(見) 대신 경(囧)으로 구성되었는데, 벽에 뚫린 창문 속으로 밝게 비치는 달처럼 '뚫어지게' 보다는 의미를 강조했다.

「람(覽)」13): "관찰하다."112) 감(監)은 그릇에 물을 담아 얼굴을 비추어 보는 모습을 그렸다. 단옥재의 주에서는 "내가 대상물을 보는 것을 람(覽)이라 하는데, 이로부터 파생되어 대상물로 하여금 나를 보게 하는 것도 람(覽)이라 부르게 되었다."라고 했다.

「래(覝)」14): "안으로 살피다."113) 근(謹)과 같은 뜻이라고 한 것으로 보아, 겉으로 드러내지 않고 마음속으로 넣어[來] 속속들이 살피다[見]는 뜻이다.

「표(覯)」16): "두 눈으로 자세히 관찰하여 어떤 정황을 보는 것을 말한다."114) 단옥재는 "눈에 보이는 것이 있음을 말하는데, 사(伺)(엿보다)가 의도적이라면 표(覯)는 무심결에 보는 것을 말한다."라고 했지만, 『설문』의 원래 뜻과는 달라 보인다. 즉 표(票)는 원래 표(熛)로 써서 불길(火)이 위로 솟구치는 모습을 그렸다. 날아다니는 불똥에서 '유통되다', '빠르다' 등의 뜻이 나온 것을 고려하면, 재빨리 보거나 불똥처럼 빨리 날아오르는 것을 보려고 자세히 살펴봄을 말하는 것으로 추정된다.115)

---

111) '觀'은 산스크리트어의 'vipáyna'(한자어로는 毗鉢舍那 혹은 毗波奢那)를 옮긴 말로, 참선의 세계(즉 禪定)에 들어갔을 때의 지혜로 상대되는 경계를 자세히 관찰하여 잘못됨이 없게 하는 것을 말한다. 즉 참선에 들게 되면 무의식 층차의 의식이 움직이게 되고, 이러한 의식 즉 理智가 정지된 의식으로 대상을 바라보는 것을 말한다. 달리 '正見'이나 '禪定'이라고도 한다.
112) "觀也. 從見、監. 監亦聲. 盧敢切."
113) "內視也. 從見來聲. 洛代切."
114) "目有察省見也. 從見票聲. 方小切."
115) 이후 어떤 물건의 값을 보증하며 유통되는 쪽지라는 의미에서 우표나 차표 등과 같

「탐(覘)」²⁰: "(정신을 집중해) 안을 살피다."¹¹⁶⁾ 심(甚)은 오디 술을 국자로 뜨는 모습을 그렸고 이로부터 '맛이 진하다'의 뜻이, 다시 '심하다'의 뜻이 나왔다.¹¹⁷⁾ 단옥재 주에서는 "탐탐호시(覘覘虎視)에서처럼 가까이 보고 있지만, 뜻은 멀리 있는 것을 말한다."라고 했다.

「규(覢)」²²: "시선을 집중해서 보다."¹¹⁸⁾ 귀(歸)는 군대가 출정에서 돌아온다는 것이 원래 뜻인데, 이후 소(帚)(婦의 원래 글자)가 더해져 부인[婦]이 친정으로 돌아오다는 뜻을 그렸고, 다시 '돌아오다'는 일반적인 의미가 나왔다. 전쟁터에 나간 군대나 시집간 딸이 돌아오기를 기다리듯[歸] 먼 곳을 집중해 보면서[見] 눈을 떼지 못하는 것을 말한다.

「유(覦)」²⁹: "아래로 깊은 곳을 보다."¹¹⁹⁾ 『서전(徐箋)』에서는 "마치 깊은

이 '표'를 뜻하게 되었고, 그러자 원래 의미는 火를 더한 熛로 분화했다. 또 '표'는 의미를 더욱 명확하게 하려고 木을 더한 標로 나타냈는데, 종이가 보편화하기 전 나뭇조각에다 글을 써 징표로 삼았기 때문이다. 또 漂는 물[水] 위로 떠돌아다님[票]을, 驃는 몸이 누런색 바탕에 흰 털이 섞이고 갈기와 꼬리가 희며 날아오를 듯 빨리[票] 달리는 말[馬]을, 瓢는 대홍수 시절 여와와 복희의 신화에서처럼 배로 만들어 띄워[票] 다닐 수 있는 박[瓜]을, 飄는 불꽃이 치솟듯[票] 휘말려 하늘로 솟아오르는 '회오리바람'을 말한다.

116) "內視也. 從見甚聲. 丁含切."
117) 甚은 금문에서 甘과 匕로 구성되었는데, 소전체에 들어 甘과 匹의 결합으로 변했다. 『說文』에서는 입[口]에 가로획[一]이 더해져 입[口] 속에 맛난 것[一]이 들어 있음을 형상화한 甘과 짝을 뜻하는 匹이 합쳐져 '큰 즐거움'을 말한다고 했고, 후세 학자들은 匹은 짝이 되는 여성을 뜻하여 짝과 함께 할 때의 '즐거움'을 말한 것이라고도 했다. 그러나 금문에 근거두고 볼 때, 甚을 구성하는 匕가 술 뜨는 기구이기에 이를 술과 관련지어 설명되어야 한다. 특히 고대 문헌에서 자주 등장하는 葚·椹·黮 등이 모두 '오디'를 지칭함과 관계 지어볼 때 甚은 '오디'를 말한 것으로 보인다. 즉 '오디'의 식물적 속성을 나타내어 葚·椹을, 오디가 익어 띠는 색을 강조하여 黮을 만든 것으로 보인다. 이렇게 볼 때 甚은 오디 술을 말하고, 오디 술은 대단히 맛있어[甘] '큰 즐거움'을 주는 술이었으며, 이로부터 '대단히', '심히'라는 뜻이 생겼을 것이다. 또 여기서 파생한 斟은 오디 술을 匕로 뜨는 모습을 형상화한 것이라 할 수 있다.
118) "注目視也. 從見歸聲. 渠追切."
119) "下視深也. 從見臾聲. 讀若攸. 以周切."

곳에서 보는 듯 아래로 깊숙이 보는 것을 말한다.(其視下若在深處然耳)"라고 했다.

[－자세히]

「처(覷)」[18]: "세밀하지 못하다, 대충대충 보다."[120)

「명(覭)」[19]: "보는 것이 명확하지 않다."[121) 이후 '잠시 보다'라는 뜻으로 쓰였는데, 명(冥)은 두 손으로 자궁에서 아이를 꺼내는 모습에서 '어둡다'는 뜻이 나왔다. 명무(覭髳)가 초목이 덤불 지어 위를 덮을 정도로 무성함(棻攢翳薈)을 말하는 것으로 보아, 위가 덮여 컴컴하여 제대로 볼 수 없음을 말한다.

「미(䁅)」[28]: "병든 사람이 보는 것처럼 혼미하다."[122) 병든 사람이 눈꺼풀을 아래로[氐] 늘어뜨린 채 힘없이 쳐다보는[見] 것을 말한다.

「창(䁋)」[34]: "보는 것이 분명하지 않음을 말한다. 달리 직시한다는 뜻이다."[123)

「요(䁈)」[35]: "사물을 잘못 보다."[124) 약(龠)은 대를 여럿 묶어 만든 다관 피리를 말한다. 피리는 음(音)이나 설(舌)이나 언(言)과 자원적으로 연계되었는데, 이들은 모두 악기의 소리를 말한다. 악기의 소리는 문(文)과 대칭되어 인간의 영혼을 담지 않는 사물의 객관적 소리에 불과하므로 믿을 수 없는 가변적이라는 의미를 담으며, 그래서 부정적인 의미 지향을 가진다. 그래서 사물을 잘못[龠] 보다[見]는 뜻을 담게 된 것으로 추정된다.

「두(䁆)」[45]: "눈에 낀 티끌이나 먼지를 말한다."[125) 두(䜁)는 뚜껑이 없는 기물을 그려[126), 뚜껑이 없는 기물처럼 벗겨내야 하거나 제거해야 할 '티끌이나

---

120) "拘覷, 未致密也. 從見虛聲. 七句切."
121) "小見也. 從見冥聲.『爾雅』曰: '覭髳, 弗離.' 莫經切."
122) "病人視也. 從見氐聲. 讀若迷. 莫兮切."
123) "視不明也. 一曰直視. 從見春聲. 丑尨切."
124) "視誤也. 從見龠聲. 弋笑切."
125) "目蔽垢也. 從見䜁聲. 讀若兜. 當侯切."
126) 갑골문에서는 ①婦나 職官의 이름, ②날짜를 나타내는 두 간지자 사이에 놓여 전날과 다음날의 시간대를 연결해주는 연결사, ③희생을 잘라 바치는 방법, ④자르다

먼지'가 낀 상태로 봄을 말한 것으로 추정된다.

「멸(覕)」⁴³: "은폐하여 보이지 않다."¹²⁷⁾ 어떤 것에 가리어 보이지 않는다는 데서 찾는다는 뜻이 나왔는데, 반드시[必] 찾아야 한다[見]는 의미가 반영되었다.

(다) [+목적]

「려(覛)」3: "(무엇을) 구하려고 살피다."¹²⁸⁾ 사슴의 아름답고[麗] 순진한 눈으로 보다. 무엇을 구하려 보는 모습을 말하는데, 『설문의증(說文義證)』에서는 "한 눈은 하늘을 보고 다른 한 눈은 땅을 보아 눈이 서로 분리되기[离] 때문에 리(脼)라 하는데, 려(覛)는 리(脼)와 같은 뜻이다."라고 했다.

(라) [±호감]

「위(覣)」⁴: "좋아하는 마음으로 보다."¹²⁹⁾ 전점(錢坫)은 "오늘날 속어에서 사람을 꼬드기는 것을 위(覣)라고 한다."라고 했고¹³⁰⁾, 『광답문소증(廣答問疏證)』에서는 "그 사람을 좋아하여 사적으로 사랑하는 것을 말한다."라고 했다. 위(委)는 화(禾)와 여(女)로 구성되어 이삭을 늘어뜨린 벼[禾]와 이를 수확해 쌓는 여성[女]의 모습에서 '연약함'을 그렸고, 이후 '맡기다'나 '쌓이다'는 뜻으로 가차되었다.

「라(覶)」⁶: "좋아하는 마음으로 보다."¹³¹⁾ 『옥편』에서는 "라루(覶縷)는 위곡(委曲)이라는 뜻이며, 나루(覶縷)는 나려(覶覛)와 같다"라고 했다. 좋게 보다는 뜻으로도 풀이된다.

[斯]는 뜻 등으로 쓰였다. 趙誠, 『甲骨文簡明詞典』(1988), 55쪽, 81쪽, 192쪽, 241쪽, 317쪽 참조.

127) "蔽不相見也. 從見必聲. 莫結切."
128) "求視也. 從見麗聲. 讀若池. 郎計切." 원문에서는 "求也"로 되었으나, 段玉裁의 『說文注』에 근거해 視를 추가했다.
129) "好視也. 從見委聲. 於爲切."
130) 丁福保, 『說文解字詁林』(1983), 7책 744쪽에서 재인용.
131) "好視也. 從見覶聲. 洛戈切."

「예(覞)」⁵: "흘겨보다."¹³²⁾ 곁으로 보다는 뜻으로, 주준성(朱駿聲)은 예(䀹)의 혹체자로 보았다.

(마) [+즐거움]
「록(覗)」⁷: "웃으면서 보다".¹³³⁾ 희희낙락거리며 보는 것을 말하는데, 마서륜(馬敍倫)은 록(睩)과 같은 글자라고 했다.

(바) 드러나다
「운(覵)」¹⁰: "물건이 많아 눈에 현기증이 나다."¹³⁴⁾ 여기서 말한 "외박중다시(外博衆多視)"의 뜻은 불분명하나, 『광운(廣韻)』에서는 이에 대해 "중시(衆視)" 즉 "여럿이 보다"라고만 풀이했다. 「원(員)」은 원래는 구(口)와 정(鼎)으로 구성되었는데, 구(口)는 정(鼎)의 아가리를 말한다. 그래서 정(鼎)의 아가리[口]처럼 '둥글다'가 원래 뜻이고, 이후 기물의 '숫자'의 뜻, 다시 '수효'와 '인원'이라는 뜻이 나오게 되었다. 그러자 원래 뜻은 다시 위(囗)를 더한 원(圓)으로 분화한 글자이다. 이후 정(鼎)이 패(貝)로 변해 지금의 원(員)이 되었다. 마서륜(馬敍倫)은 현(旬)(눈알을 굴리다)의 이체자로 추정했다.
「제(題)」¹⁵: "드러내다".¹³⁵⁾ 시(是)는 태양[日]이 멈추는[止] 곳이라는 의미에서 '이곳'이라는 의미가 나왔다. 그렇다면, 햇빛이 비치는 곳에[是] 드러내 내보임을 말한다.
「섬(覢)」²⁵: "갑자기 나타나다."¹³⁶⁾ 『설문구두(說文句讀)』에 의하면, "관중지역에서는 번개[電]를 섬전(覢電)이라 한다."라고 했는데, 그렇다면 불꽃이 활활 타오르면서[炎] 나타나는 섬광처럼 갑자기 나타나는 것을 말한 것으로

---

132) "旁視也. 從見兒聲."
133) "笑視也. 從見彔聲. 力玉切."
134) "外博衆多視也. 從見員聲. 讀若運. 王問切."
135) "顯見. 從見是聲. 杜兮切."
136) "暫見也. 從見炎聲. 『春秋公羊傳』曰: '覢然公子陽生.' 失冉切."

보이며, 이로부터 언뜻 나타나다는 뜻도 나와 섬(閃)과 같이 쓰이게 되었을 것이다.

「빈(覸)」²⁶: "갑자기 나타나다."¹³⁷⁾ 빈(賓)은 원래 면(宀)과 지(止)로 이루어져 집에 사람이 도착하다는 뜻으로부터 '손님'의 의미를 그렸는데, 이후 패(貝)가 더해져 선물을 들고 오는 것을 구체화했다. 손님은 언제나 예상치 않게 찾아오듯, 손님 찾아오듯[賓] 갑자기 나타남을 말한 것으로 보인다.

(사) [+몰래]

「자(覗)」¹⁷: "훔쳐보다."¹³⁸⁾ 규(闚)를 단옥재의 『설문주』에서는 "섬(閃)과 같은데, 섬(閃)은 문(門) 사이로 머리를 넣고 들여다보는 것을 말한다."라고 했으며, 『옥편』에서는 도둑처럼 훔쳐보는 모양을 말한다고 했다.

「첨(覘)」²³: "훔쳐보다."¹³⁹⁾ 엿보다는 뜻인데, 점(占)이 거북점의 갈라지는 금[卜]을 보고 점괘를 해석한[口] 것임을 고려하면, 점을 쳐서 신의 의지를 몰래 살펴본다는 뜻에서 '엿보다'는 뜻이 나온 것으로 보인다. 『좌전(左傳)』 성공(成公) 17년 조의 위소(韋昭)의 『국어주(國語注)』에서 "몰래보다(微視)"는 뜻이라고 했다.

「미(覹)」²⁴: "훔쳐보다."¹⁴⁰⁾ 몰래[微] 훔쳐보다[見]는 뜻이다. 미(微)는 원래 산발을 한 노인[長]과 복(攵)(攴)으로 이루어져 노인을 몽둥이로 때려죽이는 모습이다. 원시시대에는 피를 통해 영혼이 육신에서 분리되는 것이 죽음이라 생각했다. 나이가 든 노인이 피를 흘리지 못해 아직 죽지 못한다고 생각했고, 생산력이 부족한 때라 노인은 어린이와 마찬가지로 구성원의 생존에 부담을 주는 존재였기 때문에 노인을 살해했을 것이다. 나이가 든 노인에서 '미약함'의 뜻이 나왔고, 이후 척(彳)이 더해져 이러한 행위가 길 등 공개적인 장소에

---

137) "暫見也. 從見賓聲. 必刃切."
138) "䚊覰, 闚觀也. 從見疺聲. 七四切."
139) "窺也. 從見占聲. 『春秋傳』曰: '公使覘之, 信.' 敕豔切."
140) "司也. 從見微聲. 無非切."

서 행해졌음을 보여준다. 하지만 나중에 윤리의식의 변화로 이러한 습속은 숨겨진 곳에서 '몰래' '은밀하게' 진행되었다. 이처럼 몰래[微] 훔쳐봄을 말한다. 「침(覘)」[30]: "몰래 고개를 내밀고 보다."[141]

② 취득하다/획득하다

「득(尋)」[12]: "취득하다."[142] 갑골문에서는 패(貝)와 촌(寸)으로 구성되어 조개 화폐[貝]를 손[寸]으로 줍는 모습에서 조개 화폐를 가지면 필요한 것을 '획득할 수 있음'을 그렸다. 소전체에 들면서 견(見)과 촌(寸)으로 구성되었다. 혹자는 패(貝)가 잘못 변해 견(見)이 된 것으로 본다. 그러나 이는 "눈으로 본 것[見]을 손[寸]으로 잡다"라는 뜻을 반영한 것으로, 획득하다는 것은 관념적이고 추상적인 것이 아니라 손에 쥐고 눈에 보이는 것이 바로 '획득함'이요 '취득'임을 강조한 것으로 해석해야 할 것이다.

③ 보다

1. 만나다=보다

「구(覯)」[21]: "만나다."[143] 구(冓)는 얽어맨 구조물을 그렸고 구(冓)로 구성된 합성자는 모두 '얽히다'는 뜻을 갖는다. 그래서 구조물이 얽히듯 서로 만나는 것을 말한다.

「번(覕)」[27]: "빈번하게 만나다."[144] 번(樊)은 두 손[廾]으로 나무[木]를 촘촘하게 엮어[爻] 울타리는 만드는 모습을 그렸다. 촘촘하다는 뜻에 '밀집하다'라는 뜻이 있으므로, 빈번하게 자주 만나다는 뜻을 갖게 된 것으로 보인다.

「근(覲)」[40]: "천자의 노고를 위로하기 위해 제후가 가을에 방문하는 행위를

---

141) "私出頭視也. 從見甹聲. 讀若郴. 丑林切."
142) "取也. 從見從寸. 寸, 度之, 亦手也. 臣鉉等案: 彳部作古文得字, 此重出. 多則切."
143) "遇見也. 從見冓聲. 古后切."
144) "覯覕也. 從見樊聲. 讀若幡. 附袁切."

말한다."145) 삼가는 마음[堇]으로 천자를 찾아뵙는다는 뜻을 담았다.

「조(覜)」41: "제후가 천자를 3년마다 찾아뵙는 행위를 말한다."146) 조(兆)는 갑골을 불로 지져 갈라지는 흔적을 말하며 신이 내려주는 계시라는 뜻에서 '조짐'의 뜻이 나왔다. "『예기』「왕제」에서 제후가 천자를 2년마다 찾아뵙는 것을 소빙(小聘), 3년마다 찾아뵙는 것을 대빙(大聘), 5년마다 찾아뵙는 것을 조(朝)라고 한다."라고 했다(『설문주』). 거북점에서 갈라지는 금[兆]을 살펴 신의 뜻을 헤아리듯 삼가는 마음으로 천자를 찾아뵙다[見]는 뜻을 담았다.

2. 초대하다= 만나보다

「정(靚)」38: "초대하다."147) 청(靑)은 갑골문에서 생(生)(초목이 자라나는 모습)과 단(丹)[염료로 쓸 광물을 캐는 鑛井의 모습]으로 이루어져, 광물[丹]로 만들어낸[生] '푸른색'을 뜻한다. 청색(靑色)은 음양오행에서 보통 동방(東方)의 색으로 여겨지며 동방은 초목이 생장하기 시작하는 때를 상징하므로 청(靑)은 바닷물이나 하늘처럼 파란색을 말하는 것이 아니라 초목이 막 자라날 때 띠는 그러한 푸른색, 즉 순색을 말한다. 이로부터 청(靑)은 순수한 상태를 뜻하게 되었다. 그렇다면 정(靚)은 어떤 목적이 없이 순수한 마음으로 만나기를 청하다는 뜻을 담았다.148)

3. 기다리다= 만나보다

「시(覛)」44: "사람을 기다리다."149)

---

145) "諸侯秋朝曰覲. 勞王事. 從見堇聲. 渠吝切."
146) "諸侯三年大相聘曰覜. 覜, 視也. 從見兆聲. 他弔切."
147) "召也. 從見靑聲. 疾正切."
148) 예컨대 靜은 순색[靑]이 되도록 다투다[爭]는 뜻을 담았는데, 원래 화장의 농염을 말할 때 쓰던 용어로 자연색에 가까운 화장 색을 말했다. 그들은 자연색에 가까운 화장을 튀지 않고 안정되며 조용한 색깔로 인식했다. 그래서 靜에서 맑고 고요하다는 뜻이 나왔다. 그것은 화려한 색깔의 화장이 사람의 마음을 흔들리게 하고 욕정을 움직이게 한다고 생각 때문이었다.
149) "司人也. 從見它聲. 讀若馳. 式支切."

4. 돌진하다/무모하다= 눈을 가리다

「몽(冡)」³¹: "돌진하여 앞으로 나아가다."¹⁵⁰⁾ 덮개로 눈을 가린 채 무모하게 앞으로 돌진한다는 뜻을 담았다.

5. 바라다/욕망= 보다

「기(覬)」³²: "바라다, 희망하다."¹⁵¹⁾ 기(豈)는 술 달린 북을 그렸는데 승전 소식을 알리는 악기의 상징으로 개(凱)의 본래 글자이다. 전쟁에서 이기고 승전가를 울리며 개선하는 병사들을 보고 싶은 바람을 그렸다고 보인다.

「유(覦)」³³: "욕망하다."¹⁵²⁾ 넘겨다 보다는 뜻으로, 자기 분에 넘치는 일을 바람을 말한다. 유(兪)가 배가 물살을 헤치고 앞으로 나가는 모습에서 '나아가다', '낫다' 등의 뜻을 두는 것으로 보아, 유(覦)는 앞으로 나아가 더 나아지길[兪] 바라본다[見]는 뜻을 담았다.

6. 지각/깨닫다/지식= 보다

「각(覺)」³⁶: "깨어 있다"¹⁵³⁾ 각(覺)은 깨어서 지각이 있는 상태를 말하는데, 무엇을 배워[學] 보는[見] 상태가 지속하는 것을 '깨어 있음'으로 보았다. 이는 성인[夫]이 보는 것[見], 즉 성인의 견해를 '규칙[規]'과 '규율'로 인식한 것과 상통한다.

「적(覿)」³⁷: "눈이 빨갛다."¹⁵⁴⁾ 『계전교록(繫傳校錄)』에서는 "눈도 크다는 뜻이다. 서개는 눈이 빨갛다는 뜻이라고 했다. 『옥편』에서도 마찬가지이다." 라고 했다. 지혜[智]를 찾고자 눈을 크게 뜨고 눈이 빨개지도록 집중해서 본다는 뜻을 담은 것으로 추정된다.

---

150) "突前也. 從見、冃. 臣鉉等曰: 冃, 重覆也. 犯冃而見, 是突前也. 莫紅切, 亡氣切."
151) "㰻幸也. 從見豈聲. 几利切."
152) "欲也. 從見兪聲. 羊朱切."
153) "寤也. 從見, 學省聲. 一曰發也. 古岳切."
154) "目赤也. 從見, 智省聲. 臣鉉等曰: 智非聲, 未詳. 才的切."

7. 친하다＝자주보다

「친(親)」[39]: "친함의 지극함을 말한다."[155] 금문에서는 면(́ ́)과 견(見)이 의미부이고 신(辛)이 소리부인 구조로, 집안[́ ́]에서 서로 마주 보며[見] 함께 사는 관계임을 강조했다. 친애함에 부모보다 더한 이가 없으므로 '부모'라는 뜻이 생겼고, 다시 일가, 친척, 인척 등의 뜻으로 파생되었다.

8. 선택하다＝보다

「모(覒)」[42]: "선택하다."[156] 털[毛]은 가는 것의 상징이다. 선택은 그처럼 드문 가능성 속에서 인연을 찾아내 선택해야만 이루어질 수 있음을 반영했다.

3_「견(見)」을 소리부로 하는 합성자

『설문』에는 「견(見)」을 소리부로 하는 합성자가 총 17자 수록되었는데, 그중 「멱(覛)」은 「멱(覗)」의 이체자로, 「도(覩)」는 「도(睹)」의 이체자로, 「선(覾)」은 「선(霰)」의 이체자로, 「견(覵)」은 「견(繭)」의 이체자로 제시되었다. 이들 합성자는 대부분 '보다', '보이다', '드러내다' 등의 의미를 가져, 「견(見)」의 원래 의미를 잘 보존한다. 구체적 용례는 다음과 같다.

「현(莧)」: "패모를 말한다."[157] 식물의 이름이다.
「현(哯)」: "느닷없이 토하다."[158] 아이가 젖을 토하다, 속에 있는 것을 입[口]으로 토해 밖으로 드러내다[見]는 뜻을 담았다.
「혈(䩙)」: "쇠 정강이를 얽어매다."[159] 쇠 정강이를 얽어매듯 단단히 졸라매

---

155) "至也. 從見親聲. 七人切."
156) "擇也. 從見毛聲. 讀若苗. 莫袍切."
157) "莔菜也. 從艸見聲. 侯澗切."(권1 艸부수)
158) "不歐而吐也. 從口見聲. 胡典切."(권2 口부수)
159) "繫牛脛也. 從革見聲. 己彳切."(권3 革부수)

다는 뜻을 말한다.

「현(睍)」: "눈이 튀어나오다."160) 남의 눈에 띄게[見] 눈[目]이 튀어나왔음을 말한다.

「격(覡)」: "몸을 깨끗이 하여 신명을 모실 수 있는 사람을 말한다. 남자를 격(覡), 여자를 무(巫)라 한다."161) 신을 만나고[見] 신의 계시를 들을 수 있는 무당[巫]이라는 뜻을 담았다.

「현(晛)」: "해가 나타나다."162) 해[日]가 드러나다[見]는 뜻이며, 밝다, 햇살 등의 뜻으로 파생되었다.

「현(俔)」: "비유하다는 뜻이다. 달리 몰래 보다는 뜻이라고도 한다."163) 다른 사람[人]에게 알리고 드러내기[見] 위해 '비유함'을 말한다.

「전(靦)」: "사람을 면대하다."164) 얼굴[面]을 드러내[見] 사람을 만나다는 뜻이다. 혹체자인「전(䩱)」에서는 견(見) 대신 단(旦)이 들어갔는데, 지평선 위쪽으로 해가 떠오르듯[旦] 숨겨놓은 얼굴[面]을 사람들에게 드러내는[見] 것을 말한다.

「현(硯)」: "돌이 매끄럽다는 뜻이다."165) 벼루로 쓸 수 있는 매끄러운 돌을 말하며, 먹을 갈아 쓰는 도구이므로 '갈다'라는 뜻도 나왔다. 눈에 띄는[見] 돌[石]이라는 뜻을 담았다.

「규(規)」: "법도가 있음을 말한다."166) 성인이 보는 것, 즉 성인[夫]의 견해[見]가 바로 척도이자 법임을 말한다. 경험을 중시한 중국에서 경험이 많은 나이 많은 사람의 견해를 중시하던 전통을 반영한다.

---

160) "出目也. 從目見聲. 胡典切."(권4 目부수)
161) "能齊肅事神明也. 在男曰覡, 在女曰巫. 從巫從見. 徐鍇曰: 能見神也. 胡狄切."(권5 巫부수)
162) "日見也. 從日從見, 見亦聲.『詩』曰: '見晛曰消.' 胡甸切."(권7 日부수)
163) "譬諭也. 一曰間見. 從人從見.『詩』曰: '俔天之妹.' 苦甸切."(권8 人부수)
164) "面見也. 從面, 見, 見亦聲.『詩』曰: '有靦面目.' 他典切. 䩱或從旦."(권9 面부수)
165) "石滑也. 從石見聲. 五甸切."(권9 石부수)
166) "有法度也. 從夫從見. 居隨切."(권10 夫부수)

「멱(𥄎)」: "흘겨보다."¹⁶⁷⁾ 수(水)를 뒤집은 모습이 맥(辰)이다. 그래서 순리대로 흐르는 물[水]과 달리 역방향으로 흘러 순조롭지 못한 것을 뜻한다. 정상적인 시선으로 보는 것이 아닌[辰] 곁눈으로 흘겨보는[見] 것을 말한다.

「현(蜆)」: "액녀라는 벌레를 말한다."¹⁶⁸⁾ 액녀(縊女)는 의녀(蛥女)로도 쓰는데, 『이아』「석충(釋蟲)」에 의하면 "작고 검은 벌레로 머리 부분은 붉은색이다. 스스로 목을 매어 죽길 좋아하기 때문에 액녀(縊女)라고 부른다."라고 했는데, 도롱이 벌레를 말한다. 도롱이 집을 지어 나뭇가지에 매달려 있기 때문에, 이는 사람의 눈에 잘 띄는[見] 벌레[虫]라는 뜻을 담았다.

「현(垷)」: "칠하다."¹⁶⁹⁾ 사람의 눈에 띄게 하기[見] 위해 흙[土]을 바르는 것을 말하며, 이후 흙칠이 아닌 다른 칠까지도 뜻하게 되었다.

「도(覩)」: "보다는 뜻이다. 「도(睹)」의 혹체자이다."¹⁷⁰⁾

「선(覮)」: "싸락눈을 말한다. 「선(霰)」의 혹체자이다."¹⁷¹⁾ 이는 알갱이 져 내리는 눈, 즉 싸락눈을 말한다. 싸락눈은 결정이 커서 사람의 눈에 잘 띄기 때문에 견(見)이 소리부로 채택되었을 것으로 추정된다.

「견(𧠙)」: "누에고치를 말한다."¹⁷²⁾ 만들어내는 실[糸]을 주의 깊게 살펴보는[見] 모습을 담았다. 멱(糸)의 아랫부분이 완전하지 않은 형태를 그려 아직 비단 실로 완성되지 않은 고치에서 뽑아내는 단계의 '실'임을 형상적으로 그렸다.

위의 예에서 볼 수 있듯, 식물의 이름을 뜻하는 「현(莧)」이나 「혈(覨)」 등 소수 예를 제외하면 모두 「견(見)」의 최초 의미인 '보다'와 '드러내다'는 의미를 그대로 담았다. 그래서 오히려 「견(見)」이 의미부로 기능

---

167) "衺視也. 從辰從見. 莫狄切 𥄎籀文."(권11 辰부수)
168) "縊女也. 從虫見聲. 胡典切."(권13 虫부수)
169) "涂也. 從土見聲. 胡典切."(권13 土부수)
170) "睹, 見也. 從目者聲. 當古切. 覩古文從見."(권4 目부수)
171) "霰, 稷雪也. 從雨散聲. 穌甸切. 覮, 霰或從見."(권11 雨부수)
172) "繭, 蠶衣也. 從糸從虫, 芇省. 古典切. 𧠙古文繭從糸見."(권13 糸부수)

하는 「견(見)」 부수 귀속자보다 「견(見)」이 소리부로 기능하는 한자군에서 「견(見)」의 자원을 더욱 구체적으로 보존하는 것을 확인할 수 있다.173)

4. 맺음말

이상에서 살펴본 바와 같이 「목(目)」과 「견(見)」 관련 글자군의 많은 부분이 구체적인 사물의 시각적 이미지를 원용하여 그 의미를 형성했다. 예컨대 「섬(睒)」[27](언뜻 보다), 「섬(覢)」[25](갑자기 나타나다), 「현(晛)」(해가 나타나다)(日부수), 「표(瞟)」[44](살펴보다), 「표(覢)」[16](자세히 관찰하여 보다), 「형(瞥)」[105](미혹시키다), 「렴(覝)」[9](자세히 살펴보다) 등은 빛이나 불과 관련되고, 「명(覭)」[19](보는 것이 명확하지 않다), 「미(䁲)」[28](병든 사람이 보는 것처럼 혼미하다) 등은 어둠이나 흐림의 시각적 이미지를 원용하여 그 의미를 형성했다. 또 「제(瞟)」[45](살펴보다), 「조(覜)」[41](제후가 천자를 3년마다 방문하여 만나는 행위), 「점(覘)」[23](훔쳐보다), 「진(瞋)」[68](눈을 크게 뜨다) 등은 신이나 신의 계시, 「무(瞴)」[30](자세히 보다)는 신과 교통하기

---

173) 소리부의 기능은 해당 글자의 독음을 나타내는 이외에도 의미와 밀접하게 관련된다. 소리부의 의미 표시 기능은 전통적으로 '右文說'이라 불리며 지속적으로 연구됐다. 송나라 때 王聖美이 이론적으로 구체화하였으며, 王安石이 『字說』에서 응용했다. 이후 청대에 들어 朱駿聲은 물론 段玉裁, 王念孫, 黃侃 등이 재조명했고, 근대에 들어서는 沈兼士, 楊樹達 등이 체계적으로 연구했다. 이런 연구의 역사와 성과에 대해서는 黃永武이 『形聲多兼會意考』(1984)에서 체계적으로 기술했다. 특히 黃永武는 黃侃이 말한 "凡形聲字之正例必兼會意"설을 지지하면서 이전 학자들이 귀납한 495종의 소리부에 자신이 새로 귀납한 93종을 추가하였다. 또 최근에 들어서는 단순한 의미 표시 기능이 아니라 그 속에 진정한 자원 표시 기능이 들었다는 주장이 제기되어 학계의 주목을 받고 있다. 이 방면의 연구로는 李國英의 『說文形聲字硏究』(1996), 曾昭聰의 『形聲字聲符示源功能述論』(2002) 등을 참조할 만하다.

위한 제사장의 춤 등의 시각적 이미지를 원용하여 그 의미를 형성했다. 이처럼 시각을 빛이나 신(의 계시) 등과 연계해 인식한 것은 서구적 전통과 달라 보이지 않는다.

하지만 「조(䁂)」⁶⁹(눈 익혀 보다)・「관(瞿)」²²(정기가 많다)・「휴(䀹)」⁵⁸(쳐다보다)・「확(矆)」⁶⁰(딱 부릅뜨고 보다) 등은 새나 수리부엉이나 올빼미를, 「독(督)」⁷⁷(살펴보다)은 붓을, 「요(䚃)」³⁵(사물을 잘못 보다)는 피리를, 「만(䜌)」¹⁶(바라보다)은 술 달린 피리를, 「려(覼)」³(무엇을 구하려고 살피다)는 사슴을, 「석(賜)」⁷⁰(재빠르게 보다)은 도마뱀을, 「위(覣)」⁴(좋아하는 마음으로 보다)은 벼를, 「구(覯)」²¹(만나다)는 구조물을, 「심(瞫)」⁸⁰(깊이 보다)은 두꺼운 벽을 가진 그릇을, 「무(督)」⁶³(눈을 내려뜨리고 조심스레 보다)는 창을, 「활(䁲)」³⁶(높이 쳐다보다)은 도끼를, 「모(瞀)」³⁵(눈을 내리깔고 보다)・「몽(冡)」³¹(돌진하여 앞으로 나아가다)은 모자를, 「규(睽)」⁴⁸(외면하다)는 컴퍼스를, 「번(覹)」²⁷(빈번하게 만나다)은 울타리를, 「기(覬)」³²(바라다, 희망하다)는 술 달린 북을, 「모(䁂)」⁴²(선택하다)는 털을, 「두(瞗)」⁴⁵(눈에 낀 티끌/먼지)는 뚜껑 없는 기물을, 「운(䙮)」¹⁰(물건이 많아 눈에 현기증이 나다)은 세 발 달린 솥[鼎]을, 「유(覦)」³³(욕망하다)는 나아가는 배를 '눈' 속에 포함함으로써 구체적 사물의 시각적 이미지를 원용하여 그 의미를 형성했다.

특히 「심(瞫)」⁸⁰(깊이 보다)은 진하게 익은 술의 냄새라는 후각을 시각적 이미지로 그렸으며, 「탐(瞫)」²⁰(정신을 집중해 안을 살피다)은 미각적 이미지를 시각에 동원했다. 또 「득(䙷)」¹²(취득하다)은 원래 손[又]으로 조개[貝]를 잡은 모습에서 '획득하다'는 의미를 그렸으나, 소전체에 들면서 「패(貝)」가 「견(見)」으로 변화해 이전의 촉각 이미지 외에도 시각성을 강화한 예라 할 수 있다. 이러한 예들은 사람의 시각을 그리면서 사람이 아닌 동물이나 사물 등 자연계의 객관적 존재까지 포섭하였는데,

이는 서구적 전통과 구별되는 한자의 특성이다. 사물을 인식하는 주체(사람)뿐 아니라 인식 대상인 객체(자연물)까지 시각과 관련된 인식에 들 수 있도록 허용함으로써 주체와 객체가 하나 되는 전통을 반영했다.

하지만 이러한 이미지의 형성은 갑골문이나 금문 등으로 거슬러 올라가지 않고 이후의 한자 자형에 근거하여 그 원래의 모습을 찾아내기는 그리 쉽지 않은 일이다. 이 때문에 한자를 본격적으로 연구한 최초의 서구 학자라 할만한 17세기 초기의 리치$^{Matteo\ Ricci}$와 트리고$^{Nicolas\ Trigault}$는 특히 이런 식의 추상적 개념을 감각적으로 형상화한 한자를 쉽게 이해할 수가 없었다.174) 즉 「산(山)」과 같은 기본자인 경우는 비교적 산의 모습과 유사하게 만들어졌다 할지라도 추상적 의미가 세월이 지나면서 원래의 형상을 전혀 알아볼 수 없을 정도로 변화해버렸기 때문에 트리고가 오로지 관심을 둔 것은 한자와 한자가 표상하는 사물이 직접적으로 일치하지 않는다는 것이었다.175) 왜냐하면 실제 사용되는 한자에는 그림의 직접성과 지시성이 사라지고 없었고 현재의 형상에 근거해서 의미를 찾아낼 가능성은 없었기 때문이다. 그래서 트리고는 한자가 상형문자 중에서도 가장 최악의 문자라고 결론 내렸다. 상형문자는 표현적 직접성 때문에 원시적 감각과 인간 직관의 신비적 작용을 연상시키지만, 한자는 많은 경우 상형성을 상실해버렸기 때문에 의미와는 완전히 분리된 일종의 의복으로 간주하였다. 트리고는 한자가 사물의 이미지를 숭배하는 것을 대단히 비정상적인 현상으로 기술했다. 물론 이런 식의 주장

---

174) 트리고의 작업은 나중에 윌킨스의 『실제 문자와 철학 언어에 관한 에세이』에 영향을 끼쳤다. 이 논문은 중국어의 불완전성과 오류들을 자세하게 기록하고 있고, 이 자료가 18세기 후반과 19세기 초반에 한자가 문제가 많은 문자라는 인식을 서구에 확산시켰다. 자세한 내용은 Wilkins, *An Essay Towards a Real Character and a Philosophical Language*(1668) 참조.

175) Wilkins, 위의 책(1668), 451쪽.

은 한자 연구가 본격화되면서 일정 부분 해명이 되기는 했지만, 한자에 대한 편견을 완전히 불식하는 형태로 나아가지 않고 서구의 대표적 언어학자인 소쉬르의 경우에서 보듯 더욱더 정교하고 발전한 형태의 편견을 만들어내었다.

그러나 서구에서 개념화하는 시각과 한자의 자원 분석을 통한 시각의 의미는 상당히 다르다. 앞서 말했듯이 서구의 시각은 주로 주체 중심의 시각이며 주체의 관점에서 타자를 바라보는 원근법에 입각한 시각으로, 궁극적으로는 타자를 주체에 동화시키기 위한 시각이다. 또 인간의 감각으로서 시각은 한계가 많기 때문에 진리를 사유하기 위해 보이는 것 자체보다 보이지 않는 것에 관심을 더 많이 보여왔다. 물론 중국 역시 고대 문학이나 철학적 사유에 나오는 '언외지언(言外之言)'이나 '상외지상(象外之象)'과 같은 표현에서 보듯 보이지 않는 진리를 설명하기 위해 노력을 많이 기울였다는 점에서는 그렇게 다르지 않다고도 볼 수 있다. 한자의 자원 분석에 근거를 두고 살폈을 때에도 중국인의 시각 사유가 '빛이나 숭배 행위'/'신[示]'의 이미지를 적극적으로 도입한다는 점에서는 서양의 사유와 크게 다르지 않다고 볼 수도 있을 것이다.

사실 서구 형이상학^{metaphysics}의 어원은 'metaphisica'로, '자연^{phisica}을 넘어선다'는 의미이다. 이것은 개별적인 존재가 처한 가변적인 환경을 넘어서야 한다는 말로서, 이러한 사고는 서양 근대 철학에서 데카르트에 이르러 정점에 이른다. 데카르트는 가변적 환경을 회의적 의심, 즉 방법론적 회의를 통해서 극복하고자 했다. "사유는 의심이다."라는 그의 주장은 "나는 지각한다. 그러면 나의 재현은 나의 것이 된다."는 전제 속에서 작동한다.[176] 이것이 서양의 근대가 세계를 바라보는 방식이고 세

---

176) Jacques Lacan, *The Four Fundamental Concepts of Psychoanalysis*(1977), 81쪽.

계를 주체의 관점에 종속시키는 방식이다. 즉 서론에서도 언급했지만, 서구의 사유에서 '세계'는 자아와 주체성을 성립시키기 위한 대상이 된다.

그러나 이렇게 주체의 관점으로 세계를 고착화하는 형태는 중국에서 지배적인 사유로 자리를 잡을 수가 없었다. 중국은 직관으로 드러나는 세계와 자신을 일치시키고자 했고 분석적 사유가 아닌 직관적이고 전일적^{holistic} 사고를 지향했다. 필자는 중국이 이러한 전통을 형성하게 된 가장 큰 원인이 표음문자와는 다른 체계에서 출발한 한자에 있다고 생각한다. 이것은 한자 속에 그러한 무의식적 직관이 포함되어 있기 때문이다.

데카르트의 경우에서 보듯 주체^{subject}, 혹은 주체성/주관성^{subjectivity}은 인식 주체를 말하는 것이기에 외부의 환경에 영향 받기 쉬운 신체는 그 개념 내부에 포함되지 않는다. 하지만 그것의 번역어인 주체(主體)는 신체를 배제하지 않는다. 따라서 주체(主體)는 그 한자의 의미를 중심으로 살폈을 때 서구의 주체와 결코 같을 수가 없다. 중국어에서 주어^{subject}가 등장하지 않는 경우가 많은 것은 서구의 경우와는 달리 신체를 동반하지 않은 주체는 주체가 아니기 때문이다.

문맥에 따라서 'subjectivity'는 때때로 주체성(主體性)이 아니라 주관성(主觀性)으로 번역되기도 한다. 이 경우 주관은 주체와는 또 다른 뉘앙스를 띠게 된다. 본론에서 잠시 언급했듯이 「관(觀)」은 자세히 살펴본다는 뜻으로, 「관(雚)」은 앞을 응시하는 두 눈과 눈썹을 강조한 새[隹]를 그려서 볏이 나고 눈이 큰 수리부엉이의 모습을 그린 것으로 알려져 있다.[177] 그래서 부엉이가 동그랗게 눈을 뜨고 바라보는 것처럼[雚] 뚫어지게 주시하는 것을 말한다.[178] 물론 여기서 부엉이는 비유로 사용된

---

177) "諦視也. 從見雚聲. 古玩切. 𮫜古文觀從囧."(『說文解字』 見부수)
178) 고대 형체에서는 見 대신 囧으로 구성되었는데, 벽에 뚫린 창문 속으로 밝게 비치는 달처럼 '뚫어지게' 쳐다보다는 의미를 강조해서 보는 행위가 빛과 상관적임을 드러

개념이기는 하지만 바라보는 주체가 반드시 인간이어야 하는 인간이 중심 되는 글자가 아니다. 이 글자는 인간의 시각을 동물과 사물에 비유하여, 동물이나 사물(즉 자연이나 세계)의 눈과 인간의 눈과 구분되지 않고 때로는 자연 세계가 인간보다 더 정확하고 객관적인 눈을 지니며 밤에는 볼 수 없는 인간의 시각의 한계를 넘어선 능력을 갖추었음을 인정하는 것을 보여준다.[179] 또 「람(覽)」에 대한 단옥재의 해석에서 보듯 보는 주체인 '내'가 대상을 보는 것뿐만 아니라 대상이 나를 보는 것까지 포함한다. 이 입장은 이미지로서 드러나는 세계와 동일시함으로써 세계를 지향하고 '자연 되기', '동물 되기', '대상 되기'를 지향한다. 또 이것은 응시^{gaze}라는 개념이 내가 대상을 바라보는 것이 아니라 대상$^{objet\ a}$이 나를 바라보는 것이라고 하는 자크 라캉의 정신분석학에 비춰볼 때 이것은 한자는 의식적인 눈^{eye}을 개념화할 뿐만 아니라 보이지 않고 비가시적인 무의식의 시선까지도 포함하는 것을 보여준다. 여기서 무의식의 시선은 실재와 구분되지 않는 것이며 인간의 눈으로 재현되지 못하고 지각할 수 없는 대상을 시선이 포함하는 것을 시사한다.

그러므로 한자 속에서 드러나는 시각은 단순히 경험적이고 타자를 제거한 주체의 시각이 아니다. 물론 언어 행위가 인간에게 독특한 것인 만큼 인간이 사유의 주체로 등장하는 경우가 많기는 하다. 그러나 중요한

낸다. 그래서 이 글자는 불교가 수입되고 나서 불교 용어로서 '지혜로 경계를 비추어 봄'을 뜻하는 'vipáyna'의 대역어로 쓰였다.

179) 『山海經』 등에서는 半人半獸 모습의 '신'과 각종 동물을 부리는 '신'들이 자주 등장하는데, 이는 인간의 능력을 넘어선 자연계의 동물의 능력을 인간이 포섭하고자 한 노력 내지는 인간이 가지지 못한 동물들의 각종 능력을 빌리고자 한 노력의 하나로 보인다. 이는 인간에 동물의 모습이 합쳐졌을 때 더 완벽하고 완성된 모습을 가진다는 인식의 표현으로 보인다. 하지만 이러한 半人半獸의 모습을 한 '신'은 '인간'이 표준인 서구의 관점에서 볼 때 완전한 인간의 모습을 하지 못한 사악한 존재로 여겨져 제거되고 배제되는 존재로 인식되었다.

것은 중국의 사유에서 시각은 인간의 경험에만 한정되는 것이 아니라는 점이다. 시각은 인간의 경험을 넘어서는 것이며 인간이 사물을 보는 행위, 즉 인간의 지각 작용 자체를 넘어서는 것이다. 그것은 인간의 비인간 되기를 포함하는 개념이며 인간이 아닌 자연을, 인간 이전의 풍경을 포함한다. 그러므로 한자의 존재가 중국에서 논리와 인식을 통하지 않고 직관을 통한 사유가 지배적인 사유로서 자리 잡아온 원동력이라고 할 수 있다.

  근대가 인간을 자아/타자, 이성/감성, 정신/몸, 의식/무의식 등으로 구분하고 전자에 우선성을 부여해왔다면, 탈근대는 이분법에 근거한 근대의 사유를 그 뿌리에서부터 반성한다고 볼 수 있다. 근대의 사유가 세계를 서양과 동양으로 구분하고 서양을 우월한 문화로, 동양을 열등한 문화로 간주해왔다면, 근대의 비판과 반성에서 출발하는 탈근대의 사유는 서구의 우월성을 일방적으로 주장할 수 없게 된다. 그래서 탈근대가 말과 기의의 한정된 영역을 넘어서 문자와 기표의 문제로 사유를 확장하고 근대의 틈새를 벌려서 서양만이 아닌 동서양을 포괄하는 세계를 사유하고자 했다. 이렇게 하여 주체와 대상 간의 거리를 무너뜨리고 지금까지 억압해온 이분법의 열등한 항에 주목하고자 하는 탈근대의 사유는 그렇게 함으로써 오히려 먼 길을 돌아서 다시 동양적 사유를 만나는 셈이 된다.

제4장

한자와 진리: 진(眞)·정(貞) 계열 한자군

1. 머리말

「진(眞)」은 '진선미(眞善美)'라는 말에서도 볼 수 있듯 사회의 인식 체계를 구성하는 대단히 중요한 개념이 분명하다. 선(善)이 도덕의 지향점을, 미(美)가 예술의 지향점을 뜻한다면, 진(眞)은 과학의 지향점이라고 할 수 있다. 즉 선(善)은 실천적 진리를, 미(美)는 시적 진리를, 진(眞)은 이론적 합리성을 갖춘 진리를 의미한다고 할 수 있다. 서구 철학의 시발점으로 여겨지는 플라톤이 시인을 추방하고 그 자리에 철인을 등극시킨 것은 뮈토스^{mythos}(시적 진리)에서 로고스^{logos}(이론적 진리)로 전환이 이루어졌음을 의미한다.

사실 「선(善)」과 「미(美)」는 갑골문에서부터 등장하여 해당 개념에 대한 인식이 일찍부터 이루어졌고 이에 대한 연구도 활발했다. 이에 반해 「진(眞)」은 그간 『설문해자』에서 처음 등장한다고 알려졌다. 이 때문에 일부 서구 학자들은 중국에서 「진(眞)」의 개념이 다른 개념들에 비해 늦게 등장했고 「진(眞)」이 등장한 이후에도 그것이 로고스 사유로 발달하지 못했기 때문에 문명의 시작점은 동양이지만 그것을 완성한 것은 서구라고 주장했다.

　예컨대 한센$^{Chad\ Hansen}$은 중국은 불교가 들어와 진리에 대한 관심을 촉발한 이후에야 「진(眞)」이 진리라는 의미로 번역되어 쓰이기 시작했다고 주장한다.1) 그리고 먼로$^{D.\ J.\ Munro}$도 "중국에서는 그리스적 의미에서 진리와 허위가 사유의 대상이 된 적이 없었다."라고 주장했고2), 그레이엄$^{A.C.\ Graham}$도 "중국의 최초의 논리학자라고 할 수 있는 묵가(墨家)조차도 진리에 대한 대칭 개념인 허위를 사용한 적이 없다."라고 주장했다.3) 그래서 그들은 참(眞)과 거짓(僞)의 이분법적 구분이 없어서 중국 철학에는 진리 개념이 존재하지 않는다고 말했다.

　중국 사유 속에 진리 개념이 없었을까? 이를 밝히려면 무엇보다 먼저 진리에 대한 정의, 즉 "진리란 무엇인가?"에 대한 질문이 선행되어야 할 것이다. 서구 철학의 시초라 할 플라톤에게 진리는 이데아와 다름없었다. 즉 '동굴의 우화'에서 동굴 속에 묶인 인간들은 동굴 벽면의 그림자만을 보고서 그것을 진리라고 여기지만, 진정한 진리, 즉 이데아를 보려면 결박에서 풀려나야 한다고 주장했다.

　이 주장에 깔린 전제는 첫째, 우리가 바라보는 다양성의 세계는 가상^{appearance}이며 진리란 가상(허상)을 언제나 짝패로 가진다는 것이다. 이는 불교적 세계관에서도 마찬가지다. 불교에서 진리를 강조하는 것도 우리의 모든 것은 헛되며 우리 앞에 펼쳐진 이 세계는 찰나적인 허상이라는 전제에 기초를 둔다. 둘째, 인식주체와 세계는 분리되어 있고 세계에 진리의 빛을 밝히려면 특별한 인간존재가 있어야 한다는 것이다. 앞서 언급한 먼로와 그레이엄이 중국에 '진리' 개념이 없다고 했을 때, 그

---

1) Chad Hansen, "Chinese Language, Chinese Philosophy and Truth"(1985), 504쪽.
2) Donald J. Munro, *The Concept of Man in Ancient China*(2001), 55쪽.
3) A.C. Graham, "Chuang Tzu's Essay on Seeing Things as Equal"(1969~1970), 39쪽.

것은 플라톤 이후로 계속되어온 '허상(비진리)'을 가정하지 않는다면 진리도 없으며 진리는 궁극적으로 '비진리'에 대한 가정에서 출발한다는 인식에 기초를 둔다.

또 서양 논리학의 정초를 마련했다고 알려진 아리스토텔레스^{Aristoteles}는 "있다고 말할 때 그것은 존재하고, 없다고 말할 때 그것은 존재하지 않는다."4)라고 함으로써 진리를 말^{logos}의 문제로 축소했다. 즉 아리스토텔레스 이후 서구 주류 철학에서 진리는 언어를 통하지 않고는 존재할 수 없는 것처럼 인식되었으며, 특히 논리실증주의자들은 진리란 반드시 논리적으로 검증될 수 있는 것이어야만 한다고 했다.5) 그리고 중국어에서 글자와 글자 사이의 관계를 지배하는 논리가 등장하지 않았다는 점, 시제가 없다는 점 등은 중국이 논리가 결여된 사회라는 인식으로 연결되었다.

하지만 표상하는 개념이 있을 때 비로소 존재한다고 생각하는 서구인들과는 달리, 한나라 이전의 중국인들은 진리란 수행적인 것이지 언어적인 것이라고 생각하지 않았다.6) 그래서 그들은 서구인들처럼 "진리는 무엇인가?"와 같은 질문은 하지 않았으며, 그보다는 행함^{doing}, 혹은 올바른 행동으로 나아갈 방법을 그들의 관심사로 삼았다. 그들에게 주체와 객체, 인간과 세계는 이분법적 관계 속에서 인식되는 것이 아니라, 전일

---

4) Aristoteles, *Metaphysics*(1857), 187쪽. 원문은 다음과 같다. "something that is, that it is, and of something that is not, that it is not."
5) David Hall, and Roger T. Ames, *Thinking from the Han: Self, Truth, and Transcendence in Chinese and Western Culture*(1998), 103~111쪽 참조.
6) 이 말은 중국어에 긍정과 부정을 뜻하는 글자가 존재하지 않는다는 뜻이 아니다. 사실 동의를 나타내는 말에 是나 正 등을 사용했고, 아님을 나타내는 말에는 非나 否 등을 사용했다. 그리고 옳다는 뜻을 나타내는 말에는 可가 있는데, 可는 대단히 실용적인 용어로서 옳다, 맞다는 의미를 지닌다. 그러나 당연한 이야기지만, '옳다'거나 '틀렸다'는 어휘가 있다는 것과 철학적 의미에서 진리를 찾는 것은 다르다.

적인 일자의 관계 속에 거주한다. 이러한 전통은 직관을 통한 앎과 연결되는 것으로, 논리학이나 인식론을 통하는 것이 아니다.[7]

그러므로 사유의 방향이 다르면 한자에서 반드시 서구 사유에 상응하는 요소를 찾아내는 것이 목표가 될 수 없고, 서구의 '진리'에 해당하는 번역어를 한자에서 찾아내는 것이 '진리' 탐구의 접근 방법이 될 수 없을 것이다. 그것은 영어에 관계대명사가 있기 때문에 반드시 중국어에도 이에 상응하는 문법소가 있어야 하고 그런 것이 존재하지 않는다면 열등한 문화라고 하는 식의 오리엔탈리즘과 다르지 않다.

사실 논리가 없다고 해서 진리가 없는 것은 아니다. 동양에서는 단지 언표의 차원에서 진리를 고려하지 않았을 뿐이다. 동양은 개념을 역사적이고 인류학적인 맥락에서 분리하지 않았고, 물질 속에 이성이 내재하고 이성 속에 물질이 내재한다는 전일적 관점을 취해왔다. 그래서 서양에서 분석철학이 지배적이라면 동양에서는 해석학이 중요한 문제가 되었다.

그뿐만 아니라 진리에 대한 서구의 관습적 정의에도 문제가 많다. 서구에서도 근대 철학을 비판하는 많은 학자가 이러한 점에 동의한다. 그 중 한 명이 초기 그리스의 진리 개념에 새로 주목하라고 요청하는 하이데거$^{Martin\ Heidegger}$이다. 그는 플라톤 이후 2천 년간 서구 철학을 지배해온 "진리의 본질을 이성 속에서, 정신 속에서, 사유 속에서, 로고스 속에서, 모종의 주체성 속에서 근거 짓고자" 하는 모든 시도를 비판했다. 그리고 그리스어에서 진리에 해당하는 말은 '알레테이아^{aletheia}'이며 그것의 의미는 '탈^a-은폐^{letheia}', 즉 숨겨진 것을 드러내는 것, 그것이 바로 진리라고 주장했다. 진리를 이렇게 '숨겨진 것을 드러내는 것'으로 개념화하게 되면, 그것은 인간의 실재^{reality}의 대면이자 인간의 실천과 무관

---

7) Yuasa Yasuo, "Image-Thinking and the Understanding of 'Being': The Psychological Basis of Linguistic Expression"(2005), 190쪽.

하지 않은 동양적인 사유와 만나게 된다.8) 가다머^Hans-Georg Gadamer 역시 진리를 인간의 고유한 시간성과 역사성을 가지고 오는 사물의 드러남으로 간주하면서 인식론에서 벗어난 진리 개념을 주장했다.9)

이렇게 서구 철학이 동양에 수입될 당시의 지배적이던 진리관의 문제점에 대해 인식하면, 「진(眞)」의 출현이 『설문』에서야 등장하기 때문에 그전의 중국에는 진리라는 개념이 존재하지 않았다는 주장, 진리와 허위의 짝패가 존재하지 않았기 때문에 진리가 없다는 주장을 이론적이나 어원적으로도 반박할 수 있게 된다. 즉 「진(眞)」에 대한 문자학적 분석을 통해 「진(眞)」이 등장하기 전 「진(眞)」의 더 오래된 형태가 어떻게 진리를 표현했는지 살펴볼 수 있을 것이며, 그와 동시에 은폐된 것을 드러내는 과정을 통해 진리의 근원을 찾아볼 수 있을 것이기 때문이다.10)

우선 근년에 들어『금문편(金文編)』,『고문자고림(古文字詁林)』, 상주 금문검색시스템[商周金文檢索系統](華東師範大學中國文字研究與應用中心) 등 출토 문헌 자료가 체계적으로 정리됨으로써 진리를 표상하는 「진(眞)」이 『설문』보다 훨씬 앞서는 서주(西周) 초기의 금문(金文)에 이미 등장하는 것으로 확인되었다.11) 다만 당시 「진(眞)」은 지명이나 인명으로만 쓰였을 뿐, 후대에서 말하는 진리나 신선 등의 개념과는 거리가 있어 「진(眞)」의 원래 의미를 파악하는 데 큰 도움이 되지 못한다는 점은 아쉽다.

---

8) 마르틴 하이데거, 「플라톤의 진리론」, 『이정표 1』(2005), 신상희 옮김, 319~20쪽; Martin Heidegger, *The Essence of Truth: On Plato's Cave Allegory and Theaetetus*(2005).
9) Hans-Georg Gadamer, *Truth and Method*(1989) 참조.
10) 물론 중국 경전의 분석을 통한 철학적인 해석은 필자의 역량 바깥에 있다. 하지만 이러한 문자학적 분석은 그러한 시도에 활력을 불어넣을 수 있을 것으로 기대한다.
11) 예컨대 '商周金文檢索系統'에 의하면 서주 초기의 기물인 「中方鼎」과 「眞盤」의 명문에 등장하며, 『金文編』 등에서는 이 기물들 외에도 「白眞甗」, 「季眞鬲」, 「叚簋」 등에서 보인다고 했다.

사실 이보다 더 안타까운 것은 후대에서도 「진(眞)」 자체의 자형과 자원(字源)에 대한 분석이 본격적으로 이루어지지 않아 아직도 합리적인 해석이 제시되지 않았다는 점이다. 그것은 「진(眞)」에 대한 최초의 자원 해설인 허신(許愼)의 『설문』은 물론 『설문』에 대한 최고의 주석서라 할 단옥재(段玉裁)의 『설문해자주(說文解字注)』에 이르기까지 역대로 제시된 「진(眞)」에 대한 해석이 지금 보이는 금문 자형과 들어맞지 않았고, 「진(眞)」의 의미에 대한 분석도 한나라 당시 유행하던 도가(道家)적 배경의 신선(神仙) 개념과 연계하여 풀이했다는 데 근본적 원인이 있을 것이다.

여기서는 이러한 문제점에 주목하여 「진(眞)」이 실제 무엇을 표현했는지, 그것의 원래 자형은 무엇인지, 어떤 의미 파생 과정을 거쳐 '진리'라는 개념을 표상하게 되었는지를, 먼저 자형, 둘째 『설문』에서 「진(眞)」으로 구성된 합성자의 의미 지향, 셋째 문헌상의 용례, 넷째 독음, 다섯째 정인(貞人)의 역할과 지위 등의 분석을 통해 해석할 것이다. 이를 통해 「진(眞)」이 「정(貞)」과 동원(同源)^{cognate} 관계를 맺으며12), 진리(眞)라는 개념을 점복관의 입을 통해 은폐된 신의 의지를 구체적으로 드러나게 하고 확정하는 과정으로 해석할 수 있으며, 상나라 때 갑골 점복을 주관하던 정인(貞人)이 『설문』에서 말하는 신선과 도가(道家)에서 말하는 진인(眞人)의 근원이 되었음을 밝힐 것이다. 아울러 이후에 중국에서 왜 「시(是)」나 「가(可)」가 아니라 「진(眞)」이 '진리(眞理)'라는 말로 이후에 번역되고, 그것이 '진리'라는 의미로 쓰이게 되었는지에 대해

---

12) 王力의 『同源字典』(1983)에서는 眞과 貞의 동원 관계에 대해 직접 논의하지 않았다. 하지만 丁(tyeng)과 貞(tieng)이 耕陽旁轉에 의한 동원 관계에, 頂(tyeng)과 顚·巓·植(tyen)이 耕眞通轉에 의한 동원 관계에 있다고 했다.(324~325쪽) 그렇다면 頂과 顚의 소리부로 쓰인 丁과 眞이 동원 관계에 있는 셈이고, 결과적으로 丁·眞·貞이 모두 동원 관계에 있다고 할 수 있다.

철학적 실마리도 함께 제공할 것이다.

2. 「진(眞)」과 「정(貞)」의 자형과 의미

1_「진(眞)」의 자형

「진(眞)」의 고대 자형을 보면 다음과 같다.

🔣🔣🔣金文 🔣🔣古陶文 🔣🔣簡牘文 🔣說文小篆 🔣說文古文

이처럼 「진(眞)」은 갑골문에서는 아직 보이지 않고 주나라 초기 때의 금문(金文)에서 처음 등장하는데, 『설문』에서는 이 글자의 자형을 다음 처럼 설명했다.

> 진(眞)(🔣): 모습을 변화해 하늘로 올라가는 신선의 모습을 그렸다. 화(匕)와 목(目)과 은(乚)으로 구성되었으며, 하(ㅣㅣ)는 타고 올라가는 기구를 그렸다. 진(🔣)은 진(眞)의 고문체이다.(僊人變形而登天也. 從匕目乚；ㅣㅣ, 所以乘載之. 🔣古文眞.)13)

하지만 소전체에 근거를 두고 풀이한 『설문』의 설명은 「은(乚)」의 원래 의미를 '숨(기)다(隱)'로, 「하(ㅣㅣ)」를 타고 올라가는 기구로 설명하는 등 언뜻 보아도 쉽게 이해하기 어려운 부분이 많으며, 「목(目)」에 대한 설명도 빠져 있다.14) 다만 「화(化)」의 본래 글자인 「화(匕)」의 경우,

---

13) 『說文解字』 제8권 匕부수.
14) 다만 艮의 풀이에서 거스르다는 뜻이다(很也). 匕와 目으로 구성되었는데, 匕目은

「화(化)」가 바로 선 사람[亻]과 거꾸로 선 사람[匕]의 결합으로 이루어졌는데 바로 선 사람은 산 사람을 뜻하고 거꾸로 선 사람은 죽은 사람을 뜻하여 삶과 죽음의 전화(轉化)에서 '변화'라는 개념을 그렸음을 고려한다면[15], 「화(匕)」가 보통 사람에서 신선(神仙)으로 '변하는' 과정을 상징적으로 표현한 것이라는 점 정도만 이해 가능하게 해줄 뿐이다.

단옥재도 이러한 한계를 인식했는지 허신의 자형 해석에서 빠진 「목(目)」에 대한 설명을 더하는 등, 다음처럼 상세한 해설을 덧붙였다. 먼저 「진(眞)」의 자형에 대한 풀이를 보자.

모습을 변화시켰기 때문에 화(匕)와 목(目)을 의미부로 삼았다. 목(目)을 의미부로 삼은 것은 도가(道家)의 문헌에서 양생(養生)의 도(道)는 귀[耳]와 눈[目]을 우선으로 하며, 귀와 눈은 참됨[眞]을 찾는 사다리가 된다고 했기 때문이다.

「그림 1」「진(眞)」의 금문 자형 (『古文字詁林』 재인용)

눈을 나란히 하여 내리지 않는다(서로 노려보다)는 뜻이다.(猶目相匕, 不相下也.) 『易』에서 "그 경계를 주목하여 보다[艮其限]라고 했다. 匕目은 艮이 되고, 匕目은 眞이 된다."라고 하여 眞의 구성 요소로 匕와 目을 언급한 적이 있다.

15) 대만 고산족의 원시 글자에서는 산 사람을 ♀로 그리는데 이를 뒤집어놓은 모습(♀)이 죽은 사람이며, 이 둘을 합쳐놓은 모습(♀)이 무당/제사장을 뜻한다.[臧克和, 『說文解字的文化說解』(1995), 337쪽] 또 불교가 유입되면서 붓다의 음역어로 佛이 채택되는데, 이는 인간의 경지를 넘어선 사람[人]이 아닌[弗] 존재라는 뜻을 담았다. 배불 정책이 강력하게 시행되던 조선시대에는 佛을 佹로 표현하기도 했는데, 이는 부처를 신의 경지에 오른 존재로 본 것이 아니라 요상스러운[夭] 존재[人]로 인식했다는 것을 반영한다.

위소(韋昭)는 "악전(偓佺)이라는 신선은 네모꼴의 눈[方眼]을 가졌다."라고도 했다. 은(乚)은 숨기다[匿]는 뜻으로 은(隱)과 같이 읽는데, 선인(仙人)은 자신의 모습을 숨길 수 있기 때문이다.

하(ㅣㅣ)는 하(下)의 소전체이다. 하(ㅣㅣ)는 기(丌)의 생략된 모습으로 아래쪽의 기단(下基)을 말한다. 『포박자(抱朴子)』에서 "탈것을 타고 하늘을 날아[乘蹻] 천하를 두루 돌아다닌다."라고 했는데, 하늘을 나는[乘蹻] 방법에는 첫째 용을 타는 것[龍蹻], 둘째 기운을 타는 것[氣蹻], 셋째 줄을 타는 것[鹿盧蹻]이 있다. ······ 진(眞)은 (匕와 目과 乚와 ㅣㅣ의) 넷으로 구성된 회의자이다.16)

이처럼 단옥재는 자신의 모습을 변화시키고 자신의 모습을 숨길 수 있으며 탈것을 타고 날아다니며 참됨을 찾는 눈[目]을 가진 존재를 그린 것이 「진(眞)」이라고 해석했다. 이렇게 함으로써 허신의 해석에서 빠진 「목(目)」에 대한 해설을 더하는 등, 허신보다 더욱 구체적으로 해석했다. 이어서 「진(眞)」의 본래 의미에 대해서도 이렇게 주장했다.

이것이 진(眞)의 본래 뜻이다. 경전에서는 성실(誠實)이라고만 했지 진실(眞實)이라고 한 경우는 없으며, 제자백가에 이르러서야 진(眞)자가 등장할 뿐이다. 하지만 그 글자는 (쓰인 용례보다) 오래되었다. 고문으로 진(𠧧)이라고 썼으니, 창힐 이전에 이미 '진인(眞人)'이 있었던 것이 아니겠는가? 이후 진실되다[眞誠]는 뜻으로 파생되었다. 그리고 稹(떨기로 날 진), 鎭(진압할 진), 瞋(부릅뜰 진), 謓(성낼 진), 腪(부어오를 진), 塡(메울 전), 窴(메울 전), 闐(성할 전), 嗔(성낼 진), 滇(성할 전), 鬒(숱 많을 진), 瑱(귀막이 옥 전), 䪴(귀에 찡할 전), 愼(삼갈 신) 등은 모두 진(眞)을 소리부로 삼는 글자인데, 대부분 가득하다[充實]는 의미를 가진다. 그리고 顚(정수리 전), 槇(우듬지 전)

---

16) 段玉裁, 『說文解字注』(1983), 8편 하, 384쪽, 「眞」의 주석.

등은 꼭대기[頂]라는 의미가 있는데, 이 글자도 가득 채워[充實] 위로 올라감을 말한다. 신(愼)은 지금은 삼가다[謹]는 뜻으로 풀이하지만 옛날에는 정성스럽다[誠]는 뜻으로 풀이했다. 『시경(詩經)』「소아(小雅)」의 "한가하게 노는 것을 그대들은 삼가며(愼爾優游)"나 "나에겐 정말 허물이 없도다(予愼無罪)"의 신(愼)에 대해 「전」에서 모두 정성스럽다[誠]고 풀이했다. 또 "너의 말을 삼가라(愼爾言)"와 『시경』「대아(大雅)」의 "신중하게 보좌할 신하 생각하시네(考愼其相)"의 신(愼)에 대해 「전」에서 정성[誠]이라는 뜻으로 풀이했다. 신(愼)을 정성[誠]으로 풀이한 것은 그 글자가 진(眞)으로 구성되었기 때문이다. 사람이란 반드시 성실[誠]한 후에야 공경[敬]할 수 있으며, 성실하지 않으면 공경을 받을 수가 없는 존재이다. 그래서 '공경[敬]'이 신(愼)의 두 번째 뜻이 되며 '정성[誠]'이 신(愼)의 첫 번째 뜻이다. (지금의) 학자들은 유행만 따라갈 뿐 그 근원으로 거슬러 올라가지는 않는다. 그래서 『시전(詩傳)』과 『시전(詩箋)』에서 말한 여러 신(愼)은 진(眞)의 가차 의미라 할 수 있을 것이다.

이처럼 단옥재는 「진(眞)」의 자형에 대한 허신의 풀이를 구체적으로 보충했다. 또 본래 의미를 경전 등의 용례와 뜻풀이, 「진(眞)」으로 구성된 합성자의 분석을 통해 「진(眞)」의 원래 뜻이 지금의 '삼가다[謹]'는 뜻이 아니라 진실된 사람, 즉 진인(眞人)을 지칭하며, 이 때문에 '정성스럽다[誠]'가 초기의 뜻이고 '공경하다[敬]'는 의미는 그로부터 갈라져 나온 파생 의미이며 '삼가다[愼]'는 뜻은 가차 의미 정도로 보아야 할 것이라고 주장했다.

하지만 「진(眞)」에 대한 단옥재의 이러한 자형과 의미 분석이 허신보다는 낫다 하더라도 여전히 소전체에 얽매였고, 허신의 해석에 충실하고자 한 탓에 허신의 오류를 억지로 변호하여 어떤 부분에서는 허신보다 오히려 더 견강부회한 해설이 되었다는 한계가 있다. 특히 신선에 관한 학설은 진한(秦漢) 이후에 출현한 개념인데도 이러한 개념으로 주나라 초기부터 출현하는 「진(眞)」을 설명하는 것은 나중에 생긴 개념으로 먼저 생긴 글자의 원래 의미를 설명하는 논리상의 결정적 오류가 있다. 게다가 "양생(養生)의 도(道)는 귀[耳]와 눈[目]을 우선으로 하며, 귀와 눈은 참됨[眞]을 찾는 사다리가 된다."라는 단옥재의 설명은 더욱 설득력을 잃고 말았다.17) 다만 그가 「진(眞)」의 본래 의미와 파생 의미를 '정성[誠]'과 '공경[敬]'이라고 한 것은 고대 문헌에 대한 치밀한 고증의 결과물로 훈고학적으로 상당한 의미가 있다고 할 수 있다. 또 「진(眞)」으로 구성된 합성자 14자를 서로 연계해 「진(眞)」의 본래 의미를 찾은 등의 논증 방법은 자원 풀이의 한 방법으로서 높이 평가되어야 할 것이다.

1899년 갑골문이 출토되고 20세기에 들어 금문의 연구도 다시 활발해졌으며, 신중국 성립 이후에는 대량의 전국 문자까지 지속적으로 발견됨으로써 「진(眞)」의 자원 연구에 다양한 자료가 제공되었다.

우선 『금문편』 등에 수록된 금문 자료들을 보면 「진(眞)」의 자형이 허신이 근거로 삼은 소전체와는 상당한 거리가 있음을 쉽게 발견할 수 있다. 즉 「그림 1」에서 볼 수 있듯 금문 자형을 보면 「진(眞)」은 『설문』의 해설처럼 "화(匕)와 목(目)과 은(乚)과 하(ⅠⅠ)"의 네 부분으로 구성된 것이 아니라, 기본적으로 「화(匕)」와 「정(鼎)」으로 구성되었음을 알 수 있다. 물론 때에 따라서 「정(鼎)」은 「패(貝)」로 변하기도 했으며(「伯眞甗」)18), 독음을 나타내고자 「정(丁)」이 더해지기도 했고(「伯眞甗」), 정

---

17) 唐蘭,「釋眞」,『唐蘭先生論文集』.『古文字詁林』 권7, 444쪽에서 재인용.
18) 鼎이 자형의 변천 과정에서 貝로 바뀐 경우는 자주 볼 수 있다. 예컨대 員, 則, 敗, 具 등이 그러하다. 이 둘의 자형이 비슷하기도 했거니와, 鼎은 진귀한 보물의 상징이었고 貝는 화폐(돈)의 대표였기 때문에 변화가 허용되었을 것이다.

(鼎)의 발 부분이「기(丌)」로 변하기도 했지만(「眞盤」), 이는 모두「화(七)」와「정(鼎)」으로 구성된 기본형의 변이형(變異形)이라 할 수 있다.

이러한 금문 자형에 대해서는 당란(唐蘭)이 이미 상세하게 고증한 바 있다. 하지만 당란은「진(眞)」이「패(貝)」와「화(七)」로 구성되었다고 하면서도「화(七)」는 변화(變化)를 뜻하는「화(七)」가 아니라「진(珍)」의 고문인「진(彡)」을 그린 것이라고 주장하여 "패(貝)가 의미부이고 진(彡)이 소리부"인 형성 구조로 해석했다.19) 사실 이러한 해석은 일찍이 주방포(朱芳圃)가 제시한 바 있고, 하림의(何琳儀)가 계승했다.20) 하림의는 전국 문자에 등장하는「진(眞)」에 대해 이렇게 설명했다.

서주(西周) 금문에서 진(眞)은 정(鼎)이 의미부이고 진(彡)(珍의 고문21))이 소리부인 구조로, 진(珍)의 처음 글자이다(鼎은 진귀한 보물이기 때문이다). ……달리 🌀(「伯眞甗」)과 같이 적기도 했는데, 정(鼎)이 패(貝)로 바뀌었고, ……패(貝) 아래쪽의 정(丁)은 중복으로 첨가된 소리부이다. 달리 쓴 🌀(「眞盤」)에서는 아래쪽에 기(丌)가 더해졌는데, 정(丁)이 생략되어 가로획[一]으로 변한 것이다. 전(奠)이나 기(其) 등의 자형을 보면 아랫부분이 一·二·丌 등으로 되어 있다. 춘추(春秋) 금문에 들어……다시 패(貝)가 목(目)으로 잘못 변했는데, 전국 문자는 양주(兩周) 금문을 계승했다.22)

---

19) 唐蘭, 앞의 논문.
20) 何琳儀,『戰國文字字典』(1998), 1114~1115쪽 참조.
21) 자형의 해석이 분분하나, 죽은 사람을 가로로 눕힌 모습이라고 하며, ……珍의 초문이다.『論衡』「論死」에 '珍은 시신을 늘어놓은 것을 말한다(死之比也)'고 했으며,…… 전국 문자는 춘추 금문을 계승했다.『說文』에서 '珍은 생명이 다하다(盡)는 뜻이다. 彡은 珍의 고문이다.'고 했다. 何琳儀,『戰國文字字典』(1998), 1114쪽, 彡의 해석 참조.
22) 何琳儀, 책, 1115쪽.

이처럼 하림의에 의하면, 「진(眞)」은 「정(鼎)」이 의미부이고 「진(匕)」이 소리부인 형성 구조로 귀중한 제기[鼎]처럼 보배스러움[珍]이 원래 뜻이라고 했다. 하지만 '보배'에서 어떻게 '진실'이라는 뜻으로 나아갔는지는 별다른 설명이 없다. 그러나 「정(鼎)」이 「패(貝)」로 변했고 다시 소리부로 더해진 「정(丁)」이 변해 소전체의 「진(眞)」이 되었다고 했는

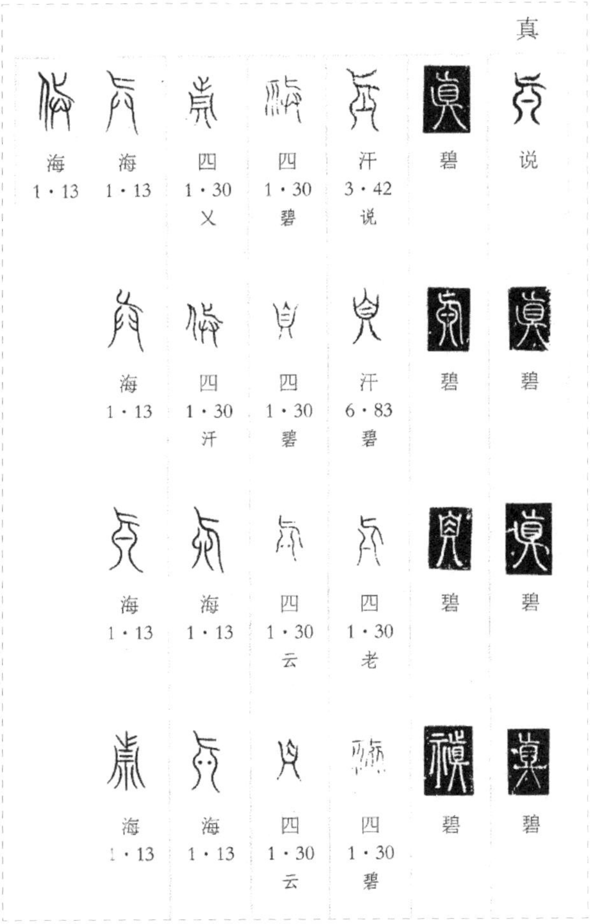

「그림 2」 「진(眞)」의 고문 자형(『傳抄古文字編』)

데, 이는 『설문』에서 말한 「하(丨)」가 변해 온 유래를 전국 문자를 통해 밝혔다는 의의가 있다. 또 「진(眞)」을 「정(鼎)」이 의미부이고 「진(匕)」이 소리부인 형성 구조로 본 것은 허신의 모호한 해석보다 훨씬 설득력이 있다. 아울러 『설문』에 제시된 고문체인 「진(𠨮)」은 제나라 계열 문자의 반영임도 밝혔다.

이에 반해 일본의 백천정(白川靜)은 「진(眞)」에 대해 "윗부분의 화(匕)는 변화하여 죽은 것을, 아랫부분은 현(縣)의 변형으로 거꾸로 내걸린 머리를 그렸는데, 죽어서 해골이 되었기에 머리칼이 헝클어져 아래로 늘어진 모습이라고 하면서, 더는 변하지 않는 것은 영원한 것이요 이것이 진(眞)의 실체"라고 했다. 그러면서 진(眞)으로 구성된 글자는 모두 '죽음'과 관련되어, "머리를 거꾸로 매단 것을 전(顚)이라 하는데, 이는 또 길가에 횡사한 사람을 뜻하기도 한다.……진(眞)은 전도횡사(顚倒橫死)한 사람을 말하며, 이렇듯 비명횡사한 사람은 '눈을 부릅뜬[瞋]' 채 가공스러운 영혼으로 변하고, 땅속으로 들어가 '흙으로 메워지며[塡]', 제단을 만들어 '진무하게[鎭]' 되는데, 단지 '삼가는[愼]' 마음으로 감정을 '억눌러[鎭]' 조문하게 된다. 이러한 가공스러운 영혼이 바로 진(眞)이며……이러한 진(眞)에 '절대자'나 '진정한 주재자[眞宰]'의 의미를 부가한 것은 장자이며, 장자는 '영생하는 사람'이라는 의미도 부여했다."23) 고 하면서 진실함의 근원을 죽음에서 찾았다. 하지만 이러한 해석은 「진(眞)」을 동음자인 「전(顚)」과 억지로 연계하고 이를 위해 지나치게 제의(祭儀)와 연계했다는 한계가 있다. 「진(眞)」을 회의자로 설명한 것은 「정(鼎)」과 「진(匕)」(𠤎)의 구성으로 본 당란이나 하림의의 설명보다 못하다. 게다가 "죽은 것은 다시 변하는 일이 없으며, 그것이 참된

---

23) 白川靜, 『中國古代文化』(1983), 213쪽. 白川靜, 『漢字의 世界』(2008), 고인덕 옮김, 616~618쪽에도 거의 비슷한 기술이 보인다.

것"이라는 식의 해석은 일찍부터 정착 농경을 이룬 탓에 순환론적 사유 구조를 가진 고대 중국인들의 전통과도 거리가 멀어 보인다. 또 "진(眞)은 땅에 떨어져 있는 사람의 시체이며, 선(僊)은 신령을 옮기는 것에 지나지 않는다."라고 풀이한 것도 쉬 이해가 가지 않는다.24)

이상의 「진(眞)」에 대한 기존의 해석을 좀 더 간략히 정리해보면 다음과 같다.

1. 허신, 단옥재 등: 신선이 본래 뜻이며, 화(匕)와 목(目)과 은(乚)과 하(ǁ)로 구성되어, 신선이 모습을 변화해(匕) 하늘로 기구를 타고(ǁ) 올라가 숨어버리는(乚) 모습을 그렸다.
2. 당란, 마서륜, 주방포, 하림의 등: 의미부인 정(鼎)과 소리부인 진(ヶ)(珍)으로 구성되어, 제기(鼎)처럼 보배로운 것을 말한다.
3. 백천정 등: 윗부분의 화(匕)는 변화하여 죽은 것을, 아랫부분은 현(縣)의 변형으로 거꾸로 내걸린 머리를 그렸는데, 죽어서 해골이 되었기에 머리칼이 헝클어져 아래로 늘어진 모습이며, 죽어 더는 변할 것이 없는 것이 '진리'이다.25)

이렇게 볼 때 주요 논점은 다음처럼 정리될 수 있다.

첫째, 금문에서 진(眞)의 구조에 관한 문제.
둘째, 화(匕)의 해석에 관한 문제.

---

24) 白川靜, 『漢子의 세계』, 621~622쪽.
25) 이 해설은 白川靜의 창견으로 알려졌으나, 사실은 于省吾의 『說文職墨』에서 이미 "아마도 顚의 본래 글자가 아닌가 생각된다. 윗부분은 匕이고 아랫부분은 貝이다. 貝자는 원래 巛으로 구성되었지만 오늘날에는 具으로 쓰는데, 이는 䯵자가 巛으로 구성되었지만 예서 단계에서 首로 쓰는 것과 같다."라고 했다. 또 高淞荃도 「說文別釋」(『古學叢刊』 제3기)에서 "아랫부분은 貝으로 구성되었는데, 이는 머리를 거꾸로 한 모습을 그린 貝자이고 巛이 생략되어 ǁ로 된 것이다. 그래서 (이 글자는) 貝이 의미부, 匕가 소리부이다."라고 했다. 『古文字詁林』 제7책, 443~446쪽 재인용.

셋째, 정(鼎)의 변화 과정에 관한 문제.

넷째, 「백진언(伯眞甗)」 등에서 추가로 더해진 소리부 정(丁)의 변천에 관한 문제.

「그림 3」 「진(眞)」의 진한(秦漢) 시대 자형
(『고문자고림』 재인용)

이를 논리적으로 해결해야만 「진(眞)」의 본래 모습과 의미에 대해 합리적 설명이 가능해질 것이다. 필자는 이에 대해 이상의 자형 변천 자료에 근거를 두고 「진(眞)」이 「정(貞)」에서 근원하여 분화한 글자이며, 「진(眞)」의 변화 과정을 다음과 같이 가정할 수 있다고 생각한다.

먼저 구조에 관한 부분으로, 「진(眞)」은 금문에서 「화(匕)」와 「정(鼎)」으로 구성되었다. 여기서 「화(匕)」가 의미부이고 「정(鼎)」이 소리부인 구조인지, 아니면 「정(鼎)」이 의미부이고 「화(匕)」가 소리부인 구조인지에 대한 문제에서, 필자는 「화(匕)」가 의미부이고 「정(鼎)」이 소리부인 구조라고 해석했다.

둘째, 「화(匕)」를 변화하다는 뜻의 「화(化)」로 볼 것인지, 아니면 「진(丨)」(矞의 원래 글자)로 볼 것인지에 대한 문제인데, 필자는 「화(化)」의 생략된 모습으로 보아 보통 사람을 넘어선 '사람'을 의미한다고 보았다.

셋째, 「정(鼎)」의 자형 변천에서 자형의 유사성 때문에 금문 단계에서 「패(貝)」로 변했고, 일부 전국 문자와 소전 단계에 들어 다시 「목(目)」으로 변했다.

넷째, 소리부로 쓰인 「정(鼎)」이 「패(貝)」로 변하게 되자, 「진(眞)」의 독음을 분명하게 하고자 「정(丁)」이 더해졌다. 「정(丁)」은 다시 형체가 유사한 「기(丌)」로 변해 독음의 기능을 상실하고 말았으며, 소전 단계에서는 「진(眞)」에서처럼 「하(丌)」로 변했다.

「그림 2」에 제시된 각종 전래 고문에서도 볼 수 있듯, 윗부분의 ☖(匕)나 ⼧(屮)와 아랫부분의 兄, 身, 鼎 등으로 구성되는 것이 「진(眞)」의 기본 구조임이 분명하다. 특히 『고문사성운(古文四聲韻)』과 『한간(汗簡)』 1.30의 鼎나 『해(海)』 1.13의 鼎에서는 「화(化)」와 「공(廾)」의 결합으로 이루어져, 윗부분의 「화(匕)」가 「화(化)」의 초기 형태임을 분명하게 보여준다.

이러한 구조는 「그림 4」의 전국시대 삼진(三晉) 때의 화폐(貨幣) 문자에서도 충분히 확인할 수 있는데, 이 시기에 이르면 「진(眞)」은 「정(鼎)」에서 다리 부분만 빼면 이미 『설문』에서 보이는 소전체와 완전히 같은 모습으로 변했음을 보여준다. 특히 동연지(董蓮池)는 최근 「어정비(魚鼎匕)」의 명문(『集成』 03.980)에 등장하는 鼎을 고석하는 과정에서 "장아초(張亞初)는 이를 「전(顚)」으로 해독한 바 있으며, 여러 자료와 문맥에 근거해 볼 때 왼쪽 부분인 鼎은 삼진문자에서 「진(眞)」이 분명하다."라고 했다.[26] 이렇게 볼 때 서주 초기 금문에서 전국 문자를 거쳐 『설문』의 소전에 이르는 「진(眞)」의 자형 변천 과정도 확인할 수 있다.

---

26) 董蓮池, 「魚鼎匕銘文釋讀的一點意見」(2009), 3~4쪽.

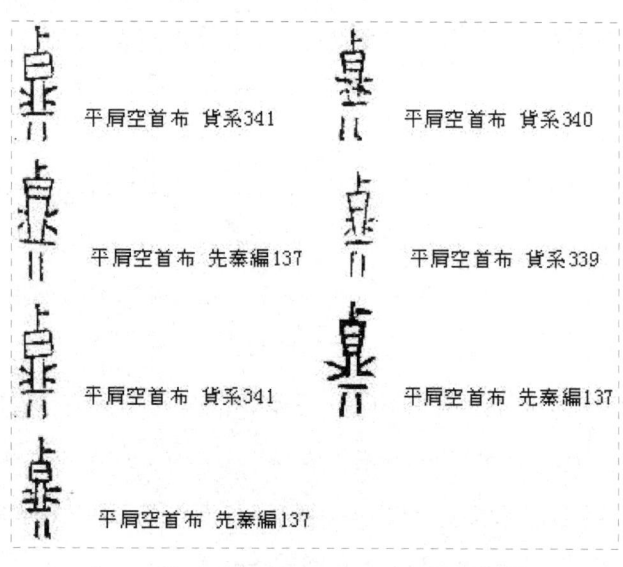

「그림 4」「진(眞)」의 삼진(三晉) 화폐 문자(貨幣文字) 자형

「진(眞)」의 금문 이전 변천 과정에 대한 상세한 논증을 위해 「진(眞)」의 원형이 되는 「정(貞)」의 의미에 대한 분석이 필요하다.

2_「정(貞)」의 자형

「정(貞)」은 「그림 4」에서 볼 수 있는 것처럼 원래 「정(鼎)」으로 썼으나 이후 의미부인 「복(卜)」을 더해 「정(鼏)」이 되었고, 「정(鼎)」이 다시 「패(貝)」로 변해 지금의 「정(貞)」이 되었다. 이는 「정(貞)」이 「정(鼎)」에서 분화했으며, 「정(鼎)」의 의미와 상징과 밀접한 연관이 있음을 말해준다.

「정(貞)」은 『설문』의 해설처럼 '점(卜)을 치르다'가 원래 뜻이며[27], 거

---

[27] "貞, 卜問也, 從卜, 貝以爲贄. 一曰鼎省聲, 京房所說." 이외에도 『설문』에는 貞으로 구성된 禎(祥也), 楨(剛木也), 偵(問也), 湞(水. 出南海龍川, 西入溱), 隕

북점을 칠 때 찬조(鑽鑿)를 불로 지지면 직선으로 금이 갈라진다[兆]는 뜻에서 '곧다'는 뜻이 나왔고, 다시 곧은 절개라는 뜻에서 정절(貞節) 등의 의미가 나왔다. 그래서 갑골문에서 「정(貞)」은 거북점을 쳐서 신의 뜻을 물어보다는 의미로 사용되었으며, 그런 사람을 정인(貞人)이라 불렀다.

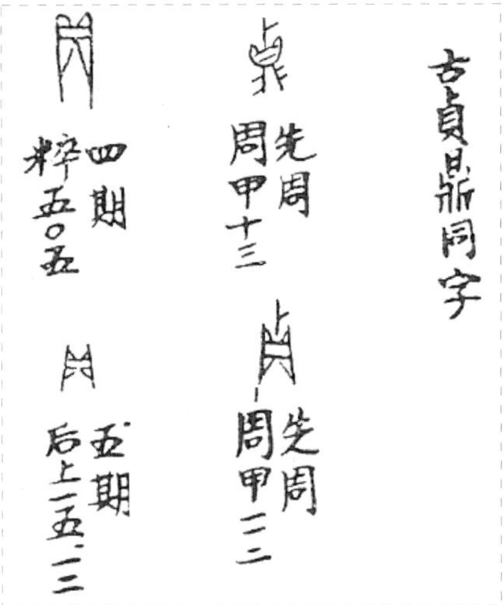

하지만 최근에 들어 「정(貞)」의 이러한 일반적인 전통적인

「그림 5」 「정(貞)」의 갑골문 자형
(『고문자고림』 재인용)

해석에 대해 홍콩과 대만, 서구권의 여러 학자가 더 상세한 의미를 제시했다. 예컨대 홍콩의 요종이(饒宗頤)는 갑골문에 등장하는 정인(貞人)을 종합적으로 정리한 결과 정(貞)에는 '점을 쳐서 물어보다[卜問]'는 뜻 외에도 '당직을 서다[當值]', '옳다[正]', '확정하다[定]' 등의 뜻이 있다고 했다.28) 이후 키틀리David N. Keighley는 「정(貞)에 대한 해석―상대(商代) 점복 성질에 대한 새로운 가설」에서 갑골문의 「정(貞)」에 대한 자형, 고대 중국인의 「정(貞)」에 대한 의미 해석의 유래, 고대 문헌에서 「정(貞)」의 용례, 갑골문에서 「정(貞)」의 의미와 「정(貞)」의 대상 등 종합적인 논증을 통해 「정(貞)」을 '조사하여 밝히다'나 '정확성을 확정하다'는 뜻으로 해석해야 한다고 주장했다.29) 또 「정(貞)」과 통용되던 「정

(丘)名) 등이 출현하는데, 모두 길상/곧다/묻다 등의 뜻이 있으며, 鼎자의 해석에서는 "籀文에서 鼎을 貞자로 사용했다."라고도 했다.

28) 饒宗頤, 『殷代貞人人物通考』(1959)(上冊), 70~71쪽.

(鼎)」에 대해 "정(鼎)은 '바르다[正]'는 뜻이며, '모정(某貞)'은 '어떤 사람이 그것을 바르게 하다'는 말이다. 정(鼎)은 정(鼎)자로도 해독할 수 있는데 '정(鼎) 앞에서 거행하는 점복 의식$^{the\ ritual\ performed\ at\ the\ cauldron}$을 말하며, '모정(某鼎)'은 '어떤 사람이 정(鼎) 앞에서 일을 주관하다.'로 풀이되며 제의(祭儀) 자체에 초점이 놓여 있다"라고 주장했다.30)

그뿐만 아니라 서레이$^{Paul\ L-M.\ Serruys}$(司禮義)도 「상대(商代) 복사(卜辭)의 언어 연구」에서 '사람들이 가야 할 정확한 길을 구하고자 시험하다'는 뜻으로 해석해야 한다고 주장했으며, 니비슨$^{Davids\ Nivison}$(倪德煒)은 「의문문의 문제」에서 '점복 결과의 정확성을 공식적으로 인정하다'로 해석해야 한다고 주장했다. 또 프랑스의 르푸웨^{Lefeuvre}는 『파리에 보이는 갑골문 집』에서 '점복을 주관하다'는 뜻으로 해석했다.31) 그리고 캐나다 국적의 일본인인 타카시마 켄이치(高島謙一)는 「은대 정복 언어의 본질」에서 「정(鼎)」과 「정(鼎)」자는 자원이나 자형으로 보나 분명한 관련이 있으며, 선진(先秦) 문헌에서 「정(鼎)」은 「정(定)」과 「정(貞)」으로 가차될 수 있는데, 복사의 명사(命辭) 앞에서 문장을 이끄는 「정(鼎)」은 '테스팅^{testing}'으로 해석하여 '검사하고 시험하다'나 '확정하다', 즉 '명사(命辭)의 내용을 확정하다'는 뜻으로 해석할 수 있다고 했다. 또 상나라 때의 정인(貞人)과 은나라 왕들은 「정(鼎)」이라는 것이 '테스트[貞測]'나 다른 제의의 장엄함을 강화해 신령의 비호와 은혜를 받을 수 있게 해 준다고 믿었다고 했다.32) 이후 이러한 「정(貞)」의 해석은 갑골문의 명사(命辭)가 의문문인지 평서문인지에 대한 논쟁으로 확장되기도 했다.

---

29) 王宇信 等, 『甲骨學一百年』(1999), 278쪽.
30) 같은 곳.
31) 張玉金, 「甲骨文中的'貞'和『易經』中的'貞'」(2000), 6~7쪽.
32) 王宇信 等, 위의 책, 278쪽.

필자는 여기서 「정(貞)」이 「정(鼎)」과 통용되고, 『설문』의 '(점을 쳐서) 물어보다'는 뜻 이외에도 '확정하다', '명사(命辭)의 내용이 옳다고 여기다', '그렇게 단정하다' 등의 뜻으로 해석될 수 있다는 가능성에 주목한다. 이것이 중국에서 참이나 진실(眞)이라는 것이 어떤 인식에 근원을 두고 있는지 일면 살펴볼 수 있는 실마리를 제공하며, 「정(貞)」과 「진(眞)」의 자형에 「정(鼎)」이 든 이유를 보여주기 때문이다. 갑골문에서의 「정(鼎)」·「점(占)」·「정(䁣)」·「정(貞)」과 이후 「진(眞)」의 파생 관계를 표로 표시하면 다음과 같다.

鼎			제사 행위에 의한 '점복'
→占			점복에 대한 '풀이'
	→䁣(卜+鼎)		'갑골'에 의한 '점복'
	→貞(卜+貝)		'조개'를 이용한 '점복'--역괘를 이용한 점복~『역(易)』
		→眞(卜+鼎+丁)	'진인(眞人)'에 의한 "점복"

「표 1」「정(鼎)」·「정(䁣)」·「정(貞)」·「진(眞)」의 파생 과정
(卜은 찬조를 지져 길흉을 묻는 점복 행위, 貞은 점을 쳐 물어보는 행위, 占은 이에 대한 해석을 말한다.)

이러한 파생 관계는 갑골 복사 이후의 선진 문헌에서 사용된 「정(貞)」의 용례에서도 가능성을 확인할 수 있다.

예컨대 『주역』에는 '이정(利貞)', '빈마지정(牝馬之貞)', '거정(居貞)', '려정(旅貞)', '간정(艱貞)', '북마지정(北馬之貞)', '여정(女貞)', '군자정(君子貞)', '무인지정(武人之貞)', '유인지정(幽人之貞)', '대정(大貞)', '소정(小貞)' 등 정(貞)에 대한 사용례가 총 32가지 등장하는데, 이러한 「정(貞)」에 대한 해석은 『주역』 해석의 관건으로 알려졌다. 지금도 이에 대한 해석은 의견이 분분하여 통일되지 않았는데, 대체로 정(貞)의 의미를

'옳다(正)'로 보는 것과 '점을 쳐 물어보다[卜問]'로 보는 것 두 가지 해석으로 크게 나뉜다. 최근에 들어서도 장옥금(張玉金)은 『주역』에 등장하는 이상의 용례에 대해 이를 갑골문과 연계해 모두 '복문(卜問)'으로 해석할 것을 주장했다.33) 그러나 성중영(成中英)은 점복의 원초 사상과 이것에서 확장된 의미라는 관점에서 『주역』에 등장하는 「정(貞)」의 의미를 다섯 단계로 구분하여 풀이하면서, 「정(貞)」에는 '점복 행위'를 의미하는 원시적 의미와 이로부터 파생한 '확정하다[正]', 움직일 수 없는 '견고한 이치[固]', '믿을 만한 사실[信]', '자연의 주기율과 도덕률에 부합하다[節]' 등 다섯 가지 단계의 의미가 있다고 했다.34) 이는 『주역』의 「정(貞)」이 점복이라는 원래 뜻에서 확정하다, 견고한 이치, 믿을 만한 사실, 자연의 법칙에 부합하다는 의미로 확장되어갔음을 설명해준다. 『주역』이 선진 때의 중요한 경전으로 갑골문 시대와 시간상으로 멀리 떨어져 있지 않고 내용도 점복에 관한 것으로 갑골문과 유사하다는 점에서 이러한 해석을 「정(貞)」의 원래 의미를 살펴보는 데 유용할 것이다.

이렇게 볼 때 「진(眞)」의 자원과 '진리'의 근원은 신의 의지를 묻고 신의 의지를 판단하고 확정하는 점복 행위를 지칭하는 「정(貞)」에서 찾을 수 있고, 이 때문에 점복 행위를 말하는 「정(貞)」이 「정(正)」, 즉 옳다는 뜻으로 해석될 수 있었을 것이다. 게다가 「정(貞)」과 통용되는 「정(鼎)」은 신의 의미를 묻고 해석하여 판단을 내리는 점복 의식에 언제나 사용되었고, 이 때문에 의식의 대표 기물인 정(鼎)을 동원해 해당 의미를 강조했다고 풀이할 수 있다. 더구나 이러한 행위가 점복이라는 점을 강조하기 위해 「복(卜)」을 더한 「정(鼏)」을 탄생시켰다고 추정할 수 있다.

따라서 그리스어에서 '알레테이아^{aletheia}', 즉 '탈(a)' '은폐(letheia)'가

---

33) 張玉金, 앞의 논문(2000), 6~7쪽.
34) 成中英, 「占卜的詮釋與貞之五義」(1994), 29~36쪽 참조.

진리이듯, 중국에서 진리의 실마리를 찾으려면 은폐된 신의 의지를 인간에게 드러내 확정하는 행위를 주관한 정인(貞人)의 역할에 대한 고찰이 필요하다.

3. 정인(貞人)의 역할

알려진 대로 정인(貞人)은 왕실의 점복 사무를 주관하던 인물로, 점복이라는 종교 활동에 전문적으로 종사하던 성직자였으며, "문자학에 정통하고 문서 작성에 능숙하며 역사에 박통하고 옛 경전에 숙달하고 천문역법에 정통한 동시에 갑골문을 능숙하게 새길 정도로 서예에도 조예가 깊은, 당시 문화계 최고의 지식분자였다".35) 이들은 "사관보다 더 존귀한 존재였으며, 그들의 힘과 권력은 당시의 제도에 영향을 끼치기에 충분했다".36) 갑골문에서는 이들을 '다복(多卜)'이라 불렀고(『合集』 24144편·『甲』 940편), 상나라에서는 세 정인(貞人)이 동시에 복골 세 조각에 동일 사안을 점쳤는데 이 때문에 갑골문에는 '원정(元卜)'·'좌복(左卜)'·'우복(右卜)'이라는 명칭이 등장한다.37) 지금까지 확인된 상나라 때의 정인(貞人)은 총 142명에 이른다.38)

진몽가(陳夢家)는 상나라 때 정인(貞人)은 총체적 명칭이며 전체 점복 행위에 대한 역할 분담이 상세하게 이루어진 것으로 추정했다. 그는 "은나라 사람들은 점복에 관한 일에서 분업을 이루었으며, 결코 한 사람이

---

35) 吳人生, 「貞人的學識修養」, 12~15쪽. 王宇信 等, 앞의 책, 203쪽에서 재인용.
36) 張秉權, 『甲骨文與甲骨學』(1998), 8~9쪽.
37) 宋鎭豪, 『夏商社會生活史』(1994), 524쪽.
38) 孟世凱, 『甲骨學辭典』(2009), 687~689쪽.

모든 것을 다 관장한 것은 아니다."라고 했다. 갑골문에는 '다복(多卜)'
이라는 집체적 명칭이 있으며 스스로 한 체계를 가진 복관(卜官) 제도가
만들어졌다고 했다. 그리고 『주례』에 기록된 귀인(龜人)·수씨(菙氏)·
복사(卜師)·대복(大卜)·점인(占人) 등과 같이 복사를 관장하던 일련
의 점복관과 그 직분 등을 열거하면서 "이 책에서 기록한 것이 비록
주나라의 이상적인 제도이긴 하지만, 전혀 근거가 없는 것은 아니다."39)
고 했다. 『주례』에 기록된 점복관의 역할 분담을 요약하면 다음과 같다.

> 귀인(龜人): 거북의 취합[取龜], 거북 다듬기[攻龜][즉 거북을 죽이고 톱질
> 하고(鋸), 깎고[削], 잘라내고[刮], 가는[磨] 일 등도 여기에 속한다.]
> 수씨(菙氏): 불로 지질 수 있는 재료 공급(즉 불로 지질 재료를 준비함)
> 복사(卜師): 작귀(作龜)[즉 불을 불며 거북을 지지는 일(灼龜)], 찬(鑽)과
> 조(鑿)를 파는 일도 여기에 속한다.)
> 대복(大卜): 작귀(作龜), 명귀(命龜)(즉 거북에게 점을 칠 사안을 알리는 일)
> 점인(占人): 점귀(占龜)[즉 兆의 흔적을 보고 길흉을 정함], 계폐(繫幣)[즉
> 命龜한 일과 兆를 簡冊에다 기록해 거북 딱지에 매다는 일]

이는 『주례』의 기록이긴 하지만 『주례』의 기록도 대부분 상나라 때의
예제에서 근원했음을 고려할 때, 상나라 갑골 점복의 순서와 '다복(多
卜)'의 직무 분장을 이해하는 데 참고가 될 것이다.

이러한 복잡한 절차와 완비된 제도를 가진 상나라 때의 점복 제도는
당시 정치제도의 진전을 따라 매우 빠른 속도로 통치자들에 의해 이용
되면서 규범화되어갔을 것이다. 이와 동시에 실천 경험의 풍부한 축적,
인식 사유의 제고, 사회 관념의 변화 등에 따라 갑골 점복은 점차 자의

---

39) 陳夢家, 『殷虛卜辭綜述』(1956), 17쪽.

적인 것에서 전문적인 것으로, 성행에서 쇠퇴로 나아갔을 것이다.40)

고대 문헌에 "의심나는 것을 점복으로 해결하고",41) "나라에서 거북을 보관한 것은 그 어떤 일이라도 점을 치지 않은 것이 없었기 때문"42)이라고 했으며, "복서(卜筮)라는 것은……백성으로 하여금 혐의가 있는 것을 해결하게 하고 의심스러운 것을 확정하게 했다. 그래서 의심이 나면 시초 점을 친다고 했는데, 이는 틀린 말이 아니다."43)라고 했다. 또 "복서(卜筮)에 어긋나지 않으며"44) "시귀(蓍龜)와 복서(卜筮)는 혐의를 확정해주며45)", "거북점은 하늘에 묻는 것이요, 시초 점은 땅에 묻는 것이다. 시초와 거북이 신령스러워, 그 조수(兆數)는 응답을 내린다."라고 했다.

이처럼 갑골 점복은 상나라 당시 일상생활에서 대소사를 행하는 준칙으로 기능을 했다. '전쟁과 제사'라는 국가의 대사는 물론 일상사의 시행 준거를 마련하기 위해 일마다 신에게 그 의지를 묻고 점복관을 통해 신의 의미를 해석하고 판단하는 행위가 정(貞)이었다. 그래서 해당 일에 대한 신의 의지가 '진리'였고 신의 의지를 판단해 신과 인간을 연결해주는 기능을 한 존재가 '정인(貞人)'이었으며, 이것이 이후의 '진리'의 근원이자 『설문』에서 말한 '신선'과 도가에서 말하는 '진인(眞人)'의 근원이었을 것이다.

사실 점복이라는 것은 일종의 커뮤니케이션이다. 점복관은 이른바 텍

---

40) 王宇信 等, 앞의 책, 203쪽.
41) "卜以決疑." 『左傳』 桓公 11年.
42) "國之守龜, 其何事不卜." 『左傳』 昭公 5年.
43) "卜筮者……所以使民決嫌疑定猶與(豫)也, 故曰疑而筮之, 則弗非也." 『禮記』 「曲禮」(上).
44) "不違卜筮." 『禮記』 「表記」.
45) "蓍龜卜筮, 以定嫌疑." 『潛夫論』 「叙錄」.

스트를 읽고 해석을 부여한다. 그러나 거기에는 다양한 것이 모순적으로 섞여 있기 때문에 점복관은 거기서 한 가지 해석을 직관적으로 선택한다. 중요한 것은 이 같은 해석이 타자에게 입[口]을 통해 말해질 때만 점(占)이 된다는 점이다. 물론 앞서 살핀 것처럼 혼자서 점을 치고 해석한 것은 아니며, 혼자서 치는 점은 사실 점이 아니다. 주목해야 할 것은 일단 말해진 예언은 그것을 들은 사람을 구속하고 좌지우지하게 된다는 점이다. 이것이 모든 점은 사기라고 말하면서도 왠지 그것에 영향을 받는 이유이기도 하다. 이러한 속성 때문에 점복관은 확정적인 것을 말해서는 안 된다.

  점을 치는 쪽도 점의 해석을 듣는 쪽도 사태를 투명하게 볼 수 없는 지점에 서 있다. 이 때문에 점복관의 말은 근본적으로 애매할 수밖에 없다. 명확히 말해진 경우도 다르지 않다. 예컨대 "열심히 하면 시험에 통과한다."라는 말은 다의적이다. 그 사람이 시험에 떨어지면 열심히 하지 않았기 때문이 된다. 그러므로 점이라는 것은 커뮤니케이션이라는 처지에서 보면 대단히 양가적인 의미가 있다. 아폴론의 신탁에도 "약한 쪽이 승리할 것이다."라고 말하지만, 구체적으로 어느 쪽이 약한 쪽인지를 명기하지 않는다. 이긴 쪽은 자신들이 약했다고 생각할 것이며, 진 쪽은 상대편이 강했다고 생각할 것이다.[46)]

  미하일 바흐친[M. Bakhtin]이 말하는 모놀로그[monologue]는 말하는 것과 듣는 것이 같은 것이며 파는 자와 사는 자의 입장이 동일하다는 것이다. 모놀로그는 자신이 말하는 것을 듣는 것이고, 이것은 자기의식이며 타자가 없다. 그러나 일단 타자에게 말하게 되면 그 언어는 이미 타인의 소유인 것이고 결코 자신이 지배할 수가 없다.

---

46) 가라타니 고진, 『言語와 悲劇』(2004), 74쪽.

서양 합리주의의 근본에는 이 세계에는 진리가 존재하는데 본래 보여야 하는 진리가 보이지 않는 것은 우리의 무지 탓이라는 신념이 자리한다. 마르크스주의의 발상도 불순한 녀석이 있어 그놈이 우리의 눈을 속이고 있으니 그를 제거하고 진리를 되찾자는 것이다.

이런 의미에서 볼 때,「정(貞)」은 은폐된 신의 의지를 정인(貞人)을 통해 드러내고 구체적 내용을 정인(貞人)의 입을 통해 확정하며 그것을 전달하는 행위를 말한다. 이 과정을 거쳐 숨어 있던 신의 의지는 인간에게 진정성을 확보한 참된 것 즉 '진리'로 전화하게 된다.

4.『설문』「진(眞)」계열자의 의미 지향

여기서는『설문』에 보이는「진(眞)」으로 구성된 합성자의 분석을 통해 그 속에 이상의 이러한 의미가 응축되어 있는지 논의하겠다.

「진(眞)」으로 구성된 합성자는『설문』에 총 24자(이체자 2자 포함)가 등장하는데, 이들의 의미 지향을 귀납하면 첫째 제사장/제사, 둘째 가득하다/충만하다/많다, 셋째 크다/높다 등의 의미로 크게 나눌 수 있다. 이를 구체적으로 살피면 다음과 같다.

1. 제사장/제사

「진(禛)」: "정성으로 복을 받다는 뜻이다. 시(示)가 의미부, 진(眞)이 소리부이다.(以眞受福也. 從示眞聲. 側鄰切.)"(권1, 示 부수) 단옥재는 진(眞)이 의미부와 소리부를 겸한다고 했다. 진(眞)이 정(貞)에서 파생한 글자임을 고려한다면 원래의 의미를 강조하기 위해 시(示)를 첨가했고, 정인(貞人)(점복관)이 제사를 주관하여 신에 대한 제사를 드릴 때처럼 '정성스러운[眞]' 마음으로 제사를 드려[示] 신이나 하늘로부터 복을 내려받는다는 뜻을 담은 것으로 풀이할 수 있다.

「신(愼)」: "삼가다는 뜻이다. 신(眘)은 고문체이다.(謹也. 從心眞聲. 時刃切. 眘古文.)"(권10 心 부수). 제사장[眞]이 신을 모실 때처럼 삼가고 근실한 마음[心]을 말하는 것으로 풀이할 수 있다.

2. 가득하다/충만하다/많다

「진(瑱)」: "옥으로 귀를 채우다는 뜻이다. 달리 진(䪴)으로써, 이(耳)로 구성되기도 한다.(以玉充耳也. 從玉眞聲.『詩』曰: '玉之瑱兮.' 臣鉉等曰: 今充耳字更從玉旁充, 非是. 他甸切. 䪴瑱或從耳.)"(권1 玉 부수) 곽말약은 "이(䋎)는 진(䪴)(瑱)의 고자로 보이며, 귀에 옥을 채운 모습이다."라고 했는데[47], 사람이 죽어 염을 할 때 옥(玉)을 귀에 가득[眞] 채운다는 뜻으로 풀이할 수 있다.

「진(嗔)」: "성한 기운을 말한다.(盛气也. 從口眞聲.『詩』曰: '振旅嗔嗔.' 待年切.)"(권2 口 부수) 단옥재는 성한 기운의 소리를 말한다(盛气聲也)고 했다.『옥편』에서도 성대한 소리(盛聲)라고 했다.『맹자』에 "진연고지(嗔然鼓之)"라는 말이 있는데, 진(嗔)은 정벌하러 갈 때 울리는 북소리를 말한다. 소리가 성대하기 때문에 진(嗔)이라고 했다.[48] 그렇다면 전쟁에 나갈 때의 성대한[眞] 북소리처럼 큰 소리[口]를 말하는 것으로 풀이할 수 있다. 이는 몸속의 기운이 충만하여 입으로 분출하는 것을 말한다.

「진(䐜)」: "부어오르다는 뜻이다.(起也. 從肉眞聲. 昌眞切.)"(권4 肉 부수) 단옥재는 '살이 부어오르다(肉起也)'라는 뜻이라고 했다.『소문(素問)』에서 "탁한 기운이 위로 있으면 진창(䐜脹)이 일어나게 된다."라고 했는데, 왕빙(王砯)의 주석에서 "진(䐜)은 부풀어 오르다는 뜻이다.(脹起也)"라고 했다. 그렇다면 기운이 가득 채[眞] 살[肉] 등이 부풀어 오르는 것을 말하는 것으

---

47) 古文字詁林編纂委員會,『古文字詁林』(1999~2005) 1책 271쪽에서 재인용.
48) 馬敍倫,『說文解字六書疏證』.『古文字詁林』(1999~2005) 2책 60쪽에서 재인용.

로 풀이할 수 있다.

「진(稹)」: "떨기로 나다는 뜻이다. 『주례』에서 '무늬가 빽빽하여 견고하다'고 했다.(稹概也. 從禾眞聲. 『周禮』曰: '稹理而堅'. 之忍切.)"(권7 禾 부수) 진(稹)은 동(稬)으로 쓰기도 하며, "진(稹)이나 조(稠)는 모두 많음[多]과 같은 어원을 가진다."49) 그렇게 볼 때 진(稹)은 곡식[禾]이 떼를 지어[眞] 조밀하게 남을 말하는 것으로 풀이할 수 있다.

「치(寘)」: "두다는 뜻이다.(置也. 從宀眞聲. 支義切.)"(권7 宀 부수) 『설문』에는 실려 있지 않고 「신부자」에서 추가된 글자이다. 단옥재는 전(寘)의 이체자라고 했다. 「초증후종(楚曾侯鐘)」에서는 면(宀)과 전(奠)의 결합으로 이루어진 것으로 보아, 집안[宀]에 술독 같은 것을 가득[眞] 진설해둠을 말하는 것으로 풀이할 수 있다.

「전(窴)」: "막다는 뜻이다.(塞也. 從穴眞聲. 待季切.)"(권7 穴 부수) 굴[穴] 속에 흙 같은 것을 가득[眞] 넣어 틀어막는다는 뜻이다. 문헌에서 자주 전(塡)과 같이 쓰이는데, 『순자(荀子)』 「대략(大略)」의 "전여야(塡如也)"에 대한 주석에서 "전(塡)은 흙을 쑤셔 넣어 막음을 말한다.(謂土塡塞也)"라고 했고, 『일체경음의』(一切經音義)에서 인용한 『광아(廣雅)』에서는 "전(塡)은 가득 채운다[滿]는 뜻이다."라고 한 것을 고려하면, 전(塡)은 흙[土]을 가득[眞] 넣어 막음을 구체화한 것으로 보인다.

「전(塡)」: "채워 넣다는 뜻이다.(塞也. 從土眞聲. 陟鄰切. 待季切.)"(권13 土 부수) 흙[土]을 가득[眞] 채워 넣어 막는다는 뜻으로 것으로 풀이할 수 있다.

「전(瘨)」: "병을 말한다. 달리 배가 부풀어 오르는 것을 말한다.(病也. 從疒眞聲. 一曰腹張. 都季切.)"(권7 疒 부수) 마서륜은 "오늘날 전(癲)으로 쓴다."라고 했으며, 『급취편(急就篇)』에서 전질(癲疾)(지랄병)은 "성리(性理)가 전도되는 것을 말한다."라고 했으며, 『어람(御覽)』(752권)에서 인용한 『장자』에서는 "양기가 홀로 위로 올라가는 것을 전병(顚病)이라 한다."라고 했다.50) 그렇다면 기(氣)가 위쪽으로 충만해 생기는 궐기병(瘚氣病)의 일종

---

49) 馬敍倫, 『說文解字六書疏證』. 『古文字詁林』(1999~2005) 6책 602쪽에서 재인용.

을 말한 것이다. 달리 배가 부풀어 오르는 병을 말한다고 했는데, 이는 기가 뱃속 가득[眞] 차서 부풀어 오르는 병[疒]을 말하는 것으로 풀이할 수 있다.

「자(霣)」: "비가 오는 소리를 말한다. 자(資)와 같이 읽는다.(雨聲. 從雨眞聲. 讀若資. 卽夷切.)"(권11 雨 부수)『옥편』에서는 자(霣)가 정자이고 혹체는 자(濱)로, 중문(重文)으로는 자(霣)로 적는다."고 했다. 『어람』(10권)에서 인용한 말에 "자(霣)는 빗소리를 말한다."고 했다. 그렇게 본다면 자(霣)는 자(霣)의 별체로 보인다. 그래서 자(霣)는 비[雨]가 많이[眞] 내릴 때 나는 소리를 말하는 것으로 풀이할 수 있다.

「전(闐)」: "성한 모습을 말한다.(盛皃. 從門眞聲. 待秊切.)"(권12 門 부수). 문헌에 전당(闐闔)이라는 말이 자주 보이는데, "문이 높다는 뜻이다."라고 했다.[51] 그렇다면 문[門]처럼 높고 성대한[眞] 모습을 말하는 것으로 풀이할 수 있다.

「진(鎭)」: "넓게 누르다는 뜻이다.(博壓也. 從金眞聲. 陟刃切.)"(권14, 金 부수). 단옥재는 박(博)자가 빠져야 된다고 했고, 『옥편』에서는 "누르다[按], 무겁다[重], 누르다[壓]라는 뜻이다."라고 했다. 『한간』의 「진출왕서자비(鎭出王庶子碑)」에서는 진(鈴)으로 표기한다. 많은[眞] 쇠[金]로 '누르다'라는 뜻이며, 이로부터 진압한다는 뜻이 나온 것으로 풀이할 수 있다.

「갱(輑)」: "수레 뒤쪽의 가로장을 말한다.(車輑釳也. 從車眞聲. 讀若『論語』'鏗爾, 舍瑟而作'. 又讀若擊. 苦閑切.)"(권14 車 부수). 진(軫)과 같이 쓰기도 한다. 이는 수레[車]의 뒤에 대는 큰[眞] 나무를 말한 것으로 풀이할 수 있다.

「진(鬒)」: 머리숱이 많다는 뜻으로, 진(㐱)의 혹체자이다.(㐱: 稠髮也. 從彡從人. 『詩』曰: '㐱髮如雲.' 之忍切. 鬒㐱或從髟眞聲.)"(권9 彡 부수) 진(㐱)이 사람[人]의 털[彡]이 많음을 말했다면, 진(鬒)은 머리털[髟]이 빽빽하여[眞] 많음을 말한다.

---

50) 『古文字詁林』(1999~2005) 7책 25쪽 참조.
51) 馬敍倫, 『說文解字六書疏證』. 『古文字詁林』(1999~2005) 9책 556쪽에서 재인용.

3. 크다/높다

「진(瞋)」: "눈을 부릅뜨다는 뜻이다.『위서(緯書)』에서는 䀦(䀦)로 써 술(戌)로 구성되었다.(張目也. 從目眞聲. 昌眞切. 䀦祕書瞋從戌.)"(권4 目 부수). 무섭고 사납게 눈[目]을 크게[眞] 뜬다는 뜻인데, 이체자인 䀦(䀦)은 도끼를 들고[戌] 적을 공격하듯 눈[目]을 부릅뜬다는 의미를 담았으며,『사기(史記)』「항우본기(項羽本記)」에서 "項羽瞋目而叱之(항우가 눈을 부릅뜨고 꾸짖다)"라는 용례가 이를 대변해준다. 마서륜에 의하면, "진(瞋)의 성모는 진류(眞類)에 속하고 술(戌)의 소리부는 지류(脂類)에 속하는데, 지(脂)와 진(眞)은 대전(對轉) 관계에 해당한다. 그래서 진(瞋)을 달리 䀦(䀦)로 쓰게 되었다. 이들은 전주자이다."라고 했다.[52]

「진(䛐)」: "성내다는 뜻이다. 가시중(賈侍中)은 웃다는 뜻이라고 했다.(恚也. 從言眞聲. 賈侍中說: 䛐, 笑. 一曰讀若振.)" 진(䛐)은 성이 나 큰 소리[眞]로 말을 한다[言]는 뜻을 담았다.

「전(槙)」: "나무의 꼭대기를 말한다. 달리 엎어진 나무를 말하기도 한다.(木頂也. 從木眞聲. 一曰仆木也. 都秊切.)"(권6 木 부수) 사람 머리에서 가장 높은 정수리 부분을 전(顚)이라 하듯 나무[木]에서 가장 높은[眞] 꼭대기를 전(槙)이라 한다. 높게 자란 나무는 잘 부러지므로 부러져 엎어진 나무(仆木)라는 뜻도 갖게 된 것으로 추정된다.

「전(顚)」: "꼭대기를 말한다.(頂也. 從頁眞聲. 都秊切.)"(권9 頁 부수) 이는 사람 머리[頁]의 가장 높은[眞] 부분인 정수리를 말한다.

「전(滇)」: "익주에 있는 호수 이름이다.(益州池名. 從水眞聲. 都年切.)"(권11 水 부수). 이는 지금의 운남성 근교에 있는 전지(滇池)를 말하며 운남성의 간칭으로도 쓰이는데, 큰[眞] 호수[水]라는 뜻을 담았다.『집운(集韻)』(眞 운)에서 "전(滇)은 전우(滇汙)를 말하는데, 큰물의 모습을 말한다.(大水貌)"라고 했고,『자휘(字彙)』(水 부수)에서도 "전(滇)은 성대한 모습[盛貌]을 말하며, 전(闐)과 같이 쓰인다."라고 했다.

---

52) 馬敍倫,『說文解字六書疏證』.『古文字詁林』(1999~2005) 3책 820쪽에서 재인용.

「전(趙)」: "넘어지다는 뜻이다. 전(顚)과 같이 읽는다.(走頓也. 從走眞聲. 讀若顚. 都年切.)"(권2 走 부수). 단옥재는 발(跋)과 같은 뜻이라고 했고, 주준성은 전(蹎)과 같은 뜻으로 보인다고 했다. 잰걸음으로 찬찬히 걸으면 넘어지지 않고 안전하겠지만, 큰[眞] 걸음으로 빨리 걸으면[走] '넘어지기' 마련이다. 이렇게 본다면 이 진(眞)에도 보폭을 크게 한다는 뜻이 담긴 것으로 추정할 수 있다.

「전(蹎)」: "넘어지다는 뜻이다.(跋也. 從足眞聲. 都年切.)"(권2 足 부수). 이는 전(趙)과 같은 뜻으로, 의미부(走와 足) 간의 교환에 의한 이체자로 보인다.

이처럼 초기 한자의 의미를 가장 체계적으로 보존했다고 평가되는 『설문』에 나타나는 「진(眞)」으로 구성된 합성자를 살핀 결과, 「진(眞)」은 제사장을 직접 지칭하기도 하고 파생 의미로 보이는 높다, 위대하다, 크다, 많다 등의 의미를 예외 없이 담고 있음을 확인할 수 있다. 이는 「진(眞)」이 신의 의미를 묻고 은폐된 신의 뜻을 드러내 인간에게 전달하는 중재자, 그런 존재의 위대성이라는 의미가 이후의 합성자에서도 반영되는 것을 보여준다.

5. 문헌에서 「진(眞)」의 의미

「진(眞)」은 서주 초기의 금문에서부터 등장하지만 금문에서는 지명이나 인명으로만 쓰이기 때문에 「진(眞)」의 진정한 용례는 전래 문헌에서 살필 수밖에 없다. 선진과 진한 때의 문헌 용례에 대해서는 『고훈회찬』(1551쪽)에서 의미 항목을 총 38종으로 귀납한다. 이를 다시 유사 의미 항목별로 묶어보면 다음과 같다.

(1) 신선(神仙): 『설문』의 진(眞)에 대한 해설을 비롯해, 『초사(楚辭)』「구사(九思)」「수지(守志)」[隨眞人兮翺翔(신선을 따라 날아오르고)의 舊注], 『문선(文選)』 곽박의 「강부(江賦)」[納隱淪之列眞(은륜의 여러 신선들을 받아들여)의 李善 주] 등이 그러하다.

(2) 자연적인 존재/도(道): 『장자』「대종사(大宗師)」의 "人特以有君爲愈乎己, 而身猶死之, 而況其眞乎!(사람들은 특히 임금이 자기보다 낫다고 하여 자신이 그를 위해 죽기도 하거늘, 하물며 그 참된 것에 대해서랴)"에 대한 곽상(郭象) 주에서는 "외물(外物)에 가탁하지 아니한 자연 그대로의 존재"를 진(眞)으로 보았고, 『한서(漢書)』「양왕손전(楊王孫傳)」의 안사고(顔師古) 주에서는 "자연의 도(道)"라고 했으며, 『장자』「어부(漁父)」에서는 "하늘에서 부여 받은 것으로 자연조차 바꿀 수 없는 것"으로 보았다. 또 『소문』의 장지총(張志聰) 『집주(集注)』에서는 "원진(元眞)의 기(氣)"나 "정기(精氣)" 등으로 설명하고 있다.

(3) 본성(本性)/본심(本心): 『장자』「추수(秋水)」의 "謹守而勿失, 是謂反其眞(삼가 지켜 잃지 않는 것을 일러 참된 것으로 돌아가는 것이라 하네)"에 대한 곽상(郭象)의 주, 『문선』에서 도잠(陶潛)의 「잡시(雜詩)」의 "차환유진의(此還有眞意)"에 대한 이선의 주, 『장자』「산수(山木)」의 "견리이망기진(見利而忘其眞)"에 대한 성현영(成玄英)의 주53) 등이 그러하다. 여기서부터 자연이나 우주를 뜻하는 의미로 확장되었는데, 『장자』 등에서 용례가 자주 이에 해당한다.

(4) 정성(精誠): 『설문』의 진(眞)에 대한 단옥재(段玉裁)의 주석, 『순자』「권학(勸學)」의 "진적력구즉입(眞積力久則入)"에 대한 양경(楊倞)의 주, 『조자변략(助字辨略)』(권2)의 인용 등이 그러하다. 또 『소문』「보명전형론(寶命全形論)」의 "범자지진(凡刺之眞)"에 대해 장지총은 『집주』에서 "진일무망(眞一無妄)"한 것으로 풀이했다.

---

53) 陸德明의 『經典釋文』에서 인용한 司馬씨의 주석에서는 '몸[身]'으로 풀이했다.

(5) 불변하는 것: 『회남자(淮南子)』「본경(本經)」의 "질진이소박(質眞而素樸)"의 고유(高誘) 주석에 보인다.
(6) 진실되다: 『회남숙진주(淮南俶眞注)』에서 "진(眞), 실야(實也)."라고 했다.
(7) 참/바르다[正]: 『광운』(眞 운)과 『문선』「고시십구수(古詩十九首)」"식곡청기진(識曲聽其眞)"에 대한 이선(李善)의 주석에 보인다.
(8) 이것[此]: 『광아』「석언(釋言)」에 보인다.54)
(9) 정(貞)과 통용: 『산해경(山海經)』「대황서경(大荒西經)』에 보인다.

전국 말기의 『장자』를 비롯해(총 64회 등장) 한나라 이후에는 주로 『설문』의 해석처럼 '신선'이라는 개념은 물론 자연의 섭리를 체득한 사람, 혹은 자연이 가진 자연 그대로의 가식 없는 모습, 존재물의 본성이나 우주적 섭리 등을 지칭하는 개념으로 쓰여 도가적 개념의 신선 사상이 주를 이루며, 이로부터 바르고 참된 것, 불변하는 진리 등의 뜻이 나왔음을 알 수 있다.

특히 시선을 끄는 것은 (9)의 용례에서처럼 「진(眞)」이 「정(貞)」과 통용된다는 점인데, 『산해경』「대황서경」의 '무고(巫姑)'와 '무진(巫眞)'에 대해 학의행(郝懿行)의 『전소(箋疏)』에서 '무진(巫眞)'을 『수경주(水經注)』에서 '무정(巫貞)'으로 적었다고 하였다. 또 최근 출토된 간백(簡帛) 문자에서도 "攸(修)之身, 亓(其)悳(得)乃貞(眞)"(『노자을(老子乙)』)이라고 하여 「진(眞)」이 「정(貞)」과 통용되었는데55), 이는 「진(眞)」과

---

54) 『廣雅疏證』에서는 眞에 대해 是나 此와 같은 뜻이라고 했다. 또 是는 正과 같은 뜻이라고 했는데, 『설문』에서 "是는 곧바르다는 뜻이다(直也)"라고 했는데, "直은 또 正이라고 할 수 있다.(直, 正視也.)"(『설문』)라고 했다. 徐復 주편, 『廣雅疏證』(2000), 366쪽.
55) 華東師範大學中國文字硏究與應用中心 編, "楚文字檢索系統."

「정(貞)」 간의 관계를 직접적으로 설명해주는 중요한 자료가 된다. 또 (7)과 (8)의 용례에서 보듯 '참[正]'이나 '이것[此]'으로도 해석될 수 있는 것도 이상에서 말한 '진리'의 개념과 연계되어 있음을 보여준다.

그뿐만 아니라 선진 문헌에서 통가자(通假字)의 용례를 보면 통용례(通用例)에서도 「진(眞)」은 정인(貞人)의 본질이나 역할 등과 관련이 있음을 확인할 수 있다. 이를 구체적으로 귀납하면 다음과 같다.

(1) 정(鼎)과 통함.
(2) 옳음[是]을 나타내 치(寘), 식(寔), 식(湜) 등과 통용됨.
  ① 『역(易)』「감(坎)」: "寘于叢棘(가시덤불로 둘러 싼 굴 속에 버려두다)", 『경전석문(經典釋文)』: "寘, 姚作寔."
  ② 『역』「감」: "寘于叢棘", 『경전석문(經典釋文)』: "寘, 子夏傳作湜."
(3) 최고를 나타내 지(至)와 통용됨.
(4) 높음을 나타내 정(丁)과 통용됨.
(5) 존귀함을 나타내 전(奠)과 통용됨.
(6) 보여주다는 뜻으로 시(示)와 통용됨.
  『역』「감」: "寘于叢棘", 『경전석문』: "寘, 劉作示."
  『시』「소아」「녹명(鹿鳴)」: "示我周行(내게 큰 도리를 보여주시도다)", 『경전석문』: "示, 鄭作寘."
(7) 이끌다/끌어내다는 뜻으로 인(引)과 통용됨.
(8) 진(參)과 통용됨.[56]

이상에서 볼 수 있듯 「진(眞)」은 (1)「정(鼎)」과 직접 통용됨은 물론, 그 속성인 (3)최고/(4)높음/(5)존귀함/(8)보배로움 이외에도 '(2)옳음'이라는 뜻도 가진다. 그뿐만 아니라 정인(貞人)이 은폐된 신의 의미를

---

56) 張儒·劉毓慶, 『漢字字素通用硏究』(2002), 846쪽.

끌어내어 인간 세상에 전달한다는 의미에서 (6)보여주다/(7)끌어내다의 뜻도 가짐을 확인할 수 있다.

또 한나라 때의 문헌인 『석명(釋名)』「석언어(釋言語)」에서도 「정(貞)」에 대해 "안정하다는 뜻이다. 정기를 안정시켜 유혹에 동요하지 않음을 말한다.(定也. 精定不動惑也.)"라 했고, 채옹(蔡邕)의 「독단(獨斷)」에서는 "맑은 마음으로 자신을 지키는 것을 정(貞)이라 한다.(淸心自守曰貞)"라고 했으며, 『주서(周書)』「시법(諡法)」에서는 "큰 걱정을 이겨내고 나아가는 것을 정(貞)이라 한다.(大慮克就曰貞)"라고 했다.57) 「정(貞)」은 마음을 안정시켜 동요하지 않게 함을 말한다. 외부의 유혹에도 동요하지 않고 스스로 맑은 마음을 유지하여 정신적 경지에 오름을 말한다.

이상의 선진과 한나라 때의 문헌 용례와 각종 통가자를 통해 본 「진(眞)」은 「정(鼎)」이나 「정(貞)」과도 직접 통용되는 예를 보이는 한편, 점복을 주관하여 숨겨진 신의 뜻을 알아내고 이를 확정하여 세상 사람들에게 전해주던 제사장(貞人)이 가지는 속성인 '최고', '높음', '존귀함', '진귀함' 등의 의미군을 가진다. 그뿐만 아니라 이후 도가의 신선 사상이 유행하게 되면서 우주의 원리와 자연계의 질서를 관조하고 이를 따름으로써 일반인들의 경지를 넘어선 '신선(神仙)'의 개념과도 연계된다. 이 때문에 『설문』 이후의 한나라 문헌에서는 주로 신선은 물론 자연과 인간의 본성, 불변, 도(道), 지극한 정성, 진실됨, 참됨 등의 의미로까지 확장될 수 있었던 것이다.

---

57) 劉熙 撰, 畢沅 注疏, 王先謙 補, 『釋名疏證補』(2008), 129쪽.

6. 맺음말

 오늘날 점술가는 미신의 대명사이고 근대를 위태롭게 하는 전시대의 유물이다. 하지만 고대의 점술가는 미래의 예언가이자 공동체의 불운을 미리 막아주는 우두머리 구실을 했다. 「정(貞)」과 「진(眞)」은 이러한 옛 점술가의 지위를 아주 잘 보여주는 글자이다.

 진(眞)은 선(善)과 미(美)와 함께 인류가 추구하는 세 가지 지향점 중의 하나이지만 그 자형에 대해서는 아직 잘 알려지지 않았다. 『설문』의 해석도 현재 확인 가능한 최초의 자형인 금문과 합리적인 연계를 지을 수 없다.

 「진(眞)」의 근원은 상나라 때의 정인(貞人)에서부터 찾을 수 있을 것으로 보인다. 「정(貞)」은 갑골문에서 의미부인 「복(卜)」과 소리부인 「정(鼎)」으로 구성되었는데, 이후 「정(鼎)」이 「패(貝)」로 변해 지금의 자형이 되었다. 「복(卜)」은 거북점을 칠 때 불로 지져 열에 의해 갈라지는 거북 딱지의 형상이고, 그 갈라진 각도나 모양으로 점괘를 판단한 데서 '점'이라는 뜻이 나왔다. 그래서 「정(貞)」은 원래 신에게 '물어보다'라는 뜻으로 사용되었다. 이후 불에 지져진 거북 딱지가 직선을 그리며 갈라진 데서 '곧다'라는 뜻이 나왔고 지금은 이 의미가 주로 쓰인다.

 정인(貞人)은 상나라 당시 대표적 점복인 거북점을 주관하고 점괘를 판단하던 점복관을 말한다. 때로는 상나라 왕이 직접 정인(貞人) 구실을 한 것으로 보아 그 지위가 대단히 높았음을 알 수 있다. 주나라에 들면서 상나라 때의 점복은 사라졌지만, 신과 교통하고 은폐된 신의 의지를 인간세계에 전달해 주던 상나라의 정인(貞人)처럼 천지간의 도(道)를 체득한 선인(仙人)을 부를 다른 명칭이 필요해졌다. 이를 위해 「정(貞)」에서 분리해 만든 글자가 「진(眞)」이고 진인(眞人)은 이러한 사람의 최고

호칭이 되었는데, 이는 신탁의 시대에서 인문의 시대로 역사가 진전했음의 상징이기도 했다. 「진(眞)」은 이후 신의 소리를 듣고자 점복을 행할 때의 몸과 마음가짐 같은 '진실(眞實)됨'과 '참됨', 그리고 불교가 들어오면서부터는 진리(眞理)라는 뜻으로까지 확장된 것으로 추정할 수 있다.

이러한 인식에 근거를 두고 「진(眞)」과 「정(貞)」간의 자형 변천 과정을 추론하면 다음과 같다. 갑골문 단계에서 「정(鼎)」으로 대표되는 제사 행위에서 중요한 도구인 청동 제기를 동원해 '점을 쳐 묻다'는 뜻을 나타냈는데, 이것이 「정(貞)」과 「정(鼎)」이 통용된 이유이기도 하다. 후기로 가면서 청동 제기와 점복 행위를 구분할 필요가 생겨났고 그 때문에 후자를 나타낼 때는 「복(卜)」을 더해 「정(鼏)」이라는 형성 구조로 분화했다. 여기서 「복(卜)」은 거북 딱지나 동물 뼈를 불로 지질 때 갈라져 생기는 금을 그린 것으로 이 역시 당시의 대표적인 점복 행위를 상징한다. 이렇게 볼 때 「정(鼏)」은 「정(鼎)」에서 갈라져 나온 분화자(分化字)로, 「복(卜)」이 의미부이고 「정(鼎)」이 소리부인 형성자로 그 구조가 변화되었다. 이렇게 해서 갑골문 단계에서 「정(貞)」은 점을 쳐서 신의 뜻을 물어보다는 의미 외에도 그런 행위를 주관하거나 점복 행위를 통해 신의 의지를 확인할 수 있는 제사장, 즉 정인(貞人)이라는 뜻을 갖게 된다.

이후 금문 단계에 들면서 「정(鼎)」이 형체가 유사한 「패(貝)」로 변화했다. 소리부로 기능하던 「정(鼎)」이 「패(貝)」로 변해버림으로써 더는 독음을 나타내지 못하게 되자 새로운 소리부인 「정(丁)」이 더해지게 되었는데, 「정(丁)」에도 높음이나 최고의 뜻이 있다. 이와 동시에 의미부로 기능을 하던 「복(卜)」은 「화(匕)」로 변하는데, 「화(匕)」는 사람의 선 모습을 측면에서 그린 「인(人)」과 대칭적으로 보통 인간을 넘어선 존재라는 의미로 해석할 수 있다. 이 단계에 들면 갑골을 불로 지져 신에게 신의 의지를 물어보던 상나라 때의 관습은 점차 사라지고 이를 계통화하고 부호화하고 추상화하여 철학적으로 승화시킨 괘(卦)에 의한 점복으로 바뀌게 되는데, 이를 정리한 것을 『주역』이라 할 수 있다. 이렇게 되자 연산과 고도의 추상적 부호를 통해 우주 자연의 섭리를 정확하게 해석해내는 존재라는 의미를 강조하기 위해, 더는 현실에서 사용되지 않게 된 갑골 점복의 상징인 「복(卜)」이 약간 변해 「화(匕)」가 되고 제사 행위의 도구인 「정(鼎)」이 변한 「패(貝)」가 우주 자연의 섭리를 꿰뚫어볼 수 있는 것의 상징인 '눈[目]'으로 변화한 것으로 가정할 수 있다. 이렇게 되자 「화(匕)」와 「목(目)」이 의미부이고 「정(丁)」이 소리부인 구조로 변해 인간의 경지를 넘어선 눈을 가진 존재라는 뜻을 구상화한 것으로 볼 수 있다. 이런 과정을 거쳐 원래의 「정(貞)」에서 다시 우주 질서의 참된 모습을 관조하여 규정화할 수 있는 존재를 나타내는 글자를 분화시켜 「진(眞)」으로 지칭하게 되었을 것이다. 이렇게 「정(鼎)」에서 분화된 「정(貞)」에서 다시 「진(眞)」이 분화하여 「정(鼎)」과 「정(貞)」과 「진(眞)」의 동원자족(同源字族)을 형성하게 된다.

이후 수호지(睡虎地) 진간(秦簡) 등에서 볼 수 있는 것처럼 진나라 문자에 들면서 소리부로 쓰인 「정(丁)」이 「기(丌)」로 변함으로써 원래의 자형을 정확하게 알아보기 어려워졌고, 이는 당시의 새인(壐印) 문자 등에서 그대로 반영된다. 이 때문에 허신은 당시에 유행하던 사상에 근거해 『설문』처럼 해석했을 것이다. 허신의 자형 해석이 상당히 견강부회한 것은 사실이지만, 당시 이미 「진(眞)」은 인간의 경지를 넘어선 존재인 진인(眞人)을 지칭했으며 그러한 존재를 우주의 질서를 관조할 수 있는 눈[目]을 가진 존재로 인식했다는 중요한 정보를 제공한다. 이를 도식화하면 다음과 같다.

	윗부분	중간부분	아랫부분
貞	ㅏ(伯眞甗) ㅏ(季眞鬲) ㅏ(眞盤)		(季眞鬲) (旣簋) (眞盤)
	↓	(伯眞甗) ↓	(眞盤) ↓
眞	(『古陶文字徵』5.3.) (『睡虎地秦簡』法49) (『漢印文字徵』 九眞太守) (『漢印文字徵』眞宏 私印)	(『古陶文字徵』 5.3.) (『古陶文字徵』 1.25)	(『古陶文字徵』5.3.) (『睡虎地秦簡』法49) (『漢印文字徵』 九眞太守) (『漢印文字徵』 眞宏私印) (『石刻篆文編』 禪國山碑)

「표 2」「정(貞)」과「진(眞)」의 부위별 자형 변화표

다음으로 의미의 변천 과정을 추정하면 다음과 같다.

「정(貞)」은『설문』의 해석처럼 갑골문에서 "점을 쳐 물어보다(卜問)"이며 점복관을 지칭하기도 한다. 당시 점복 행위는 불가측한 숨겨진 신의 의지를 드러내 확정하는 행위이며, 점복관의 확정이나 확인에 의해 그것이 사실로 변하고 '진리'가 된다. 이 때문에 키틀리나 타카시마 켄이치처럼 서구 학자들이 갑골 복사의「정(貞)」의 의미를 '점을 쳐 물어보다[卜問]' 이외에도 '확정하다[正]'로 해석할 여지가 생겼다.

이후 서주 때 가장 대표적인 경전이자 갑골 복사와 내용이 가장 유사한『주역』에서「정(貞)」의 의미도 갑골 복사에서「정(貞)」의 의미와 마찬가지로 "점을 쳐 물어보다(卜問)"라는 뜻 외에도, 여기서 파생한 '확정하다[正]', 움직일 수 없는 '견고한 이치[固]', '믿을 만한 사실[信]', '자연의 주기율과 도덕률에 부합하다[節]' 등의 뜻을 갖게 된다.[58]

---

58) 成中英, 앞의 논문, 32~35쪽 참조.

이러한 경향은 『좌전』이나 『예기』 등의 선진 문헌은 물론 전국시대의 죽간 등에서도 확인 가능하며, 선진 때의 통가자 용례에서도 확인할 수 있다. 그리고 소전 단계에 들어 인간의 경지를 넘어서 하늘로 승천한 신선(神仙)(『설문』)의 뜻으로 쓰이게 되었다.

나아가 한나라 이후 불교가 유입되면서 이러한 의미를 가진 「진(眞)」은 '참'이라는 개념의 번역어로 쓰였다. 이 때문에 진리(眞理)(만법의 근본 즉 불법), 진인(眞人)(아라한을 지칭하며, 소승불교에서는 최고의 위치에 도달한 부처를 지칭), 진체(眞諦)(최고의 진실된 의미), 진여(眞如)(Bhutatathata의 음역), 진공(眞空)(세계나 만물의 본원적 경계), 진신(眞身)[부처나 보살 등의 증과(證果) 이후의 몸을 지칭], 진실(眞實)(만법과 동일함, 불변의 본체), 진상(眞相)(본래 모습, 실상), 진심(眞心)(진실무망한 마음), 진언(眞言)[mantara의 음역, 허망되지 않아 진실함, 밀종(密宗)에서는 주문을 지칭], 진상(眞常)(진실되고 영원함)59) 등 어휘를 대량으로 만들어내어 철학적 의미의 '진리'라는 개념으로 발전했다.

마지막으로 「정(貞)」과 「정(鼎)」과 「진(眞)」의 고대 음의 재구(再構)에서도 이들 간의 동원(同源) 관계는 확인될 수 있는데, 동동화(董同龢), 칼그렌Bernhard Karlgren(高本漢), 주법고(周法高)가 재구한 음을 보면 다음과 같다.

글자	동동화	버나드 칼그렌	주법고	
眞	230, 平, tǐĕn	375a, tǐĕn /tsǐĕn/chen	(27.1), tjien/tśiIn	(眞) 16.1 jen60)
貞	179, 平, tǐeng	834 g~i, tǐĕng /tǐang/cheng	(9.2), tieng/tȋæng	(淸) 17.242 jen, jeng 61)
鼎	181, 上, tieng	834 c~f, tieng /tieng/ting	(9.4), teng/tiɛng	(淸) 17.241 diing62)

---

59) 孫維張 主編, 『佛源語詞詞典』(2007), 337~340쪽의 해석에 근거함.

이상에서 볼 수 있는 것처럼 동동화, 칼그렌, 주법고가 재구음에서 성모는 모두 전치근(前齒根) 파열(塞音) 무기음(不送氣)인 /t/로 일치하며, 운복의 경우「진(眞)」이 /ia/이고「정(貞)」과「정(鼎)」이 /ie/로 거의 유사하며, 운미는 ~n과 ~ng로 모두 비음 운미로 구성된다. 이러한 상고음에서 모두 통용 가능한 것으로 확정할 수 있으며, 이는「정(貞)」과「정(鼎)」과「진(眞)」이 발음상에서도 동원 관계에 있음을 보여준다.

이러한 관계는 최근 이루어진 곽석량(郭錫良)이 재구한 음에서도 더욱 근접성을 보여 이러한 가설을 뒷받침한다.

글자	상고음	중고음
貞	端耕 tieŋ	(광) 陟盈切, 知 뉴 淸 운 開三 平 梗 소운 tieŋ[63]
眞	章眞 tǐen	(광) 職鄰切, 莊 뉴 眞 운 開三 平 臻 소운 tɕǐen[64]
鼎	端耕 tieŋ	(광) 都挺切, 端 뉴 徑 운 開四 去 梗 소운 tieŋ[65]

이렇듯 자형과 의미와 독음을 비롯하여 점복과 정인(貞人)의 역할 등을 고려해 볼 때「진(眞)」은「정(貞)」에서 근원하였으며,「정(貞)」과「진(眞)」은 동원 관계에 있음을 증명할 수 있다.

많은 사람이 중국의 해석학적 전통은 형이상학적이지 않다고 말한다. 형이상학은 말 그대로 자연을 초월하는 것을 말한다. 그러나 자연을 초월한다는 것은 동양적 사유에서 대단히 이질적이다. 동양은 자연을 초월

---

60) 周法高 主編, 『漢字古今音彙』(1982), 218쪽.
61) 周法高 主編, 같은 책, 333쪽.
62) 周法高 主編, 같은 책, 427쪽.
63) 郭錫良, 『漢字古音手冊』(1986), 227쪽.
64) 郭錫良, 같은 책, 228쪽.
65) 郭錫良, 같은 책, 278쪽.

하는 것이 아니라 자연과 더불어 사는 삶을 지향했다. 서구의 형이상학이 주체 중심의 사유를 지향해왔지만, 오늘날 우리는 서구의 주체 중심 사유의 한계를 목격하고 있다. 주체가 역사를 만들고 세계를 구성한다는 것은 오만의 소치이다. 중요한 것은 주체가 자의적으로 설정한 진리가 아니라, 세계라는 텍스트가 은폐된 것을 발현하는 과정이 진리라는 것이다.[66] 플라톤처럼 이데아를 진리로 설정하고 그것을 대중에게 가르쳐야 한다고 생각하지 않는다면, 하이데거의 '탈은폐'로서 진리는 세계와 우리가 만나는 방식이며 이 방식은 세계라는 텍스트를 읽는 행위 속에서 구현된다고 볼 수 있다.

「정(貞)」의 어원은 제기의 대표인 「정(鼎)」으로 상징되는 제의를 통해 점복을 행하다(卜)는 뜻이다. 그리고 점복 행위는 물론 점복을 주관하는 제사장도 지칭할 수 있게 되었다. 점복관은 제사장이면서 이른바 텍스트를 읽고 그 의미를 묻는 자이다. "비가 올까요?"라고 그는 조상에게도 묻고 하늘에도 묻고 땅에도 묻고 자연에도 묻는다. 하늘과 땅과 자연은 거북이 되기도 하고 제기가 되기도 한다. 그리고 그는 하늘과 땅과 조상을 관찰하며 그들의 이야기를 듣는다. 이것은 가다머의 주장처럼 전승^{Ueberlieferung}을 듣고 과거 안에서 미래를 보고 미래 속으로 과거를 불러오는 행위인 동시에, 과거의 지평과 미래로 열린 현재의 지평을 융합하는 행위다. 이것이 점복관이 겹겹의 주름으로 싸인 세계에 겸허하게 그 자체를 드러내줄 것을 요청하는 방식이다. 여기서 과거를 원시나 야만으로, 현재를 과거가 발전한 모습으로 간주하는 것은 서구의 발전 개념에 따라 동질적이고 공허한 시간을 만드는 것에 지나지 않는다. 과거를 불러낸다는 것은 유아기적 과거로 돌아간다는 의미가 아니다. 현재에

---

66) 潘德榮, 『文字・詮釋・傳統-中國詮釋傳統的現代轉化』(2003), 26쪽.

도 여전히 이해되지 않고 인식으로 환원되지 않은 과거를 우리가 요청하고 부르는 행위인 것이다.

사실 중국의 신은 서양의 신처럼 자기 하고 싶은 대로 하고 하지 못하는 것이 없는 그러한 존재가 아니다. 비록 신령이었지만 인간처럼 아래위를 우러르고 굽어살펴야만 하는 존재였다.[67] 이와 마찬가지로 점복관도 자기 마음대로 해석을 내리고 다른 사람을 지배할 수 있는 위치에 있다고 볼 수는 없을 것이다. 설사 그가 고대 사회에서 강력한 권위를 행사할 수 있었다고 해도 그 권위는 그 자신에게서 나오는 것이 아니라 타자에게서, 자연에서, 만물에서 나온다. 그가 점복관이라는 것은 사태를 투명하게 보고 판단 내릴 수 있는 자가 아니라, 현 사태에 대해 질문을 제기할 수 있는 사람이란 뜻이다. 그래서 그는 언제나 묻는다. "비가 올까요?"라고. 그래서 「진(眞)」은 제사장이라는 한 가지 의미로 고정되지 못하고 '가득 차 있다', '충만하다', '많다'라는 뜻, 그래서 '(과도하게) 크다', '눈을 부릅뜨고 살펴야 한다'라는 의미가 있다. 즉 그는 거북 딱지에 드러난 텍스트의 수많은 의미 앞에서 그것을 일관된 의미로 구성해 내야 하는 끊임없는 요청 앞에 자신이 내리는 정의의 불확실성으로 괴로워하는 존재일 것이다. "큰 걱정을 이겨내는 것"이라는 의미는 이러한 점복관의 상태와 관련되지 않을까 한다.

다시 말해 고대 중국인들은 단순히 점을 쳐서 의미를 확정하는 행위에서 '진리'라는 것을 본 것이 아니다. 그들은 참(眞)과 거짓(僞)이라는 이분법 위에서 '거짓'이 아닌 것을 솎아내어 '진리'를 확정하는 방식이 아니라, 묻는 행위 자체, 수많은 다양성을 관찰하는 행위 자체, 숨겨지고 은폐된 신의 다양한 의지를 불러내는 행위 자체를 진리에 이르는 길이

---

[67] 潘德榮, 같은 책, 15쪽.

라고 생각했을 것이다. 즉 고대 중국에서는 진리를 서양처럼 확정되고 고정불변한 것이라 여기지 않고 묻는 행위 그 자체가 진리에 이르는 길이라고 생각했으며, 여기서부터 진리라는 개념이 파생했을 것이다.

2

한자 문화의 여러 지층

제5장

한자와 귀신: 귀(鬼)와 신(神) 계열 한자군

1. 머리말

　귀신은 이름 붙일 수 없고 지각 불가능한 세계를 인간의 인식 속으로 호명하고자 하는 끊임없는 시도에 의해 출현한다. 이것은 문화가 귀신과 더불어 체계를 이루기 시작했고 제사 의식이 인간의 문화 체계 가운데 가장 강력한 상징적 표상 작용의 체계가 되었다는 것을 의미한다. 하지만 자원으로 보았을 때 「귀(鬼)」와 「신(神)」은 쉽게 결합할 수 있는 성질의 것이 아니며 출현 시기도 같다고 간주하기 어려운 복잡한 역사가 있다. 게다가 현대 중국어의 쓰임을 고찰해볼 때 「신(神)」은 신격화(神格化), 신묘(神妙), 신품(神品), 신기(神技), 신성(神聖), 신통(神通) 등과 같은 표현에서 보듯이 주로 긍정적인 의미로 쓰이고 귀(鬼)는 '구이따오(鬼道, 사술)', '구이화(鬼話, 헛소리)', '구이지(鬼計, 모략)', '구이즈(鬼子, 놈)', '지우구이(酒鬼, 술고래)', '구이구[鬼股(ghost shares), 위험한 주식]'등처럼 주로 부정적인 의미로 많이 쓰인다. 통설에 의하면 '귀(鬼)'는 인간사에서 출발한 개념이고, 번쩍이는 번개(申, 電의 원래 글자)와 숭배 행위(示)를 결합한 '신(神)'은 주로 하늘, 땅, 번개, 곡식 등과 같이 자연 숭배에서 출발한 개념인데, "후세로 가면서 하늘을 높이 쳤기 때문에 '귀(鬼)'를 낮추고 '신(神)'을 높이게 되었다고 한다."1) 그러나 이 주장이 옳다면 자연물인 번개나 하늘, 땅, 곡식이 인간보다 훨씬 우월한 개념이며, 문명이 발달할수록 인간이 주체가 되어 자연물을 이용하지 못하고 인간이 자연물의 지배에 더욱 종속되어갔다는 의미가 될 수 있다. 이렇게 보면 중국 철학이 초월적 신이나 절대정신으로 옮아가지 못한 채 "자연 속에 함몰된 가장 낮은 단계의 정신"2)에 머물고 말았다는 헤겔Georg W. F. Hegel 이론의 타당성을 중국 내부에서 시인하는 셈이 된다. 물론 헤겔의 동양 철학론이 한자의 뿌리를 거슬러 올라가는 것만으로 충분하지 않고 더욱 폭넓은 분석을 요한다 하더라도, 이 주장은 '귀(鬼)'와 '신(神)'의 개념을 지나치게 소박한 개념으로 축소한다는 느낌을 지울 수가 없다.

 필자가 앞에서 언급하였듯 한자는 일종의 축적된 기억이다. 기억으로서 한자는 개별 한자의 표면적 의미와 현재의 용례를 넘어설 뿐만 아니라 성인들이 경전을 통해 일구어낸 담론 속에서 배제되고 억압된 의미의 흔적까지도 담지한다. 따라서 동양에 대한 서구의 편견에 찬 견해들을 내부에서 비판하기 위해서라도 발생기의 한자에 담긴 미분화된 사유의 지점들을 탐색하고 그 지점들이 어떤 과정을 거쳐 변화, 변용되었는지 살피는 것은 필수적이다.3) 여기서는 이러한 문제의식에서 출발하여

---

1) 錢鍾書, 『管錐編』(1980), 제1책 184쪽.
2) Georg W. F. Hegel, "China", *The History of Philosophy*(2001), 116~139쪽; 권기철 옮김, 「중국」, 『역사철학강의』(2008), 122~141쪽.
3) 이 문제에 관해서는 이미 앞에서 필자의 견해를 밝힌 바 있다. 예컨대 서구의 음성중심주의와 중국의 문자중심주의 간의 본질적 속성과 이들의 관계 정립을 영혼이 출입하는 통로로서 출발한 文과 인간이 배제된 순수한 악기 소리를 그린 言의 관계 속에서 해명했다. 이에 관해서는 이 책의 제2장 「말과 문자」, 졸고 「'言'과 '文' 系列 漢字群의 字源을 通해 본 中國의 文字中心의 象徵體系」(2006) 참조.

'귀신'이 형성하고 변화한 과정과 이에 대한 고대 중국인들의 인식을 「귀(鬼)」의 자원과 「귀(鬼)」로 구성된 한자군의 의미 지향에 초점을 맞추어 살피고자 한다.

그러나 이러한 문제의식은 지금까지 국내외에서 '귀신'에 대한 제대로 된 연구가 전혀 없다거나 대단히 미흡하다는 데서 출발하지는 않는다. 우선 최근 국내의 성과만 하더라도 저서의 경우 박성규의 『주자 철학의 귀신론』(2005)은 옛 선조의 귀신론에 대한 체계적인 설명을 시도하는 충실한 연구서이며, 번역 출간된 일본 학자 자안선방(子安宣邦)의 『귀신론(鬼神論)』(2006) 역시 일본을 중심으로 한·중·일 삼국에서 귀신이 어떻게 논의됐는지, 왜 귀신이 주요 화두로 등장하게 되었는지, 그 시대적 문화적 철학적 의미를 세밀하게 추적한다는 점에서 많은 의의가 있다고 할 수 있다. 또 최영찬 등의 『동양철학과 문자학』(2003)은 중국 철학의 핵심 개념을 한자 자원과 연계해 접근하고자 한 훌륭한 시도로 평가된다. 이외에도 논문 형태로 나와 있는 국내외의 연구를 망라하면 양적인 면에서 그 연구 성과가 부족하거나 모자란다고만 말할 수 없을지도 모른다.

하지만 필자가 주목하는 것은 지금까지 나온 귀신에 대한 국내 연구의 대부분은 위에서 언급한 제목에서도 유추할 수 있듯 귀신에 대한 경전이나 철학 문헌 중심의 논의에 치중하고 경전의 모태가 되는 한자 자체의 분석, 좀 더 나아가 경전이 형성되기 이전의 문자 발생 당시부터 축적되어온 귀신에 대한 사유로 그 연구의 영역이 확대되지는 않았다는 점이다. 물론 이것은 연구자 개인의 한계라기보다는 서구 분과 학문 체계의 도입 이후로 경전 연구(철학)와 언어 연구가 서로 독립된 영역으로 분화했기 때문에 생겨난 현상일 수도 있다. 이러한 체계가 각자 독립된 길을 걸으면서 연구의 깊이를 심화할 수 있는 장점도 있다는 것은 부인

할 수 없는 사실이다. 그러나 경전이 무엇보다도 언어(한자)를 모태로 한다는 점, 더 나아가서 한자는 표음문자 체계와는 달리 말(음성)의 2차적 기록이라기보다는 개인의 주관적 기억을 넘어서는 한 문화권의 축적된 기억이라는 점을 상기할 때, 문제는 지식인의 담론이라고 할 수 있는 경전이 담아낼 수 있는 범위가 상당히 한정적이라는 데 있을 것이다.

여기서의 논술 방향과 가장 유사한 형태로 나와 있는 국외의 선구적인 연구 성과물로는 장극화(臧克和)의 『설문해자의 문화적 설해(說文解字的文化說解)』(1995), 이령박(李玲璞)・장극화・유지기(劉志基)의 『고대 한자와 중국문화의 근원(古漢字與中國文化源)』(1997), 유상(劉翔)의 『중국 전통 가치 관념 전석학(中國傳統價値觀念詮釋學)』(1992) 등이 있다. 특히 장극화는 『설문해자의 문화적 설해』에서 「귀(鬼)」의 자원에 대한 시대적 문화적 의미를 추적할 뿐만 아니라 『설문해자』에 등장하는 관련 글자군의 의미 지향을 종합적으로 분석하고 그 의미를 도출한다는 점에서 의의가 크다. 특히 장극화의 분석이 갖는 창의성과 의의는 단순히 「귀(鬼)」와 「신(神)」의 자원을 분석하고 그 의미를 찾아냈다는 데 있는 것은 아니다. 그보다는 기존의 통설과 달리 고대인의 관념 속에서 「귀(鬼)」와 「신(神)」이 얼마나 유사한 개념이었는지를 체계적으로 귀납해 내고, 「귀(鬼)」가 부정적 개념으로, 「신(神)」이 긍정적 개념으로 변한 것이 한자의 발생 단계가 아니라 한참 이후의 일이라는 것을 증명한다는 데에 있다.

이처럼 장극화의 연구는 한자의 자원적 의미를 설명하고 그 의미의 변화와 변용 과정을 고대 문헌들을 통해서 세밀하게 추적한다는 점에서 대단히 독보적이고 선구적인 저작이다. 그러나 제사장을 의미하는 「귀(鬼)」[4]가 최초의 용례인 갑골문에서 이미 상나라를 위협하던 적대 민족인 서쪽 이민족(鬼方)을 지칭하여 이미 부정적 의미로 사용되는데, 이들

간의 간극을 합리적으로 해석할 방법은 무엇인가? 또 「귀(鬼)」와 「신(神)」이 서로 교차적으로 쓰일 수 있었는데도 어떤 과정을 거쳐서 이들이 차별성을 가지게 되었는가? 그리고 「귀(鬼)」와 「신(神)」의 지위 변화, 이 글자군의 시대적 등장과 의미 변천을 통해 본 귀신에 대한 인식 변화 등에 대해서는 보충하고 다르게 해석할 수 있는 부분이 여전히 많다.

따라서 여기서는 「귀(鬼)」와 「신(神)」에 대한 원형적 사유로 거슬러 올라가서 「귀(鬼)」와 「신(神)」에 대한 철학적 연구의 기초가 될 수 있는 한자의 발생적 의미와 그 파생 과정을 살피는 데 1차적 목적을 둔다.5) 또 제한적이긴 하지만 전통적 귀신론과 달리 전통 윤리와 체계 속으로 포섭될 수 없는 '귀신'의 변모 양상을 추적하고, 이것이 어떻게 상징 체계의 한계(até)를 드러낼 수밖에 없는 형식으로 개념화될 수 있었는지를 간략하게 덧붙이고자 한다.

2. 신(申)과 신(神)

'신(神)'이란 추상 개념은 갑골문에 등장하지 않는다. 다시 말해 「시(示)」와 「신(申)」이 단독적으로 갑골문에 출현하기는 하지만 두 글자가

---

4) "鬼는 사실 사람에게서 모습을 가져왔으며, 이 사람의 신분은 제사장[巫師]이며, 이 제사장은 헝클어진 머리를 날리거나 가면을 쓰고서 귀신을 모시는 모습을 하였다. 혹자는 鬼 자의 형상이 바로 제사장이 귀신을 모시는 이상한 모습에서 이미지를 가져온 것으로 보기도 한다." 臧克和, 『說文解字的文化說解』(1995), 336쪽.
5) 원시 단계의 숭배는 보통 자연숭배와 귀신 숭배로 크게 나뉘는데, 중국은 상나라 때에 이르면 이 두 숭배 체계와는 맥락이 약간 다른 (上)帝가 등장하게 된다. 하지만 帝가 '꽃꼭지'를 형상하여 씨방/곡식 숭배에서 출발했다는 점에서 神의 자원과 그 출발점에 서는 동일하다고 보인다.

결합하여 온전한 형태의 「신(神)」으로 출현하는 것은 서주 초기 「녕궤개(寧簋蓋)」에서 "온갖 신들을 모시는 데 사용하다(用格百神)"라는 용례가 처음이라고 알려졌다.6) 이에 비해 「귀(鬼)」와 「귀(鬼)」로 구성된 합성자는 갑골문에서 다양한 모습으로 출현한다. 그렇다면 왜 「귀(鬼)」가 「신(神)」에 앞서서 출현하는 것일까?7) 그것은 공포의 대상이 숭배 의식보다 앞선다는 것일까? 물론 뒤에서 언급하겠지만, 필자는 「귀(鬼)」가 인간에게 유익한 작용을 하지 않는 공포의 대상에서 출현했다고 생각한다.

「신(神)」의 원형적 형태는 앞서 말했듯이 「신(申)」이다. 그러나 갑골문에서 「신(申)」은 오늘날과 같이 모든 신을 지칭하는 추상개념이 아니라 '번개'인 동시에 '번개 신'이라는 구체적 의미 지향을 갖는다.8) 그리고 「악(岳)」은 '산'인 동시에 산에 깃들어 있는 정령이나 산신을, 「천

---

6) 이전까지는 서주 중기 때인 穆王 때의 것으로 보이는 「伯戜簋」의 銘文인 "백동이 서군에서 쓸 보배스러운 기물을 만들었으며, 이로써 '신'을 편안하게 하고자 합니다. 위대하신 조상을 본받아 덕행을 닦고 공손하며 돈독해지기를 빕니다.(白(伯)戜肇其乍(作) 西宮寶, 隹(惟)用妥(綏)神懷. 虩(效)前文人, 秉德共(恭)屯(純).)"에 나오는 용법이 처음이라고 했다. 劉翔, 『中國傳統價値觀念詮釋學』(1992), 1쪽.

7) 중국 소수민족에게서도 대부분 神보다 鬼의 개념이 먼저 출현한다. 예컨대 景頗族은 100가지 이상의 귀신을 신봉했고 귀신 체계를 大鬼・小鬼・善鬼・惡鬼 등으로 구분했지만, 神은 등장하지 않고 鬼에 통합되어 사용되었다. 또 광동 連南의 瑤族에게서도 神에 대한 개념은 불명확하나 鬼에 대한 개념은 매우 분명하다. 이렇게 볼 때 중국 소수민족들의 귀신 숭배는 신 숭배보다 훨씬 앞선다. 徐華龍, 『中國鬼文化』(1991), 5쪽, 8쪽.

8) 물론 趙誠의 말처럼 "복사에서는 모두 간지자로 쓰이고 번개의 의미로는 쓰이지 않는데, 이는 분명히 의문으로 남는다."[『甲骨文簡明辭典』(1988), 189쪽] 하지만 楊樹達은 申・神・電의 관계를 논하면서 "의문을 가질 수 있는 천체 현상 중에 번개처럼 신비한 것은 없다. 그래서 고문에서 申과 電과 神은 사실 한 글자이다. 申에다 雨를 더하여 電이 되었고 申에다 示를 더하여 神이 되었는데, 모두 뒤에 해당 개념을 나누어 표기한 것이다."[『積微居金文論叢』(1983), 16쪽]라고 한 것처럼, 갑골문 당시 申은 번개를 지칭한 것임은 분명하다.

(天)」은 하늘인 동시에 하늘 신을, 「조(且)」(祖의 원래 글자)는 남근을 표상하는 동시에 조상의 정령을, 「직(稷)」은 곡식을 표상하는 동시에 곡식 신을 의미했다. 고대 사회에서 자연은 인간이 이용해야 할 대상으로만 기능을 하기보다는 때때로 인간을 넘어서 인간을 위협하는 대상이었기에 자연은 숭배와 공포의 대상인 동시에 삶을 이루는 터전이었다. 따라서 이누이트^{Innuit}족의 말에서 싸락눈, 가락 눈, 함박눈 등 개별적인 눈의 종류를 가리키는 단어는 있지만 눈을 통칭할 수 있는 단어가 없는 것처럼, 모든 자연물을 섬기는 사회에서 추상개념으로서 신에 대한 통칭 개념은 필요하지 않았을 것이다. 하지만 문명화가 진행되면서 숭배의 대상과 자연물은 구분되어서 사용될 수밖에 없었다. 그래서 번개 신은 「신(神)」으로, 곡식 신은 「직(稷)」으로, 나무 신은 「목(木)」으로, 구름 신은 「운(雲)」으로, 바람 신은 「풍(風)」으로, 강신은 「하(河)」로, 산신은 「악(岳)」으로 세분하여 인식되었다. 따라서 「신(申)」은 신이 출현하고 난 이후에도 서주 시대 이전까지 신에 대한 통칭 개념으로 자리하지 못했다. 그러므로 이 시기는 범신론적 단계, 자연 종교의 단계라고 볼 수 있을 것이다.

그러나 문명이 발달하면서 단순 자연물의 개념을 넘어 더욱 추상화된 형태의 신의 개념이 출현해야 했다. 그렇다면 다른 자연물이 아닌 번개를 표상하는 「신(申)」이 신을 통칭하는 개념으로 발전하게 된 연유는 어디에서 찾아야 할까? 이에 대해 이령박 등은 다음과 같이 설명한다.

ᚾ·ᚪ·ᚫ·神 등의 자형으로 볼 때 「신(申)」은 「신(神)」의 초기 형태이며, 「신(神)」·「신(魋)」·「신(炯)」·「신(伸)」 등과 같은 한자도 모두 「신(申)」을 자원으로 하는 파생자이다. 나진옥(羅振玉)은 「신(ᚾ)」을 「신(申)」으로 해독했고 곽말약(郭沫若)은 달리 「신(蚰)」이라고 했지만, 이 둘은 서로 다른

것이 아니다.『설문』「충(虫)」부수에서 "무지개[虹]는 굽은 모양의 벌레를 말한다(蝃蝀也). 䖵은 주문으로 홍(虹)자인데 신(申)으로 구성되었으며, 신(申)은 번개(電)를 말한다."라고 했다. 또「우(雨)」부수의「전(電)」의 설명에서 "음과 양이 격렬하게 부딪히는 것을 말한다. 우(雨)와 신(申)으로 구성되었다. 신(申)은 전(電)의 고문체이다."라고 했다. 이렇게 볼 때『설문』에서 수록한「전(電)」의 고문체도「신(申)」으로 구성되어,「신(神)」이 처음에는 번쩍이는 번개와 천둥과 관련 있었음을 알 수 있다. 글자의 뜻으로 볼 때 번갯불은 '밝다'는 뜻이 있어 '신명(神明)'이라는 말이 생겼으며, 고대인들이 빛(光明)을 숭배하였기에 '밝음[明]'을 가지고 신(神)으로 삼은 것이다. 또「신(申)」은 '屈伸(굽혔다 폈다 하다)'이라고 할 때의 '신(伸)'이기 때문에「신(申)」과「신(伸)」도 '밝다'는 뜻이다. 전국 시대 때의「행기명(行氣銘)」에 등장하는「신(神)」은 이미「신(电)」으로 구성된「신(神)」으로 표기되어, 이후의『진한위진전례(秦漢魏晉篆隷)』와 같은 자전에서 수록한「신(神)」과 일치한다.「신(神)」이「신(申)」(번개)에서 이미지를 가져왔음을 쉽게 알 수 있다.9)

이령박 등은 고대인들이 빛(광명)을 숭배하였기에 밝음을 가지고서 신으로 삼았다고 기술한다. 물론 고대인들이 자연을 숭배한 것, 그중에서도 밝음을 숭배한 것은 익히 알려진 일이다. 그리고 상나라 때에는 태양에 대한 숭배도 상당했고, 밝음의 상징인「일(日)」과「월(月)」이 합쳐진「명(明)」이 밝음 중의 밝음을 나타낸다는 주장이 설득력이 없는 것은 아니다. 하지만 '태양[日]'이나 '달[月]'이나 '밝음[明]'이 아니라 왜 '번개[申]'가 신의 총칭이자 신의 은유로 쓰이게 된 것일까? '번개[申]'가 '신'의 통칭 개념으로 쓰이게 된 것은 다른 연유에서 기인하는 것은 아닐까?

---

9) 李玲璞·臧克和·劉志基,『古漢字與中國文化源』(1997), 237쪽.

번개[申]가 밝음을 나타내기는 하지만 인간에게 볼 수 있는 능력을 제공해주는 빛(日이나 月)과는 다르다. 태양이나 달과 번개의 차이점은 태양과 달 자체는 항상성을 지녀 인간에게 공포감을 가져다주지 않지만, 번개는 변동성과 우연성 그 자체로 인간에게 공포를 가져다주는 속성이 있다. 번개는 벌건 대낮에 하늘이 깜깜해지면서 자신의 모습을 드러내거나 깜깜한 밤중 어느 한순간 자신의 존재를 드러내면서 그 빛이 닿은 모든 것을 파괴하는 속성이 있다. 그렇다면 '번개[申]'를 단지 밝음의 속성과 관련해 신의 통칭 개념으로 발전하였다고 설명하는 것은 무리가 있다.

이렇게 볼 때 '번개[申]'는 밝음이기는 하지만 그 밝음이 인간의 능력으로 제어할 수 없는 힘, 인간을 넘어서는 신의 속성과 관련해서만 신의 통칭 개념으로 발전할 수 있었다는 것을 시사한다. 이런 의미에서 요효수(姚孝遂)의 다음 지적은 유효해 보인다. 즉 "번개[電]라는 자연현상은 대단히 신비하게 생각되었을 것이며, 이는 '신'에 의해 주재되거나 '신'의 화신이라 생각되었다. 그래서 신(申)이 (번개라는 뜻 외에) 신이라는 뜻으로 쓰이게 되었다".10) 이처럼 예측 불가능한 능력과 힘을 가진 신비한 자연현상11)에서 인간의 능력을 넘어선 '신'을 생각하게 되었고 이러한 초월적인 존재는 인간에게 공포심을 가져다주었을 것이며, 이것이 '번개'가 '신'으로 발전하게 된 근본적인 이유였을 것이다. 이렇게 본다면 「신(神)」은 출발은 「귀(鬼)」와 달랐으나 「귀(鬼)」와 마찬가지로 공포의 대상을 그 속에 포함한다는 점에서 나중에 「귀(鬼)」와 대단히 유사한 의미 지향을 가지게 된다.

---

10) 姚孝遂, 「再論古文字的性質」, 『古文字研究』 17집, 317쪽. 于省吾, 『甲骨文字詁林』(1996), 2책 1172쪽에서 재인용.
11) 『易』 「繫辭」에서 "陰陽不測謂之神"이라 했고, 韓康伯의 주석에서는 "神也者, 變化之妙極萬物以爲言, 不可以形詰者也."라고 했다.

3. 귀(鬼)의 자원

「신(神)」(申)과는 달리 「귀(鬼)」[12]의 자원에 관해서는 이견이 많다. 뒤에서 다시 언급하겠지만 원숭이를 그렸다는 설도 있고 제사장의 모습을 그렸다는 설도 있으며, 이상하다, 다르다, 혹은 높고 험하다는 뜻에서 출발했다는 설도 있다. 하지만 필자는 「신(神)」의 자원 분석에서 본 것처럼 많은 자연물이 「신(神)」과 구분되어 쓰이지 않던 시기에 「귀(鬼)」가 출현했다는 것에 주목한다. 구별 가능한 자연물이 이미 자연물의 형상을 따서 자연물인 동시에 신을 의미했다면 「귀(鬼)」의 출현은 자연적 대상으로는 귀납되지 않은 것과 관계가 있었을 것으로 추측한다.

원시 사회의 인간에게 세계는 호의적이거나 악의적인 영적 존재로 가득 차 보였을 것이고, 그래서 동물과 식물뿐만 아니라 무생물도 숭배의 대상으로 삼았을 것이다. 그러나 자연물은 가시적이기에 상대적으로 항상성이 있었고 인간은 그것을 이용하는 법을 쉽게 체득했을 것이다. 그리고 자연물은 인간의 힘을 넘어서기에 그것에 대한 숭배 의식도 쉽게 발전할 수 있었을 것이다.

그들이 가장 해결하기 어렵고 가장 대처하기 어려운 것은 '죽음'과 관련된 '공포'였을 것이다. 따라서 필자는 "악령이 영적인 것 중에서 가장 먼저 생겨났을 것"이며 "신적인 것의 발생은 죽음이 생존자에게 주는 인상"에서 도출되었을 것이라고 주장하는 프로이트^{Sigmund Freud}의 견해[13]에 동의한다. 고대인은 자연 앞에서도 공포에 사로잡혔겠지만, 그중 가장 강력한 것이 죽음을 도래하게 하는 눈에 보이지 않는 존재였을 것이

---

12) 고대 자형의 변화는 다음과 같다. 🧍🧍🧍🧍🧍甲骨文 🧍🧍🧍金文 🧍🧍盟書 鬼鬼簡牘文 鬼說文小篆 🧍說文古文.

13) Sigmund Freud, *Totem and Taboo*(2000), 136쪽.

다. 그것이 특정한 자연물이 아니기에 더욱 이해 불가능했고 그래서 그것은 절대적으로 '낯선 것'이었을 것이다. 그리고 "인류에게는 모든 존재를 자신과 비슷하다고 파악하는 경향이 있음"을 생각하면, '낯선 것'을 '자신의 모습과는 다르다'라고 인식하는 데서 「귀(鬼)」가 출발했다고 가정할 수 있을 것이다. 또 이러한 지각 불가능하고 낯선 것은 실제 사람이나 부족이 될 수도 있다. 자신이 소속한 공동체와는 전적으로 다른 외부의 침입자를 만났을 때 우선 그가 낯설기에 자신보다 더 강하게 보였을 것이다. 그들은 자신들에게 가장 적대적인 사람이나 부족을 "공포에서 유래한 낯섦"으로 개념화했을 것이다. 따라서 필자는 갑골문에서 「귀(鬼)」는 '낯설다', '이상하다'라는 서술적 개념 외에도 낯설고 이상한 공포의 대상으로서 '귀신'이라는 명사적 개념이 동시에 나타났으며, '귀신'이라는 명사적 개념과 '이상하다', '낯설다', '두렵다' 등의 서술적 개념을 구분하기 위해서 이후 「귀(鬼)」・「이(異)」・「외(畏)」 등처럼 같은 뿌리의 다른 글자로 분화했으리라 추정한다. 이 가설에서 출발해 갑골문에 등장한 글자군을 토대로 하나씩 증명해 나가고자 한다.

1_갑골문의 귀(鬼)

갑골문에서 「귀(鬼)」는 「표 1」에서처럼 다양한 모습으로 등장한다. 이에 대해서 장병린(章炳麟)은 "죽은 사람의 신령(神靈)을 말한 것이 아니라 기(夔)이다."[14]라고 했으며, 심겸사(沈兼士)는 "사람과 비슷한 이상한 동물의 형상"[15]이라고 했고, 서중서(徐中舒)는 "사람의 몸체에 커다란 머리를 가진 이상한 것을 그렸다."[16]고 하는 등, 모두 사람 비슷한

---

14) 章炳麟, 『小學答問』「夔神魖也」.
15) 沈兼士, 「鬼字原始意義之試探」, 『沈兼士學術論文集』(1986), 199쪽.
16) 徐中舒, 『甲骨文字典』(1988), 1021~1022쪽.

이상한 동물, 즉 원숭이를 그린 것으로 보았으며, 이를 「우(禺)」와 연계해 설명했다. 이러한 기존의 해석은 "사람이 죽어 돌아가는 것이 귀신이며, 귀신의 머리를 형상했다."라고 하고서 「귀(鬼)」·「신(囟)」·「우(禺)」 부수를 연이어 배열해 「귀(鬼)」를 「우(禺)」와 연계해 설명한 『설문』의 전통적인 해설을 계승한 것으로 해석된다.

①	②	③	④	⑤	⑥	⑦
『合集』137앞면	8591	203앞면	14288	14293 앞면	『前』7.37.1	3210

「표 1」 갑골문에서 나오는 「귀(鬼)」의 여러 모습

하지만 「표 1」에 제시된 갑골문의 구조를 자세히 살피면, 處럼 전(田)자 모양의 머리에다 앉은 사람[卩]의 모습이거나, 處과 處럼 선 사람의 정면 모습[大]이나 측면 모습[人]이다. 때로는 處럼 그려 얼굴에 쓴 것이 철 가면 같은 모습을 하기도 하였으며, 處럼 얼굴 주위로 빛이 나는 모습을 형상화하기도 했다. 그런가 하면 處럼 손을 다소 곳하게 모으고 앉은 사람의 모습을 하여 그것이 여자임을 구체화하기도 했고, 處럼 때로는 시(示)를 더해 「귀(鬼)」가 제사와 관련되어 있음을 강조하기도 했다.17) 금문에 들어서는 「표 2」에서처럼 기존의 자형 외에

---

17) 물론 處을 髟와 같은 글자로 보기도 한다. 處의 경우 葉玉森(1924: 3a)은 媿로 보아 여성 제사장으로 보았고, 徐中舒(1988: 1318)도 媿로 보았지만 『說文』의 설명대로 부끄럽다[慙]는 뜻이라고 했다. 處는 魃로 보기도 한다.

도 「귀(鬼)」에 「복(攴)」이나 「과(戈)」가 더해지기도 했는데 이러한 전통은 전국(戰國) 문자에 전승되었다.18)

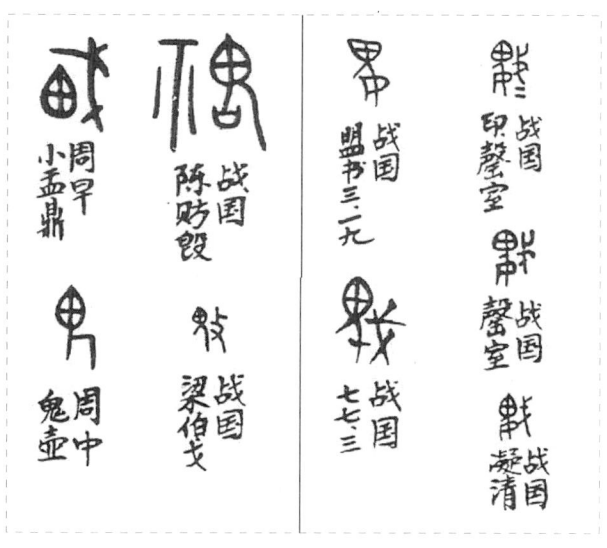

「표 2」 서주~전국 문자에서 「귀(鬼)」자

이렇게 볼 때 「귀(鬼)」의 아랫부분은 '사람'을 그린 것이고 윗부분은 얼굴에 쓴 가면이라는 사실이 가장 큰 특징이라고 볼 수 있다. 그래서 갑골문에 나오는 이러한 자형을 살펴볼 때 「귀(鬼)」가 '원숭이'를 그렸다기보다 커다란 가면을 쓴 사람의 모습을 그렸을 가능성이 더 크다.19) 이러한 모습을 두고 백천정(白川靜)과 뇌한경(雷漢卿)은 『주례』에서 가면

---

18) 금문은 서주 초기 「小盂鼎」에서 3회, 서주 중기 「王作父丙壺」에서 1회 나타나는데, 전자는 鬼方이라는 '나라 이름'으로, 후자는 鬼라는 사람 이름으로 쓰였다. 華東師範大學中國文字研究與應用中心, 『金文引得』「青銅器銘文釋文引得」(殷周西周卷) (2001), 123쪽.
19) 許進雄, 『中國古代社會』(1991), 洪喜 옮김, 583쪽.

을 쓴 채 돌림병을 몰아내는 방상시와 같은 역할을 담당한 제사장의 모습이라고 했다.20) 장극화는 여기서 한 걸음 더 나아가 머리를 풀어헤친 제사장은 귀신을 몰아내는 역할도 하지만 동시에 그 자신이 몰아내는 대상인 귀신이 되기도 한다고 하였다.21)

사실 인류는 모든 존재를 자신과 비슷하다고 파악하는 경향을 보인다. 그래서 「귀(鬼)」의 자형은 우선 사람의 모습과 유사하지만 다른 추상적인 개념을 표현하기 위해 사람의 얼굴에다 가면과 같은 것을 씌운 것이라 필자는 생각한다. 물론 이때 형상화된 사람은 평범한 사람이라기보다는 한 공동체의 우두머리, 즉 제사장일 가능성이 아주 크다. 제사장이 '귀신'을 몰아낼 수 있는 존재이기 때문에 제사장을 그린 것이 아니라, 자신이 속한 공동체를 대표하는 전재로 제사장을 설정하고22) 이를 척도로 낯선 것을 개념화하기 위해 사람의 모습을 그려 넣은 것으로 보인다. 그러므로 필자는 「귀(鬼)」가 당시의 이해력으로는 이해되지 않는 비가시적인 추상적인 '공포의 대상'을 구체적으로 형상화한 것이라 생각한다.

다시 말해 눈에 보이지 않지만 존재하며 인간의 생활에 영향을 끼치는 '귀신'을 그려내기 위해 '사람'을 동원할 수밖에 없었고, 동시에 사람과는 다른 모습으로 그려내야 했기에 사람의 얼굴 부분에 커다란 가면을 덮어씌운 것이다. 이는 귀신이 언제나 사람의 모습을 하였으되 항상

---

20) 白川靜, 『中國古代文化』(1983), 174쪽; 雷漢卿, 『說文示部字與神靈祭祀考』(2000), 162쪽.
21) 臧克和, 『說文解字的文化說解』(1995), 336쪽.
22) 선진 이전의 고대 한어에서 일인칭 대명사로는 주로 我, 吾, 余/予, 台, 卬, 朕, 言 등이 있다. 가장 대표적인 我는 '나'보다는 '우리'라는 집체적 개념으로 쓰였고, 吾는 집체적인 의미보다는 개인을 지칭하는 경우가 많았다.[易孟醇, 『先秦語法』(1989), 123~138쪽] 이렇게 볼 때 적어도 나와 우리라는 개념이 구분되지 않았던 것만은 분명하여, 나라는 개인의 단수 개념보다는 우리라는 집단의 복수 개념으로 주로 쓰였다고 추정할 수 있다.

고정되지 않은 다양한 모습으로 등장한다는 인식이 무의식적으로 축적된 결과라고 볼 수 있다. 이렇게 해서 사람(선 사람의 측면 모습, 정면 모습, 앉은 사람의 모습)과 가면을 쓴 얼굴(네모꼴이 정형이고, 여기에 번쩍거리는 빛을 더하기도 했으며, 처럼 가면을 대단히 사실적으로 그려내기도 했다)로 '귀신[鬼]'을 형상화했으며, 그러한 '귀신'은 때에 따라 여성으로 등장하기도 했기에 이를 로 특별히 구체화한 것이다.23)

나아가 처럼 '낯선 공포'를 길들이고 자신에게 더욱 우호적으로 전환하고자 때때로 제사의 대상으로 삼을 때에「시(示)」를 더해 이러한 개념을 더욱 구체적으로 표상했다. 이러한 현상은 마왕퇴(馬王堆)에서 발견된 관에 칠로 그려진 그림이나『산해경』의 여러 귀신이 사람의 몸에 이상한 얼굴을 한 모습24), 나시족[納西族]의 동파(東巴) 문자에서 사람을 변형하여 귀신을 나타내는 표현에서도 확인 가능하다.25)

만약 제사장으로만 개념화하면 제사를 지내는 사람을 제사의 대상으로 모신다는 것이 이해하기 어렵고, 원숭이로 해석하면 원숭이가 왜 공포의 대상인 동시에 제사의 대상이 되었는지, 그것이 왜 무기를 들었는지 역시 설명하기 어렵다. 그리고 원숭이가 왜 여자의 모습으로도 등장하는지 설명하기는 더욱 어렵다.

그렇다면 더 구체적으로 갑골문 당시「귀(鬼)」는 어떤 뜻으로 쓰였는지 그 용례를 살펴보는 것이 적절할 것이다. 갑골문의 용례를 살펴보면 대체로 첫째, 부족 이름으로 쓰였으며, 둘째, 나라 이름으로 귀방(鬼方)을 지칭하며, 셋째, 사람 이름으로 쓰였으며, 넷째, '이상하다'를 뜻하는 형용사로 쓰였다.

---

23) 葉玉森,「說契」, 3쪽 상. 李孝定,『甲骨文字集釋』(1982), 2903쪽에서 재인용.
24) 臧克和,『說文解字的文化說解』(1995), 337~339쪽 참조.
25) 方國瑜 編撰, 和志武 參訂,『納西象形文字譜』(2005), 358~361쪽 참조.

(1) 부족 이름:

"乙巳卜, 賓貞, 鬼獲羌, 一月." "乙巳卜, 賓貞, 鬼不其獲羌."(을사일에 점을 칩니다. '빈'이 물어봅니다. '귀'족이 '강'족을 사로잡을까요? 1월이었다. 을사일에 점을 칩니다. '빈'이 물어봅니다. '귀'족이 '강'족을 사로잡지 못할까요?)(『合集』 203편 뒷면)

(2) 나라 이름:

"王勿比鬼?"(왕께서 '귀(방)'를 따르게 하지 말까요?)(『병』 25편)
"乙酉卜, 賓貞, 鬼方揚, 無禍, 五月, 二告."(을유일에 점을 칩니다. '빈'이 물어봅니다. '귀방'을 물리치면 재앙이 없을까요? 5월이었다. 대단히 길하였다.)(『合集』 8591편)

(3) 사람 이름:

"乙卯貞: 王令鬼閃剛于享?"(을묘일에 물어봅니다. 왕께서 귀와 閃에게 명하여 제단에서 '강' 제사를 드리게 할까요?)(『懷特』 1650편)
"鬼亦得疾?"('귀'도 병을 얻을까요?)

(4) 이상하다:

"庚辰卜, 貞: 多鬼夢不至禍?"(경진일에 점을 칩니다. 물어봅니다. 이상한 꿈을 여럿 꾸었는데 화가 미치지 않을까요?)(『後下』 3.18편, 『合集』 17451편)
"王占曰: 惟甲玆鬼, 惟介四日甲子允雨雷. 壬戌雷, 不雨."(왕께서 점괘를 해석해 말했다. '갑'에 해당하는 날에 '이상한 일이 나타나리라.' 4일이 지난 갑자일에 과연 비가 내리고 천둥이 쳤다. 임술일에는 천둥만 치고 비는 내리지 않았다.)(『合集』 1086편 뒷면)

(4)에서 보이는 '다귀몽(多鬼夢)'은 갑골문에서 자주 보이는 상투어로,

위의 예처럼 이로 말미암아 좋지 않은 일이 일어날 것인지 물어보는 내용에 나온다. 그래서 종종 '禍(화)'나 '疾(질병)'26) '艱(어려움)'27) 등과 연계되어 나타난다. 그런가 하면 앞에다 '아(亞)'를 더해 그런 꿈의 주체를 구체화하기도 했다.28) 또 '자귀(茲鬼)'는 상투어로서 지금까지 확인된 바로는 점사(占辭)에만 등장하여(『합』10613반, 『합』16882편 등) 위에 든 예처럼 "이상한 일이 나타날 것이다."라는 점괘를 말한 것으로 보인다.

다만 이상의 여러 용례에서 「귀(鬼)」가 나라 이름으로 쓰일 때에는 「표 1」의 ♀의 자형이 사람 이름을 지칭할 때에는 ♀의 자형이 주로 쓰이고, 무섭고 이상하다는 뜻으로 쓰일 때에는 ♀의 자형이 주로 쓰여서 용례별로 자형의 차이를 두고자 한 점은 주목해야 한다. 또 귀방이라는 나라 이름으로 쓰인 용례는 제1기 복사에서 자주 나타난다.29) 귀방은 상나라를 통틀어 무정(武丁) 때 가장 큰 근심거리가 되었고 무정 말엽과 상나라 조경(祖庚) 때에 이르러서야 비로소 정복되었다.30) 이 때문에 은나라 사람들은 공방(舌方)의 내침을 알게 되면 두려움에 떨었고 항상 당(唐, 즉 大乙)·대정(大丁)·조을(祖乙) 등과 같은 선조에게 고(告)·구(求)·개(匃) 등의 제사를 지냈다.31) 이처럼 귀방은 상나라와 적대적

---

26) "亞多鬼瘳, 亡疾?"('아'가 이상한 꿈을 여럿 꾸었는데 병이 나지 않을까요?)(『前』 4.18.3편)

27) "多鬼瘳, 亡來艱?"(여러 이상한 꿈을 꾸었는데 어려움이 닥치지 않을까요?)(『庫齡』 1213편)

28) "貞: 亞多鬼夢, 亡疾? 四月.(물어봅니다. '아'가 이상한 꿈을 여럿 꾸었는데 아프지 않을까요? 4월이었다.)(『前』 4.18.3)

29) 朱歧祥의 연구에 의하면, 갑골문에서 말하는 舌方이 바로 鬼方으로, 문헌에서는 鬼方(『周易』), 鬼戎(『竹書紀年』), 魏方(「盂鼎」), 魃緣(「梁伯戈」) 등으로 나타나며, 상나라의 方國 중 가장 강력한 나라의 하나였다. 舌方에 대한 복사만 해도 400여 편에 달하며, 그중 90편이 제1기 무정 때에 집중되어 있고, 이 나라의 정벌에 관한 내용이 200여 편에 이른다. 「殷武丁時期方國研究-鬼方考」(1988) 참조.

30) 王宇信 等, 『甲骨學一百年』(1999), 318쪽.

인 관계에 있던 서북쪽의 강력한 나라로서 상나라의 처지에서는 공포의 대상이자 몰아내어야 할 대상이었음이 분명하다.32) 이 때문에 상나라 무정(武丁) 때에는 3년에 걸친 전쟁 끝에 이기기도 했고33), 주(紂) 때에는 귀후(鬼侯)·악후(鄂侯)·주문왕(周文王)을 삼공(三公)으로 삼아『사기』「殷本紀」) 우호적으로 대하기도 했다. 때로는 "옛날 주(紂)왕은 무도해 매백(梅伯)을 죽이고 염장했으며 귀후(鬼侯)를 죽여 포를 떴다."라고 한 『여씨춘추(呂氏春秋)』「행론(行論)」의 언급처럼 강력하게 정벌하기도 했다.

그리고 (4)에서 '귀몽(鬼夢)'의 경우에 곽말약 등은 '두려운 꿈'이나 '이상한/무서운 여러 꿈'으로 해석하기도 했지만34), 이를 '귀신이 나타나는 꿈'으로 해석할 가능성도 충분히 있다.35) 또 이상한 것과「귀(鬼)」를 다른 개념으로 분류했을 때는 이 두 가지 해석이 서로 모순되고 어긋나지만, 이상한 것과「귀(鬼)」를 필자의 해석처럼 같은 개념으로 보았을 때는 두 가지 해석이 모두 가능하고, 다른 해석이 아니라 같은 해석이 된다.

이러한 인식에 근거해 필자는 여기서 더 나아가「귀(鬼)」가 갑골문에서 '귀신'으로 쓰였을 것으로 추정되는 더욱 강력한 예문을 찾을 수 있었다. 따라서 '귀신'을 다섯 번째의 용례로 추가하고자 한다. 물론 일찍이 심겸사는 갑골문의「귀(鬼)」의 용례를 귀납하여, (1)「우(禹)」와 같은 이상한 동물을 지칭, (2)이민족을 지칭, (3)두렵다는 뜻의「외(畏)」나

---

31) 胡厚宣,「殷代舌方考」,『甲骨學商史論叢』初集 2冊.
32) 王玉哲,「鬼方考補正」(1986).
33) 『周易』「旣濟」(九三): "高宗伐鬼方, 三年克之, 小人勿用."『周易』「未濟」(九四): "吉, 悔亡, 震用伐鬼方, 三年有賞于大國."
34) 郭沫若,『卜辭通纂』(1983), 169쪽 하.
35) 이외에도 "多鬼夢"의 예로는 "庚辰卜, 貞: 多鬼夢重疾見? 貞: 多鬼夢重言見?" (『簠室』雜 65) 등이 있다.

이상함을 지칭하며 (4) 사람이 죽은 후의 영혼 등을 뜻하여 '귀신'의 의미로 사용되었으며, 「귀(鬼)」에 「시(示)」가 더해진 형상(『殷墟書契前編』(4.18.6편)과 『殷契卜辭』(655편))이 '귀신'을 나타내는 전용 글자라고 한 적이 있다.36) 또 서중서는 「귀(鬼)」의 자형을 풀이하면서 "사람의 몸체에 머리가 큰 이상한 것을 그렸고 이로써 산 사람과는 다른 귀신을 그렸다."라고 하면서 구체적 용례를 들지 않았으나 갑골문에서는 귀신과 지명의 뜻으로 쓰였다고는 언급한 바 있다.37)

(5) 귀신:
① "王占曰: 茲鬼彭, 戊貞五旬又一日庚申……."(왕께서 점괘를 해석해 말했다. 귀신과 정령이 나타나리라. '무'일에 점을 친 51일째 되던 경신일에…….)(『乙』5397편, 『합』13751편)
② "王占曰: 途若茲鬼, 陞才廳……."(왕께서 점괘를 해석해 말했다. 길을 가는 도중에 만약 귀신이 나타난다면, '기'가 '청'에서……하도록 하라.)(『合集』7153편)38)

①에서는 「귀(鬼)」와 「매(彭)」가 함께 등장하는데, 이 구문을 수식 구조로 보아 '이상한 도깨비/정령'으로 보면 '도깨비/정령'이 이미 「귀(鬼)」에서 파생된 '이상한 존재'인데 이를 다시 '이상한[鬼]'이 수식하는 것으로 해석하여 의미가 중첩하게 된다. 따라서 이를 병렬 구조로 보아 '귀신과 도깨비/정령'으로 보는 것이 더욱 합리적이다. ②의 경우도 사람에 따라서는 "길을 가다가 이상한 일을 만나면"으로 해석하기도 하지

---

36) 沈兼士, 「鬼字原始意義之試探」, 『沈兼士學術論文集』(1986), 199쪽.
37) 徐中舒, 『甲骨文字典』(1988), 1021~1022쪽.
38) 崔恒昇은 길이 '험하다'로 해석하기도 했다. 『簡明甲骨文詞典』(2001), 424~425쪽 참조.

만, "길을 가다가 귀신을 만나면"이라고 해석하는 것이 더욱 상식적일 것이다. 이렇게 되면 허신(許愼)의 해석처럼「귀(鬼)」는 사람이 죽어 변한 것이고「매(魅)」는 사물의 정령을 말하는 것으로 볼 수 있는 근거가 마련될 수 있다. 또 이렇게 해야만 서주 시대 들어 출현한 해석처럼 '귀신'을 사람이 죽어 변하는 것으로 인식하여 귀신을 사람과 연계할 수 있게 된다. 또 중국 소수민족의 종교의식을 살펴볼 때 '귀신'에 대한 개념이 '신'에 대한 개념보다 앞서 발생했다는 점도[39] 상나라 때의 갑골문에서 이미「귀(鬼)」가 '귀신'의 의미로 쓰였을 토대를 마련해준다. 또 다음의 예들에서도「귀(鬼)」가 '귀신'을 뜻할 가능성이 더욱 크다.

"……今夕鬼, 寧?"(오늘 밤 귀신이 나타나면, '녕' 제사를 드릴까요?)(『合集』 24987)

"……貞: 祟鬼于🙎告?"(……물어봅니다. 🙎에게 재앙이나 귀신이 내릴까요?)(『屯』 4338)[40]

"弜……鬼……上甲……"(……'귀'……'상갑'……말까요?)(『屯』 4381)[41]

이상의 예에서「귀(鬼)」는 상나라의 선공인 🙎에게 귀신을 내리거나 '상갑'과 함께 제사를 받아 숭배의 대상이 되기도 했다. 그래서「귀(鬼)」를 명사가 아닌 '이상하다'로 해석하기는 어렵다. 또 달리 나라 이름이나 사람 이름으로 보려고 하더라도「귀(鬼)」가 적대국이나 적대국인 귀방의 우두머리를 지칭할 가능성이 컸기 때문에「귀(鬼)」를 상 민족 자

---

39) 徐華龍, 『中國鬼文化』(1991), 5쪽 참조.

40) 🙎은 상나라 先公의 하나로, 河나 岳과 함께 "褅"제사를 받을 정도로 상당히 지위가 높은 것으로 보이며, 祭, 业, 熱, 酒 제사 등을 받는 대상이 되기도 했다. 趙誠, 『甲骨文簡明詞典』(1988), 12쪽.

41) 上甲과 함께 등장하는 것으로 보아 제사를 받은 대상으로 보인다.

신들이 존경하는 선조의 제사를 모시는 주체로 볼 가능성은 더욱 적어 보인다. 이렇게 볼 때 이상의 용례에 보이는 「귀(鬼)」는 '귀신'으로 해석되어야 하고, 따라서 갑골문에서 이미 '귀신'으로 쓰인 용례가 등장한 것으로 보아야 할 것이다.42)

한편, 갑골문에는 「귀(鬼)」로 구성된 글자들과 「귀(鬼)」와 유사한 모습을 지닌 글자들이 「표 3」에서처럼 다양하게 나타난다. 「매(魅)」는 가면에 발광체를 발라 번쩍거리는 빛이 나는 모습을 그렸고, 「퇴(魋)」는 「귀(鬼)」가 의미부이고 「추(隹)」가 소리부인 구조로 나라 이름으로 쓰였으며43), 「추(醜)」는 「귀(鬼)」가 의미부이고 「유(酉)」가 소리부인 구조로 「총(寵)」과 대구를 이루어 노(怒)의 의미로 쓰였다.44) A( )의 경우 우성오(于省吾)는 진방복(陳邦福)과 이효정(李孝定)의 해석을 따라 「魏」로 보았으며45), 「䰢」는 한 글자가 아닌 두 글자의 합문(合文)으로 보았으며, B( )는 외(畏)자의 잔편(殘片)으로 보았다.46) 「외(畏)」는 얼굴에 큰 가면을 쓴 사람이 무기를 든 모습으로 더욱 가공스럽고 무서움을 강조했으며, 「이(異)」는 가면 쓴 얼굴을 두 손으로 가리키며 모습의 특이함을 강조했다.

---

42) 이외에도 "貞: 惟鬼……"의 형식이 자주 등장하는데(『합』 24989, 24990, 24991, 24992, 25001편, 『영국 소장』 2199편, 『화이트』 1073편 등), 나머지 내용이 잘려나가는 바람에 상세한 내용이나 뜻을 확인할 수 없다. 하지만 '惟' 다음에 등장하는 것은 이어지는 문장의 동작 주체이거나 제사 등을 받는 대상인 경우가 일반적이다. 이렇게 볼 때 '惟鬼'에서의 '鬼'는 명사임이 분명해 보인다. 그래서 나라 이름이나 사람 이름일 가능성이 가장 크고, 이 중에서 '귀신'을 뜻한 용례가 포함되었을 가능성도 없지 않다.
43) 溫少峰 等, 『殷墟卜辭研究(科學技術篇)』(1983), 260쪽.
44) 李孝定, 『甲骨文字集釋』(1982), 제9권, 2907쪽.
45) 于省吾, 『甲骨文字詁林』(1996), 355쪽.
46) 같은 책, 362쪽.

彨	魌	醜	A	日鬼	B	畏	異	魘[47]	C
14287		4654	586	20772	『懷特』 1516	17442	28360	1096	

「표 3」 갑골문에 보이는 「귀(鬼)」 관련 글자들

　이렇게 볼 때 갑골문에 나오는 이러한 자형은 이상한 형상을 한 원숭이 같은 동물이나 커다란 가면을 쓴 실제의 제사장을 그렸다기보다는, 인간의 상상 속에 존재하는 '귀신'을 그린 것으로 보인다. 물론 귀신의 유래에 대해서는 일찍이 『회남자』「사론훈(氾論訓)」에서 귀신은 첫째, 인간의 심리에 의해, 둘째, 종교에 의해, 셋째, 공신이나 명인들에 의해 만들어진다고 하면서, 귀신의 출현을 심리학, 종교학, 신화학이나 민속학적 접근에서 해석한 바 있다.[48] 한나라 때의 왕충(王充)도 "세상에 존재하는 귀신은 사람이 죽은 정신에 따라 만들어지는 것이 아니라 사람들의 생각과 잔상에 의해 만들어지는 것이다."[49]고 설파하기도 했다. 그뿐만 아니라 청나라 때의 웅백룡(熊伯龍)은 『무하집(無何集)』「귀신류(鬼神類)」에서 첫째, 귀신은 생각의 존상(存想)에 의해 만들어지며, 둘째, 사람의 "기가 허해" 헛보여 만들어지거나 사람들의 심리적 환각 상태에서 만들어지며, 셋째, 귀신의 형상은 사람의 형상에 근거해 만들어졌다

---

47) 일반적으로 「夢」로 해석하지만 白川靜은 「魘」으로 해석해 鬼와 연계했기에 참고로 제시했다. 白川靜, 「再論蔑曆」, 『史語所集刊』 51~2, 1980, 344쪽. 松丸道雄・高嶋謙一(편), 『甲骨文字字釋綜覽』(1994), 230쪽에서 재인용.

48) 徐華龍, 「前言」, 『中國鬼文化』(1991), 5~7쪽 참조.

49) "凡天地之間有鬼, 非人死精神爲之也, 皆人思念存想之所致也."『論衡』「訂鬼」.

고 주장한 바 있다.50) 이렇게 볼 때 「귀(鬼)」는 사람들의 환상 속에서 산 사람과 대칭적 의미에서 죽은 후 저승에서 사는 '귀신'의 모습을 상상해낸 결과로 보인다. 그래서 귀신은 언제나 산 사람과 연계된 산 사람의 굴절이자 상상의 결과인 것이다.

사람이 죽어서 변하는 것이며 사람의 상상을 벗어나지 않는 산 사람의 굴절임을 표시하기 위해 사람의 모습에다 얼굴을 변형해 어떤 모습인지를 알 수 없게 만든 형체가 바로 「귀(鬼)」의 갑골문 자형이라 할 수 있을 것이다. 이처럼 얼굴에 커다란 가면을 씌워 말로 표현하기 어려운 다양한 모습의 귀신 형상을 개념화한 「귀(鬼)」는 보통의 산 사람과는 다른 '특이한' 존재이자 '이상한' 모습을 한 존재였으며 여기에서 '특이하다'나 '이상하다'의 뜻을 갖게 되었을 것이다. 또 「귀(鬼)」는 인간에게 역병 같은 재앙을 가져다주며 불가항력의 예측 불가능한 힘을 가진 무서운 존재였기에, 금문(「표 2」)에서 들어서는 손에 무기[戈]나 몽둥이를 든 모습[攴]을 더하여 무서움을 더욱 강조하기도 했으며 달리 「외(畏)」로 분화하기도 했다.

그래서 '귀신'은 재앙을 가져다주는 '두려운' 존재였고 몰아내어야 할 대상이었다. 여기에서 '두렵다'나 '공포'의 뜻이 담기게 되었다. 이러한 인식은 갑골문에서 가장 흔한 용례로 등장하는 귀방이 상나라의 '무서운' 적대국으로서 '몰아내어야 할 나라'로 풀이될 수 있게 한다.51) 그런데 '귀신'은 싫은 존재지만 재앙을 가져다주지 않게 하기 위해 제사 등을 통해 '존중하고' '모셔야' 할 대상이었다.52) 그래서 몰아내야 할 대상

---

50) 徐華龍, 앞의 글, 10쪽 참조.
51) 이러한 전통은 현대 한어에 이어져 외부에서 온 적대국을 '鬼子'라고 표현한다.
52) 鄭나라에 伯有의 유령으로 소동을 피우자 鄭나라의 子産이 백유의 혼백을 위로한 후, 晉나라에 갔을 때 晉나라의 趙景子가 "백유가 아직도 귀신으로 나올 수 있을까요?"라는 물음에 대한 답에 "귀신은 돌아갈 곳이 있으면 악귀가 되지 않습니다. 나는

이면서도 재앙을 막기 위해 존중하고 제사라는 의식을 통해 모셔야 하는 또 다른 대상이 되었다. 이 때문에 「귀(鬼)」에는 다시 '높고' '대단한' 존재라는 뜻이 들게 된 것으로 보인다.

이러한 의미 지향은 초기 단계의 한자 의미군을 가장 체계적으로 보존한다고 말해지는 『설문해자』의 「귀(鬼)」 계열 한자군의 자원을 통해서도 확인 가능하다.

2_『설문해자』의 「귀(鬼)」 계열자

갑골문의 경우, 앞서 들었던 것처럼 「귀(鬼)」로 구성된 글자가 보수적으로 보아도 8~9자[53], 금문의 경우 「귀(鬼)」・「부(䰧)」・「귀(䰣)」・「호(魖)」 등 4자[54], 『설문해자』에서는 「귀(鬼)」 부수 귀속 24자(『설문』 표제자 17자, 이체자 4자, 『설문신부』 추가자 3자), 「외(鬽)」 부수 귀속 2자, 「괴(瑰)」 등 「귀(鬼)」를 소리부로 하는 글자 14자가 수록되었으며[55], 『옥편』에서는 총 63자가 등장한다. 현대에 들어 『현대한어자전』 「귀(鬼)」 부수에서는 212자, 한국의 『명문대한한자전』에는 179자(이체자 15자 포함)가 수록되었다. 이처럼 「귀(鬼)」와 관련된 글자들이 후대로 가면서 지속적으로 늘어났다. 하지만 여기서는 『설문』에 수록된 「귀(鬼)」 관련 글자만 대상으로 이들의 의미 지향을 살펴봄으로써 고대 중국인들이 귀신을 어떻게 인식했는지 일면을 고찰할 것이다. 그것은 「귀(鬼)」 관련 글자군의 자의와 관련해 『설문』에서 이른 시기의 의미 체계가 가장 체

그 귀신들을 위해 머물 곳을 찾아주었습니다.(鬼有所歸, 乃不爲厲, 吾爲之歸也.)"[『左傳』昭公 7년(기원전 535년) 죄는 말이 보이는데, 이는 재앙이 내리지 않도록 귀신을 섬긴 예에 해당한다.
53) 李孝定, 『甲骨文字集釋』(1982)에 근거.
54) 周法高, 『金文詁林』(1981), 1495~1502쪽 근거.
55) 臧克和・王平(校定), 『說文解字新訂』(2002)에 근거.

계적이고 완전하게 설명되어 있다는 인식에 기초를 둔다.

① 「귀(鬼)」부수 귀속자의 의미 지향

「신(神)」이 자연물과 연관되어서 추상적 개념으로 나아갔음에 비해 「귀(鬼)」는 처음부터 추상적이고 비가시적인 것을 개념화하기 위해 출발한 글자라고 했다. 구체적 사물이나 자연현상 역시 인간에게 이익을 가져다주기를 원하는 긍정적인 개념에서 출발한다. 그러나 때로는 해를 끼치기도 하기 때문에 인간은 이를 인간에게 유익한 것으로 변모시키고자 많은 노력을 기울였고, 이러한 기원의 형태가 제단과 제사(示)의 모습으로 등장하게 된다. 하지만 「귀(鬼)」는 인간이 만질 수 있거나 볼 수 없는 것, 인간에게 공포를 가져다주고 인간의 능력으로 다스릴 수 없고 접근할 수 없는 것을 그린다. 즉 「신(神)」과는 달리 「귀(鬼)」는 눈에 보이는 사물이 아니라 더욱 추상적인 형태이다.

그래서 「귀(鬼)」의 갑골문 형태가 ♀처럼 가면을 쓴 사람의 모습으로 등장하고 이는 인간이 이해하지 못하는 '귀신'의 모습을 구상화해낸 모습이라고 추정된다는 점을 고려해보면, 「귀(鬼)」가 처음에는 부정적인 개념에서 출발했지만 이후 숭배의 대상이나 보통 사람이 근접할 수 없을 정도의 뛰어난 능력의 소유자라는 긍정적인 개념으로 의미의 확대를 겪었다. 그래서 「귀(鬼)」는 물론 「매(魅)」·「신(魖)」·「혼(魂)」·「백(魄)」·「호(魈)」·「기(夔)」·「화(魄)」 등은 긍정적 의미를 지닌다. 다음의 분석 예를 보자.

「귀(鬼)」¹: "사람이 죽어 돌아가는 것이 귀신이며, 귀신의 머리를 형상했다. 귀신은 음기로 해치기 때문에 「사(厶)」가 더해졌다."⁵⁶⁾ 이는 아마도 그 형상

---

56) "人所歸爲鬼. 從人, 象鬼頭. 鬼陰气賊害, 從厶. 凡鬼之屬皆從鬼. 居偉切. 𩲡古

을 표현하기 어려운 '귀신'을 사람에다 커다란 가면을 씌워 그린 것으로 보인다. 이의 이체자인 「귀(䰠)」는 「시(示)」와 「귀(鬼)」의 결합으로, 귀신[鬼]이 제사[示]의 대상임을 명확히 하였다. 이는 『설문해자』 당시 「귀(鬼)」가 긍정적인 모습도 부정적인 모습도 아님을 보여준다. 하지만 이후 사람이 (자연의 상태로) 돌아가면 귀신이 된다는 인식에서 점차 사람이 죽어서 귀신이 되는 것으로, 다시 기(氣)의 변화에 따라 사람이 되었다가 귀신이 되는 것으로 인식의 변화가 일어난다.

「신(魕)」²: "(귀신 중에서도) 신령스런 귀신을 말한다."⁵⁷⁾ 이는 「귀(鬼)」와 「신(申)」(神의 원래 글자로 번개가 치는 모습을 그렸다. 번개는 인간의 상상을 초월하는 강력한 힘을 가졌으며 예측 불가능한 무한한 힘과 하늘의 뜻을 지상으로 전달한다는 공포의 존재로 인식되어 '신'의 대표가 되고 추상적 개념으로 발전한다.)의 결합으로서 귀신[鬼]은 신령스럽다[神]는 긍정적 의미를 반영하며, 귀(鬼)와 신(神)이 같은 개념임을 형상적으로 보여준다.

「혼(魂)」³: "양의 기운을 말한다."⁵⁸⁾ 이는 「운(云)」(雲의 원래 글자로 피어오르는 구름을 그렸다)과 「귀(鬼)」의 결합이다. 육체에 딸린 기운을 백(魄)이라 하는 것과 대칭 하여 정신에 딸린 기운을 혼(魂), 형체(몸)에 딸린 기운을 백(白)이라 하는데, 『좌전』에서는 "사람이 나서 죽으면 바로 백(魄)으로 변하게 되고, 백(魄)이 되고 나서 움직이는 양기를 혼(魂)이라고 한다."라고 했다.⁵⁹⁾ 기운이 모여 하늘로 피어오르는 구름의 모습을 그린 운(云)이라고 하면 혼(魂)은 정신이 육체에서 분리되어 하늘로 올라가는 것을 형상화했으며, 『백호통(白虎通)』에 나오는 말처럼 빙빙 돌며 떠다니는 것을 말한다.⁶⁰⁾ 귀(鬼)라는 속성의 긍정적 의미를 반영했다.

「백(魄)」⁴: "음의 정신을 말한다."⁶¹⁾ 「귀(鬼)」를 음과 양으로 구분하여 양은

文從示."
57) "神也. 從鬼申聲. 食鄰切."
58) "陽气也. 從鬼云聲. 戶昆切."
59) 『左傳』 소공 7년(기원전 535년) 조의 鄭子産의 말.
60) "白虎通曰: 魂者, 沄也. 猶沄沄行不休也." 段玉裁, 『說文解字注』에서 재인용.

200

혼(魂), 음은 백(魄)으로 나누었다. 『예기』「교특생(郊特牲)」에서 "혼기(魂氣)는 하늘로 돌아가고, 형백(形魄)은 땅으로 돌아간다."라고 한 것처럼, 혼(魂)의 대칭적 개념으로 쓰여 처음에는 중립적 의미였다. 다만 이후 '국가혼(國家魂)'이나 '조국혼(祖國魂)' 등의 용례를 살펴볼 때 혼(魂)과 비교하면 약간 부정적인 어감을 가지는 것으로 생각한다.

「매(髦)」⁵: "오래된 것의 정령을 말한다."⁶² 「귀(鬼)」와 「삼(彡)」(빛나거나 화려한 모습을 뜻함)의 결합으로, 이는 갑골문에서부터 등장할 정도로 빨리 출현했다. 『주례』에서는 "백물의 신을 매(髦)라고 한다."라고 했으며, 귀신의 머리에 번쩍거리는 빛을 더하거나 털이 난 모습 등으로 오래된 정령이 빛을 발하는 모습을 표상했다. 이의 이체자인 「매(鬽)」는 「귀(鬼)」와 「미(未)」(가지나 머리칼이 잘리지 않은 상태로 어지러운 모양)로 구성되었으며, 이의 이체자인 「매(㝱)」와 「매(䰠)」는 커다란 가면과 꼬리[尾]가 그려진 사람의 모습을 그려 가면으로 분장하고 악귀를 내쫓는 '귀신'의 원래 모습을 구체화했다.

「기(魖)」⁹: "귀신의 옷을 말한다. 달리 아기 귀신을 말한다고도 한다."⁶³ 이는 「귀(鬼)」와 「지(支)」(가르다, 가지, 枝의 본래 글자)⁶⁴로 구성되어, 귀신에 곁가지처럼 부착되는 '옷'이나 정상적인 어른 귀신에 비해 부차적이고 지엽적인 귀신이라 할 수 있는 '아기 귀신'을 말한다.

「호(魖)」¹⁰: "귀신의 모습을 말한다."⁶⁵ 「귀(鬼)」와 「호(虎)」로 구성되었는데, 호랑이[虎]처럼 재빠른 귀신[鬼]이라는 의미가 반영되었다. 단옥재(段玉裁)의 『설문주』에서는 「호(魖)」가 빠져 있고 대신 「호(魖)」를 표제자로 설

---

61) "陰神也. 從鬼白聲. 普百切."
62) "老精物也. 從鬼彡. 彡, 鬼毛. 密祕切. 鬽或從未聲. 㝱古文. 䰠籀文從彖首, 從尾省聲."
63) "鬼服也. 一曰小兒鬼. 從鬼支聲. 『韓詩傳』曰: '鄭交甫逢二女, 魖服.' 奇寄切."
64) 소전체에 의하면 손으로 대나무 한쪽을 쥔 모습으로, 가지를 꺾는 모습으로 추정된다. 여기에서 가지, 몸체에서 가지를 분리하다, 갈라지다 등의 뜻이 나오게 되었다.
65) "鬼皃. 從鬼虎聲. 虎烏切."

정했으며, 「퇴(鬿)」가 아마 「호(魖)」와 같은 글자일 것이라고 했다. 「호(魖)」 의 뜻에 대해서는 『광아(廣雅)』에서 "빠르다[捷]", 『성류(聲類)』에서 "빠르 다[疾]", 『옥편(玉篇)』에서는 "빨리 다니면서 해를 끼치는 귀신이다.(剽輕爲 害之鬼)"라고 풀이했는데, 이를 종합하면 "귀신의 빠른 모습[鬼捷皃]"으로 풀이될 수 있다고 했다.66)

「기(鬾)」[11]: "귀신을 신봉하는 풍습을 말한다." 혹은 귀(鬼)에 대응하는 방언 으로 "오나라에서는 귀(鬼)라 하지만, 월나라에서는 기(鬾)라 하였다".67) 이 는 「귀(鬼)」와 「기(幾)」로 구성되었는데, 월나라 지역에서 상형 구조인 「귀 (鬼)」에다 소리부인 「기(幾)」를 더해 형성 구조로 변화시킨 것으로 해석 가 능하며, 그렇다면 「귀(鬼)」와 같은 의미가 된다.

「유(魗)」[12]: "귀신이 우는 소리로, 귀신 울음소리가 그치지 않음을 말한다 ."68) 「수(需)」(목욕재계를 하는 제사장의 모습을 그렸으며, 儒의 원래 글자 이다)와 「귀(鬼)」의 결합으로, 귀신[鬼]에 제사를 드리고 그들과 영통(通靈) 하는 원시 제사장[需]을 그렸다.

「화(魄)」[13]: "귀신의 변화를 말한다."69) 이는 「화(化)」(人은 산 사람, 이와 반대 모습인 匕는 죽은 사람을 상징하여, 산 사람과 죽은 사람이 전화하여 '변화'라는 의미가 나왔다)와 「귀(鬼)」로 구성되어, 사람이 죽어 귀신[鬼]으 로 변화함[化]을 말한다.

「퇴(鬿)」[17]: "신령스러운 동물(神獸)을 말한다".70) 이는 「귀(鬼)」와 「추(隹)」 의 결합인데, 새[隹]가 신령스러운 동물로 인식되었음을 말해준다.

이상의 예처럼 「귀(鬼)」는 물론 「귀(鬼)」 부수에 귀속된 다른 글자들

---

66) 段玉裁, 『說文解字注』 鬼 부수 「魖」의 주석.
67) "鬼俗也. 從鬼幾聲. 『淮南傳』曰: '吳人鬼, 越人鬾.' 居衣切."
68) "鬼彪聲, 魗魗不止也. 從鬼需聲. 奴豆切."
69) "鬼變也. 從鬼化聲. 呼駕切."
70) "神獸也. 從鬼隹聲. 杜回切."

은 인간이 이해하기 어려운 '귀신'의 존재를 상상으로 그렸거나, 사람이 죽어 변하게 된다는 귀신의 속성, 인간의 영혼인 넋, 귀신의 모습과 귀신을 모시는 풍속, 귀신의 옷, 귀신의 울음소리 등을 그렸고 오늘날처럼 귀신에 대한 부정적 개념은 찾아보기 어렵다. 특히 「신(魋)」은 「귀(鬼)」와 「신(神)」이 한 글자로 통합된 것으로 '귀신' = '신'이라는 개념, 즉 귀신과 신은 구분되지 않고 섞여서 쓰인 것을 형상적으로 보여준다.

하지만 신(神)이 출현한 이후 귀(鬼)의 긍정적인 속성을 신(神)의 속성으로 끊임없이 통합하려는 노력이 계속되면서 선귀(善鬼)는 신(神)으로 통합되어 「신(神)」이 되고 악귀(惡鬼)는 「귀(鬼)」로 남아, 좋은 것과 선량한 것을 대표하는 「신(神)」과 나쁜 것과 추악함을 대표하는 「귀(鬼)」가 대립적인 구도를 형성하게 된다.71) 즉 귀신은 부정적인 것에서 출발하여 나중에 긍정과 부정을 동시에 가지게 되었으나 시대가 발달하면서 긍정적인 것은 「신(神)」으로 통합되고 부정적인 것은 「귀(鬼)」로 남아 이원적으로 구분하는 사유 형태를 지니게 된 것으로 보인다. 「귀(鬼)」가 공포에서 출발했기 때문에 이후에는 부정적 의미로 전화하고, 긍정적 개념에서 출발한 「신(神)」이 더 좋은 개념으로 개념의 변천을 겪은 것으로 보인다. 그 해로운 귀신의 예는 다음에서처럼 「혼(魂)」・「치(魑)」・「허(魖)」・「발(魃)」・「미(魅)」・「추(醜)」・「리(魑)」・「마(魔)」・「염(魘)」 등을 들 수 있다.

「치(魑)」5: "사나운 귀신을 말한다."72) 이는 「귀(鬼)」와 「실(失)」73)의 결합

---

71) 徐華龍, 『中國鬼文化』(1991), 6~7쪽.
72) "厲鬼也. 從鬼失聲. 丑利切."
73) 소전체에서 手가 의미부, 乙이 소리부이고, 『說文』에서는 손[手]에서 놓쳐 잃어버렸다고 하여 손에 쥔 물건이 떨어지는 모습을 그렸고 여기에서 '잃다'라는 뜻이 나왔다.

으로, 인간에게 해를 입혀 무엇을 잃게[失] 만드는 '사나운' 귀신을 따로 지칭한다.

「허(魖)」[6]: "재물을 소모시키는 귀신을 말한다."[74] 이는 「귀(鬼)」와 「허(虛)」[75]의 결합으로, 재물을 텅 비게[虛] 만드는 재물 소모 귀신을 말한다. 이후 '소모시키는' 모든 귀신을 지칭하게 되었다.

「발(魃)」[7]: "가뭄 귀신을 말한다."[76] 이는 「귀(鬼)」와 「발(犮)」[77]의 결합으로, 모든 사물의 정기를 뽑아[犮] 말라죽게 하는 '가뭄' 귀신을 말한다.

「나(魖)」[14]: "귀신을 만나 놀라 내는 소리를 말한다."[78] 이는 「귀(鬼)」와 「근(堇)」[79]의 결합으로 이루어져, 귀신[鬼]을 만나 입을 쩍 벌리고[堇] 놀라

---

74) "耗神也. 從鬼虛聲. 朽居切."

75) 虛는 소전체에서 의미부인 丘와 소리부인 虍(虎의 생략된 모습)로 이루어졌다. 丘는 갑골문에서 언덕과 언덕 사이의 움푹 들어간 丘陵地를 그려 커다란 언덕을 뜻했으며, 虎는 입을 크게 벌리고 울부짖는 호랑이의 모습을 그린 상형자이다. 황토 평원 지역에서 언덕은 동굴 집을 짓기에 대단히 편리한 곳이어서 많은 사람이 거기에다 집을 지어 살았다. 『說文解子』에서 "옛날 아홉 집마다 우물 하나를 파고, 우물 네 개마다 邑을 세웠다. 네 邑이 한 丘를 이루었으며, 丘는 달리 虛라고도 했다."라고 한 것으로 보아 虛는 대단히 큰 거주 단위였음을 알 수 있다. 아울러 丘나 虛는 원래 같은 글자였으나 이후 丘는 언덕의 의미로만 쓰이고, 소리부인 虍가 더해진 虛는 '비다'라는 뜻으로 쓰이게 되었음도 추정할 수 있다. 그래서 虛는 '커다란 언덕'이 원래 뜻이다. 이후 그곳에 많은 사람이 굴을 뚫어 동굴 집을 만들어 살았으므로, 空虛와 같이 '비다'는 뜻이 나왔고, 다시 盈虛에서처럼 '차지 않다'나 虛僞와 같이 '거짓' 등의 뜻까지 생겼다. 그러자 원래의 뜻을 나타낼 때에는 土를 더한 墟를 사용하였다.

76) "旱鬼也. 從鬼犮聲.『周禮』有赤魃氏, 除牆屋之物也.『詩』曰: '旱魃爲虐.' 蒲撥切."

77) 소전체에 근거하면 犬(개)에 삐침[丿]이 더해져, 개의 다리를 줄로 묶은 모습이다. 그래서 개가 달리려 해도 줄에 묶여 제대로 달리지 못하는 모습을 그렸다. 여기에서 '개가 달리는 모습'이라는 뜻이, 다시 '개의 다리를 줄로 묶어 당기듯 뽑다'라는 뜻이 생겼다. 이후 拔(손으로 당시다→빼다), 髪(길게 난 털→머리칼), 跋(제대로 달리 못하는 모습→비틀거리다), 軷(길의 신에게 지내는 제사) 등으로 파생했다.

78) "見鬼驚詞. 從鬼, 難省聲. 讀若『詩』'受福不儺'. 諾何切."

79) 갑골문에서 두 팔을 묶은 사람을 불에 태워 祈雨祭를 지내는 모습인데 고통스럽고 두려운 모습을 형상화하고자 크게 벌린 입을 그려 놓았다. 사람을 제물로 바쳐 지내는 제사를 형상화한 堇에는 고통스럽고 정성스럽고 신중해야 한다는 뜻이 들어가게

204

는 모습을 그렸다.

「빈(䫎)」[15]: "귀신의 모습을 말한다."[80] 이는 「빈(賓)」[81]과 「귀(鬼)」로 구성되었는데, 이는 인간이 귀신[鬼]에게 제수(祭需)를 '대접하여[賓]' 위로하고 달래는 모습을 그렸다.

「추(醜)」[16]: "추악하다는 뜻이다."[82] 이후 못난 모습을 지칭하게 되었는데, 「유(酉)」와 「귀(鬼)」로 구성되었다. 이 역시 갑골문에 등장할 정도로 그 역사가 깊은 글자이다. 단옥재의 『설문주』에 의하면, 「추(醜)」는 『시경』「정풍(鄭風)」에 나오는 "無我魗兮(나를 추하다고 하지 마세요)"의 「추(魗)」와 같은 글자로, '추하다'는 뜻이라고 했다. 귀신에게 제사를 지낼 때 가장 중요한 것이 술[酒]과 음악[壴]이 가장 대표적이었는데, 술을 올리며 기이한 모습을 한 귀신을 모신다는 뜻이 원래의 의미이고 이후 '추악하다'는 뜻이 나왔을 것으로 추정된다.

「리(魑)」[18](『설문신부』 추가자): "도깨비를 말한다."[83] 이는 「귀(鬼)」와 「리(离)」(짐승의 모습을 한 산신)[84]가 합쳐진 모습으로, 귀신의 일종인 도깨비의 모습을 그렸다.

「마(魔)」[19](『설문신부』 추가자): "귀신을 말한다."[85] 이는 「마(麻)」(삼, 즉 대마를 큰 저장고에 넣어 삶는 모습으로 대와 껍질이 잘 분리되는 삼의 특성을 그렸는데, 대마는 신경을 마비시키는 마취제의 상징이었다)와 「귀(鬼)」로 구성되어, 사람의 육체와 정신을 마비시키는[麻] 귀신[鬼]을 말한다.

되었다.

80) "鬼皃. 從鬼賓聲. 符眞切."
81) 갑골문에서는 집[宀]과 발[止]을 그려 사람이 집으로 오는 모습을 그렸는데, 이후 다시 貝가 첨가되었다. '손님'이 집을 방문할 때에는 예물을 지참하는 것이 전통적인 예의였으므로 貝가 더해졌다.
82) "可惡也. 從鬼酉聲. 昌九切."
83) "鬼屬. 從鬼從离, 离亦聲. 丑知切."
84) 갑골문에 의하면 손잡이가 달린 뜰채로 새를 잡는 모습으로 추정되는데, 소전체로 들면서 윗부분이 屮로, 아랫부분이 内(짐승 발자국)로 변해 지금처럼 되었다.
85) "鬼也. 從鬼麻聲. 莫波切."

「염(魘)」20)(『설문신부』 추가자): "꿈에서 놀라다."86) 이는 「염(厭)」[개고기(犬肉)를 물리도록 먹다는 뜻에서 염증을 느끼다의 뜻이 나왔다]과 「귀(鬼)」의 구성으로 이루어졌다.

② 「귀(鬼)」를 소리부로 하는 합성자의 의미 지향

『설문해자』에는 「귀(鬼)」 부수에 귀속된 이상의 글자들 이외에도 「귀(鬼)」가 소리부인 형성자가 총 14자 포함되어 있다. 이들의 의미를 분석해보면 대체로 (1)특이하다, (2)크다, (3)높다 등의 의미 지향을 가진다. 이는 「귀(鬼)」가 얼굴에 큰 가면을 쓴 모습에서 출발하여 이러한 모습이 보통 사람의 모습과는 달라 보여 '특이하다'의 뜻이 '이상하다'는 뜻으로 전이되었으며, '귀신'은 위대한 존재라는 의미에서 '크다'와 '높다'는 뜻이 나온 것으로 추정된다. 이처럼 「귀(鬼)」를 소리부로 하는 형성자군에서도 「귀(鬼)」에 대한 부정적인 인식은 거의 찾아볼 수 없다. 다음은 『설문』에 수록된 「귀(鬼)」를 소리부로 하는 글자군이다.

「괴(瑰)」(玉 부수): "구슬을 말한다."87) 마서륜(馬敍倫)에 의하면, 돌 구슬을 말하는데, 아름답고 훌륭한 것을 민(玟), 둥글고 훌륭한 것을 괴(瑰)라 한다고 했다.88) 옥(玉)에 버금가는 둥글고 '훌륭한[鬼]' 돌 구슬을 말한다.
「수(蒐)」(艸 부수): "풀 이름이다. 꼭두서니를 말한다."89) 이후 모으다는 뜻으로 의미가 확장되었다.
「궤(餽)」(食 부수): "오나라 지역에서는 '제사'를 궤(餽)라 한다."90) 귀신

---

86) "魘驚也. 從鬼厭聲. 於琰切."
87) "玟瑰. 從玉鬼聲. 一曰圜好. 公回切."
88) 馬敍倫, 『說文解字六書疏證』(권1). 『古文字詁林』(1999~2005) 1책 294쪽에서 재인용.
89) "茅蒐, 茹藘. 人血所生, 可以染絳. 從艸從鬼. 所鳩切."
90) "吳人謂祭曰餽. 從食從鬼, 鬼亦聲. 俱位切. 又音饋."

[鬼]에게 먹을 것[食]을 바치다는 뜻에서 '제사'라는 의미를 그렸으며, 허신은 오나라 지역의 방언이라고 했다. 「궤(饋)」와 같은 의미이며, 이후 음식으로 대접한다는 일반적인 의미로 확장되었다.

「괴(槐)」(木 부수): "나무 이름을 말한다."[91] 회나무를 말하는데, 회나무는 수명이 대단히 길다. 가장 익숙한 수종의 하나인 회나무를 귀신[鬼]의 정령이 깃드는 나뮈[木]의 대표로 인식한 것으로 보인다.

「외(瘣)」(疒 부수): "병의 이름이다. 『시경』에서 '비유컨대 저 병든 나무……'라고 했으며, 달리 옆으로 종기가 나다는 뜻이라고 한다".[92] 「귀(鬼)」에 「녁(疒)」(사람이 병상에 누워 피나 땀을 흘리는 모습)을 더해 병의 일종을 그렸다.

「괴(傀)」(人 부수): "크다는 뜻이다. 『주례』에 '크고 대단한 재앙'이라는 말이 있다."[93] 몸집이 커다랜[鬼] 사람[人]을 말했는데, 이후 커다랗게 사람 모양으로 만든 '허수아비'를 말하게 되었고, 다시 꼭두각시를 뜻하게 되었다.

「회(褢)」(衣 부수): "옷의 소매를 말한다. 달리 '감추다'는 뜻도 있다".[94] 물건을 넣어 감출 수 있을 정도로 커다랜[鬼] 옷소매[衣]를 말한다.

「외(頠)」(頁 부수): "머리가 비뚠 모습을 말한다."[95] 머리[頁]가 크거내[鬼] 비뚤어져 정상적이지 않은 이상한 모습을 말한다.

「귀(騩)」(馬 부수): "옅은 검은색 말을 말한다."[96]

「괴(媿)」(女 부수): "부끄러워하다는 뜻이다."[97] 오대징(吳大澂)에 의하면 『좌전』 희공 18년(기원전 637년) 조 "북쪽 이민족이 장구여라는 마을을 공략해 거기서 '숙외'와 '괴외'를 포로로 잡아다가 진(晉)의 공자 중이(重耳)에게

---

91) "木也. 從木鬼聲. 戶恢切."
92) "病也. 從疒鬼聲. 『詩』曰: '譬彼瘣木.' 一曰腫旁出也. 胡罪切."
93) "偉也. 從人鬼聲. 『周禮』曰: '大傀異.' 公回切. 瑰傀或從玉褢聲."
94) "袖也. 一曰藏也. 從衣鬼聲. 戶乖切."
95) "頭不正也. 從頁鬼聲. 口猥切."
96) "馬淺黑色. 從馬鬼聲. 俱位切."
97) "慙也. 從女鬼聲. 俱位切. 愧媿或從恥省."

바쳤다."⁹⁸⁾와 희공 24년(기원전 636년) 조 "(甘)소공이 제나라로 달아났다가 주 양왕(襄王)이 다시 불러들이자 왕후인 외(隗)씨와 정을 통했다."⁹⁹⁾라는 기록에 근거해 「괴(媿)」의 원래 뜻은 성씨로서 「외(隗)」와 같은데, 이후 '부끄러워하다'는 뜻이 생겼다고 했다.¹⁰⁰⁾ 이후 부끄러움은 마음(心)에서 오며 마음에서 느끼는 특이한(鬼) 감정이라는 뜻에서 「괴(愧)」를 사용하게 되었다.

「회(蛕)」(虫 부수): 번데기를 말한다.¹⁰¹⁾ 커다란 가면을 덮어쓴 귀신처럼[鬼] 큰 껍질을 덮어쓴 벌레[虫]의 번데기를 말한다.

「괴(塊)」(土 부수): 커다란 흙덩이를 말한다.¹⁰²⁾

「괴(魁)」(斗 부수): "국을 뜨는 국자를 말한다."¹⁰³⁾ 왕진탁(王振鐸)에 의하면 죽을 떠 담는 국자 모양의 용기를 말하는데, 일반인들은 나무로 된 것을, 상층계급에서는 청동이나 칠로 된 용기를 썼다. 서주 때의 실물이 발견되었는데 큰 것은 지름이 35.6센티미터에 이른다.¹⁰⁴⁾ 손잡이가 달린 바가지 모양으로 생겼기에 '두(斗)'가, 커다란 것이라는 의미에서 '귀(鬼)'가 들어갔으며, 용량이 큰 그릇이라는 뜻에서 이후 중요하고 큰일을 지칭하게 되었고, 다시 '우두머리' 등의 뜻이 나온 것으로 보인다.

「외(隗)」(阜 부수): "험하다. 높다는 뜻이다".¹⁰⁵⁾ 언덕[阜]이 '높고[鬼]' 험함을 말한다.

이상에서 살펴본 것처럼 『설문』에서 「귀(鬼)」를 소리부로 하는 형성

---

98) "狄人伐廥咎如, 獲其二女, 叔隗·季隗, 納諸公子."
99) "昭公奔齊, 王復之, 又通於隗氏."
100) 吳大澂, 『說文古籀補』(권12, 6쪽). 『古文字詁林』 9책 899쪽에서 재인용.
101) "蛹也. 從虫鬼聲. 讀若潰. 胡罪切."
102) "凷或從鬼. 凷, 墣也. 從土, 一屈象形. 苦對切."
103) "羹斗也. 從斗鬼聲. 苦回切."
104) 王振鐸, 「論漢代飲食器中的巵和魁」(≪文物≫ 1964~10). 『古文字詁林』 10책 672~ 674쪽에서 재인용.
105) "陮隗也. 從𨸏鬼聲. 五辠切."

자도 첫째, 「궤(餽)」와 「괴(槐)」와 같이 '귀신', 둘째, 「괴(瑰)」와 같이 '좋다', 셋째, 「괴(傀)」・「회(褱)」・「괴(魁)」와 같이 '크다'나 「외(隗)」와 같이 '높다', 넷째, 「외(頠)」나 「괴(媿)」와 같이 '특이하다' 등의 의미 지향을 가지는 것을 확인할 수 있다. 그리고 「귀(鬼)」 부수 귀속자보다 「귀(鬼)」의 본래 의미를 더욱 완전하게 보존하는 것을 알 수 있다.

게다가 「귀(鬼)」의 이러한 의미적 속성은 『설문』에서 「귀(鬼)」와 관련된 다른 부수와 글자들에서도 그대로 나타난다. 다음을 보자.

[1] 「불(甶)」 부수

「불(甶)」106): 귀신의 머리 모습을 그렸다. 가면을 덮어쓴 모습을 한 귀신의 가장 상징적인 부분인 머리 부분을 그렸다.

「외(畏)」107): 두려워하다는 뜻이다. 큰 가면을 쓰고 창을 든 모습을 그려, 커다란 가면을 쓴 모습으로 분장하고 손에 창을 들고서 악귀를 쫓아내는 제사장의 모습을 더욱 구체적으로 그렸다.

「우(禺)」108): 어미 원숭이 종류로 머리가 귀신과 닮았다. 이는 귀신처럼 특이한 모습의 동물을 말하는데, 사람과는 닮았으되 사람이 아닌 어미 원숭이 같은 짐승을 말한다.

[2] 「외(嵬)」 부수

「외(嵬)」109): 산이 우뚝 선 모습을 그렸다. 「귀(鬼)」에서 파생된 글자로, 「귀(鬼)」의 속성의 하나인 '높다'는 뜻이 반영되어 높게[鬼] 우뚝 선 산(山)이라는 뜻을 담았다.110)

---

106) "鬼頭也. 象形. 凡甶之屬皆從甶. 敷勿切."
107) "惡也. 從甶, 虎省. 鬼頭而虎爪, 可畏也. 於胃切. 𢤴古文省."
108) "母猴屬. 頭似鬼. 從甶從内. 牛具切."
109) "高不平也. 從山鬼聲. 凡嵬之屬皆從嵬. 五灰切."
110) 이외에도 嵬에는 괴이하다(怪)의 뜻도 있다. 예컨대 『荀子』「正論」의 "夫是之謂嵬

「외(巍)」111): 산이 높은 모습을 말한다. 「외(嵬)」에 다시 소리부인 「위(委)」를 더해 새로운 형성 구조로 변했다. 위태롭다는 뜻의 「위(委)」를 더해 우뚝 '높이 서[鬼]' 위태로워 보이는[委] 산(山)이라는 의미까지 강화했다.

4. 선진(先秦) 문헌에서 귀(鬼)

선진(先秦) 문헌의 경우 먼저 상나라를 보자. 앞에서도 살펴보았듯이 갑골문에서 「귀(鬼)」는 가면을 쓴 사람의 모습을 하였는데, 인간의 인식으로 이해하기 어려운 공포감을 가져다주는 '귀신'에 대한 총칭으로 쓰였다. 상나라와 적대 관계에 있던 방국의 이름인 '귀방(鬼方)'은 물론, '험하다' 등의 뜻으로 쓰였음을 확인할 수 있다.

둘째, 서주의 경우 금문 자료 등에 의하면 주로 서북방에 있던 부족 이름으로 쓰였고, 때로는 사람의 이름으로 쓰였다.

「귀호(鬼壺)」: "鬼作父丙寶壺." (귀가 부병을 위해 보배로운 '호'를 만들었다)
「우정(盂鼎)」: "告曰: 王[令]盂以□□伐鬼方." (명령서에서 이렇게 말했다: "왕께서 우에게 □□로써 귀방을 정벌하라고 하셨다.")
『죽서기년(竹書紀年)』 "(武丁)三十二年, 伐鬼方, 次於荊." (무정 32년 '귀방'을 정벌하고 '형' 땅에서 여러 날 머물렀다.112))

說"에 대해 楊倞의 주에서 "狂怪之說"이라 했다.
111) "高也. 從嵬委聲. 臣鉉等曰: 今人省山從爲魏國之魏. 牛威切. 語韋切."
112) 『左傳』 莊公 32년 조에 의하면 "군사행동에서 하룻밤을 머물면 舍, 이틀 밤을 머물면 信, 信 이상을 次라고 한다."라고 했으니, 군대가 3박 이상 머무는 것을 말한다.

『역』「기제(旣濟)」구삼(九三): "高宗伐鬼方, 三年克之, 小人勿用."(고종께서 '귀방'을 정벌하였는데, 3년이 되어서야 정복할 수 있었다. 소인들은 쓰지 마라.)

「귀호(鬼壺)」에 보이는 「귀(鬼)」는 서주 중기 때의 사람으로 추정된다.113) 하지만 여전히 '귀신'이라는 개념으로도 사용되었다.
『역』「규(睽)」상구(上九): "睽孤, 見豕負塗, 載鬼一車, 先張之弧, 後說之弧, 匪寇, 婚媾, 往遇雨則吉."(서로 엇갈리어 외롭다. 어떤 사람이 밤길을 나섰다가 멧돼지가 길에 엎드려 있는 것을 보았고, 또 수레에 귀신이 가득 타고 있었다. 먼저 활을 당겨 쏘려고 했으나, 끝내 쏘지는 않았다. 자세히 살펴보니 도둑이 아니라 보쌈을 해가던 중이었기 때문이다. 가다가 비를 만나면 길하리라.)

셋째, 춘추 때에 들면 「귀(鬼)」는 「신(神)」과 같은 뜻으로 사용되며 자주 '귀신(鬼神)'의 형태로 연용되어 사용된다. 「귀(鬼)」는 『좌전』의 경우 총 38회 출현하며 그중 귀신(鬼神)으로 된 용례가 26회이다. 『예기』에서는 총 62회 출현하며 그중 귀신(鬼神)으로 된 용례가 42회이다. 「귀(鬼)」와 「신(神)」은 같은 개념으로 인식되었고 「신(神)」과 「귀(鬼)」가 구분하기 어려울 정도로 뒤섞여 사용된 것을 볼 수 있다. 아울러 "귀신의 포괄 범위가 확대되어 다소 광범위해지긴 했으나 춘추 시기의 귀신은 대부분 선조의 신령이나 조상의 신령을 위주로 한다."114)

특징적인 것은 이 시기에 들면서 다음처럼 「귀(鬼)」는 사람이 죽어서

---

113) 鬼의 활동 연대에 대해 陳初生의 『金文常用字典』(1987)에서는 서주 초기의 인물로 보았으나, 『金文引得』 「靑銅器銘文釋文」(2001, 93쪽)과 吳鎭烽의 『金文人名彙編』(2006, 123쪽)에서는 서주 중기의 인물로 보았다.
114) 晁福林, 「春秋時期的鬼神觀念及其社會影響」(1995), 21쪽.

변하는 존재로 인식하게 되었다는 점이다.

『좌전』 문공 2년(기원전 625년) 조: "가을 8월 정묘일(13일)에 노나라 태묘에서 제사를 지내면서, 희공의 신위를 민공보다 위로 올렸는데, 이는 순서를 거스른 제사이다. 당시에 하보불기가 종백을 맡고 있었는데, 희공을 높이 모시면서 귀신을 분명히 보았다고 하면서 이렇게 말했다. '나는 새 신령(희공)이 크고 옛날 신령(민공)이 작은 것을 보았소. 큰 분을 앞에 모시고 작은 분을 뒤에 모시는 것이 순리이고, 성현을 위로 모시는 것이 밝음이지요. 밝음과 순리에 맞는 것은 예에 합당한 일이오.'"115)

『예기』「제의(祭儀)」: "중생은 반드시 죽는 법이요, 죽으면 반드시 흙으로 돌아간다. 이것을 귀(鬼)라고 한다."116)

이 때문에 다음처럼 사람이 죽은 후에도 살아서 그런 것처럼 먹고 자고 입는 생활을 한다고 생각했다.

『좌전』 선공 4년(기원전 605년) 조: [子文(초나라 司馬 子良의 형)이 임종에 이르러 일족들을 모아놓고 울면서 이렇게 말했다. "귀신도 먹을 것이 필요하거늘 우리 약오씨(若敖氏)의 귀신만 굶주리게 될 형편이지 않은가!"117)
『좌전』 소공 7년(기원전 605년) 조: 정(鄭)나라에 백유(伯有)의 유령으로 소동이 일어나자 정(鄭)나라의 자산(子産)이 백유의 혼백을 위로하고서 그 소동을 멈추게 한 후 이렇게 말했다. "귀신은 머물 곳이 있으면 악귀가 되지 않습니다. 나는 그 귀신들을 위해 머물 곳을 찾아주었습니다."118)

---

115) "秋八月丁卯, 大事於大廟, 躋僖公, 逆祀也. 於是夏父弗忌爲宗伯, 尊僖公, 且明見曰, '吾見新鬼大, 故鬼小. 先大後小, 順也. 躋聖賢, 明也. 明, 順, 禮也.'"
116) "衆生必死, 死必歸土, 此之謂鬼."
117) "且泣曰, '鬼猶求食, 若敖氏之鬼不其餒而!'"
118) 子産曰, "鬼有所歸, 乃不爲厲, 吾爲之歸也."

그뿐만 아니라 귀신은 각 제후국들은 물론 가족과 개인을 보호해준다고도 생각했다. 이 때문에 통치자들은 귀신에 대한 제사를 중시함으로써 자신이 지위를 공고히 하는 수단으로 삼은 것이다.[119]

그런가 하면 권세, 부, 가족, 세력을 가진 자만이 '귀(鬼)'로 변할 수 있으며, 천한 사람은 '귀(鬼)'가 되지 못하는 것으로 인식했다. 이는 당시까지만 해도 '귀(鬼)'가 좋은 존재로 긍정적으로 인식되었음을 보여준다. 이 때문에 '귀(鬼)'가 되지 못하고 사람들에게 해를 끼치는 것을 다음처럼 '려(厲)'라 구분해 불렀다.

『좌전』 소공 7년(기원전 535년) 조:
정(鄭)나라에 백유(伯有)의 유령으로 소동이 일어나 정나라의 자산(子産)이 백유의 혼백을 위로하고 나서 진(晉)나라에 갔을 때 진(晉)나라의 조경자(趙景子)가 "백유가 아직도 귀신으로 나올 수 있을까요?"라고 묻자 자산이 이렇게 답했다. "가능합니다. 사람이 나서 죽으면 바로 백(魄)으로 변하게 되고, 백(魄)이 되고 나서 움직이는 양기를 혼(魂)이라고 합니다. 살아 있을 때 입고 먹던 물건들이 정미하고 많으면 혼백의 기운이 매우 강해집니다. 이에 정령으로 변하면 바로 신명의 경지에 이르게 됩니다. 그러나 보통이 사람들은 대부분 선종하지 못하고 혼백이 다른 사람의 몸에 붙어 사악한 악귀로 변하게 됩니다. 백유는 우리의 선군이신 목공의 후예이고 자량의 손자이며 자이의 아들이고 폐읍의 경대부로서 3대에 걸쳐 집정했습니다.……그의 가문은 3대에 걸쳐 집정했고, 생전에 숱한 물건을 사용하면서 그중 정수를 취한 것이 많았습니다. 게다가 그의 일족은 매우 성대하여 의지할 만한 세력이 대단합니다. 그런데도 선종하지 못했으니 그가 귀신이 된 것도 당연한 일이 아니겠습니까?"[120]

---

119) 晁福林, 「春秋時期的鬼神觀念及其社會影響」(1995), 22쪽.
120) "及子産適晉, 趙景子問焉, 曰, '伯有猶能爲鬼乎?' 子産曰, '能. 人生始化曰

넷째, 전국시대에 이르면 제자백가의 다양한 언급처럼 귀신에 대해 상당히 복잡한 차원의 인식이 이루어진다. 귀신의 존재 여부부터 귀신과 신의 위상 설정, 귀신과 사람의 관계 등에 대한 인식이 철학적 입장에 따라서 다양하게 이루어졌다. 예컨대 귀신의 존재 여부에 대해서 묵자는 귀신이 존재할뿐더러 선과 악에 대해서 상과 벌을 가한다고 주장하였으며, 이를 통해 귀신을 정의 실현의 화신으로 내세워 자신의 이상을 실현하게 할 수 있는 존재이자 도구로 삼았다.[121] 장자도 귀신의 존재에 대해서는 대체로 인정하여 묵자와 비슷한 논지를 폈다.[122] 하지만 순자는 귀신의 존재를 부정했으며, 음양가도 귀신의 존재를 기본적으로 부정하는 태도를 보였다.

그러나 이 시기에 들어서는 '귀(鬼)'와 '신(神)'의 분화가 상당히 분명해져 '신(神)'은 좋은 일을 담당하는 존재지만 '귀(鬼)'는 악역을 담당하는 존재로 역할의 차이가 점차 나타나게 된다. 그래서 '귀신'을 인간의 인식 범위를 넘어서는 '신'적인 존재가 아니라 우주의 규율 속에 귀속시켜 이해하고자 하는 노력이 돋보인다. 예컨대 다음에서처럼 『장자』에서는 우주 만물의 질서 체계라 할 도(道)로써 귀신을 포섭하려는 노력이 이루어진다.

魄, 旣生魄, 陽曰魂. 用物精多, 則魂魄强, 是以有精爽至於神明. 匹夫匹婦强死, 其魂魄猶能馮依於人, 以爲淫厲, 況良霄, 我先君穆公之冑, 子良之孫, 子耳之子, 敝邑之卿, 從政三世矣.……而三世執其政柄, 其用物也弘矣, 其取精也多矣, 其族又大, 所馮厚矣, 而强死, 能爲鬼, 不亦宜乎!"

121) "故鬼神之明. 不可爲幽間廣澤. 山林深谷. 鬼神之明必知之. 鬼神之罰. 不可爲富貴衆强. 勇力强武. 堅甲利兵鬼神之罰必勝之."『荀子』「明鬼」(하).
122) "爲不善乎顯明之中者, 人得而誅之, 爲不善乎幽闇之中者, 鬼得而誅之, 明乎人, 明乎鬼者, 然後能獨行."『莊子』「庚桑楚」5.

(1) '휘위씨'는 이 도를 얻어 천지를 바로 잡았고, '복희'는 이를 얻어 원기의 모체를 움켜쥐었으며, '유두'는 이를 얻어 영원불변하는 그의 자리를 차지했고, 해와 달은 이를 얻어 만고에 운행을 쉬지 않으며, '감배'는 이를 얻어 곤륜산으로 들어갔고, '풍이'는 이를 얻어 큰 강에서 놀며, '견오'는 이를 얻어 태산에 처하고, '황제'는 이를 얻어 구름에 싸인 하늘로 올라갔으며, '전욱'은 이를 얻어 현궁에 거처했고, '우강'은 이를 얻어 북극에 살았으며, '서왕모'는 이를 얻어 소광산에 앉아 그 태어남도 알지 못하고 그 끝남도 알지 못했고, '팽조'는 이를 얻어 위로 순 때부터 춘추 오패 때까지 살았으며, '부열'은 이를 얻어 무정의 재상이 되어 천하를 다스리다가 죽은 뒤에 '동유'로 올라가 기성과 미성 사이로 가서 28수와 나란히 있게 되었다.123)
(2) 그러므로 "천락을 아는 자는 하늘의 원망을 받지 않고 사람들의 비난을 받지 않으며 사물에 얽매이지 않고 귀신의 질책을 받지 않는다." 그러므로 이런 말을 했다. "그의 움직임은 하늘과 같고, 그의 고요함은 땅과 같으며, 한결같은 마음이 안정되어 천하의 왕이 된다. 귀신도 빌미를 부리지 못하고 혼은 지치지 않으며 한결같은 마음이 안정되어 만물이 복종한다." 이는 허정을 천지로 밀고 나가 만물에 통하는 것으로 이를 천락이라 한다. 곧 천락이란 성인의 마음으로써 천하를 기르는 것이다.124)

이렇게 됨으로써 '귀신'은 이전의 인간을 넘어선 존재에서 인간화하고 우주 질서 속에 재편된 인간의 '영혼'으로 축소된다. 그래서 도(道)는 귀

---

123) "狶韋氏得之, 以挈天地, 伏羲氏得之, 以襲氣母, 維斗得之, 終古不忒, 日月得之, 終古不息, 坏堪得之, 以襲崑崙, 馮夷得之, 以遊大川, 肩吾得之, 以處大山, 皇帝得之, 以登雲天, 顓頊得之, 以處玄宮, 禹强得之, 立乎北極, 西王母得之, 坐乎少廣, 莫知其始, 莫知其終, 彭祖得之, 上及有虞, 下及五伯, 傅說得之, 以相武丁, 奄有天下, 乘東維, 騎箕尾, 而比於列星."(『莊子』「大宗師」3)
124) "故曰: '知天樂者, 其生也天行, 其死也物化. 靜而與陰同德, 動而與陽同波.' 故知天樂者, 无天怨, 无人非, 无物累, 无鬼責. 故曰: '其動也天, 其靜也地, 一心定而天地正, 其魄不祟, 其魂不疲, 一心定而萬物服.' 言以虛靜推於天地, 通於萬物, 此之謂天樂. 天樂者, 聖人之心, 以畜天下也."(『莊子』「天道」2)

신이나 상제보다 중요해지며 도(道)는 "귀신을 신령스럽게 하고 상제를 신령스럽게 하며, 하늘을 만들어내고 땅을 만들어낼(神鬼神帝, 生天生地)"(『장자』「대종사」 3) 수 있게 되며, 도(道)만이 귀(鬼)와 제(帝)를 신령(神靈)으로 만들 수 있게 된다.125) 하지만 철학자들의 이러한 노력에도 민간에서는 여전히 '귀신'에 대한 복잡한 인식이 보인다.

예컨대 기원전 4세기 때의 것으로 추정되는 전국시대 초나라의 죽서(竹書)에 인간에 대한 귀신의 의지 표명에 관한 언급이 보이는데, 상해박물관 소장 『전국초죽서(戰國楚竹書)』「귀신지명(鬼神之明)」에서 이렇게 말했다.

"귀신은 (자신의 의지를) 드러내는 때도 있지만 또 드러내지 않는 때도 있는데, 그것은 좋은 것에 상을 내리고 나쁜 것을 벌한 데서 알 수 있다. 옛날 요·순·우·탕 임금은 인(仁)·의(義)·성(聖)·지(智)를 모두 갖추었기에 천하가 모두 그를 본받았다.……후세 사람들은 그를 추종했다. 귀신이 상을 내렸다는 것은 이로써 분명해진다. 또 걸·주·유·여왕에 이르러 성인을 불태우고 간언하는 자를 죽이고 백성들을 죽이고 나라를 어지럽혔다.……천하의 웃음거리가 되었다. 귀신이 벌을 내렸다는 것은 여기서 분명히 드러난다. 하지만 오자서는 천하의 성인이었지만 자루에 담긴 채 죽었고, 영이공은 천하의 못된 자였지만 장수하였다. 만약 이로써 귀신에 대해 따져 묻는다면, 선한 사람인데도 상을 내리지 않고 악한 사람인데도 벌을 내리지 않았다는 것이 된다. 이 때문에 귀신이 드러내지 않은 때도 있다고 한 것이다. 하지만 이에는 필시 다른 이유가 있을 것이다. 귀신의 능력이 충분한데도 드러내지 않은 것일까? 이에 대해서는 알 수가 없다. 아니면 귀신의 능력이 원래 부족해서 드러내지 못하는 것일까? 이것도 알 수가 없다. 그러나 두 가지는 다른 것이다. 그래서 '귀신은 (자신의 의지를) 드러내는 때도 있지만, 또 드러내지 않는 때도 있다'

---

125) 晁福林, 「戰國時期的鬼神觀念及其社會影響」(1998), 8쪽.

라고 한 것은 이 때문에 한 말이다."[126)]

여기서 볼 수 있는 것처럼 귀신은 훌륭한 것에 상을, 나쁜 것이 벌을 내리기도 하지만 역사에서 이와 반대의 경우도 많이 볼 수 있다. 그래서 귀신은 인간에 대해 의지를 갖춘 존재인가, 인간의 선악에 따라 징벌을 드러낼 수 있는 능력을 갖췄는가[有所明] 그렇지 않은가[有所不明]에 대한 논설의 일부로 보이는 이 글에서, 귀신이 인간에 대한 자신의 의지를 드러낼 수 있는 능력이 있는지는 알 수 없다고 했다. 이것은 귀신을 그런 의지를 초월한 존재로 인식하는 것을 보여준다. 『노자』 제5장에서는 귀신을 "천지불인(天地不仁)"의 개념에 가까운 초월적인 존재로 인식했고, 이후의 '신'의 개념과도 통할 수 있는 존재로 그린다.

5. 신(神) 발생 이후의 귀(鬼)

물론 중국은 한자의 특성상 눈에 보이는 것을 이용하여 눈에 보이지 않는 것, 추상적인 것을 연역해냈다는 점을 염두에 두더라도, 기존의 해석을 따라 「귀(鬼)」가 가면을 쓴 채 돌림병과 같은 것을 몰아내는 방상

---

126) "今夫鬼神又(有)所明, 又(有)所不明, 則以亓(其)賞善罰暴也. 昔者堯舜禹湯仁義聖智, 天下灋之. 此以貴爲天子,[第1簡] 富又(有)天下, 長年又(有)擧, 後世遂之. 則鬼神之賞, 此明矣. 及桀受(紂)幽萬(厲), 焚聖人, 殺訐(諫)者, 側(賊)百眚(姓), 亂邦家.▇ 此以桀折於鬲山, 而受(紂)首於只(岐)社, 身不沒, 爲天下笑. 則鬼[第2簡] [神之罰, 此明]矣. 及五(伍)子疋(胥)者, 天下之聖人也, 鴟夷而死. 榮夷公者, 天下之亂人也, 長年而沒. 女(如)以此詰之, 則善者或不賞, 而暴[第3簡] [者或不罰]. 古(故)吾因加'鬼神不明', 則必又(有)古(故). 其力能至(致)安(焉)而弗爲唬(乎)? 吾弗智(知)也. 意其力古(固)不能至(致)安(焉)唬(乎)? 吾或弗智(知)也. 此兩者枳(歧), 吾古(故)[第5簡] [曰: 鬼神又(有)]所明, 又(有)所不明. 此之胃(謂)唬(乎)?▇" [第5簡] 曹錦炎, 「鬼神之明」 釋文 註釋. 馬承源 주편, 『上海博物館藏戰國楚竹書』(五)(2005), 310~321쪽 참조.

시의 역할을 담당한 제사장의 모습이라고 간주하면 그 제사장이 왜 두렵다는 뜻의「외(畏)」나 특이하다는 뜻의「이(異)」, 귀신 꿈을 꾸는「염(魘)」(악몽), 특히 추하다는 뜻의「추(醜)」라는 개념까지로 발전했는지 추적하기에는 무리가 따른다.

따라서「귀(鬼)」에서 등장하는 사람은 돌림병과 같은 병을 퇴치하는 모습에서 출발한 것이라기보다는 상상 속의 귀신을 인간의 모습을 통해 그려낸 것으로 그 외형상으로는 도저히 인간이라 생각할 수 없는 형상(가면)을 씌워서 등장시킨 개념일 가능성이 크다고 추정한다. 이 때문에 『좌전』과 『설문』과 『정자통(正字通)』 등 이후의 문헌에서 "사람이 죽어 돌아가는 것을 귀(鬼)"라고 풀이하여 귀신과 사람을 자연스레 연결하게 할 수 있었을 것이다.

그래서 필자는「귀(鬼)」의 출발점은 자연이 아니라 인간이 살아가면서 맞이하게 되는 공포의 대상에 있다고 생각한다. 그리고 그것이 자연물 자체에서 유래하지 않아 고대인의 상상으로는 구성할 수 없었기에 이상하고(異) 두렵고(畏) 더 나아가 추한(醜) 것을 개념화하려는 것이었다고 주장하고 싶다. 특히 여기서「추(醜)」의 개념은「귀(鬼)」에 술독(酉)이 더해진 모습에서 유래하는데, 술은 고대 사회에서 신에게 바치는 가장 귀한 제물이었다는 것을 상기할 때「귀(鬼)」가 술을 든 모습은 아무리 많은 술을 올려도「귀(鬼)」는 제물로서 달래지지 않는 존재라는 뜻을 지닌다.

이처럼 처음 발생 당시「귀(鬼)」는 제사나 숭배 의식을 '무화(無化)'하는 공포스러운 존재를 형상화하기 위해 그린 글자로 보인다. 즉 아무리 인간적인 차원에서 생각하려고 해도 도저히 인간적인 차원에서는 이해할 수 없는 모습(가면)으로 종종 등장하는 실체 없는 공포의 대상을 그린 글자라 생각된다.

그러나 사회가 발달하고 문명이 세워지기 시작하면서 인간의 능력으로 접근할 수 없는 완전히 이질적인 대상인 추상 개념으로서의 신, 즉 통칭 개념으로서의 '신(神)'의 개념에 다가간다. 그리고 통칭 개념으로서 '신'의 개념이 서서히 만들어지자 번개라는 자연물에 대한 숭배에서 시작된 숭배는 단순한 자연물의 속성을 넘어서 개념의 변화를 겪으며 '신(神)'의 개념과 만나게 된다.

즉 「신(申)」은 출발 당시에는 자연물인 번개만을 의미했는데 번개는 다른 자연물과는 달리 실체를 가늠하기 어렵다. 문명이 발달하면서 번개 신(申)은, 비를 내려달라고 빌거나 홍수나 가뭄을 멈추게 해달라고 기도하는 대상인 비의 신이나 물의 신 같은 1차원적인 자연신의 개념을 넘어서 모든 신을 통칭하는 신(神)으로 개념 변화를 겪게 된다. 그러나 이러한 신은 인간의 힘으로 길들이기 어려운 신만의 능력을 포함하고 있었을 것이다. 이러한 신적인 능력과 「귀(鬼)」의 능력이 겹치면서 서주 시대에는 이령박 등이 말한 것처럼 「신(神)」과 「귀(鬼)」, 더 나아가 「령(靈)」이 같은 개념으로 섞여서 쓰이게 되는 시기를 맞는다.

고대인의 관념 속에서 귀(鬼)와 신(神)은 구분되지 않았으며, 상당히 시간이 흐른 뒤에도 나눠지 않았다. 이것은 귀(鬼)가 바로 신(神)이고 신(神)이 바로 영(靈)이었다고 할 수 있으며(『광운』에서는 "神은 靈이다"라고 했다), 영(靈)은 또 혼(魂)이요, 혼(魂)은 바로 귀(鬼)라고 할 수 있다. 그래서 『설문』에서 신(神)자를 혹 신(魗)으로 쓴다고 한 것이며, 귀(鬼)에서 의미를 가져오고 신(申)에서 독음을 가져와 귀신(鬼神)이 한 형체로 만들어진 것이다. 중국-티베트 어족의 소수민족 언어에서도 이러한 모습은 반영된다. 예컨대 먀오[苗]어계에 속하는 석을평(腊乙坪) 지구의 방언에서 '귀(鬼)'와 '신(神)'은 같은 단어로 [ta qwei]로 읽히고, 대남산(大南山) 지구의 방언에서는 이 둘을 나타내는 단어가 모두 [tlag]로 읽힌다. 또 야오[瑤]어에서도 '귀(鬼)'와

'신(神)'은 같은 단어이다.127)

「영(靈)」은 제사장[巫]이 비를 내려달라고[霝] 비는 모습을 형상화한 글자이다. 이 글자는 신과 인간이 교감할 수 있도록 교량 역할을 해줄 수 있는 제사장의 역할에 초점이 맞추어진 글자이다. 따라서「영(靈)」은 신적인 속성보다는 인간에게 있는 정기와 관련된 글자로 개념화될 수 있다. 하지만 비를 내리게 하는 제사장의 인간적인 능력을 넘어선 능력과「귀(鬼)」와「신(神)」은 한동안 구분되지 않았다.

그러나「귀(鬼)」·「신(神)」·「영(靈)」중 가장 먼저 개념의 변화를 겪는 것은「영(靈)」이었다. 즉 제사장의 모습에서 유추할 수 있듯이 제사장이 아니라 할지라도 모든 인간이 정신을 모아서 기도하며 원하는 목적을 향해 노력할 때 도달할 수 있는 정신의 영역으로 그 의미의 위치를 잡은 것이다.

따라서 현재 우리가 사용하는 어휘 중 신령(神靈)이란 어휘는「신(神)」과「귀(鬼)」와「영(靈)」을 같이 쓰던 시절을 연상시킨다. 하지만 영감(靈感)이라는 어휘에서 보듯이「영(靈)」은 단순히 신적인 속성에만 그 뜻이 한정되지 않고, 정신을 모으고 집중할 때 신과 교감할 수 있는 인간의 능력이라는 의미가 있다.

그럼에도 귀신(鬼神)은 이미 오늘날에도 분리되지 않고 아직 현존하는 단어로서 그 위치를 점하는 데서도 알 수 있듯이「귀(鬼)」와「신(神)」은 그렇게 쉽게 의미적 분화를 겪지 않는다. 이런 의미에서 다음과 같은 전종서(錢鍾書)의 통찰력은 대단히 유효한 해석이 될 것이다.

'귀(鬼)', '신(神)', '귀신(鬼神)'이 혼용되어 구별 없이 사용되었다는 것은 옛

---

127) 李玲璞·臧克和·劉志基,『古漢字與中國文化源』(1997), 237쪽.

날의 뜻풀이에서 자주 찾아볼 수 있다. 『논어』「선진편(先進篇)」에서 "계로가 귀신(鬼神)을 섬기는 것에 대해 묻자 공자가 말했다. '산 사람도 아직 섬길 수 없는데 어떻게 귀(鬼)를 섬길 수 있겠는가?'"『관자(管子)』「심술(心術)」에서는 "생각하고 생각하라, 생각해도 얻지 못하면 귀신(鬼神)이 가르쳐 주리라."라고 했고, 『여씨춘추』「박지(博志)」에서는 "정교하고 숙련되면 귀(鬼)가 알려줄 것이다"라고 했다. 『사기』「진본기(秦本紀)」에서는 유여(由余)가 무공(繆公)에게 "귀(鬼)로 하여금 그것을 하게 한다면 신(神)을 힘들게 하는(勞) 일이요, 사람(人)으로 하여금 그것을 하게 한다면 백성(民)을 힘들게 하는(苦) 일입니다."라고 했는데, 귀(鬼)와 신(神), 인(人)과 민(民), 로(勞)와 고(苦)가 서로 같은 뜻으로 사용되었다. 『묵자』를 보면 이는 더욱 분명해진다. 예컨대……「천지(天志)」에서 "위로는 하늘[天]을 존중하고 가운데로는 귀신(鬼神)을 섬기고 아래로는 사람[人]을 사랑한다.……위를 섬기면 하늘에 욕을 보이는 것이요, 가운데는 귀(鬼)를 욕보이는 것이며, 아래는 사람에게 죄를 짓는 것이다."라고 했고, 「명귀(明鬼)」에서는 "지금 무귀자(無鬼者)를 잡으면 '귀신(鬼神)이라는 것은 진실로 존재하지 않습니다'라고 할 것이다.……그래서 옛날 성왕들은 반드시 귀신(鬼神)으로, ……이것이 바로「하서(夏書)」에서 말하는 귀(鬼)를 알게 해주는 부분이다.……오늘날의 귀(鬼)는 다름이 아니라 천귀(天鬼)가 된 것도 있는가 하면, 또 산수(山水)의 귀신(鬼神)도 있으며, 사람이 죽어서 귀(鬼)가 된 것도 있다."라고 했다.……이렇듯 '천(天)'과 '귀(鬼)'가 분리되어 두 가지로 나란히 나열되기도 하고 합쳐져 하나를 지칭하기도 했다.……그래서 한나라 이전에는 이 둘이 제약 없이 서로 통용되었으며, 명칭은 갖추어졌으되[賅] 구분하지 않았다. 천(天)이든 신(神)이든 귀(鬼)든 괴(怪)든 모두 사람도 아니요 물체도 아니지만 동시에 유령[幽]의 이속(異屬, the wholly other)임이 분명하기 때문에 원시인들은 이들을 동질의 일체(the daemonic)로 보았으며, 이들을 두려워하고 피하기에 바빴다. 하지만 세월이 흐르고 시간이 지나면서 혼동되던 것들이 점차 자리를 잡아 높고[尊] 낮은[卑] 개념으로 변하고 선(善)과 악(惡)의 성질로 구분하게 되었으며, 신(神)은 귀(鬼)와 차이를 보이게 되었고, 천신(天神)은 지지(地祇)와 구별되었고, 사람[人]의 귀(鬼)는 사물[物]의 요(妖)와 구별되었고, 악귀(惡鬼)와 사귀(邪鬼)는 선신(善神)과 정신(正神)의 바깥에 놓이고 만 것이다. 인정으로 볼 때 처음에는 단지 바라다보고서 벌벌 떨며 무서워했지만, 이후에는 올려다보면서 엄숙하고 근신하며 공경한 것이다.128)

한대 이후에 들어서야「귀(鬼)」와「신(神)」은 점차 명확하게 구분되기 시작했는데, 『사기』「봉선서(封禪書)」의 "그리하여 오리 장군은 밤을 틈타 지에서 제사를 드려 신이 강림하게 하고자 했으나 신은 오지 않았고, 도리어 여러 귀신만 모여 들었다.(五利常祠其家, 欲以下神, 神未至而百鬼集矣.)"는 언급은「신(神)」과「귀(鬼)」를 대립시켜「신(神)」과「귀(鬼)」를 구분한 명백한 증거가 되며, 『잠부론(潛夫論)』「무열(巫列)」에서는 "사람에게 작위가 있듯 귀신에게도 존비가 있다.(且人有爵位, 鬼神有尊卑.)"라고도 했다.129)

이후 송나라 때의 주희(朱熹)는 귀신을 조화의 자취라는 개념으로 설명했다. 즉 인간은 육체와 정신(정기)으로 이루어지며 정기에는 양(陽)의 기(氣)인 혼(魂)과 음(陰)의 기(氣)인 백(魄)이 있다. 인간이 죽으면 양기인 혼(魂)은 하늘로 올라가서 신(神)이 되고 음의 기인 백(魄)은 땅으로 돌아가 귀(鬼)가 되며, 기가 펼쳐지면 신(神)이고 기가 되돌아가는 것이 귀(鬼)이다. 이 과정에서 제 명에 죽지 못했거나 죽은 후에 백(魄)은 흩어졌지만 혼(魂)만 남아 있는 경우 요괴가 되어 재앙을 일으킬 수는 있다. 그러나 이 경우에도 오래되면 그 기(氣) 역시 흩어져서 없어지고 후손이 억울함을 풀어주고 극진히 봉양하고 제사를 지내면 역시 흩

---

128) 錢鍾書, 『管錐編』(1980) 1책, 183~184쪽.
129) 이외에도 『論衡』「訂鬼」에서는 이렇게 말했다. "鬼者, 歸也, 神者, 荒忽無形者也. 或說: 鬼神, 陰陽之名也. 陰氣逆物而歸, 故謂之鬼, 陽氣導物而生, 故謂之神."

어질 수 있다. 이러한 주희의 귀신론을 한 가지 해석으로만 환원하는 데는 무리가 따르긴 하지만 거칠게 정리하자면 「귀(鬼)」를 「신(神)」과 합하여 천리(天理)에 합당하지 않은 것을 추방하고 도덕적 규범과 윤리적 틀 속에 귀신을 가두어두기 위한 시도라고 보아도 크게 틀리지는 않을 것이다.

하지만 발생 단계에서, 그리고 상당 기간 지속한 「귀(鬼)」와 「신(神)」의 혼용은 「신(神)」과 「귀(鬼)」의 개념이 구분되고서도 계속 반복되었다.130) 그뿐만 아니라 현대 한어에서도 이러한 경향은 무의식적으로 반영한다. 예컨대 「귀(鬼)」와 「신(神)」는 위치 교환이 가능한 병렬 구조를 이루어 서로 통용되어 같은 의미를 가진 채 사용되기도 하는데, '鬼工'(귀신 같은 솜씨)은 '神工'과 통하며, '神出鬼沒'(신출기몰하다)은 '神沒鬼出'과, '神運鬼輸'(귀신처럼 옮기다)는 '鬼運神輸'와, '鬼使神差'(귀신 곡할 노릇이다)는 '神使鬼差'나 '神差鬼使'와 통용된다.131) 이처럼 이들에 쓰인 「신(神)」과 「귀(鬼)」는 다음과 같은 성어에서도 '귀(鬼)A신(神)B', '신(神)A귀(鬼)B', 'A신(神)B귀(鬼)', 'A신(神)A귀(鬼)' 형식의 병렬 구조를 이루어 「신(神)」과 「귀(鬼)」가 동등한 자격과 동일한 지위를 가진 존재로 인식되기도 했다. 예컨대 '神工鬼力'(귀신 같은 힘), '鬼斧神工'(귀신이 만든 것처럼 기교가 뛰어남), '神樞鬼藏'(귀신같이 감추다), '神出鬼沒'(신출기몰하다), '神藏鬼伏'(귀신처럼 숨기다), '神牽鬼制'(귀신처럼 방해하다), '見神見鬼'(귀신을 만난 듯하다), '神不知鬼不覺'(귀신도 모르게), '裝神弄鬼'(귀신처럼 분장하다)132), '閑神野鬼(이리저리 돌아

---

130) 혼용 예는 錢鍾書, 『管錐編』(1980) 1책, 184~185쪽 참조.
131) 鄭春燕, 「漢語的'神''鬼'文化滴定」(2005), 87쪽.
132) 사람을 속이는 巫師의 기술을 말하였는데, 이후 사람을 속이고자 고의로 꾸미는 것을 말하게 되었다. 曹雪芹의 『紅樓夢』(제37회)에 "晴雯)又笑道: '你們別和我 裝神弄鬼的, 什麼事我不知道?'"라는 용례가 보인다. 上海辭書出版社, 『漢語大

다니며 말썽만 일으키다)'133), '唬神瞞鬼(온 사람을 다 속이다)'134), '談神說鬼(귀신 씨나락 까먹는 소리를 하다)', '求神拜鬼(귀신에게 빌다)' 등은 모두 「신(神)」과 「귀(鬼)」가 대치 가능하여 「신(神)」과 「귀(鬼)」가 같은 뜻을 갖는 예이다.

6. 맺음말

「귀(鬼)」에 관한 이상의 논의를 통해 거칠게나마 확인할 수 있었던 다음 몇 가지 결론으로 이 글을 맺고자 한다.

첫째, 「귀(鬼)」는 자연계에 존재하는 각종 개별 신과는 달리 개별 자연물에는 귀속시키기 어려우며 사람의 영혼과 관련된 상상 속의 '귀신'을 사람이라는 잣대를 통해 그려낸 것으로 보인다.

둘째, 갑골문에서 「귀(鬼)」는 아직 '귀신'이라는 개념으로 쓰이지 않았다는 전통적인 해설과는 달리 여러 용례에서 '귀신'으로 쓰였을 가능성이 크다. 특히 『합』 7153, 13751편 등은 '귀신'으로 해석하는 것이 더욱 타당해 보인다.

셋째, 「신(神)」은 번개 신을 지칭하였다가 서주에 들면서 일반적인 '신'의 개념으로 자리 잡게 되었다. 그러나 「귀(鬼)」와 「신(神)」은 여전히 분리되지 않고 서로 혼용되어 사용되어 이들 간에 의미적 차이가 없

詞典』(2007) 참조.

133) 여기저기로 분산된 귀신을 말한다. 이후 본분에 충실하지 못하고 이리저리 돌아다니며 말썽을 일으키는 사람을 뜻하게 되었다. 『醒世姻緣傳』에 "若是果眞有甚閑神野鬼, 他見了眞經, 自然是退避的."라는 용례가 보인다. 中華書局, 『漢語成語大詞典』(2002) 참조.

134) 鄭春燕, 앞의 논문, 87쪽.

었다. 특히 「신(魖)」은 「귀(鬼)」와 「신(申)」(神의 원래 글자)이 합쳐져 하나로 통일된 모습을 형상적으로 보여준다.

예컨대 금문은 물론 『주역』, 『좌전』, 『예기』 등 춘추전국 시대의 선진 문헌에서도 이러한 전통은 그대로 이어져 신(神)=귀(鬼)의 등식이 성립되었다. 『설문』 「귀(鬼)」 부수에 귀속된 글자들에서도 「귀(鬼)」에는 후세의 인식처럼 부정적인 내용만이 아니라 긍정/부정의 개념이 함께 들어 있으므로, 귀신합일(鬼神合一)의 전통이 그때까지도 반영되었음을 확인할 수 있다.

하지만 한대 이후로 「신(神)」은 좋은 개념으로, 「귀(鬼)」는 나쁜 개념으로 구분되었다. 『잠부론』이나 『사기정의(史記正義)』 등에 이르러 「신(神)」은 천상의 세계를, 「귀(鬼)」는 지하의 세계를, 인간은 지상의 세계를 지배하는 대표가 되었으며, 이러한 귀신 인식은 한나라 때의 백서 등 그림에서도 분명하게 확인된다. 나아가 천상의 「신(神)」이 지상의 인간과 지하의 「귀(鬼)」를 통괄하고 지배함으로써 「신(神)」이 절대적 우위에 서는 관계를 형성하게 되었다.

이처럼 「신(神)」과 「귀(鬼)」가 구분되고 그들 간의 영역이 확정되었지만 귀신합일(鬼神合一)의 전통은 여전히 언어 속에 남았다. 현대 중국어의 일부 어휘에서도 「신(神)」과 「귀(鬼)」가 서로 호환되고 대체 가능한 모습을 보여 이러한 인식이 축적된 기억으로서 오늘날의 중국적 사유 기저에 남아 있음을 확인할 수 있다.

넷째, 「신(神)」과 「귀(鬼)」의 분리는 마르크스[Karl Heinrich Marx]의 개념을 빌리자면 인간이 유(類)적인 존재라는 것에 기인한다.[135] 즉 먼저 인간

---

135) "인간은 하나의 類적인 존재인 바, 이는 그가 실천적으로도 이론적으로도 類를, 다른 사물의 類와 마찬가지로 자기 자신의 類도 대상으로 삼는다는 점에서 뿐만 아니라, 또한 – 그리고 이것은 동일한 사태의 다른 표현이지만 – 그가 현재의, 살아 있는

과 자연으로 유적 분류가 가능했는데 여기서 자연신을 대표하는 「신(神)」과 역병을 쫓기 위한 무속 행위에서 출발해 인간의 형상에서 근원한 「귀(鬼)」가 분리되게 되었다. 이후 「귀(鬼)」 중에서도 다시 악한 귀신과 선한 귀신으로 유적 분류가 이루어져, 선한 귀신은 신의 대열에 참여하게 된 것으로 보인다.

이처럼 악귀(惡鬼)와 선귀(善鬼)의 유적 구분은 인간이 포섭 가능한 귀신인지 여부에 의해 구분되었을 가능성이 크다. 즉 포섭 가능한 것은 「신(神)」으로, 불가능한 것은 「귀(鬼)」로 남았다. 이렇게 되자 「신(神)」은 인간화된, 길들여진, 인격적인, 인간 우호적인 존재로 인식되었고, 「귀(鬼)」는 그의 대립점에 있는 초월적 존재가 된 것으로 보인다.

다섯째, 「신(神)」과 「귀(鬼)」라는 서로 대립하는 두 개념이 하나로 일치되고 서로 호환될 수 있다는 것은, 절대 악과 절대 선이 바로 한 자리에 같이 설 수 있다는 칸트의 철학적 입장을 지지해 줄 수 있다. 또 존재와 사물을 이항 대립으로 인식해온 서구의 철학 관점을 다시 생각하게 해주며, 이러한 해석에 한자가 대단히 적극적으로 활용될 수 있음을 보여준다.

한자는 축적된 기억이다. 비록 한자가 발생 단계의 의미를 그대로 보존하지 않고 계속 의미의 변천을 겪어왔기는 하지만, 표음문자 체계와는 달리 표의성도 일정 정도 있는 한자는 이전의 의미의 층위들이 왜상(歪象) anamorphosis의 형태로 현재의 한자 속에도 숨어 있다. 물론 표음문자 체계 속에도 그 변화의 흔적이 없는 것은 아니지만, 표음문자 문화보다 훨씬 더 강하게 중국의 문자는 그 속에 집단적 무의식이라고 이름할 만

類로서 자기 자신과 관계한다는 점에서, 보편적인, 따라서 자유로운 존재로서 자기 자신과 관계한다는 점에서 그러하다." 마르크스, 「1844년 경제학 철학 초고」, 『칼 맑스 프리드리히 엥겔스 저작 선집』(1991), 77쪽.

한 흔적들을 담았다. 따라서 한자의 자원으로 올라갈 때 표층과 심층을 구분하기란 쉽지 않은 것도 그 이유가 될 수 있다. 정신분석학적으로 설명한다면 「신(神)」은 상징 질서를 강화하는 역할을 하는 방향으로 개념이 변화했다면, 「귀(鬼)」는 상징 질서를 금가게 하는 역할을 담당하는 쪽으로 개념이 변화했다고 볼 수 있을 것이다.

제6장

한자와 하늘: 천(天) 계열 한자군

1. 머리말

헤겔^{Georg W.F. Hegel}은 동양의 정신을 자연적 정신성으로 개념화했다. 그에 의하면 동양적 원리는 정신이 자연적 실체성을 벗어나지 못한 상태이다. 이러한 동양적 원리는 황제 한 사람만이 자유롭다는 동양적 전제주의의 개념으로 나타난다고 했다. 그래서 이를 입증하기 위해 그는 중국의 자연 개념인 '천(天)'의 개념을 분석하고 이 전제주의 때문에 동양은 자유 의식의 발전이 대단히 어려운 사회라고 진단한다. 이런 과정에서 헤겔은 '천(天)'을 모든 신의 총칭적 개념으로 설정하고 '천(天)'을 동양의 보편적 정신으로 끌어올렸다. 이를 춘추 전국 시대 이후의 철학 문헌에 근거해서 본다면 반드시 틀린 개념으로 볼 수는 없다. 그러나 갑골문에서 '신(神)'의 개념이 어떻게 발전하고 변화의 과정을 거쳤는지를 살펴본다면 '천(天)'은 결코 '신(神)'을 통칭하지도 못하며, 더욱이 천신(天神)에게 제사를 드린 기록은 갑골문에서 전혀 발견되지 않는다. 따라서 '천(天)'은 결코 신을 총칭하는 개념이 아니었다.[1]

---

1) 이 부분에 대해서는 이 책의 제5장 「한자와 귀신」을 참조.

이후의 천신에 해당하는 개념은 갑골문에서 '제(帝)'라 할 수 있는데, 「제(帝)」는 꽃꼭지에서 출발한 식물 신이나, 곡물 신, 토지신의 다른 이름으로 쓰였다. 그뿐만 아니라 「천(天)」은 인간의 정수리를 뜻해 오늘날의 하늘 신과는 다른 개념이었다. 따라서 갑골문에서 사용된 「제(帝)」역시 모든 신을 총칭하는 개념으로 사용되었다고 보기 어렵고 「천(天)」은 더더욱 그렇다. 이처럼 한자의 역사를 추적한다면 「천(天)」이 아니라 「제(帝)」가 훨씬 일찍부터 신의 개념으로 사용되었으며 나중에 「천(天)」이 천신의 개념으로 발전하면서 「제(帝)」가 제천(帝天)으로 발전하였음을 알 수 있다.

물론 '천(天)'이라는 개념은 역사적으로 때로는 의지와 인격을 가진 인격신(人格神)의 의미로, 때로는 도덕적 속성을 지닌 개념으로, 때로는 사람의 힘이 미칠 수 없는 필연적 역량인 운명적 개념으로, 때로는 자연계를 뜻하는 개념 등으로 사용되었다.[2] 그러나 중국의 '신(神)'은 서양의 추상적 신^{God}과 대부분 개념이 다르다. 즉 중국의 신은 창조될 때부터 서양의 신처럼 자기 하고 싶은 대로 하고 하지 못하는 것이 없는 그런 존재가 아니었다.

고대 중국에서 신은 인간과 혈연관계가 있기 때문에 동시에 인간의 먼 조상이기도 하다. 하지만 사람의 먼 조상만이 '신'이 되는 것은 아니었다. 도가 사상에서 드러나는 것처럼 인간도 수련하여 득도만 하면 하늘로 올라가 '신선'이 될 수 있다고 생각하기도 했다. 이렇게 되면 신과 인간의 관계는 더욱 밀접해진다. 따라서 중국의 '신'은 서양의 신처럼 하고 싶은 것을 마음대로 하고 모든 것을 다 이룰 수 있는 그런 존재로 만들어진 것이 아니다. 그들은 신이라 하더라도 사람과 마찬가지로 아래위를 우러르고 굽어살펴야만 하늘의 뜻과

---

2) 方克立, 『中國哲學大辭典』(1994), 72쪽.

이치를 깨달을 수 있었다. 그들은 자연을 본받았고 뜻을 형체에 맡겼기 때문에 그들이 창조해낸 것은 심오하기는 했지만 신비하지는 않았으며, 사람들은 정확한 방법에 의해 '신의 뜻'을 깨달을 수 있었다. 훈고학(訓詁學)은 '신성한 원래 뜻'을 이해하고 해석하는 유일한 정확한 방법으로 여겨졌다.[3]

그러나 이러한 '천(天)' 개념이 철학적으로 정리된 것은 최소한 선진(先秦) 시대를 지나서 이루어진 것이며, 선진 시대의 「천(天)」은 인간을 제외한 나머지 모든 자연을 지칭하는 폭넓은 개념으로 사용되었다. 갑골문 시대에 「천(天)」은 자연을 총칭하는 개념으로조차 사용되지 않았고, 인간의 '정수리'를 뜻하는 일반적인 말을 지칭하는 개념이었다. 그렇다면 과연 오늘날의 의미에서 총칭적인 신의 개념과 유사한 개념은 어디에서 찾아야 할 것인가라는 질문에 부딪히게 된다. 앞 장에서 말했듯이 신과 가장 유사한 개념은 「천(天)」이 아니라 「귀(鬼)」였다. 그러므로 헤겔의 주장은 선진 시대 철학 문헌 이전 '천(天)'의 발생적 개념에는 적용하기 어렵다.

사실 인간과 하늘의 관계, 즉 천인 관계(天人關係)는 중국철학에서 중요한 범주 중의 하나이며, 이를 통해 자연에 대한 그들의 인식을 엿볼 수 있다는 점에서 중국인들의 사유 방식을 논할 때면 언제나 중심에 올리게 되는 주제의 하나가 되어왔다.

천인 관계에 관한 논의는 그 역사가 매우 길어 이미 『상서(尙書)』나 『좌전』 등 선진 경전은 물론 『논어』나 『맹자』, 『순자』, 『묵자』, 『노자』, 『장자』 등과 같은 선진 제자(諸子)의 저술에서도 보편적으로 논의되었다. 그들은 때로는 인간과 하늘, 즉 자연을 서로 대립하는 요소로 생각하여, 사람이 주체가 되어 자연을 주재하고 고칠 수 있다고 생각하기도

---

3) 潘德榮, 『文字·詮釋·傳統 – 中國詮釋傳統的現代轉化』(2003), 正文 15~16쪽.

했다. 하지만 대부분은 인간을 하늘, 즉 자연과 연계된 불가분의 유기체적 존재로 인식했다. 전자의 견해를 '천인상분론(天人相分論)'4)이라고 한다면 후자는 '천인상합(天人相合)'이나 '천인합일론(天人合一論)'이라 이름 붙일 수 있을 것이다. 중국적 전통에서는 전자보다는 후자의 주장이 훨씬 우세한 보편적인 정서였다.5) 그러므로 이 장에서는 이러한 관점이 어떻게 발전했는지 살피는 데 주안점을 둔다.

2. 인간과 하늘: 정수리와 천(天)

인간의 활동 공간이자 인류의 생활에 필요한 물질적 조건을 제공해주는 자연, 그 자연환경과 인간은 어떤 관계가 있을까? 인류가 사유하기 시작하면서 부딪히게 되는 가장 근원적인 문제가 바로 인간과 자연

---

4) 이는 사람과 하늘, 사람과 자연의 관계에서 서로 분리 대립한다는 사상으로, 周나라 때의 叔興과 子産 등에 의해 초보적으로 제기되었다가 荀子에 의해 체계화되었다. 순자는 하늘이 목적과 의지가 없는 존재이기 때문에 하늘과 인간의 길흉화복이나 국가의 흥망성쇠와는 관계가 없다고 했다. 이에 반해 사람은 목적과 의지가 있으며 주관을 가진 능동적인 존재로, 객관적인 규율을 엄격하게 준수하기만 한다면 인간의 행복을 위해 자연을 제어할 수도, 자연을 고칠 수도, 자연을 이용할 수도 있다고 보았다. 하지만 객관적 규율을 무시하고 임의대로 행동한다면 재앙을 가져오게 된다고 했다. 순자 이후 東漢 때의 王充은 董仲舒의 신학 목적론에 반대하여 有爲와 無爲의 개념으로 人道와 天道를 구분했으며, 唐나라 때의 柳宗元과 劉禹錫, 宋나라 때의 王安石 등이 이러한 견해를 견지했다. 方克立, 『中國哲學大辭典』(1994), 74쪽.
5) 인간과 자연을 하나의 전체로 보고자 하는 경향은 중국뿐만 아니라 고대 그리스의 철학자들을 비롯해 근대의 스피노자나 헤겔과 같은 학자들에 의해 견지되기도 했다. 하지만 중국의 천일 합일론적 사유가 서양과 다른 점은, 서양의 것이 인간과 자연(주관과 객관 세계를 포함)을 이원적이라고 전제한 천인합일론적 사유라면 중국은 이 두 범주가 떨어질 수 없는 유기체적 관계, 즉 일원적이며 총체적인 관계로 생각했다는 데 있을 것이다.

의 관계이며, 철학적으로 정리되기 전 이 문제는 중국의 경우 주로 인간과 하늘, 인간과 신이라는 문제로 나타났다.

중국인들은 언제나 자연, 혹은 하늘이 사람과 분리된 대상으로 생각하지 않았으며, 서양의 이론에서 보듯 주체와 객체, 보는 자와 보이는 대상을 명확하게 분리해서 사고하지 않았다. 서양에서도 이러한 이분법이 계발되고 사유된 것은 체계적인 사유 체계가 발생할 때인 그리스 시대부터라고 할 수 있을 것이며, 중국의 역사로 보면 춘추전국시대에 해당한다고 할 수 있을 것이다. 하지만 이 글에서 고찰하고자 하는 갑골문자는 그보다 훨씬 이전 시대를 대표한다. 따라서 갑골문에 등장하는 고대의 신(神)이 자연계의 신이며 자신들에게 영향력을 행사하는 생활 속의 신이었다는 점은 별로 놀랄 만한 일이 아니다.

형상적 사유의 발달로 말미암아 중국은 '신(神)'이 추상적 개념의 '신'으로 사용된 것이 상당히 늦었다. 정착 농경사회에서 인간은 그 사회적 특성상 다른 사회에서보다 자연의 힘에 상대적으로 더 많이 의존하는 것이 사실이다. 그러므로 그들은 신을 번개 신, 하늘 신, 구름 신, 바람 신 등(이 모두는 '하늘 신' 내지는 추상적 '신'으로 통칭할 수 있었음에도)으로 세분하여 인식한 것으로 보인다. 하지만 목축 사회는 이와 달랐다. 그들은 자연신을 농경사회에서만큼 세분화할 필요가 없었을 것이며, 그래서 더욱 빨리 '신'이 추상적 개념으로 발달한 것으로 보인다. 따라서 중국에서는 빨라도 서주(西周) 시대에나 이르러야 비로소 신(神)이 추상적 개념으로서 '신'을 나타내는 용법으로 쓰이게 되었다. 지금까지 '신(神)'이 '신'이라는 추상적 개념의 통칭으로 쓰이게 된 것은 주(周)나라 목왕(穆王) 때의 것으로 보이는「백동궤(伯茲簋)」의 명문(銘文)인 "백동이 서궁에서 쓸 보배스런 기물을 만들었으며, 이로써 '신'을 편안하게 하고자 합니다. 위대하신 조상을 본받아 덕행을 닦고 공손하며 돈독해지기를 빕니다.[白(伯)𢦏肇其乍(作)西宮寶, 隹(惟)用妥(綏)神懷. 虩(效)前文人, 秉德共(恭)屯(純).]"의 용법이 처음이라고 알려져 있다.6)

그래서 갑골문 시대의 '신(神)'은 추상적 개념이 아닌 구체적 신의 명칭으로만 사용되었다. 즉 갑골문의 경우, 수많은 자연신이나 곡식 신, 토지 신, 조상신 등에 관한 언급은 나타나지만 이를 공통으로 부를 수 있는 문자부호는 없던 것으로 보인다.7) 그래서 「신(神)」이 당시의 기록에 보이긴 하지만, 이는 추상적 개념의 '신'이 아니라 번개 신을 형상한 자연신의 개념으로 제한되어 사용되었다.8)

마찬가지로 주나라 이후 최고의 신으로 등장하는 「천(天)」도 갑골문 당시만 해도 아직 '신'으로서 개념을 가지지 못했으며, 상나라 당시의 지상신을 대표하는 「제(帝)」의 경우도 지상신이라는 의미와 함께 조상신(祖上神)의 의미도 함께 갖고 있는가 하면, 「제(帝)」가 지상신임에도 자

---

6) 劉翔, 『中國傳統價値觀念詮釋學』(1992), 1쪽. 하지만 이보다 앞서 서주 초기의 기물로 알려진 「寧簋蓋」의 "온갖 신들을 모시는데 사용하다.(用格百神)"는 용례를 처음으로 보아야 할 것이다. 서주 때의 금문에는 이외에도 중기의 「癲鐘」과 「癲簋」에서 '大神'과 '文神', 「邢叔鐘」에서 '文神', 「作冊益卣」에서 '厥父母多神'의 용례가 보이며, 후기 때의 「邢叔釆鐘」에서 '文神', 「猷鐘」에서 '百神', 「杜伯盨」에서 '皇申(神)' 등의 용례가 보이며, 「大克鼎」에서 '孝于申(神)', 「輶史䍧壺」에서 '先申(神)皇祖' 등의 용법이 보인다. 또 1975년 섬서성 岐山縣 董家村 1호 지하 움집에서 출토되어 섬서성 기산현 박물관에 소장된 서주 후기의 「此鼎」에도 "우리의 위대한 선조 계공을 위해 귀한 솥을 만들어, 훌륭하신 선조의 신령에 효도를 다하고 장수하길 비는 데 사용하고자 합니다.(用作朕皇考癸公尊鼎, 用享孝于文申(神), 用匄眉壽.)"라고 했다. 자세한 용례는 華東師範大學中國文字硏究與應用中心, 『金文引得』(殷商西周卷)(2001), 華東師範大學中國文字硏究與應用中心, 『金文金譯類檢』(2003) 참조.
7) 상나라 당시에는 지상신으로 上帝가, 자연신으로 日, 云(雲), 風, 雨, 雷 등이, 조상신으로 高祖, 先公, 先王, 先妣 등 다양하게 존재했으며, 모두 숭배와 제사의 대상이 되었다.[王宇信 等, 『甲骨學一百年』(1999), 592쪽] 갑골문에 나타나는 제사의 명칭만 해도 島邦南의 『殷墟卜辭硏究』(1958)에 의하면 200여 가지에 이른다.
8) 「神」은 원래 번개의 모습을 형상한 申에다 제사를 뜻하는 示가 합쳐져 만들어진 글자로, 갑골문에서 번개 신을 지칭했다.

연계의 갖가지 신이 개별적으로 중복으로 존재하는 양상을 보였다. 이것은 바로「제(帝)」조차도 상나라 당시에도 아직 모든 신을 지칭하는 추상적 개념으로서 사용되지 못한 것을 반증한다. 여기서는 우선 이후 천인 관계에서 가장 중요한 개념으로 등장하는「천(天)」이 갑골문 단계에서 쓰이는 방식과 이 의미 형성 과정에 나타난 상징적 의미에 관해 살펴보기로 하자.

「천(天)」은 갑골문에서 매우 자주 등장하는 글자의 하나로, 그 필사법이 매우 다양하긴 하지만 대체로 다음과 같은 유형적 분류가 가능할 것이다.

    제1유형(ⓐ):

    (1)🯄(『乙』9092) → (2)🯄(『後下』18.7.) → (4)🯄(『續』2.22.4.)
                  ↘ (3)🯄(『續』5.13.6.) ↗

    제2유형(ⓑ):

    (5)🯄(『乙』9067) → (6)🯄(于省吾: 1996, 214) → (7)🯄(『乙』4505)
    → (8)🯄(『前』4.16.4.).

이것이 무엇을 형상한 것인지에 대해 일반적으로「천(天)」은 원래 사람의 정면 모습에다 사람의 머리 부분으로 돌출시켜 그려낸 것으로 의견이 일치한다. 즉 이는 모두 사람의 정면 모습[大]에서 머리 부분을 커다랗게 키워놓은 모습을 형상한 것으로, 제1유형은 정상적인 모습이나 제2유형은 제1유형과 비교하면 가로획이 하나 더 들어간 번화(繁化)의 결과로 보인다. 그리고 제1유형의 (2)🯄와 (3)🯄, 제2유형의 (6)🯄에서 ▯과 ▢은 사람의 머리 모습이며, 이는 사람의 머리를 더욱 형상적으로 그린 (1)이나 (5)가 필사의 편리를 위해 선형화된 결과로 나타난 필사법이라 할 수 있을 것이다.9) 그리고 (4), (7), (8)은 각각 (1)이나 (5)가 (2), (3), (6) 등의 변화 과정을 거쳐 더욱 추상화되어 가로획 하나로 변한 모습으로 볼 수 있다.

하지만 (8)의 형체에 대해서는 학자에 따라서는 조금씩 다른 견해가 보이기도 한다. 즉 이를 구성하는 형체를 아랫부분의 사람 형상과 윗부분의 가로획으로 나누고 윗부분의 가로획을 '하늘'을 추상화한 것으로 보아 「천(天)」의 갑골문 형상을 사람이 하늘을 보는 모습을 그린 것, 혹은 사람의 정면 모습(大)에 하늘을 표시하는 가로획(一)이 더해진 모습10), 혹은 아랫부분의 사람이 하늘을 바라다보는 형태로 해석하기도 한다. 이는 지나친 상상력을 발휘한 경우가 아닐까 한다.

왜냐하면 갑골문에서 복잡하고 다양하게 나타나는 「천(天)」의 형체를 위와 같이 두 유형으로 나누고 그 변천 과정을 추측해보았을 때 모두 사람 신체의 일부인 머리 형상이 변해 만들어진 것임을 추정할 수 있으며, 이는 다른 자형들의 관계 속에서 해석해야지 (8)의 한 가지 형체만을 가지고 개별적이거나 독립적으로 해석할 수는 없기 때문이다. 하지만 이러한 자형상의 변천 과정을 먼저 갑골문 단계에서 「천(天)」의 용례, 둘째, 고대 문헌에서 사용되는 「천(天)」의 용례, 셋째, 「천(天)」과 유사한 구조를 가진 다른 글자들의 의미 형성 과정 등을 통해 합리적으로 해석할 수 있을 것이다.

먼저 갑골문에서 쓰인 「천(天)」의 용례를 살펴보면, 사람의 '정수리'라는 뜻 이외에 '크다'는 의미로서 「대(大)」와 같은 의미로 사용되거나 지

---

9) 여기서 말하는 필사의 편리라는 것은, 갑골문이 칼로 새긴 것이기 때문에 원형이나 곡선 구조는 새기기에 불편하여 가능한 한 직선으로 대체하고자 하는 경향을 말한다.
10) 趙誠, 『甲骨文簡明辭典』(1988), 186쪽.

명이나 나라 이름, 사람 이름 등으로 사용된다.11) 갑골문 단계에서 사용되는 「천(天)」의 용례 중, '크다'는 의미는 「천(天)」이 사람의 정면 모습을 그렸다는 의미에서 유추 가능한 부분이며, 나머지 나라 이름이나 사람 이름으로 쓰인 용례는 고유명사이기 때문에 「천(天)」의 의미 형성 과정과는 직접적 관련이 없다. 그렇게 볼 때 갑골문 단계에서 「천(天)」의 용례는 "弗病朕天(내 정수리에 질병이 생기지 않을까요?)"(『병』9067)나, "辛丑卜, 乙巳歲于天庚?(신축일에 점을 쳐 물어봅니다. 을사일에 천경(대경)께 '세' 제사를 드릴까요?)"(『을』6690)와 같이 '정수리'나 '크다[大]'와 같은 의미로 사용되어 단지 '사람'이나 '사람의 머리'에 관련된 의미만 있을 뿐이지 아직 '하늘'처럼 다른 추상적 의미는 전혀 없다. 이 때문에 '정수리'가 가장 최초의 의미이며, 이를 '하늘'이라는 개념과 연계한 것은 나중의 일이다. 그래서 「천(天)」의 형상은 그냥 '사람'의 형체를 그린 것으로 보아야 할 것이다. 이를 사람이 하늘을 쳐다보는 형상을 그렸다는 해석은 「천(天)」이 이후에 가지는 '하늘'의 의미에 근거하여 추측해낸 상상이지 「천(天)」이 만들어질 당시의 실제 의미는 아니다.

다음으로 고대 문헌에서 쓰인 「천(天)」의 용례에서도 이러한 것은 확인 가능하다. 중국 최초이자 최고의 한자 해설서라 할 수 있는『설문해자』에서도 「천(天)」에 대해 "전(顚, 정수리)과 같으며, 지고무상(至高無上)하다는 뜻이고, 일(一)과 대(大)가 의미부이다."12)라고 해석했는가 하면,『역(易)』「규(睽)」의 "그 사람을 '천' 형과 '의' 형에 처하네.(其人天且劓)"에 관한 주석에서도 "이마에 먹물을 먹이는 형벌을 천(天)이라 한다."라고 했다. 이렇게 볼 때 고대 문헌에서도 「천(天)」의 원래 의미를 사람의 '정수리'로 보았다. 그렇다면 「천(天)」의 형상 자체도 사람의

---

11) 徐中舒,『甲骨文字典』(1988), 3~4쪽.
12) "天, 顚也, 至高無上. 從一大."

'정수리'에서 그 근원을 찾아야 할 것이다.

그리고 「천(天)」과 유사한 필획 구조를 가진 다른 글자의 형성 과정을 통해서도 「천(天)」의 윗부분의 가로획은 하늘을 형상한 것이 아니라 사람의 머리를 그린 원형 구조가 변한 것임을 확인할 수 있다. 예컨대 사람의 측면 모습[ㄣ]에다 머리 부분을 키워 그림으로써 '(사람의) 머리'라는 의미에서 '처음' 혹은 '크다'는 의미를 그려낸 「원(元)」은 갑골문에서 ᄎ(『前』4.33.4.)으로 그려 사실상 「천(天)」의 (8)ᄎ과 구조가 같다. 하지만 이를 금문(金文)에서는 ᄉ과 같이 그려, 머리 부분을 더욱 형상적으로 그리는 것을 볼 수 있다. 또 사람의 정면 모습에다 머리를 기울인 모습에서 '기울다'는 뜻을 그려낸 「측(仄)」의 경우 갑골문에서 ᄎ(『後下』4.14.)과 이를 선형화한 ᄎ(『乙』5317)이 동시에 나타난다. 그런가 하면 사람이 팔을 흔들며 가는 모습에서 '가다'는 의미를 그려낸 「주(走)」도 갑골문에서는 ᄎ(『前』4.29.4.)와 ᄎ(『甲』2810)가 함께 존재하며, 「앙(央)」에도 ᄎ과 ᄎ(于省吾: 1996, 223쪽)의 형체가 함께 존재한다.[13] 또 「정(正)」의 경우에도 서주 갑골이긴 하지만 ᄇ(『遺』458)과 ᄇ(『西周探』13)이 동시에 존재한다.[14] 이렇듯 「원(元)」·「측(仄)」·「주(走)」·「앙(央)」·「정(正)」 등에서 볼 수 있는 것처럼, 이 글자들에 공동으로 존재하는 가로획을 하늘을 그린 것으로 해석할 수는 없다.

이렇게 볼 때, (8)ᄎ의 형체에 보이는 가로획은 원래가 사람의 머리를 키워 그린 둥근 획이, 주조로 만들어지는 금문(金文)과는 달리 칼로 새

---

13) 갑골문에서는 단지 인명으로만 사용되기 때문에 央이 어떤 것을 형상했는지는 아직 불분명하지만, 丁山은 이를 "사람이 목에 칼을 쓴 모습을 형상했다.(象人頸上荷枷形)"라고 했다. 于省吾, 『甲骨文字詁林』(1996), 223~224쪽.

14) 正은 원래 城邑을 형상한 口과 이를 향해 가는 발[止]이 합해져 만들어진 글자로, 정벌하다[征]가 원래 뜻이다. 금문에서는 성곽을 그린 口을 원형으로 표현하기도 했다. 이후 이 부분이 가로획으로 변해 지금처럼 되었다.

겨야 하는 갑골문의 필사적 특성 때문에 선형화되어 가로획으로 나타난 결과물임을 알 수 있다.

이상 몇 가지 근거로 볼 때, 「천(天)」은 갑골문에서 '정수리'가 최초의 의미인 것처럼 원래 사람이 하늘을 보는 형상을 그린 것이 아니라 사람의 머리를 크게 키워 놓은 모습을 형상한 것이다. 간혹 키워 그린 사람의 머리 형상이 갑골문이 가지는 필사적 제한에 의해 가로획으로 변한 때도 있음을 확인할 수 있다.

「천(天)」이 가지는 '하늘'이라는 개념은 이후 '정수리'가 사람의 가장 윗부분 가장 높은 부분이고, "하늘도 위대하고 땅도 위대하고 사람 또한 위대하다.(天大, 地大, 人亦大)"(『노자』)라는 언급처럼 사람의 가장 윗부분, 즉 '정수리'와 맞닿아 있다는 개념에서 그 위에 존재하는 끝없이 광활한 '하늘'과 지고무상의 '신'이라는 개념을 그려낸 것으로 보인다.

순수한 '정수리'라는 개념으로서 「천(天)」이 천체나 신의 개념을 지칭한 것은 서주 초기 때의 기물로 알려진 「영궤개(寧簋蓋)」의 "온갖 신들을 모시는데 사용하다.(用格百神)"라는 언급처럼 서주(西周) 시기에 이르러 비로소 나타난 것으로 보인다. 『상서』「주서(周書)」「금등(金縢)」에서 "[이해 가을 오곡이 모두 무르익었으나 아직 채 수확을 하기 전] 하늘이 큰 천둥과 번개를 내려 바람을 불게 하여(天大雷電以風) [모든 곡식이 쓰러지고 큰 나무들이 뿌리째 뽑혀 온 나라 사람들이 두려움에 떨었다]"라는 것이 전래 문헌 최초의 기록으로 보인다. 이처럼 이후의 천인 관계론에서 말하는 중요 개념인 「천(天)」이 적어도 갑골문 단계에서는 전혀 '하늘'이나 '하늘 신'으로서 개념은 없었음을 확인할 수 있다.

하지만 여기서 중요한 것은 이후 '하늘'이라는 개념을 나타내게 될 「천(天)」이 '사람'의 형상에서 그 개념을 그려낸다는 특이한 점을 발견할 수 있다는 것이다. 이는 나시[納西] 문자[5)에서 '하늘'이라는 개념이 사람과는 전혀 관련 없이 ⌒처럼 순수한 하늘의 형상, 즉 둥근 천체를 그리거나 ～처럼 하늘에 구름이 있는 모습을 그린 점이나[6], 이집트의 신성(神聖)문자에서 '하늘'이라는 개념이 갑골문에서처럼 '꼭대기'라는 개념을 함께 갖고 있으면서 그 형상은 오히려 ▱와 같이 그려 천체의 형상을 통해 해당 개념을 그려내고 있음을 상기해보면 특징적일 수밖에 없을 것이다.[17]

이처럼 갑골문 단계에서 볼 수 있는 「천(天)」의 개념 형성은 바로 인간과 밀접한 관계를 지닌 하늘이다. 그렇다면 갑골문 단계에서는 이후의 '하늘'이나 '하늘 신'에 해당하는 개념이 존재하지 않은 것일까? 만약 존재했다면 어떤 글자에 의해 나타나는지 살펴볼 필요가 있다.

3. 꽃꼭지와 제(帝)

갑골문 단계에서 '하늘'이나 '하늘 신'에 해당하는 개념을 담은 글자는 다름 아닌 「제(帝)」이다. 우선 「제(帝)」의 의미 형성 과정과 이에 반영된 사람과의 관계에 대해 살펴보기로 하자. 「제(帝)」는 갑골문에서는 매우 다양한 형태로 나타나는데 그 대체를 유형별로 분류하면 다음과 같은 다섯 가지로 구분할 수 있다.[18]

---

15) 중국 雲南省 麗江지역과 中甸, 維西, 永勝縣 등지의 納西族들이 사용하는 문자로 원시 상형문자 체계로 되어 있다. 달리 麼些문자로도 불리며, 나시족의 전통 종교인 東巴敎의 경전 기록에 쓰이는 문자라고 해서 東巴文字라고도 불린다. 20세기 초에 세상에 알려진 이후, 현재까지 사용되는 상형문자 중에서 가장 체계적이고 완전하게 보존된 문자로 알려졌다. 方國瑜 編撰, 和志武 參訂, 『納西象形文字譜』(1995)에서는 총 1,340개 개별 글자를 수록하고 자형에 대한 해석을 붙였다.
16) 方國瑜 編撰, 和志武 參訂, 『納西象形文字譜』(1995), 91쪽.
17) 周有光, 『世界文字發展史』(1997), 82쪽.
18) 아래의 자형 분류는 王輝(「殷人火祭說」, ≪古文字硏究論文集≫(四川大學學報叢

제1유형: (1)✶(『京』4349), (2)✶(『을』169), (3)✶(『合集』115), (4)✶(『전』4.17.7.)

제2유형: (1)✶(『後上』26.15.), (2)✶(『병』86), (3)✶(『粹』12), (4)✶(『粹』811), (5)✶(『寧』1.515.)

제3유형: (1)✶(『合集』2287), (2)✶(『掇』2.126.) (3)✶(『京』330), (4)✶(『京』2287)

제4유형: (1)✶(『粹』1311)

제5유형: (1)✶(『外』214)

이상의 형체를 한 「제(帝)」는 갑골문에서 대체로 다음 몇 가지 용법을 가진다. 첫째, "自今庚子[至]于甲申, 帝令雨?"(이번 경자일로부터 갑신일 사이에 상제께서 비를 내려주실까요?(『丙』381))와 같이 바람이나 비, 재앙을 비롯한 인간의 길흉화복을 주재하는 신의 총칭이자 상제(上帝)를 지칭하는 개념으로 사용된다.19) 둘째, "乙卯卜, 其又歲于帝丁一牢"[을묘일에 점을 쳐 물어봅니다. 무정(帝丁) 임금께 '유(侑)' 제사와 '세(歲)' 제사를 드리는데 희생 소 한 마리를 쓸까요?](『南輔』62)처럼 은나라 선조의 왕에 대한 호칭이다.20) 셋째, "癸丑卜, 帝南?"(계축일에 점을 쳐 물어봅니다. 남쪽 신께 제사를 드릴까요?)(『京』4349)와 같이 제사의 이름이나 그 행위를 나타내는 동사 등으로도 사용된다.21) 이처럼 「제(帝)」는 갑골문

刊 第10輯))의 자료(于省吾,『甲骨文字詁林』(1996), 1082~1083쪽에서 재인용)에 근거를 두어 재분류했다. 王輝의 帝의 제 형체에 관한 분류는 지금까지 나온 것 중 가장 상세하지만 帝의 형체를 본 논문과는 다른 시각에서 해석했고, 그 결과 그가 정리한 帝의 제 형상의 분류도 달리 귀납될 수밖에 없었다.

19) 구체적 용례에 대해서는 王宇信 等,『甲骨學一百年』(1999), 592~594쪽 참조.
20) 徐中舒,『甲骨文字典』(1988), 7쪽.
21) 徐中舒, 같은 책, 23~24쪽.

단계에서 지상신이면서도 조상신을 함께 겸한 신의 개념으로 묘사된다. 그렇다면 한자의 발생적 측면에서 도대체 「제(帝)」의 형상은 어디서부터 왔으며, 어떤 특징 때문에 이상의 의미로 쓰이게 된 것일까?

「제(帝)」의 모습이 무엇을 형상한 것인지에 대해서는 의견이 분분하다. 혹자는 '꽃꼭지'를 뜻하는 「체(蒂)」에서 그 원형을 찾는가 하면, 하늘에 제사 지낼 때 사용하는 나무 묶음을 형상한 것, 커다란 목주(木主)를 형상한 것, 옛날 제사 지낼 때 사용하던 커다란 탁자를 그린 것으로 해석하기도 한다. 심지어 어떤 이는 태양의 숭배 의식에서 근원한 것으로 보기도 한다.22) 이렇듯 「제(帝)」의 형체 형성에 대해서는 아직 결론이 나지는 않은 상태이긴 하지만 "크게 부푼 씨방의 모습을 형상"한 것으로 보는 것이 일반적이다.23) 즉 「제(帝)」가 「체(蒂)」의 본래 글자이며, 갑골문의 형태에서 역삼각형 모양[▽]으로 부풀어 있는 윗부분은 씨방이고 중간 부분[⊓]은 꽃받침, 아랫부분[↑]은 꽃대를 형상한 것으로 볼 수 있다.24)

글자의 형성 과정을 해석하는 데는 언제나 일정한 가설이 필요하고 이 가설을 증명할 수 있는 자료가 필수적이다. 곽말약(郭沫若)은 「제(帝)」의 초기 형상이 '생식(生殖)'과 관련이 있을 것이라는 가설을 세웠고, 「조(祖)」나 「비(妣)」나 「후(后)」 등과 같은 글자를 통해 갑골문에

---

22) 帝가 '꽃꼭지'를 뜻하는 蒂에서 왔다는 견해는 송나라 때의 鄭樵(『六書略』)를 비롯해 吳大澂, 王國維(「殷卜辭中所見先公先王考」), 郭沫若(「釋祖妣」) 등에 의해, 하늘에 제사 지낼 때 사용하는 나무 묶음을 형상했다는 견해는 徐中舒(『甲骨文字典』), 커다란 木主를 형상했다는 것은 赤塚忠[「甲骨文に見える神神」(『中國古代の宗敎と文化』에 수록)], 옛날 제사 지낼 때 사용하던 커다란 탁자를 그린 것이라는 견해는 加藤常賢(『金文解讀』), 태양의 숭배 의식에서 근원했다는 견해는 何新(『諸神的起源』) 등에 의해 제시된 바 있다.
23) 許進雄, 『中國古代社會』(1991), 洪憙 옮김, 39쪽.
24) 郭沫若, 「釋祖妣」(1982), 53쪽.

생식 숭배(生殖崇拜)가 보편적으로 나타남을 들어「제(帝)」가 꽃꼭지를 형상했을 것이라는 중요한 증거로 보았다. 또 갑골문 단계에서「제(帝)」가 조상신의 의미까지 겸하는 것 역시 이러한 관념의 반영이라고 보았다.「제(帝)」에 대한 곽말약의 설명은 지금까지 나온 해석 중 가장 상세하고 합리적인 해석의 하나로 보이며, 필자도「제(帝)」는「체(蒂)」의 본래 글자로 꽃꼭지를 형상한 것이라는 해석에 전적으로 동의한다. 하지만 곽말약의 증거가 완전한 것은 아니라 생각하며, 다음 몇 가지가 그 가설에 대한 증명 자료로 활용될 수 있을 것으로 생각한다.

먼저 위에서 제시한 것처럼「제(帝)」의 갖가지 형체를 유형별로 분류하고 이에 대한 자세한 관찰이 필요하다. 곽말약의 견해처럼「제(帝)」를 구성하는 성분을 크게 역삼각형 모양의 씨방, 중간 부분의 꽃받침, 아랫부분의 꽃대의 셋으로 나눌 수 있다고 보았을 때, 제1유형은 꽃받침이 표시되지 않거나 가로획[一]으로 간단히 표현된 유형이며, 제2유형은 꽃받침이 전형적인 ↑의 모습으로 그려진 경우이고, 제3유형은 꽃받침의 모습이 □이나 ○이나 ⋈ 등으로 표시된 경우이며, 제4유형은 씨방 위에 꽃봉오리의 모습이 그려진 모습이며, 제5유형은 꽃이나 씨방 없이 꽃나무를 그린 형상으로 볼 수 있다.

제1유형의 (1)柬이 가장 간단한 형태이며 (2)柬와 (3)柬은 꽃받침이 가로획으로 그려진 모습이고 (4)柬는 꽃나무의 가지를 그린 것을 보이는 가로획이 한 획 더 첨가된 모습이다. 여기서 씨방의 모습에 세로 선이 하나 더 들어 있는 것은 씨가 익어 부풀어 있는 씨방의 무늿결을 더욱 형상적으로 그린 것으로 보인다. 제2유형에서 (3)柬은 씨방의 무늿결이 가로로 그려져 변형된 모습이고, (5)柬는 씨방 위에 가로획이 하나 더 더해진 모습인데 이는 앞서 든「천(天)」의 형상에서처럼 갑골문에서 자주 보이는 번화(繁化)의 결과로 보인다. 제3부류에서는 꽃받침의 모습이 다양하게 나타나는데, ⑷〼가 가장 형상적이며 ⑵〼와 ⑶〼도 매우 형상적이다. 하지만 갑골문은 매우 단단한 거북 딱지나 동물 뼈에다 칼로 새겨야 하기 때문에 ⑵〼나 ⑶〼과 같은 곡선 구조나 ⑷〼와 같은 복잡한 구조는 새기기에 번거로워 ⑴〼과 같은 유형으로 변하고 이것이 제3부류에서 가장 대표적인 구조로 남게 되었을 것이다. 제4유형은 드문 예긴 하지만 「제(帝)」가 꽃꼭지를 형상했다는 가설에 들어맞는, 꽃꼭지를 가장 사실적으로 그린 예가 될 것이다. 이 역시 사실적이긴 하나 필사의 불편 때문에 그리 자주 나타날 수는 없었을 것으로 보인다. 제5유형은 꽃꼭지 없이 꽃나무를 그린 것으로 보인다. 그러나 이는 제1유형의 ⑷〼에서 가로획이 생략되어 나타난 결과로 해석할 가능성도 있다. 그래서 여기에서 제5유형은 정식적인 예는 아니며 변형된 예라 볼 수 있을 것이다.

이러한 유추와 해석을 통해 볼 때 갑골문에서 「제(帝)」는 제4유형이 가장 완전한 사실적인 모습을 한 것이며, 이 모습이 제3유형과 제2유형으로, 다시 간략화를 거쳐 제1유형의 모습으로 변형된 것으로 보이며, 다시 각 유형 속에서 개별적인 형체상의 차이를 보이게 된 것으로 해석할 수 있다.

둘째, 「제(帝)」와 같은 어원 관계를 가진 「체(蒂)」・「체(禘)」・「시(啻)」・「적(摘)」 등의 글자군의 파생 과정에서도 「제(帝)」가 꽃꼭지를 형상했을 것이라는 점을 추정할 수 있다. 꽃의 꼭지는 식물 번식의 상징이다. 식물의 번식은 식물과 동물, 궁극적으로는 인간의 생명을 영위하게 해주는 가장 근본이 되는 것으로, 특히 농경사회에서는 애초부터 중요한 숭배 대상이 되어왔다. 식물 중에서도 번식을 상징하는 꽃꼭지는 이후 '꽃꼭지'가 가지는 상징성 때문에 숭배 대상이 되었고, 다시 농경사회에서 가지는 곡식의 번식이 가지는 중요성 때문에 어떤 다른 신보다 중요한 신 내지는 최고의 신으로까지 격상된 것으로 보인다.25)

이러한 의미의 파생 과정을 한자라는 글자의 파생이라는 측면에서 살펴보면, 원래 의미가 '꽃꼭지'로 추정되는 「제(帝)」가 특정 시기부터 새로 부가된 식물의 번식 신 내지 '최고신'이라는 추상적 의미로 주로 쓰이게 되자 이것과 원래 의미를 구별하고자 「초(艸)」를 더하여 「체(蒂)」라는 글자를 만들어내게 되었다. 그렇게 되자 원래의 '꽃꼭지'라는 의미

---

25) 곡물의 중요성은 이들뿐만 아니라 곡식 신이나 이러한 곡물을 생장 가능하게 해주는 토지신에 대한 중시에서도 확인 가능하다. 예컨대 '국가'를 뜻하는 社稷은 바로 토지신과 곡식 신이 합쳐진 경우로, 社는 토지신을 稷은 곡식 신을 뜻한다. 社는 갑골문의 경우 示가 아직 더해지지 않은 土로 나타나고 있는데, 土는 ◊(『合集』 6354)나 ◊(『合集』 9741)와 같이 그려 윗부분은 흙을 뭉쳐 놓은 모습을, 아랫부분의 가로획은 땅을 의미하여 땅 위에다 壇을 쌓아놓은 모습을 형상했다. 어떤 경우에는 흙으로 쌓은 단 옆에 점이 첨가된 것도 있는데 이는 제사를 드릴 때 술을 뿌리는 모습을 표현한 것으로 보인다. 그리고 지금은 쓰이지 않지만 ◊처럼 戰國시대의 어떤 글자에서는 여기에다 다시 나무[木]를 더하여 이 글자의 본래 의미가 식물을 생장하게 해주는 땅에 대한 제사라는 의미를 더욱 명확하게 표현한다. 이후 '흙'을 숭배 대상으로 삼아 숭배 행위를 구체화한 것이 示를 더한 社이다. 갑골문 단계에서는 土가 '토지'와 '토지신'을 함께 표현함으로써 '土'와 '社'가 아직 분화되지 않은 단계에 있음을 알 수 있다.

또 稷은 ◊(『遺』 120)와 같이 그려, 곡식 신[禾神] 앞에 한 사람이 꿇어앉은 모습을 형상했다.[許進雄, 『中國古代社會』(1991), 洪熹 옮김, 133쪽] 稷의 구성 성분인 禾에서 이것이 곡식과 관련된 글자임을 알 수 있다. 또 畟이 祝(◊『鄴』 1.42.12. ◊『佚』 854)의 구성 성분과 완전히 일치하는 것으로 보아 꿇어앉아 제사나 기도를 올리는 사람의 형상을 그린 것임을 알 수 있다. 따라서 稷은 다름 아닌 곡식 신에 대한 제사 행위를 그린 것임을 알 수 있다. 그래서 稷은 옛날부터 중국에서 전통적으로 재배되어온 대표적 농작물인 기장이나 수수를 말하는 것으로 알려졌으며, 『說文解字』에서도 "오곡의 으뜸이다.(五穀之長)"라고 했다. 그리하여 稷은 곡식신의 대표로 남은 것이며, 농경사회를 살아온 중국에서는 이를 토지신인 社와 함께 합쳐져 '국가'를 의미하게 된 것으로 보인다.

는「체(蒂)」에 의해, 새로 생겨난 식물의 '번식 신' 내지 '최고신'이라는 개념은「제(帝)」에 의해 구분되어 표현되었다. 그리고 다시 식물의 번식신을 상징하는「제(帝)」에 제사를 드리는 행위가 구체적으로 표시된 것이「체(禘)」인데, 이는 제사를 의미하는「시(示)」를 더하여「제(帝)」를 숭상하는 의식 행위를 강조하고자 만든 글자이다.26) 그리고 금문 단계에서는「시(啻)」가「체(禘)」를 대신해 쓰이는데,「시(啻)」는 숭배 대상인「제(帝)」와 기도를 하거나 주문을 외우며 제사 지내는 행위를 나타내는「구(口)」가 합쳐져 만들어진 구조로,「체(禘)」와 같은 원리에 따라 만들어진 글자이다.27)

그리고 갑골문에서 등장하는 ⚘(于省吾: 1996, 1088쪽)는 두 손과 제(帝)로 구성되는데, 이 글자를 현대 글자로 옮기자면「체(揥)」가 될 수 있고「체(揥)」를『석명』에서는 "적(摘)과 같다."라고 했으니, 이 글자는 분명히 두 손으로 꽃꼭지[帝]를 따는 모습을 그렸으며 원래 의미가 '따다'는 뜻이 분명할 것으로 보인다. 특히 ⚘(于省吾: 1996, 1088쪽)처럼 길이나 가다[走]는 의미를 나타내는 척(彳)이 첨가된 경우도 보이는데, 이것은 꽃꼭지를 따는 행위를 더욱 구체화하여 '따다'는 의미가 더욱 분명해진 경우이다.

이렇듯「제(帝)」와 동원(同源, cognate)의 파생 관계를 갖는「체(蒂)」·

---

26) '禘祭'는 원래 하늘을 비롯한 자연신, 사방 신 등을 모시는 제사였으나 이후 상나라 왕의 선조를 모시는 제사까지 지칭하게 됨으로써 하늘이나 자연신에서 조상신으로 위치를 이동하게 된다. 그렇게 됨으로써 자연히 조상뿐만 아니라 살아 있는 상나라 왕의 호칭으로 쓰이게 된다.

27) 예컨대「小盂鼎」에서 "隹(惟)八月旣望……用牲啻(禘)周王[武]王文王(8월 기망에 희생을 드려 주나라 문왕과 무왕께 '체'제사를 드렸다)"와 같이 금문에서는 啻가 禘를 대신해 쓰이는데, 啻는 帝에 口가 더해진 것으로 이는 帝에 대한 제사 행위를 구체적으로 나타낸 것으로, 그 창제 의미는 이후 제단을 상징하는 示를 더해 만든 禘와 같다고 볼 수 있다.

「체(禘)」・「시(菅)」・「적(摘)」 등의 파생 과정과 구조를 통해 볼 때 「제(帝)」는 원래 '꽃꼭지'를 형상했음을 추정할 수 있으며, 원래의 구체적 상형에서 점차 추상화되었음을 알 수 있다.

셋째, 「제(帝)」의 원래 의미가 꽃꼭지였을 것이라는 다른 증명은 고대 문헌에 쓰인 「제(帝)」의 용례에서 추적할 수 있다. 역사 시대가 시작되기 전, 전설이긴 하지만 중국에는 삼황오제(三皇五帝)의 시대가 있었다고 전한다. 이 삼황오제 중에서 '제(帝)'가 붙어 이름 지어진 임금으로는 황제(黃帝)와 제곡(帝嚳)이 있다. 다른 제왕들의 이름과는 달리 이 두 사람에게 특별히 부가된 제(帝)는 분명히 이들의 직분이나 다른 제왕들과는 구분되는 특징과 관계가 있을 것으로 보인다. 이들에게 붙여진 '제(帝)'가 상징하는 특수한 직분은 무엇일까?

먼저 황제(黃帝)라는 이름은 다른 신화적 인물의 이름이 그러하듯 분명히 그의 직분에 근거를 두고 후세 사람이 붙인 것으로 보인다. 그렇게 볼 때 황제(黃帝)의 황(黃)은 누른색을 뜻하며 이는 땅의 상징이다. 땅은 바로 농작물을 생장할 수 있게 해주는 토대임을 본다면 황제는 다름 아닌 토지신의 상징이며, 이러한 상징성에 근거를 두고 후세 사람들이 이름 붙인 신화적 주인공임을 알 수 있다.[28]

그리고 제곡(帝嚳)은 일반적으로 제준(帝俊)으로 알려졌는데, 상나라 때의 조상신이라 인식된다.[29] 제준(帝俊)은 상나라의 시조신인 후직(后

---

28) 그뿐만 아니라 黃帝의 동생이기도 한 神農은 炎帝로도 불린다. 신농은 오늘날 개념으로 이야기하면 농사 신[農神]이라는 뜻이다. 고대 중국어에서는 수식어의 위치가 오늘날과는 달리 종종 뒤에 놓였기 때문에 農神이라 하지 않고 神農이라 했다. 곡식에서 최고를 后稷, 활에서 최고를 后羿라고 한 것과 같은 형식이다. 農은 사람이 조개껍데기[辰]를 갖고서 수풀[林] 사이를 개간하는 모습이며, 숲을 형상한 모습이 지금은 曲으로 잘못 변하긴 했지만 정착 농경이 이루어지기 전 곳곳을 유랑하면서 화전을 일구던 모습이 반영된 글자라 생각된다. 신농의 다른 이름인 炎帝의 炎은 어쩌면 화전에 의지하던 당시의 농사법을 반영하여 만들어낸 신의 이름일 가능성이 크다.

稷)을 낳은 것으로 알려졌으며, 『산해경』에 의하면 태양과 달의 아버지인 천신(天神)이기도 하며 많은 성현(聖賢)의 아버지로 묘사됨으로써 마치 인류의 왕[人王]처럼 그려진다.30) 하지만 제준이 조상신으로 쓰인 것은 나중의 일이며, 처음에는 토지신과 관련이 있었을 것으로 생각한다. 왜냐하면 「준(俊)」은 한자 발전 과정상 나중에 생겨난 글자이기 때문이다. 그 원형은 「준(俊)」・「준(駿)」・「준(峻)」 등을 공통으로 구성하는 「준(夋)」에서 찾아야 할 것이다.

---

29) 王國維는 「殷卜辭中所見先公先王考」에서 이의 증명으로 다음과 같은 네 가지를 들었다. 첫째, 『史記』 「五帝本紀索隱」에서 皇甫謐의 말을 인용한 "帝嚳의 이름은 夋이다."와 『初學記』(제9권)에서 『帝王世紀』의 말을 인용하여 "帝嚳은 나면서부터 신령스러웠는데, 스스로 자신의 이름을 夋이라고 했다."라고 한 것에서 帝嚳의 이름이 夋임을 알 수 있다. 『太平御覽』에서 보이는 逡은 夋의 다른 필사법이며, 『史記正義』에서 夋은 잘못된 글자라 했다. 둘째, 『山海經』에 자주 등장하는 帝俊에 대해 郭璞이 "帝俊이 后稷을 낳았다."(「大荒西經」)고 한 데 대해 주석을 달면서 "俊은 응당 嚳을 말한다."라고 한 것에서 알 수 있다. 또 『左傳』(18년條)에서 "高辛氏에게는 뛰어난 아들이 8명 있었는데, 伯奮, 仲堪, 叔獻, 季仲, 伯虎, 仲熊, 叔豹, 季狸 등이다."라고 했는데, 이는 『山海經』 「海內經」에서 말한 帝俊에게 아들이 8명 있었다는 것과 같은 것을 말한 것으로, 여기에서 仲熊은 바로 中容을, 季狸는 바로 季釐를 말한 것이라고 했다. 셋째, 『帝王世紀』에서 말한 "帝嚳의 둘째 부인인 諏訾氏의 딸이 常儀이다."라고 한 것에 대해 여기서 말한 常儀는 바로 常義이며, 사실은 『山海經』 「大荒西經」에서 말한 "帝俊의 아내인 常義가 12달[月]을 낳았다."라고 했을 때의 常義와 같은 것으로 보았다. 넷째, 갑골문에서 "于夒高祖祓(高祖이신 夒께 祓이라는 제사를 드렸다)"와 같이 제사를 드리는 상나라의 선조 이름 중에 夒가 있는데, 이는 달리 高祖라 불리기도 하고 夒의 형체와 독음이 夋과 극히 유사함으로 보아 갑골문에서 高祖로 불리는 夒는 帝嚳이며 帝嚳은 바로 帝俊임을 알 수 있다고 했다.(1984, 411~413쪽)
郭沫若도 이에 대해 찬동하면서 결론적으로 중국 신화에서 "帝俊과 帝舜, 帝嚳, 高祖, 夒는 실제 동일 인물로 보인다."라고 했으며, 『國語』와 『禮記』의 자료들을 보충 논증했다. 상세한 것은 郭沫若, 「先秦天道觀之進展」(1982), 325~329쪽 참조.
30) 郭沫若, 「先秦天道觀之進展」(1982), 326쪽.

「준(夋)」은 현재 단독으로 사용된 경우를 아직 발견하지 못하고 있으나, 「준(畯)」이 그 원형일 것으로 보인다. 「준(畯)」은 갑골문에서 이나 과 같이 그려 사람이 토지[田] 앞에 꿇어앉아 머리를 조아린 모습을 형상했다. 『설문해자』에서는 「준(畯)」을 "농부(農夫)를 말한다."라고 했으나 단순한 농부는 아니며, 농사 신의 하나로 볼 수 있다. 즉 「준(畯)」은 분명히 농작물을 생장할 수 있게 해주는 토지[田]에 제사를 드리는 모습이다. 『예기』에서도 "연말이 되어 대합제(大合祭)를 지낼 때 신농(神農)에게 향례(饗禮)를 드리는데, 바로 그 신이 전준(田畯)이다."31)라고 한 것과 같이 「준(畯)」은 고대 중국에서 토지신으로 숭배된 것으로 보인다. 그리고 「준(夋)」이 상나라의 시조 신인 후직을 낳았다고 했는데, 후직은 농사 신의 상징이니 농사 신의 상징인 후직을 낳은 아버지는 바로 토지나 곡식과 분명히 관련이 있을 것이다.32) 이렇게 본다면 「준(夋)」은 고대의 토지신이던 「준(畯)」과 같음을 알 수 있으며, 「준(俊)」은 「준(夋)」이 인간화되는 과정에서 인간에게 최고를 뜻하는 의미로 「인(人)」이 첨가되어 파생된 글자로 추정할 수 있다.

이런 추론 과정을 통한다면 제준으로 알려진 제곡은 분명히 토지신과 관련이 있음을 알 수 있다. 그래서 제곡은 원래 곡식 신이며, 곡식 신에서 인간의 대물림을 가능케 해주는 조상신으로 의미가 변천했을 것이다.

---

31) 白川靜, 『中國古代文化』(1983), 82쪽.
32) 사실 인간 생활의 근원이 되는 땅에 대한 숭배는 그 역사가 자못 길 수밖에 없다. 중국의 고대 전설에 의하면 共工의 아들인 句龍이 흙을 관장하는 관리로 임명되어 물길과 땅을 잘 다스린 결과 세상 사람들에 의해 '땅의 신'으로 奉祀되었다고 기록한다. 이후 이러한 '땅의 신'에 대한 숭배는 매우 보편적으로 행해졌으며, 춘추전국시대에 이르면 땅의 신인 社는 사회 전체를 보호하는 신으로 지위가 격상되어, 일식이나 갖가지 재앙, 전쟁을 비롯해 심지어는 會盟 등과 같은 일에도 땅의 신[社神]에게 제사를 드리게 된다.[劉翔, 『中國傳統價値觀念詮釋學』(1992), 34쪽] 이렇게 됨으로써 토지신에 대한 처음의 숭배는 점점 추상화했을 것이다.

왕국유(王國維)나 곽말약이 말한 조상신은 바로 곡식의 생장과 인류의 지속적인 생활을 가능하게 해주는 토지 신에서 변해온 것을 말한 것이다. 이렇게 되면 「준(俊)」이 바로 「곡(嚳)」이 되고 「곡(嚳)」이 '제(帝)'로 불린 것은 바로 「준(俊)」이 가지는 토지신적 성격 때문이며, 이로부터 「제(帝)」의 원래 의미가 농사 신임을 분명하게 증명할 수 있다.

넷째, 갑골문 단계에서 「제(帝)」가 '지상신'의 의미와 함께 '조상신', 특히 상나라의 시조신의 개념으로 사용되는 것 역시 이 글자가 원래는 번식 신을 상징했음을 보이며, 농경사회이던 중국에서는 번식 신이 바로 식물의 꽃꼭지에서 왔을 것이라는 가능성을 높여준다. 그래서 곽말약도 이렇게 말했다. "제(帝)가 천제(天帝)라는 의미로 사용되었던 것은 생식 숭배(生殖崇拜)를 나타내는 한 예가 된다. 제(帝)가 숭배 대상이 된 것은 분명히 수렵 목축 단계에서 이미 농경 단계로 진입한 이후의 일일 것이다.……꽃이 떨어지면 꽃지만 남고 남은 꼭지는 익어 열매가 된다.……과실의 속에는 씨가 들어 있고 씨 한 알은 다시 수억의 무한한 자손을 만들어낸다. ……천하의 신비함 중에 이보다 더한 것은 없을 것이다. 이러한 힘은 분명히 신에 의해 부여되었을 것이다. 그래서 우주의 진정한 주재자를 바로 '제(帝)'로써 높여 부르게 된 것이다. 그리고 인왕(人王, 인간 세상의 왕) 또한 천제(天帝)의 대체된 형식이며, 이렇게 되자 제(帝)라는 호칭은 점차 인간과 하늘을 모두 부르게 되었다."[33] 이렇듯 「제(帝)」가 조상신이라는 의미가 있게 된 것은 바로 「제(帝)」가 가지는 번식의 상징성 때문이며, 이러한 번식의 상징성은 바로 꽃꼭지에서 찾을 수밖에 없을 것이다.

다섯째, 「제(帝)」의 원래 의미가 꽃꼭지였을 것이라는 또 다른 간접적

---

33) 郭沫若, 「釋祖妣」(1982), 54쪽.

증명은「제(帝)」와 같은 창제 의미로 만들어진 다른 글자의 형성에서도 살펴볼 수 있다. 즉 원래가 꽃나무를 형상한「화(華)」가 그 예인데, 고대 중국인들이 자신을 지칭하던 말로 '꽃나무(華)'를 쓰기도 한 것처럼 이 역시 식물 숭배 사상이 담긴 글자라 할 수 있다. 그리고 바빌론 문자에서 꽃나무를 그린 ※가 천신(天神)과 인왕(人王) 두 가지 의미를 동시에 가진다는 의미에서 한자의「화(華)」나 앞서 말한「제(帝)」의 창제 의미와 극히 유사하다.34)

이러한 논증들로 미루어볼 때,「제(帝)」는 원래가 식물 번식의 상징인 꽃꼭지를 형상한 것으로 생각한다. 이처럼 '꽃꼭지'나 '꽃나무'가 최고의 신, 혹은 고대 중국인들의 토템이 될 수 있었던 것은 당연히 농경사회에서 곡물이 가지는 중요성 때문이었을 것이다. 곡물의 중요성은 이들뿐만 아니라 곡식 신이나 이러한 곡물을 생장 가능하게 해주는 토지신에 대한 중시에서도 확인 가능하다.

일찍부터 정착 농경사회에 진입한 고대 중국인들의 숭배 대상이던「제(帝)」는 이후 지위가 점점 높아져 신 중의 신으로 확정되어, 자연계의 모든 신을 관장하고 인간의 길흉화복에도 영향을 끼치는 것으로 인식된다. 그래서 상나라 갑골문에는「제(帝)」에 대한 지극한 숭배와 상시적인 제사가 기록되어 있다. 하지만 이후 하늘의 모든 신을 관장하는

---

34) 이는 C. J. Ball에 의해서 제기된 것으로[*Chinese and Sumerian*, 26; 郭沫若,「先秦天道觀之進展」(1982), 330쪽 재인용], 丁山(1988, 184쪽)과 郭沫若은 이 글자와 帝의 글자 창제 유사성과 독음의 유사성에 근거해 이들 관계를 수입과 번역의 관계, 즉 帝는 바빌론으로부터 수입된 ※의 중국어 번역어로 보았다.[郭沫若,「先秦天道觀之進展」(1982), 330쪽] 하지만 당시 중국과 바빌론의 교류 관계가 외래어를 수용할 만큼 밀접했는가 하는 것도 문제겠지만, 굳이 바빌론까지 가지 않더라도 당시 중국의 상황, 즉 농경사회를 사는 중국인들에게 '꽃꼭지'가 가지는 번식의 상징성, 때문에 그들에게 꽃꼭지를 상징한 帝가 만물을 주재하는 신으로, 심지어는 '조상신'으로까지 의미가 확대된 것으로 보아도 논지의 전개상 별 무리가 없을 것으로 보인다.

「제(帝)」를 인간 세상의 '신(神)'인 임금과 관련지으면서 상나라 후기에 들면 돌아가신 임금을 '상제(上帝)'라 부르게 된다. 이렇게 되자 인간 세상과 하늘을 모두 관장하던 「제(帝)」는 하늘만 제한적으로 관장하고 인간 세상은 살아 있는 '임금'이 담당하는 것으로 분리되었다. 이렇게 됨으로써 하늘의 신은 점점 인격화된 신으로 변해갔고, 무게중심도 현실 생활에 직접 영향을 주는 지상의 '임금'에게로 옮겨갔다. 그래서 임금을 「제(帝)」라 부르게 되었고, 하늘 신을 뜻하던 「제(帝)」를 「천(天)」이 대체하였을 것이다.

이렇게 볼 때 나중에 '하늘'이라는 개념을 표시하던 「천(天)」은 갑골문 단계에서는 아직 '하늘'이나 '하늘 신'이라는 개념은 없었으나, 그 형상은 '사람'의 모습에서 그려냄으로써 하늘을 사람과 연계해보고자 하는 그들의 인식 체계가 자연스레 문자에 반영되었음을 확인할 수 있다. 그뿐만 아니라 당시의 최고신을 대표하는「제(帝)」역시 그 형상 자체가 '꽃꼭지'에서 옴으로써 농경사회의 관점에서 그 개념을 그려낸 것임을 확인할 수 있다. 이렇듯 갑골문에 나타난 '하늘' 내지 '하늘 신'은 추상적 개념의 신이 아니라 매우 구체적이며, 특히 인간이나 인간 생활과 직접적으로 관련 있는 개념으로 형성된 것을 확인할 수 있다.

따라서 꽃꼭지에서 출발한 「제(帝)」는 식물 신이나, 곡물 신, 토지신의 다른 이름임을 확인할 수 있다. 이 때문에 갑골문에서 사용된 「제(帝)」는 모든 신을 총칭하는 개념으로 사용되었다고 보기 어렵다. 그렇다면 과연 오늘날의 의미에서 총칭적인 신의 개념과 더욱 유사한 개념은 어디서 찾아야 할 것인가라는 질문에 부딪히게 된다. 앞장에서 살펴본 것처럼 필자는 갑골문 시대에서 오늘날의 '신'과 가장 유사한 개념은 「귀(鬼)」였다고 생각한다.

제7장

한자와 숫자: 일(一)과 일(壹)

1. 머리말

한자의「일(一)」이 어떤 과정을 거쳐서 단순한 숫자 '1'의 의미를 넘어서 만물의 근원이나 원기(元氣), 심지어 도(道)를 상징하는지 문자학적, 문헌학적, 인류학적, 고고학적 자료들을 통하여 밝히고자 한다. 아울러 이에 반영된 고대 중국인들의 원형 의식을 밝힘으로써 한자가 가지는 문화성과 문자 중심으로 형성된 중국 문화에서 한자의 기능성에 대해서도 논의하고자 한다.

이를 위해 한자에서「일(一)」과 같은 의미가 있는「일(壹)」의 자형 형성 원리를 통해 이것이 '호리병'과 '조롱박'과 관련 있고, 호리병과 조롱박은 고대 중국인들에게 우주의 상징이자 만물 생성의 원동력, 우주 형상에 대한 원형 의식의 반영임을 확인할 수 있었다. 그래서 역대 문헌에서도「일(壹)」의 의미부인「호(壺)」는 직접 '조롱박'을 지칭하기도 했고, '곤오(昆吾)'와 같은 혼천(渾天)의 모습을 한 우주의 상징과도 연결되며, 이는 인류와 만물 창제의 원동력으로 인식된다.

그리고 이러한 원형 의식은 현재까지도 한족을 비롯한 이^{Yi}(彝)족, 나시[Naxi][納西]족, 라후[Lahu][拉祜]족 등 여러 소수 민족의 창세신화나 조롱박 숭배 의식 등에 남아 있다. 특히 최근 마가요(馬家窯) 및 앙소(仰韶) 문화 유적지 등에서 발견된 사람 얼굴에 호리병이 더해진 특이한 형태의 채색 토기 등은 바로 '조롱박에서 인류가 탄생하는' 그들의 신화와 이에 반영된 원형 의식을 형상적으로 구체화한 작품으로 볼 수 있다.

이처럼 「일(一)」과 「일(壹)」은 단순히 '하나'를 뜻하는 부호가 아니라 우주 창제와 인류 형성에 관한 고대 중국인들의 원형 의식이 담긴 심오한 상징 체계이다. 그래서 한자는 유성 언어를 보조하기 위한 단순한 문자 부호가 아니라 고대 중국인들의 사유 특징과 문화를 담은 문화 체계이며, 중국인들의 사유 형식과 문화를 특징짓는 중요한 도구이다. 이러한 의미에서 알파벳 문자를 중심으로 한 서구가 '음성 중심 문명'이

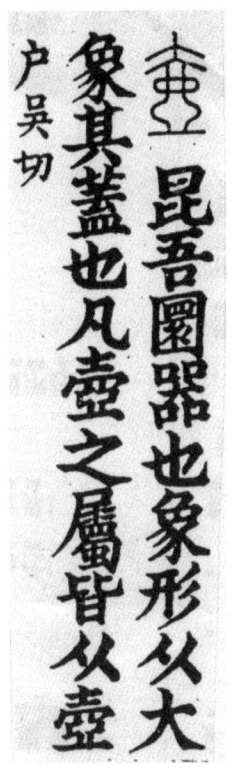

「그림 1」 「호(壺)」의 『설문』 해설

었다고 한다면 표의-표음문자를 중심으로 한 중국에서는 문자가 상당히 중요한 역할을 담당했다. 「일(一)」의 자원을 살피는 것은 이러한 동양 문화를 이해하는 데 가장 중요한 텍스트라고 할 수 있을 것이다.

2. 일(一)의 상징

「일(一)」[1])은 한자에서 단순한 숫자 부호라기보다는 그 어떤 한자보다

중요한 철학적 개념을 가진 글자이다. 예컨대 중국 최고의 한자 해설서인 『설문해자』에서는 「일(一)」을 첫 부수의 첫 글자에다 배치하고서, "태초에 태극이 있었다. 도(道)는 일(一)에서 세워졌으며, 나뉘어 천지가 되고 변하여 만물이 되었다."2)라고 했다. 이처럼 허신(許愼)은 「일(一)」을 모든 한자의 시작은 물론 천지와 만물 창조의 근원으로 보았을 뿐만 아니라, 중국 철학에서 가장 기본적이면서도 최고의 형이상학적 개념, 서구 철학에서의 'logos'에 해당하는 절대적 지위를 가지는 '도(道)'와 같은 것으로 인식했다.

이러한 인식은 고대 중국 철학자들의 보편적 이해였다 할 수 있다. 그들에게서 「일(一)」은 단순한 숫자의 시작을 넘어서 창세 후 질서를 가지고 존재하는 '많음(多)'과 대립하는 개념으로서 창세기 이전의 신비한 상태를 비유한다. 신화에서 이러한 상태를 묘사할 때에는 언제나 혼돈(混沌)·달걀·원기(元氣)·인체·조롱박 등과 같은 이형 동질(異形同質)의 각종 상징적 이미지를 사용한다. 상징성이라는 측면에서 볼 때 이러한 이미지는 모두 「일(一)」과 서로 통하며, 그것은 차별이 없고 분화하지 않았으며 원시 상태에서 혼일(混一)된 혼융(渾融) 상태를 상징한다. 또 만물의 시작과 없는 것, 텅 빈 것, 도(道), 만물을 생성하는 원기(元氣)를 뜻한다.

역대 문헌에 나타난 「일(一)」의 의미를 개괄하면 대체로 다음과 같다.3)

---

1) 이의 고대 자형 변화는 다음과 같다. 甲骨文 金文 古陶文 盟書 簡牘文 古幣文 古璽文 石刻古文 說文小篆 說文古文.
2) "唯初太極, 道立於一, 造分天下, 化成萬物." 『說文解字』 제1편·상, 一부수.
3) 阮元의 『經籍纂詁』(제93권 「一」條, 911~912쪽)와 『中文大辭典』(제1책 「一」條, 1쪽)에 근거를 두고 재정리함.

(1) 숫자의 시작:

"일(一)은 숫자의 시작이다.(一者數之始)"(『효경』「개종명의(開宗明義)」, 『주례』「천관(天官)」「총재(冢宰)」의 「소(疏)」, 『예기』「곡례(曲禮)」)

(2) 만물의 근본/시작:

"일(一)은 만물의 근본이다.(一也者, 萬物之本也)"(『회남자』「전언(詮言)」)

"일(一)은 있음의 처음으로 지극히 오묘한 것이다.(一者有之初, 至妙者也)"(『장자』「천지(天地)」의 「주(注)」)

"일(一)은 만물이 시작을 따르는 바이다.(一者萬物之所從始也)"(『한서』「동중서전(董仲舒傳)」)

(3) 없는 것/텅 빈 것:

"일(一)은 없는 것을 말한다.(一謂無也)"(『주역』「계사전」(상), 『관자』「내업(內業)」)

"텅 빈 것을 일(一)이라 한다.(空之謂一)"(『갈관자(鶡冠子)』「환류(環流)」)

(4) 도(道):

"일(一)은 도(道)이다.(一, 道也)"(『여람(呂覽)』「논인(論人)」)[4]

"도(道)는 짝이 없는 법이기 때문에 일(一)이라 한다.(道無雙故曰一)"(『한비자(韓非子)』「양권(揚權)」)

(5) 원기(元氣):

"일(一)은 원기(元氣)이다.(一者元氣也)"(『회남자』「정신(精神)」)

"일(一)은 도가 시작되어 낳은 태화의 정기를 말한다.(一者道始所生太和之

---

[4] 또 注에서 "一은 道를 말한다. 하늘의 道는 만물을 낳고 만물은 一을 얻어 비로소 만들어진다.(一, 道也. 天道生萬物, 萬物得一乃成也.)"라고 했다.

精氣也)"(『노자』)

(6) 모여 있음(聚):
"一은 흩어지지 않는 것을 말한다.(一謂不分散)"(『순자』「예론(禮論)」)

(7) 전일(專一)하다:
"마음을 씀에 하나로 한다.(用心一也)"(『회남자』「설산훈(說山訓)」)

「그림 2」 전국시대 청동 호리병[銅壺]

특히 『노자』와 『장자』 등은 「일(一)」을 도(道)와 같은 것으로 인식하여 만물을 생성해내는 주체로 보았다. 즉 그들에게 "도(道)는 일(一)을 낳고, 일(一)은 이(二)를 낳고, 이(二)는 삼(三)을 낳고, 삼(三)은 만물(萬物)을 낳았다."(『노자』 제42장)거나 "만물은 일(一)을 얻어 생명을 얻게 되었다."(『노자』 제14장)거나 "태초에는 무(無)만 있었고 유(有)가 없었기 때문에 이름도 없었다. 이 무(無)에서 일(一)이 생겨났으며, 일(一)이 있으되 아직 형태는 나타나지 않았다. 만물은 그 하나(一)를 얻어 생겨났으니, 이를 덕(德)이라 한다."(『장자』「천지」)5)라는 식의 주장이 보편적 주제를 형성하였다.

하지만 「일(一)」이 어떻게 해서 단순한 숫자의 의미를 넘어 만물의 시작이자 최고의 철학적 위치를 지키게 되었는지 자못 궁금할 수밖에

---

5) "太初有無, 無有無名. 一之所起, 有一而未形. 物得以生, 謂之德也."

없다. 「일(一)」의 형체에 대해서, 그 최초의 모습이 손가락을 형상했다거나[6] 산가지를 형상했다[7]는 견해도 있다. 그러나 『설문해자』를 비롯한 이후의 여러 철학 문헌의 「일(一)」은 구체적인 물체를 형상했다기보다는 이미 상징화된 부호로 보는 것이 더욱 합리적일 것이다. 하지만 「일(一)」이라는 글자 형체가 지나치게 간단하므로 이 글자의 형상 속에서 「일(一)」이 도(道)이자 원기(元氣)이며 우주 만물 창조의 근원이 된 이유를 찾기란 쉽지 않다. 그렇지만 「일(一)」과 완전히 같은 의미가 있는 「일(壹)」을 보면 이의 비밀에 관한 일말의 단서를 충분히 찾을 수 있을 것이다.[8]

3. 일(壹)의 자형과 의미 지향

1_「일(壹)」의 자형

「일(壹)」[9]은 갑골문이나 금문에서는 보이지 않고 소전(小篆) 단계에

---

6) 예컨대 郭沫若은 "숫자는 손가락에서 시작된다. 고로 一·二·三·四는 모두 손가락의 모습을 그린 것이다."라고 했다. 『甲骨文字硏究』(1982) 「釋五十」, 111쪽.

7) 王國維의 학설. 戴家祥, 『金文大字典』(상) 재인용. 徐中舒, 『甲骨文字典』(1988) 제1권 1쪽.

8) 一에 비해 壹은 숫자를 나타내는 의미 외에도 주로 '전일하다'나 '통일'이라는 의미가 강하다. 예컨대 『孟子』「公孫丑」(상)의 "뜻이 하나로 모이면 氣를 움직이게 하고, 氣가 하나로 모인즉슨 뜻을 움직이게 한다.(志壹則動氣, 氣壹則動志.)"나 『史記』「蘇秦列傳」의 "전심전력하여 뜻을 하나로 모은다.(專心竝力壹志.)"에서는 하나로 모아 분산하지 않는다는 의미로 해석된다. 또 『墨子』「尙同」(상)에서의 "천자는 오로지 천하의 뜻을 통일할 수 있어야 한다. 그런 까닭에 천하가 다스려진다.(天子唯能壹同天下之意, 是以天下治也.)", 『漢書』「司馬遷傳」의 "지금 한나라가 일어나 온 세상이 하나로 합해졌다.(今漢興, 海內壹統.)"는 하나로 통일된다는 의미로 해석된다.

9) 이의 고대 자형 변화는 다음과 같다. 壹壹壹古陶文 壹簡牘文 壹說文小篆.

이르러 비로소 출현한 것으로 보이는데, 『설문해자』에서는 이를 다음과 같이 해석한다.

일(壹)은 전일(專一)하다는 뜻으로 호(壺)와 길(吉)로 구성되었는데, 길(吉)은 소리부도 겸한다.(壹, 嫥壹也, 從壺吉, 吉亦聲)10)(제10편 하, 壹부수)

여기서 허신이 「일(壹)」의 주된 의미를 '호리병[壺]'에서 찾고 있음을 볼 수 있다. 그렇다면 「호(壺)」는 어떤 의미이며 어떤 상징이기에 그 의미를 '호리병'에서 찾으려 한 것일까? 역시 『설문해자』에 의하면 「호(壺)」는 다시 "곤오(昆吾, 둥근 기물)를 말한다. 호리병의 형상을 그렸다."라고 했다.

이처럼 「호(壺)」는 둥근 기물을 의미한다. 하지만 「호(壺)」가 만물 자체의 상징인 「일(壹)」의 의미부로 기능을 하는 것으로 보아 「호(壺)」에는 단순한 기물 명칭보다 더 깊은 문화적 상징 내지는 고대 중국인들의 원형(原型)의식이 담겨 있음이 분명하다. 이러한 상징과 원형은 과연 무엇일까? 이를 위해 우리는 「호(壺)」로 구성된 글자군(群)의 의미를 종합적으로 분석하고 이를 통해 이들이 공통으로 가진 의미 지향을 살펴봄으로써 「일(壹)」에 반영된 고대 중국인들의 원형적(原型的) 의미를 추

---

10) 段玉裁의 『說文解字注』(四部刊要)本을 따랐다. 『설문해자주』를 제외한 『說文繫傳』, 『說文校錄』, 『說文句讀』, 『說文部首訂』을 비롯한 다른 판본에서는 모두 "壺가 의미부이고 吉이 소리부"인 것으로 되어 있다. 단옥재 자신도 吉을 어떤 이유에서 소리부 겸 의미부로 보았는지에 대해 별다른 언급을 하지 않았을뿐더러 청나라 때의 『설문해자』 연구가들을 비롯한 다른 연구서에서도 이에 대한 구체적 설명을 찾아볼 수 없어, 단옥재의 의도가 무엇인지를 명확하게 알 수 없다. 하지만 壹자 바로 앞에 배치된 壹자가 壺와 凶을 의미부로 삼고 있음을 고려해 볼 때, 吉은 단순한 소리부의 기능보다는 의미부의 기능을 함께 하는 것으로 보는 것이 합리적인 해석이기에 단옥재의 견해를 따랐다.

론해 볼 수 있을 것이다.

2_「호(壺)」 부수자와 「흉(凶)」의 의미 지향

『설문해자』의 「호(壺)」 부수(제10편・하)에는 부수자인 「호(壺)」와 「운(壼)」이 있으며, 「호(壺)」 부수에 연이은 「일(壹)」 부수에는 「일(壹)」과 「의(懿)」 두 글자가 있다. 「일(壹)」이 비록 독립된 부수로 설정되어 있긴 하지만 허신이 이미 「일(壹)」의 해석에서 「일(壹)」을 의미부인 「호(壺)」와 의미부 겸 소리부인 「길(吉)」로 구성된 글자로 보았기 때문에, 「일(壹)」과 「일(壹)」 부수에 귀속된 「의(懿)」의 경우 실제로는 모두 그 의미가 「호(壺)」와 직접적으로 연계되며 「호(壺)」에 의해

「그림 3」「호(壺)」의 갑골문『합집』 제18560편)

의미가 결정되는 것을 알 수 있다. 그래서 여기서는 「호(壺)」・「운(壼)」・「일(壹)」・「의(懿)」 등을 대상으로 하여 이들을 두 부분으로 나누어 이들이 공통으로 가진 의미 지향에 관해 살펴보기로 한다.

① 「호(壺)」:

『설문해자』에서는 「호(壺)」에 대해 다음과 같이 풀이한다.

호(壺)는 달리 곤오(昆吾)라고도 하는데, 일종의 원형으로 된 기물이다. (호리병[壺]의 모습을 그린) 상형이다. (윗부분이) 대(大)로 구성되는데, 이는 호리병의 뚜껑을 형상했다.(壺, 昆吾, 圜器也. 象形. 從大, 象其蓋也)(제10권 하, 壺부수)

「호(壺)」는 갑골문과 금문에서부터 나타나며, 원래 볼록한 배와 뚜껑,

두 귀, 두루마리 발의 모습을 가진 기물을 그린 상형자이다. 다만 허신이 「호(壺)」의 해석에 동원한 「호(壺)」의 다른 이름인 곤오(昆吾)는 상당한 상징성을 지닌다. 이에 대해 왕균(王筠)의 『설문석례(說文釋例)』에서는 "곤오(昆吾)는 호(壺)의 다른 이름이다. 곤(昆)은 혼(渾)과 같이 읽혀 호(壺)와는 쌍성이며, 오(吾)는 호(壺)와 첩운을 이룬다."라고 하여, 단순한 발음 차이에 의한 다른 명칭에 불과할 뿐 별다른 의미가 없는 것으로 해석했다. 또 장순휘(張舜徽)는 『설문약주(說文略注)』에서 "대략 촉급하게 발음하면 호(壺)가 되고 천천히 발음하면 곤오(昆吾)가 된다."라고 함으로써 곤오(昆吾)와 「호(壺)」를 발음상 촉급한 결과에 의한 변이체로 해석하기도 했다.11)

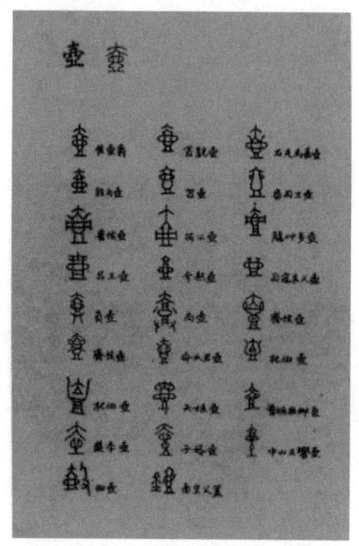

「그림 4」「호(壺)」의 금문 자형

하지만 중국에서 곤오(昆吾)의 역사가 매우 오래되었으며 옛날에는 국명이나 성씨 등으로 사용한 것으로 보아 단순한 발음상의 원인에 의한 다른 이름으로 보기는 어려우며, 그 이상의 상징적 의미가 있었을 것으

---

11) 壺는 고대음의 경우 匣紐 魚韻으로 /ɣɑ/(중고음은 戶吳切, 匣紐 模韻 合口 一等 평성운으로 /ɣu/)으로 재구되며, 昆은 고대음의 경우 見紐 文韻으로 /kuən/(중고음은 古渾切, 見紐 魂韻 合口 一等 평성운으로 /kuən/)으로 재구되며, 吾는 고대음의 경우 疑紐 魚韻으로 /ɦɑ/(중고음의 경우 五乎切, 疑紐 模韻 合口 一等 평성운으로 /ɦu/)로 재구된다. 壺와 昆의 성모인 匣紐와 見紐는 발음 부위와 방법이 극히 가까워 고대음에서 매우 잘 통용되며, 壺와 吾의 운모는 魚韻으로 동일하다. 이상의 재구음은 각각 郭錫良의 『漢字古音手冊』(1986), 193쪽, 241쪽, 91쪽에 근거를 둔다.

로 보인다.

예컨대 『설문계전교록(說文繫傳校錄)』의 「호(壺)」자 조에는 다음과 같은 해설이 실려 있다.

『시경』「상송(商頌)」「장발(長髮)」에 "곤오하걸(昆吾夏桀)"이라는 말이 있는데, 「모씨전(毛氏傳)」에서는 "곤오라는 나라가 있었다."라고 했고, 전(箋)에서는 "곤오(昆吾)는 사(史)씨 성이다."라고 풀이했다. 또 『설문해자』와 『고공기(考工記)』에서 곤오는 옛날 도기(陶器)를 처음 만든 사람으로 그려진다. 그런가 하면 『국어』 「정어(鄭語)」의 위소 주석에서 "곤오는 축융의 자손으로, 육종(陸終)의 셋째 아들이다."라고 했으며, 『좌전』에 "옛날 우리 할아버지의 백부이신 곤오께서(昔吾皇祖伯父昆吾)"라는 말이 있는데 두예의 주석에서 다음과 같이 풀이했다. 즉 "육종에게 여섯 아들이 있었는데, 첫째가 곤오요 막내가 소련(少連)인데, 소련은 초나라의 조상이다.12) 그래서 곤오를 백부라 한 것이다. 이가 바로 도기(陶器)를 만들었다는 곤오이다. 하백이라는 곤오와 「상송」의 곤오, 주왕의 신하라는 곤오는 모두 그의 자손일 따름이다. 게다가 질그릇을 빚는 일은 불로써 숙련되게 다스리지 않으면 이루어질 수 없는 법, 축융은 불을 다스려 이롭게 했고 곤오는 토기・활・키・가죽옷 등을 만들고 야금술을 창제했으니 조상과 후손이 대를 이어 계승한 것은 모두가 불쓰기에 밝았기 때문이다."(『說文述誼』) 또 『통아(通雅)』에 의하면 "곤오(昆吾)와 곤륜(昆侖)은 옛날 모두 혼원(渾圓)한 것의 통칭이다."라고 했다.

이상 여러 문헌에 의하면 곤오(昆吾)는 때로는 고대 중국인의 조상으

---

12) 『世本』「帝繫篇」에 의하면, 육종은 顓頊의 손자로, 여섯 아들이 있었는데 첫째가 樊, 곧 곤오이며 衛나라의 시조가 되었고, 둘째가 惠連, 즉 參胡로 韓나라의 시조가 되었으며, 셋째가 籛鏗, 즉 彭祖로 彭城의 시조가 되었으며, 넷째가 求言, 즉 鄶人으로 鄭나라의 시조가 되었으며, 다섯째가 安, 즉 曹씨로 邾나라의 시조가 되었으며, 막내가 계련, 즉 芊씨로 초나라의 시조가 되었다고 했다.

로, 때로는 혼원(渾圓)한 것의 상징으로 인식되어, 비록 직접적으로는 언급하지는 않았지만 혼천(渾天)의 모습을 한 우주 형상과 천정을 상징하는 곤오(昆吾)로써 「호(壺)」를 해석하려는 경향을 잘 보여준다.

그런가 하면 「호(壺)」는 직접적으로 '조롱박'을 지칭하기도 하는데, 호로(壺盧)나 호로(壺蘆)의 경우가 그 예이다. 『본초강목(本草綱目)』에는 다음과 같은 언급이 보인다.

> 호로(壺盧)를 세속에서 호로(葫蘆)라 적는데 이는 잘못된 것이다. 그 둥근 것을 포(匏)라 하며 또 표(瓢)라 하기도 하는데, 이는 호로(壺盧)가 물 위에서 마치 떠다니는 듯 돌아다닐 수 있기 때문이다.……옛사람들은 호(壺)·호(瓠)·포(匏)를 통칭하여 같이 불렀으며 차이를 두지 않았다.……하지만 후세에 들어 월과(越瓜)와 같이 길쭉하면서 머리와 꼬리가 같은 크기로 된 것을 호(瓠)라고 했다. 호(瓠)의 한쪽 머리에 손잡이가 길게 있는 것을 현호(懸瓠)라 하며, 손잡이 없이 둥그렇게 크고 편편한 것을 포(匏)라 했다. 포(匏) 중에서 손잡이가 짧고 잘록하며 허리가 굵은 것을 호(壺)라 하며, 호(壺) 중에서 허리가 가는 것을 포로(蒲蘆)라고 했는데, 각기 이름을 나누어 부름으로써 옛날과는 매우 달라지고 말았다.(壺盧, 俗作葫蘆者, 非矣. 其圓者曰匏, 亦曰瓢, 因其可以浮水如泡如漂也.……古人壺瓠匏三名皆可通稱, 初無分別.……而後世以長如越瓜首尾如一者爲瓠. 瓠之一頭有腹長柄者爲懸瓠, 無柄而圓大形扁者爲匏. 匏之有短柄大腰者爲壺, 壺之細腰者爲蒲蘆, 各分名色, 迥異於古.)13)

이처럼 「호(壺)」는 박 중에서도 허리가 잘록한 조롱박을 직접 지칭했음을 알 수 있다.14) 하지만 지금 조롱박을 지칭할 때 보편적으로 사용하

---

13) 李時珍, 『本草綱目』「菜部」 제28권, 「壺盧」條.
14) 『世說新語』「簡傲」에도 "오직 묻나니 東吳에는 긴 손잡이를 가진 壺盧가 있는가? (惟問東吳有長柄壺盧)"라는 용례가 보인다.

는 명칭인 호로(葫蘆)는 나중에 나온 표기법으로 잘못된 것이며, 원래 "호(葫)는 마늘의 이름이요 로(蘆)는 갈대의 이름이기 때문에" 물 위에 둥둥 떠다닐 수 있되 둥근 그릇 모양을 한 것에서 이름 붙인 「호(壺)」가 더 적절하다는 것이 이시진(李時珍)의 해석이다. 그래서 옛날에는 「호(壺)」·「호(瓠)」·「포(匏)」·「호(弧)」 등이 지금처럼 세분되지 않고 통용된 것이다.

그래서 여러 문헌에서는 「호(壺)」가 「호(瓠)」나 「호(弧)」 등과 통용된 예가 자주 보이는데, 이는 이들이 『본초강목』에서 지적한 것처럼 그렇게 세분됨 없이 '박'을 통칭하는 개념으로 사용되었기 때문이라 볼 수 있다. 먼저 『설문가차의증(說文假借義證)』에 소개된 「호(瓠)」와 통용된 예를 살펴보면 다음과 같다.

『시경』「빈풍(豳風)」「팔월」에 "斷壺(박을 쪼갠다)"라는 말이 있는데, 「모씨전」에서 호(壺)는 호(瓠)와 같다고 했다. 또 『초사(楚辭)』「초혼(招魂)」에 "玄蜂若壺(검은 벌꿀은 조롱박 같고)"라는 말에 대해 왕일은 "호(壺)는 말린 표주박[乾瓠]을 말한다."라고 풀이했다. 다음으로 호(弧)와의 통용 예를 보면 『주역』「규(睽)」에 "後說之弧(나중에 놓은 박)"이라는 말이 있는데, 이에 대해 『경전석문』에서는 "호(弧)는 원래 또 호(壺)로 적기도 한다. 경방(京房)·마융(馬融)·왕숙(王肅)·적자현(翟子玄) 등은 호(壺)라 적었다. 『집해』에서도 호(弧)를 호(壺)라 적었다."라고 했다. 또 『주역회통(周易通會)』에서는 육적(陸績)의 주석을 인용하여 다음과 같이 주석했다. 즉 "호(弧)는 호(壺)로 적기도 한다. 혜정우(惠定宇)가 이르길, "설(說)은 치(置)와 같은 뜻이다. 태(兌)는 아가리[口]를, 리(离)는 큰 배[大腹]를, 곤(坤)은 기물을 말한다. 큰 배에 아가리가 있고 술을 중간에 넣어 두는 것, 바로 호리병[壺]의 형상이다. 그런 까닭에 '후설지호(後說之壺)'라고 했고, 속체로는 호(弧)로 쓴다. 내 생각에 앞 문장에 '선장지호(先張之弧)'가 있기 때문에 이 구절을 뒷구로 호응한 것이다. 지금은 옛것에 근거해 호(壺)로 적는다. 호(壺)와 호(瓠)는 첩운으로, 서로 가차도 가능할 것이다."

『시경』 등을 비롯한 한나라 이전의 문헌에서는 주로 단음절어인 「호(壺)」・「호(瓠)」・「포(匏)」 등으로 사용했으며, 남북조 때를 전후해서 단음절에서 2음절로 변해가는 중국어의 변화 규칙에 따라 2음절어인 호로(葫蘆)・호로(壺蘆)・포로(蒲蘆)・호로(胡蘆)・호루(瓠瓤) 등으로 부르게 된 것으로 보인다.15)

이상 여러 문헌에서 볼 수 있는 것처럼 「호(壺)」는 혼원(渾圓)한 것의 상징 이외에도 자주 '조롱박'과 연계된다. 조롱박은 중국에서 인류와 천지 만물의 창조와 관련된 신화에 등장하는 중요한 소재이며, '호로부판창세관(葫蘆剖判創世觀)'의 활화석임은 잘 알려진 사실이다.16) 이에 관해서는 뒤에 다시 구체적으로 살펴볼 것이다.

② 「운(壼)」:

『설문해자』에서는 「운(壼)」의 자형을 다음과 같이 풀이한다.

운(壼)은 기운이 왕성하게 모여 있는 모습을 말한다. 흉(凶)과 호(壺)가 의미부이다. (기운이 호리병 안에서) 흩어지지 못해 왕성한 모습이다. 『주역』에서 "천지의 원기가 왕성하게 모여 있도다." 하였다.(壼, 壼壼. 從凶, 從壺. 不得渫, 凶也. 『易』曰: 天地壼壼)(제10권 하, 壺부수)

이에 대해 왕균은 다음과 같이 설명했다.

---

15) 游修齡, 「葫蘆的家世-從河姆度出土的葫蘆種子談起-」, 游琪・劉錫誠 편, 『葫蘆與象徵』(2001), 11쪽.
16) 葉舒憲, 「原型與漢字」(1995), 44쪽.

> ‘일운(壹壼)’은 쌍성으로 된 연면어(聯綿語)로서 달리 인온(絪縕) · 인온(氤氳) · 연온(烟熅) 등으로 적기도 하는데, 모두 기운이 모여 가득 찬 모습을 말한다.(『說文通訓定聲』) 단옥재는 “不得渫(흩어지지 못해)”이라는 문구에 대해 이는 “원기(元氣)가 혼연(渾然)하여 길흉(吉凶)이 나누어지지 않은 상태를 말한다. 그런 까닭에 이 글자는 길흉이 (아직 나누어지지 않은 채) 호리병[壺] 속에 있다는 의미를 그린 회의 구조이다.”라고 했다. 그리고 채옹(蔡邕)이『인전(引典)』에 대해 주석하면서 “연연온온(烟烟熅熅)은 음과 양이 합일하여 서로 도와주는 모습이다.”라고 했으며,『한시외전(韓詩外傳)』에서는 “음과 양이 서로를 이기어 어떤 기운[氛祲]이 왕성한 모양을 말한다.”라고 했다. (『설문구두』)

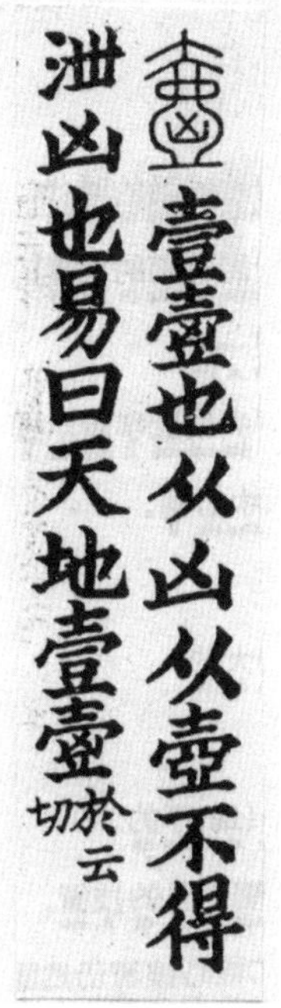
壹壺也从凶从壺不得泄凶也易曰天地壹壺 於云切

「그림 5」「운(壼)」의 『설문』 해설

이상에서 볼 수 있는 것처럼,「운(壼)」은 음과 양의 기운이 아직 분화되지 않은 채 천지의 원기가 왕성하게 모여 만물을 형성할 태세를 말한다.

그러나 여기서 주의해야 할 것은「운(壼)」을 구성하는 두 가지 의미부인「호(壺)」와「흉(凶)」 중에서「호(壺)」를 앞에 놓지 않고「흉(凶)」을 앞에다 놓았다는 점이다.「호(壺)」 부수에 속한다고 하면서도「호(壺)」를 앞에 놓지 않고 다른 의미부인「흉(凶)」을 앞에 놓은 것은『설문해자』의 일반적인 체제에 근거해볼 때 상당히 특이한 부분이다. 그래서『설문석례』에서는 당연히 “從壺從凶(壺가 의미부이고 凶이 의미부이다)”, 즉「호(壺)」가 앞에 놓이고「흉(凶)」이 뒤에 놓이는 체계가 되어야 옳을 것이라 지적했다. 하지만 허신이「운(壼)」을「호(壺)」 부수에다 귀속시키고서도 그 해석 체계에서는 「흉(凶)」을 앞에다 놓은 것은 나름의 이유가 있었을 것으로 보인다. 이는 「흉(凶)」이 사실은 「운(㔽)」에서 더욱 중요한 의미부로 역할을 하는 것을 암시하는 대목이다.

여기서 「운(㔽)」의 의미 결정에 「흉(凶)」이 「호(壺)」보다 더 중요한 역할을 할 수 있는지 살펴보려면 「흉(凶)」의 자형과 그 의미, 이 글자로 구성된 글자군의 의미 지향에 대해 좀 더 자세하게 살펴볼 필요가 있을 것이다. 한자에서 「흉(凶)」과 「흉(㐫)」로 구성된 글자군은 대체로 다음과 같은 몇 가지로 분류 가능할 것이다.

(1) 흉(凶) 계열: 흉(凶)・흉(兇)
(2) 흉(匈) 계열: 흉(匈)・흉(胸)・흉(膷)
(3) 흉(凶)이나 흉(匈)을 소리부로 삼는 글자 군: 흉(洶)・흉(詾)・흉(恟)
　・흉(歾)・흉(跊) 등

가. 「흉(凶)」 계열:

「흉(凶)」[17]은 갑골문이나 금문 단계에서는 나타나지 않고 전국 문자 단계에 이르러 비로소 나타난다. 이의 자형에 대해 허신은 다음과 같이 해석한다.

> 험악한 (땅을) 말한다. 움푹 들어간 구덩이에 어떤 물체가 그 속에 서로 교차되어 빠진 모습을 그렸다.(惡也. 象地穿交陷其中也)(제7편・상, 凶부수)

"험악한 땅"이라는 허신의 해석은 본래 뜻이라기보다는 나중에 파생의미이다. 「감(凵)」이 구덩이이고 X를 교차한 물체의 모습으로 본 것은 지나치게 단순화한 느낌이 있다. 그런 의미에서 백천정(白川靜)의 "감

---

17) 이의 역대 자형 변화는 다음과 같다. ⊠ ⊠簡牘文 ⊠⊠帛書 ⊠說文小篆.

(凵)은 흉부(胸部)의 모습을 형상했고 중간의 X는 새긴 문신을 나타낸다."[18]라고 한 해석은 음미해볼 필요가 있다. 가슴 부위에 문신을 새긴 것은 아마도 고대인들의 사망 의식과 관련됐을 듯하다. 즉 그들은 죽음이라는 것을 육체와 영혼의 분리로 이해했고, 육체에서 영혼의 분리는 피 흘림을 통해 이루어졌다 생각했다. 이는 아마도 자연환경이 척박하던 수렵 시절, 죽음의 주요 원인이 자연사가 아닌 사고사인 것에 기인했을 것이다. 그래서 상대적으로 드물긴 했지만 자연사는 '비자연적'인 것, 즉 피를 흘리지 않고 죽은 것이기 때문에 영혼이 육체에서 분리되지 못한다는 생각에서 인위적인 피 흘림을 위해 시신에다 칼집을 내는 행위가 보편화하였다.[19]

「흉(凶)」의 "감(凵)은 흉부(胸部)의 모습을 형상했고 중간의 X는 새긴 문신을 나타낸다."는 해석은 「흉(凶)」의 속자인 「흉(兇)」을 보면 더욱 분명해진다. 즉 속자에서는 X가 문(文)으로 바뀌어 나타나는데, 「문(文)」은 원래가 가슴에다 문신을 새긴 사람의 정면 모습을 형상한 글자이다.

「문(文)」[20]은 "무늬를 아로새기다"가 원래 뜻이며 이로부터 '무늬'라는 뜻이 파생되었다. 이외에도 '돌아가신 옛 어른'이라는 의미도 있다. 이후 '글자'라는 것이 무늬를 아로새기듯 필획을 교차해 만든 것이라는 뜻에서 '문자(文字)'라는 의미가 생기자 원래의 '무늬'라는 뜻은 「멱(糸)」을 더하여 「문(紋)」으로 발전한다. 「멱(糸)」이 더해진 것은 「문

---

18) 白川靜, 『字統』(1984), 187쪽.
19) 河永三, 『文化로 읽는 漢字』(1997), 141쪽.
20) 이의 역대 자형 변화는 다음과 같다. 甲骨文 金文 古陶文 簡牘文 石刻古文 說文小篆.

(紋)」이 파생되었을 때쯤 무늬의 가장 대표적인 것이 베 짜기에서 나타났기 때문으로 보인다. 여하튼 「문(文)」의 '돌아가신 옛 어른'이라는 의미로 미루어볼 때 「문(文)」은 나이가 들어 죽은 사람에게 문신을 새긴 것으로 풀이될 수 있으며, 이것을 또 다르게 반영한 것이 「흉(凶)」이라 할 수 있겠다.

고대 중국인들이 갖고 있던 죽음에 대한 의식의 구체적 표현, 즉 인위적인 피 흘림 행위를 위해 시신에다 칼집을 내는 행위가 「문(文)」과 「흉(凶)」이라는 글자에 반영되었다면, 이러한 의식의 또 다른 표현 방식은 「미(微)」에서 찾아볼 수 있다.

「미(微)」21)는 머리를 풀어 제친 병약한 노인을 뒤에서 몽둥이를 든 손[攴]으로 내리치는 모습을 형상했다.22) 이 역시 중국뿐만 아니라 원시 사회에서 보편적으로 존재하던 나이가 든 쇠약한 노인을 살해하는 습속을 반영한 글자이다.23) 게다가 시체 주위나 시신 위에 주사(朱砂)를 뭉쳐 뿌리거나 칠한 흔적들도 고고 발굴에 의해 확인되었는데, 이 주사 역시 붉은 피의 상징이다.24) 여하튼 이들은 모두 죽은 시신에 새로운 생명을 심어주고자 한 주술 행위의 하나로 보인다. 순환론적 자연관을 가진 고대 중국인들에게 생명의 죽음, 그것은 바로 또 다른 생명의 시작이었을 것이다. 그래서 「흉(凶)」에 대한 『홍범(洪範)』「오행전(五行傳)」의 주석에서도 "아직 다스려지지 않은 것을 흉(凶)라 한다.(未亂曰凶)"(『설문

---

21) 이의 역대 자형 변화는 다음과 같다. 甲骨文 金文 簡牘文 說文小篆.
22) 살해 대상이 되는 병약한 노인으로부터 '쇠약함'이나 '미미함'이라는 의미가 생겨났다. 이후 인지의 발달과 함께 이를 공개적인 장소에서 행하지 못하고 은밀한 곳에서 숨어 이 일을 행하게 되었는데 이로부터 또 '은밀하다'나 '몰래'라는 뜻이 생겼다.
23) 許進雄, 『中國古代社會』, 洪熹 옮김(1991), 368쪽.
24) 河永三, 「甲骨文에 나타난 人間中心主義」(1996), 52쪽 참조.

통훈정성』)고 했는데, 다스려지지 않은 것은 새 생명이 잉태되기 전 음과 양의 기운이 함께 뒤섞여 있는 모습을 말한 것이라 보인다.

그래서 「흉(凶)」은 지금 나쁘다는 뜻으로 쓰이지만, 예전에는 가슴 문신으로부터 영혼의 생성을 상징했고 이로부터 다시 새 생명을 상징하게 된 것이다. 그렇게 해야만 이 글자로 구성된 다른 글자군들, 예컨대 「흉(兇)」·「흉(匈)」·「흉(胸)」 등으로 의미가 파생하는 것도 자연스레 해석 가능하다. 허신이 『설문해자』에서 「흉(凶)」을 나중에 파생한 의미로 보이는 '험악하다'로 해석한 것으로 보아 허신 당시의 「흉(凶)」에서는 이미 '새 생명'을 상징하는 의미를 이미 찾아보기는 어렵다. 그러나 이로 구성된 글자군에서 「흉(凶)」의 이러한 의미 지향을 충분히 발견할 수 있다.

다음으로 「흉(兇)」은 「흉(凶)」에다 「인(儿)」이 더해진 글자이다. 이에 대해 『설문해자』에서는 다음과 같이 해석했다.

흉(兇)은 두려워하다는 뜻이다. 인(儿)이 흉(凶) 아래에 놓인 형상이다. 『춘추전』에서 "조(曹)나라 사람들이 두려움에 떨었다"라고 했다.(擾恐也. 從儿在凶下. 春秋傳曰, 曹人兇懼.)(『제7편·상, 凶부수)

「인(儿)」은 사람의 하체를 그린 글자로, 「흉(兇)」은 「흉(凶)」을 전체적으로 그린 글자에 불과하며 그 의미는 같다. 이후 이 글자에 '흉악하다'나 '두렵다'는 뜻이 생긴 것 역시 죽은 시신과 관련지을 수 있을 것이다. 즉 시신에 대해 산 사람이 품는 공포나 두려움에서 이러한 의미가 파생되었을 것이다.[25]

그렇게 볼 때 「흉(凶)」은 「문(文)」에서 볼 수 있는 것처럼 자연사한

---

25) 白川靜, 『字統』(1984), 188쪽, 「兇」의 해석.

사람의 가슴 부위에 칼집 내기를 한 모습이며, 이 칼집 내기는 피 흘림을 통해 영혼이 육체로부터 분리될 수 있도록 하고자 한 고대 중국인들의 주술 행위로 해석할 수 있다. 이러한 과정을 통해 영혼은 죽은 자의 육신에서 분리되는데, 영혼의 분리는 또 다른 삶의 시작이요 새 생명의 출발이다. 그래서「흉(凶)」은 태어남은 죽음의 시작이요 죽음은 새로운 태어남의 시작이라는 생명에 대한 변증법적 사유가 잘 반영된 글자이다. 이로부터「흉(凶)」에는 다시 칼집 내기를 하던 부위인 '가슴'이라는 뜻이 생겼고, 이후 가슴에 낸 칼집으로부터 일반적인 '흉터'를 지칭하게 되었으며, 시신에 대한 두려움에서 '두려워하다', '흉터'가 보기에 흉하기 때문에 '흉하다'는 의미로 파생되어갔다. 이렇게 되자 원래 뜻의 하나인 '가슴'을 나타내려고「흉(匈)」을 만들어냈고, 다시 더욱 의미를 구체화한「흉(胸)」이 등장한 것으로 보인다.

나.「흉(匈)」계열:「흉(匈)」·「흉(胸)」·「흉(膺)」
「흉(匈)」은「흉(凶)」에「포(勹)」가 더해진 모습이다. 이를『설문해자』에서는 다음과 같이 풀이하고 있다.

흉(匈)은 가슴이라는 뜻이다. 포(勹)가 의미부이고 흉(凶)이 소리부이다. 흉(胸)은 흉(匈)의 혹체(或體)로 육(肉)이 의미부이다.(匈, 膺也. 從勹凶聲. 胸, 匈或從肉.)(제9편·상, 勹부수)

허신은「흉(匈)」의 의미를 가슴[膺]으로 보았다. 그는「흉(匈)」의 본래 글자인「흉(凶)」을 두고서는 "험악한 땅"이라고 했으나 이후에 생겨난 글자인「흉(匈)」에 대해서는 제대로 해석했다. 다만 허신은「흉(匈)」을 구성하는「흉(凶)」을 소리부로 보았지만, 사실은 의미부도 함께 겸하는 것으로 보아야만 한다.

일반적으로 상형(象形)이나 상의(象意) 구조에다 의미의 명확성을 더하고자 구체적 의미부를 더하는 경우, 원래 있던 상형이나 상의 요소는 소리부로 변화한다. 하지만 변화된 소리부는 나중에 더해진 의미부보다 해당 글자의 실제적 의미를 더욱 구체적으로 나타내주는 것이 일반적이기 때문에, 이는 의미부 겸 소리부로 보아야 할 것이다.26)

「흉(匈)」의 경우, 「포(勹)」는 인체의 측면 모습을 그린 것이고 「흉(凶)」은 가슴에 새긴 문신을 형상했다.27) 그래서 문신을 새기는 부위인 '가슴'이 원래 뜻이다. 하지만 이후 '가슴' 부위를 더욱 강조하기 위해 의미부인 「포(勹)」를 더한 것은 「흉(兇)」이 「흉(凶)」에다 「인(儿)」을 더한 것과 같은 이치이다. 「포(勹)」와 「인(儿)」은 모두 사람의 모습을 나타낸 것으로 의미상으로 별다른 차이가 없다. 이후 이 글자는 「흉(匈)」이 '흉흉하다'나 '흉노(匈奴)'를 지칭하게 되자 다시 「육(肉)」(=月)을 더하여 「흉(胷)」이 되었다. 좌우 구조인 「흉(胷)」을 상하구조로 바꾼 것이 「흉(胸)」이며 이들 간의 의미상 변화는 없다.

---

26) 이러한 경우를 '원래 글자가 소리부로 기능을 하는 형성 구조'라 이름 붙일 수 있을 것이다. 예컨대 暮는 수풀[艸] 사이로 지는 태양[日]을 그린 莫에서 왔다. 莫의 원래 뜻은 '저녁'이었으나 이후 '없다'나 '……하지 마라'는 등의 뜻으로 쓰이게 되자 다시 의미부인 日을 더하여 日이 의미부, 莫이 소리부인 형성 구조로 변했다. 하지만 暮의 의미는 日보다 '수풀 사이로 지는 태양이 지는 모습'을 그린 莫이 더욱 구체적으로 나타낸다. 箕도 마찬가지이다. 원래 키를 형상한 其가 대명사로 쓰이게 되자 원래 뜻을 명확하게 하려고 竹을 더하여 형성 구조인 箕가 되었다. 其가 소리부이긴 하지만 竹보다 더 구체적인 의미를 나타낸다. 그런 의미에서 莫과 其는 소리부 겸 의미부로 보아야 할 것이다. 이외에도 它~蛇, 聿~筆, 久~灸, 新~薪, 辰~蜃, 文~紋, 且~祖, 包~胞, 要~腰, 酉~酒, 監~鑑, 合~盒, 然~燃, 何~荷, 网~罔~網 등이 모두 이에 해당한다.

27) 白川靜, 『字統』(1984), 188쪽, 「匈」의 해석.

다. 「흉(凶)」과 「흉(匃)」을 소리부로 삼는 글자군

이 글자군에서 (1)과 (2)항에서 언급된 글자들 이외에 다음과 같은 것들이 있다.

흉(洶): 물이 솟대[涌]. 물결 용솟음 치는 소리. 법석대고 떠들썩한 소리[鼓動聲]. 파도가 어지럽게 일어나서 세차다.
흉(㲀): 물소리. 흉(洶)의 속자
흉(㳫): 물이 꿈틀거리다.
흉(訩): 송사하다[訟]. 차다[盈]. 재앙. 어지럽다. 떠들썩하다[衆語].28)
흉(詾): 말다툼하다. 차다[盈]. 수군거리다. 큰 소리로 외치는 모양. 큰 소리로 위협하다. 두려워 떠들썩한 소리.
흉(說): 흉(詾)과 같다.
흉(哅): 시끄럽다[喧].
흉(哅): 목청을 돋워 야단치다. 크게 부르짖다.
흉(恟): 두려워하다[懼].
흉(愶): 두려워하다. 흉(恟)과 같음.
흉(㐫): 흉하다. 흉(凶)의 고자. 흉(兇)과 통용된다.
흉(跫): 발걸음 소리. 공(聲)과 통용된다.

이상의 글자는 모두 「흉(凶/兇)」을 소리부로 삼는다는 공통성이 있다. 하지만 이들이 비록 소리부로 기능을 하긴 하지만 기왕에 공통적 구성 요소를 가진 글자군일진대 의미에서도 일정한 공통성이 있을 것이다. 물론 형성 구조에서 소리부가 표음적 기능 이외에 가지는 의미 부여의 기능에 관해 한자 학계에서도 그간 적잖은 논의가 이루어져왔다.29) 지금

---

28) 『字彙補』에서는 "訩은 詾의 생략된 모습으로, 詾·哅·匈·兇·凶·洶·愶과 모두 통한다."라고 했다.
29) 소리부의 의미 표시 기능에 관한 연구는 '右文說'로 대표될 수 있을 것이다. 송나라

까지 연구 결과에 의하면 적어도 동원 관계를 맺는 글자군에서는 그 의미에서도 공통된 지향(指向)을 가진다고 보는 것에는 전혀 문제가 없을 것이다. 또 설사 동원 관계가 아니라 하더라도 같은 소리부를 가진 글자들은 상당 부분 의미 지향이 같은 것으로 보인다. 즉 이상의 글자군을 구성하는 기본 공통 요소인「흉(凶)」은 다음과 같은 의미를 지향하는 것으로 개괄할 수 있다.

(1) 칼집을 내는 곳 → 가슴
(2) 칼집 → 흉터 → 흉하다
(3) 칼집을 낸 시신 → 두렵다
(4) 칼집을 내는 목적 → 육체에서 영혼의 분리 → 새 생명의 부여 → 기운의 왕성함

이러한 의미를 구성하는 기본적 요소는 '새 생명'이며, 새 생명이 잉태되기 위한 '기운의 왕성함'과 새 생명을 부여하기 위해 '칼집 낸 모습에 대한 두려움'이라 할 수 있다.

王聖美에게서 체계화되긴 했지만 이러한 관련성에 관한 발견은 그보다 훨씬 이전부터 이루어졌다. 한나라 劉熙의『釋名』에서는 글자의 의미 해석에 聲訓이라는 방법을 자주 사용함으로써 해석자와 피해석자의 표음적 공통 관계에 유의했다. 또 晉나라 楊泉의「物理論」에서도 소리부가 같은 글자들의 의미적 관련성에 천착했으며, 당나라 말 徐鍇의『說文繫傳』에서는 소리부에 근거해 의미를 찾아나가는 글자 해석법이 응용되었다. 송나라 때 왕성미가 이러한 학설을 이론화하고 체계화했다. 王安石의『字說』은 이러한 이론적 틀에 근거를 둔 한자 해설서로 잘 알려졌으며, 이후 陸佃의『爾雅新義』에서도 이러한 방법이 계승되었다. 훈고학계에서 소리부에 근거해 의미를 추적해 나가는 '因聲求義'法은 이미 보편적 지지를 받은 의미 해석 방법의 하나다. 하지만 모든 한자의 의미를 그러한 방법으로 해석이 가능한지, 즉 소리부의 의미 표시 기능을 절대화할 수 있는지에 대해서는 아직 유보적이다. 최근 들어 허성도 교수는 이러한 이론의 절대화에 노력한다. 자세한 것은 許成道,「漢字意味論序說」(1996), 297~328쪽 참조.

그리하여 이 글자군은「흉(凶)」의 기본 의미를 공통 요소로 하여, 결과적으로는「흉(洶/洵/洸)」에는 '물이 세차다'[←물+왕성함],「흉(訩/詾/詾/讻/呦)」에는 '떠들석하다'[←말+왕성함],「흉(跾)」에는 '발걸음 소리'[←[발+몰려옴]←[발+왕성함]],「흉(恟/恦/怐)」에는 '두려워하다'[←마음+칼집],「흉(殈)」에는 '흉하다'[←살 발린 뼈+칼집] 등의 뜻을 담게 된 것으로 추정할 수 있다.

이상에서 살펴보았듯이「운(壺)」의 의미부로 기능을 하는「흉(凶)」은 '새 생명'을 상징하고, 이를 구성 요소로 하는 글자군들은 의미부이든 소리부이든 관계없이 모두 왕성하게 힘차게 끓어오르는 '새 기운'이라는 의미소를 공통으로 갖고 있거나 '새 생명'의 부여를 위한 칼집 내기와 관련된 의미소를 갖고 있음을 알 수 있다.

우주 만물의 생성은 음양의 기운이 분리되지 않은 채 혼돈의 상태에 있는 원기(元氣)와 온통 끓어오르며 운동하는 상태에서 이루어진다. 이러한 운동 과정에서 음기와 양기가 나뉘고 다시 충기(沖氣)를 이루어 만물이 생겨나는 것이다. 그렇게 볼 때 인온(絪縕, 氤氳)의 뜻이 있는「운(壺)」은 바로「흉(凶)」이 중요한 의미소로서 이 글자의 의미를 결정짓는 본체라고 한다면,「호(壺)」는 이러한 기운을 둘러싸는 기물인 셈이다. 그래서「운(壺)」의 의미 결정에「호(壺)」보다「흉(凶)」이 더욱 중요한 기능을 하게 되었고, 그 결과「흉(凶)」이「호(壺)」보다 앞에 놓이게 된 것으로 보인다. 그런 의미에서 단옥재는 비록 명시하지는 않았지만 이러한 가능성을 이미 간파한 것으로 보인다.

3_「일(壹)」부수자의 의미 지향

① 「일(壹)」:

「일(壹)」은 앞서 살펴본 바와 같이『설문해자』에서 "전일(專一)하다는 뜻이다. 호(壺)와 길(吉)이 의미부이며, 길(吉)은 소리부도 겸하고 있다."(壹 부수)고 했다. 이에 대해 서호(徐灝)의 『단주전(段注箋)』에서는 "일(壹)의 본래 뜻은 인온(氤氳)인데, 소리가 변하여 억울(抑鬱)이 되었고 막히어 갇히다[閉塞]는 뜻이다."라고 했다. '전일(專壹)'에 대해, 장순휘(張舜徽)의 『설문약주』에서는 "갇히어 막히게 된즉 흩어지지 아니하는 까닭에 전일(專壹)하다는 뜻으로 파생되었다."라고 했다. 또 서개(徐鍇)의 『설문계전(說文繫傳)』에서는 "호(壺)를 의미부로 삼은 것은 새지 않는다는 의미에서이다."라고 했다. 하지만 왕균은 『설문석례』에서, 「일(壹)」의 원래 뜻은 인온(絪縕)이며 전일(專壹)하다는 뜻은 파생 의미라고 하면서 다음과 같이 풀이했다.

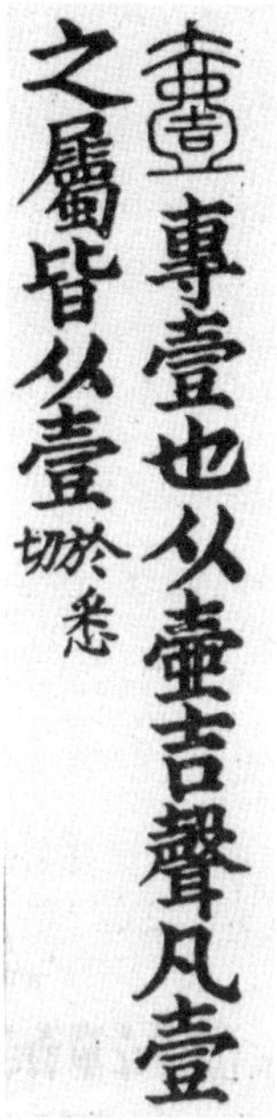
專壹也从壺吉聲凡壹之屬皆从壹 於悉切

「그림 6」「일(壹)」의 『설문』 해설

> 일(壹)은 스스로 부수를 이루는데 이에 대해 (허신은) "전일하는 뜻이다. 호(壺)가 의미부이고 길(吉)이 소리부이다."라고 했다. 이 말에 대해 단옥재는 "원기(元氣)가 혼연(渾然)하여 길흉(吉凶)이 나누어지지 않은 것을 말한다."라고 했다. 내 생각으로 단옥재의 이러한 해석은 천지의 모든 갖추어짐을 체득하고 신명(神明)의 덕(德)에 통달하지 않고서는 할 수 없는 것이라 생각한다. 그의 식견은 허신보다 훨씬 뛰어났다. 대저 전일(專壹)하다는 뜻은 파생된 의미일 것이고 인온(絪縕)이 바로 본래 뜻일 것이다.[30] (『설문석례』 壹의 해석)

30) "壹自爲部云, 專壹也. 從壺吉聲. 段氏曰, 元氣渾然, 吉凶未分. 筠案此語, 非體天地之撰, 通神明之德者, 不能道也. 其識直出許君上矣. 蓋專壹爲引伸之義, 絪縕乃其本義."

왕균의 해석처럼 「일(壹)」의 원래 뜻은 '전일하다'가 아니라 '만물을 생성하는 기운이 왕성한 모습'을 지칭하는 '인온(絪縕/氤氳)'이 되어야 할 것이다. 왕성한 기운이 혼돈 상태의 우주를 상징하는 호리병 속에 갇혀 아직 음기와 양기가 나누어지지 않은 채 만물을 생성하기를 준비하는 단계를 지칭한다. 그렇게 해석할 때 「일(壹)」은 바로 앞 글자인 「운(壼)」과 자연스레 연계되며 합리적 해석이 가능해진다. 「운(壼)」의 해석에서 「호(壺)」와 「흉(凶)」이 모두 의미부로 기능하였듯 「일(壹)」에서도 「길(吉)」은 소리부이면서도 의미부를 겸하는 구조로 해석되어야 할 것이다. 그래서 단옥재는 허신이 "호(壺)가 의미부, 길(吉)이 소리부이다." 라고 한 해설을 고쳐, "호(壺)와 길(吉)이 의미부인데, 길(吉)은 소리부도 겸하고 있다."라고 한 것이다.

즉, 단옥재는 호리병 속에 아직 나누어지지 않은 원기가 들어 있는 모습을 「일(壹)」과 「운(壼)」의 대칭적 관계로 본 것이다. 다시 말해 「운(壼)」이 「호(壺)」와 「흉(凶)」으로 구성된 글자라면, 「일(壹)」은 「호(壺)」와 「길(吉)」로 구성된 글자인 셈이다.31) 여기에서 「길(吉)」과 「흉(凶)」은 우주 만물을 생성하는 원기가 아직 혼연(渾然)의 상태이며 나누어지기 이전의 모습이므로 길이 곧 흉이요 흉이 곧 길인 즉, 그 명칭만 다를 뿐 내용은 같은 것으로 생각한다.

이렇게 볼 때 「일(壹)」의 본래 의미는 우주 만물이 형성되기 전 음양의 기운이 채 나누어지기 전의 원기가 호리병으로 상징되는 우주 속에 가득 차 있는 모습을 그린 것으로 해석될 수 있을 것이다.

---

31) "或曰, 壹從壺中吉, 壼從壺中凶, 言元氣渾然, 吉凶未分也. 是壹亦當爲會意字." 『說文通訓定聲』.

② 「의(懿)」:

「의(懿)」를 『설문해자』에서는 다음과 같이 풀이한다.

> 의(懿)는 전일(專一)하여 오래도록 지속하여 훌륭하다는 의미이다. 일(壹)이 의미부, 자(恣)의 생략된 모습이 소리부이다.(懿, 專久而美也. 從壹, 從恣省聲.)(제10편·하, 壹부수)32)

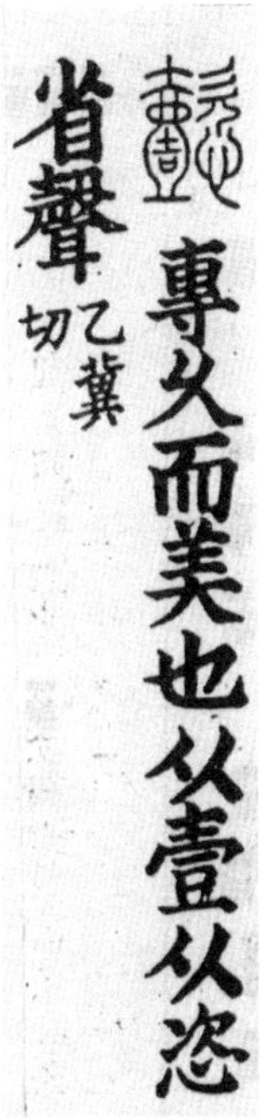
專久而美也从壹从恣省聲乙冀切

「그림 7」「의(懿)」의 『설문』 해설

이에 대해 단옥재는 "전일(專一)해야만 오래갈 수 있으며, 오래갈 수 있어야만 훌륭한 것이다. 『소이아(小爾雅)』와 『초사주(楚辭注)』에서 의(懿)는 깊다[深]는 뜻이다고 했으며, 『시경』「칠월」의 「모씨전」에서 의(懿)는 속이 깊은 광주리[深筐]를 말한다고 했다. 그렇다면 깊다는 것이 바로 전일(專壹)의 뜻이다."라고 했다.

금문에 의하면 「의(懿)」의 초기 형태는 「호(壺)」와 「흠(欠)」으로 구성된 「의(歖)」(「沈子簋」)로 되어 있고, 「선백종(單伯鐘)」과 「화궤(禾簋)」 등과 같은 후기 금문에서는 다시 「심(心)」이 더해진 형태를 했다.33) 그러던 것이 소전 단계로 오면서 「호(壺)」가 「일(壹)」로 변하고 「흠(欠)」이 「차(次)」로 변해 「의(懿)」로 변했다. 이를 두고서 단옥재는 "자(恣)의 생략된 모습이 소리부"라고 한 허신의 해설이

---

32) 懿의 고대음은 影紐 質韻으로 /ĕit/(중고음은 乙冀切, 影紐 至韻 開口 三等 거성운으로 /i/)으로 재구되며, 恣의 고대음은 精紐 脂韻으로 /tsĭei/(중고음은 資四切, 精紐 至韻 開口 三等 거성운으로 /tsi/)로 재구된다. 郭錫良, 『漢字古音手冊』(1986), 66쪽, 59쪽 참조.

33) 周法高, 『金文詁林』(1981), 1068쪽.

아마도 그 자신의 말이 아닌 이후 사람이 덧보탠 것일 것이라 하고서는, 「심(心)」과 「흠(欠)」과 「일(壹)」이 의미부이고 「일(壹)」은 소리부도 겸 하는 구조로 해석해야 한다고 했다. 하지만 금문 단계의 자형에서처럼 「의(懿)」의 초기 모습은 「호(壺)」와 「흠(欠)」으로 구성되었다. 「호(壺)」 는 술병이고 「흠(欠)」은 사람이 입을 크게 벌린 모습을 형상한 것으로, 사람이 입을 크게 벌리고 술을 마시는 모습에서 충족감, 즉 훌륭하다, 아름답다 등의 뜻이 나오게 되었다.34)

이처럼 금문 단계에서만 해도 단순한 술 그릇인 '호리병'이 금문 단계 로 오면서 속의 깊이를 알 수 없는 상징적 기물인 '호리병'으로 변화했 고, 다시 '호리병'처럼 깊은 속으로 마음을 외곬으로 쓰는 것, 거기서부 터 '아름다움'과 '훌륭함'을 찾고자 한 해석이 더해지는 것을 볼 수 있다. 이는 분명히 허신을 비롯한 당시 사람들의 의식 기저에 녹아 있던 '호리 병'과 '조롱박'의 상징 때문이리라 보인다.

이상에서 살펴본 것과 같이 「호(壺)」·「운(壼)」·「일(壹)」·「의(懿)」 등 과 이 글자들을 구성하는 한자군이 공통으로 가지는 의미 지향은 바로 '호리병'이며, 호리병은 '조롱박'과 연계된다. 호리병이나 조롱박은 모두 만물이 생성되기 전 혼돈의 상태에 있던 우주의 상징이다.

그래서 「호(壺)」의 의미 설명에 동원된 「곤(昆)」35)은 금문에서 "두 사람의 머리 위에 태양이 있는 모습"을 그렸으며, 이로부터 태양이 사람 머리 위에 정면으로 위치하는 시간대인 '정오'라는 뜻이 나왔고, 다시 '천정(天頂)의 상단'이나 '정남 방향'을 뜻하게 되었다. 『통아(通雅)』에 서 말한 "곤오는 원혼을 말한다.(昆吾謂圓渾)"라고 한 것처럼 고대 중국 인들은 하늘을 둥근 구(球)의 모습으로 인식했다. 이처럼 고대 중국인들

---

34) 于省吾, 「釋懿」, 『金文詁林』(1981) 1608~1609쪽에서 재인용.

35) 이의 역대 자형 변화는 다음과 같다. 金文 簡牘文 說文小篆.

은 하늘을 둥근 것으로 생각하였기에 「곤(昆)」은 둥글게 만들어진 것에 대한 보편적 지칭으로 확대되어 사용되었을 것이며36), 그리하여 「곤(昆)」으로써 「호(壺)」를 설명할 수 있었던 것으로 보인다. 그리고 둥근 「호(壺)」 속에는 아직 음과 양, 즉 길(吉)과 흉(凶)으로 구분되지 아니한, 만물을 생성할 원기(元氣)가 가득 차 있는 것으로 생각했다. 그래서 「호(壺)」는 만물 생성의 상징이요, 이러한 원형(原型)이 조롱박 숭배 신화에 반영되었을 것이다.

4. 조롱박 숭배 신화

1_조롱박과 인류의 탄생

「호(壺)」와 같이 둥근 것에서부터 우주가 창제되고 인류가 탄생했다는 원형 의식은 중국의 한족을 비롯한 여러 소수민족의 신화와 현존하는 종교 습속에서도 그 흔적을 찾아볼 수 있는데, 그것은 다름 아닌 '조롱박'에 관한 신화와 이에 대한 숭배 습속이다. 중국에서 조롱박 숭배에 관한 신화는 종류도 많고 그 세절도 다양한 모습을 띠지만, 그 전형(典型)은 대체로 다음과 같은 형식을 가진다.

---

36) 昆에는 '둥근 기물'이라는 의미 외에도 '자손'·'후예'·'곤충'이라는 의미가 있다. '태양이 사람 머리 위에 있는 모습'에서 뜨고 지는 '태양의 순환'을 인식하게 되었고, 이에는 이러한 순환으로부터 생명이 생겨난다는, 즉 음과 양의 전화에서 만물이 생겨난다는 의미가 담겨 있다. 그래서 이 글자에는 '자손'이나 '후예'라는 의미가 있게 되었다. 또 태양이 천장을 지날 때가 햇빛이 가장 강렬할 때이므로 이는 '光明'이나 '빛을 발하다', 陰의 대칭적 의미인 陽의 뜻이 있기도 한다. 그래서 '昆蟲'이란 "밝은 곳[陽]에서는 활동하고 어두운 곳[陰]에서는 활동을 중단하는" 음과 양을 넘나드는 특성이 있는 '벌레'라는 뜻으로 풀이된다. 또 번쩍번쩍 빛나는 칼을 '昆吾刀'나 '昆吾劍'이라 하기도 하고, 운남성의 수도인 '昆明'이나 '昆陽' 등과 같이 昆이 明이나 陽 등과 자주 결합하는 것이 이 때문이다. 葉舒憲, 『中國神話哲學』(1997), 20~23쪽 참조.

한 가장(아버지나 형)이 있고, 그 집에는 어린 사내와 딸아이(가장의 자녀 혹은 오누이)가 하나씩 있다. 가장에 의해 구금된 원수(주로 가장의 형제)는 어린 사내와 딸아이의 도움으로 탈출하고서 홍수를 일으켜 가장에게 복수한다. 하지만 어린 사내와 딸아이에게는 미리 특수한 수단을 가르쳐주어 재난을 피할 수 있도록 해준다. 홍수가 물러나고 나서는 인류가 멸종해버렸고, 어린 사내와 딸아이만 남게 되는데, 그들은 오누이의 관계로 부부가 되어 인류를 다시 창조한다.37)

대홍수 시절 남매가 홍수를 피해 유일하게 살아남을 수 있었던 수단으로 가장 보편적으로 등장하는 것이 조롱박, 즉 호로(葫蘆)이다. 그 변형으로 나무 상자나 배(舟)나 북(鼓) 등이 등장하기도 한다. 문일다(聞一多)가 조사한 49종 신화와 도양종(陶陽鐘)이 조사한 중국 홍수 신화 중에서 홍수를 피하는데 동원된 도구를 유형별로 구분해 보면 다음과 같다.38)

「표 1」 홍수를 피하기 위한 도구 유형

구분	도구 명칭		신화명	민족	비고	채집 및 정리
자연물	박	葫蘆	「梅葛」	彝		雲南省民族民間文學楚雄調査隊
			「査姆」	彝		郭思九, 陶學良
			「伏羲兄妹」	瑤		盤國金
			「洪水潮天」	布依		伍天金(講), 祖岱年(정리)
			「阿仰兄妹制人煙」	仡佬	杉木葫蘆	趙雲周(講), 李道(정리)
			「洪水滔天和兄妹成家」	傈僳		木玉璋
			「兄妹傳人種」	哈尼		劉元慶, 阿羅

---

37) 聞一多, 「伏羲考」(1993), 106~107쪽.
38) 같은 논문, 113~129쪽; 陶陽鐘, 『中國創世神話』(1989), 262~266쪽 참조.

			「湘西苗人故事」(二)	苗		芮逸夫
			「儺父儺母歌」	苗		芮逸夫
			「黑苗洪水歌」	苗		Samuel, R. Clarke
			「八寨黑苗傳說」	苗(貴州)		吳澤霖
			「雅雀苗故事」	苗(貴州)		Clarke
			「傜人洪水歌」	瑤(廣西)		常任俠
			「葫蘆曉歌」	미상		常任俠
			「板傜五穀歌」	瑤(廣西)		樂嗣炳
			「板傜盤王歌」	瑤(廣西)		미상
			「依傜盤板傜盤王書中洪水歌」	瑤(廣西)		미상
			「盤傜故事」	瑤	瓢瓜	미상
			「藍靛傜故事」	瑤	瓢瓜	陳志良
			「背籠傜故事」	瑤	瓢瓜	陳志良
			「獨侯傜故事」	瑤	瓢瓜	陳志良
			「西山傜故事」	瑤		陳志良
			「漢河倮儸故事」	彝		邢慶蘭
			「栗粟故事」	傈僳		芮逸夫
		瓜	「侗族祖先哪裏來」	侗		貴州人民出版社
			「南瓜的故事」	黎	南瓜	王國全
			「湘西苗人故事」(一)	苗	黃瓜	芮逸夫
			「儺神起源歌」	苗(湖南)	仙果	芮逸夫
			「生苗故事」(一)	苗(貴州)		陳國鈞
			「生苗洪水造人歌」	苗(貴州)	南瓜	陳國鈞
			「苗人譜本」	苗	仙果	徐松石
			「盤傜故事」	瑤		미상
			「盤傜故事」	瑤		徐松石
			「紅傜故事」	瑤		徐松石
			「東隨傜故事」	瑤		陳志良
			「背籠傜遺傳歌」	瑤		陳志良
			「東京蠻族故事」	미상	南瓜	Lunet de Lajonquiere
인조물		북[鼓]	「人類遷徙記」	納西	皮鼓	和志武
			「瑪黑·瑪妞和葫蘆裏的人」	基諾	大木鼓	미상

		「苗人故事」	苗	木鼓	F. M. Savina
		「花苗故事」	苗	木鼓	H. J. Hewitt
		「大花苗洪水故事」	苗(貴州)	木鼓	미상
		「侗人洪水歌」	侗		미상
		「偏苗洪水橫流歌」	苗(廣西)		雷雨
	단지[甕]	「蠻傜故事」	瑤	大甕	陳志良
	통/ 절구통/ 상자	「洪水滔天」	怒	水桶	臘培(講)
		「倮儸故事」	彝	木箱	Paul Vial
		「夷人故事」	黑彝	桶	馬學良
		「老亢故事」	傈僳	木床	芮逸夫
		「巴那(Bahnars)故事」	미상	大箱	Guerlack
		「阿眉(Ami)故事」	阿美 (臺灣)	木臼	Shinji Lshii
	배[舟/ 船]	「召亞兄妹」	苗	船	韓紹昌
		「大花苗洪水滔天歌」	苗(貴州)	杉舟	楊漢先
		「生苗故事」(一)	苗(貴州)	船	陳國鈞
		「大涼山倮儸人祖傳說」 (一)	彝	桐木舟	莊學本
		「大涼山倮儸人祖傳說」 (二)	彝	桐木舟	莊學本
	가마솥 [鑊]	「傜人故事」	瑤(廣西)	鐵鑊	常任俠
	石獅子	「盤古山」	漢		馬奔欣, 梁燕
기타		「洪水滔天」	獨龍	卡瓦卡魯 山頂에 오름	『雲南民間故事選』
		「短裙黑苗傳說」	苗(貴州)	上天	吳澤霖
미언급		「古根」	拉祜		陶學良
		「高山族和漢族的來源」	高山		『中國少數民族神話選 (初選本)』
		「生苗起源歌」(一)	苗		陳國鈞
		「生苗起源歌」(二)	苗(貴州)		陳國鈞
		「生苗起源歌」(三)	苗(貴州)		陳國鈞
		「儂人故事」	布儂		陳志良

이상의 신화에서 볼 수 있는 것처럼, 홍수신화에서 홍수를 피하는 도구로 호로(葫蘆)가 24종, 과(瓜)가 13종으로 이를 합하면 자연물이 전체 66종의 56%를 차지하며, 인조물 중에서도 석사자(石獅子)를 제외하면 모두 조롱박의 변형물(북·단지·통·배·가마솥 등)이 총 20종으로, 이를 합치면 전체의 86.3%를 차지하는 것을 볼 수 있다. 이렇듯 조롱박을 비롯한 박류가 특히 남방 계열의 홍수신화에서 홍수를 피해 살아남는 주요한 수단으로 가장 많이 등장하고 있음은 물론, 나아가 인류를 창조하는 소재로까지 이용되는 것을 알 수 있다. 그뿐만 아니라 홍수를 피하거나 강을 건너는 도구로 호로(葫蘆)를 이용하는 것은 신화를 넘어 지금까지도 소수민족의 생활에서 객관적으로 존재하는 사실이기도 하다. 예컨대 해남도의 리^{Li}[黎]족을 비롯한 대만의 고산(高山)족, 운남성 서쌍판납(西雙版納)의 다이^{Dai}[傣]족, 광동 연안 지역의 객가^{Hakka}(客家)족, 호북성 청강(淸江) 유역의 투쟈^{Tujia}[土家]족을 비롯해 산동성 장도(長島) 지역, 하남성의 일부 민간 지역에서 지금까지도 여전히 사용되는 호로선(葫蘆船)이 그 증명이 될 것이다.[39]

그래서 한족을 비롯한 많은 소수민족은 지금까지도 조롱박을 자신의 조상이라 생각하며 숭배하고, 조롱박에서 자신의 조상과 인류가 집적 기원했다는 신화를 다수 보존한다. 예컨대 주나라 초기의 민가로 보이는 『시경』「대아」「면」의 첫 번째 구에서는 "주렁주렁 이어 달린 크고 작은 박, 백성의 처음 생겨남이라.(緜緜瓜瓞, 民之初生)"라고 노래했는데, 이는 인류가 조롱박에서부터 나왔다는 것으로 중국 민족의 창세를 말한 것이다. 그리고 조롱박에서 인류가 탄생했다는 신화는 중국의 다른 여러 소수민족 신화에도 자주 등장하는데, 그중에서도 대표적인 몇 가지를 살

---

39) 宋兆鱗, 「腰舟考」, 游琪·劉錫誠 편, 『葫蘆與象徵』(2001), 37~40쪽 참조.

펴보기로 하자.

① 이[彝]족의 『창세기』 전설

옛날 대홍수가 났을 때 큰 조롱박[葫蘆] 하나만이 물 위에서 정처 없이 떠다니고 있었다. 얼마나 지났는지 홍수도 점점 물러갔고 그 커다란 조롱박은 산꼭대기로 떨어지게 되었고 그 속에서 남녀 두 사람이 나왔다. ……이후 이들 두 오누이는 결혼하여 부부가 되었다. 1년이 지나고서 이들은 통통한 고깃덩어리를 낳게 되었고, 홧김에 고깃덩어리를 잘라 토막을 냈고, 토막 난 고깃덩어리를 산 위에서 온 사방을 향해 뿌렸다. ……하늘에서 내려온 백발 노인이 주문을 외우자 이것들은 순식간에 산 사람으로 변했다.[40]

또 이족의 다른 창세 서사시인 「매갈(梅葛)」에서는 다음과 같이 그려진다.

거찍[格滋]라는 하늘 신이 인종(人種)을 바꾸고자 77일 동안 홍수를 내렸는데, 오누이만이 조롱박[葫蘆]을 타고 살아남았다. 이후 여동생은 오빠의 몸 씻은 물을 먹고서 회임하여 이상하게 생긴 조롱박 하나를 낳았는데, 이 이상하게 생긴 조롱박에서 이족 등 아홉 민족이 태어났다.[41]

이처럼 이족의 창세 신화에서는 조롱박이 홍수를 피해 살아남는 도구를 넘어서, 유일하게 살아남은 오누이가 결혼하여 낳은 것도 조롱박이며 바로 그 조롱박에서 나온 것이 이족 등 인류라고 묘사한다. 그들에게 조롱박은 자신들의 상징이기도 하다. 그래서 오늘날까지도 운남성 초웅(楚

---

40) 普珍, 「破壺成親」, 『中華創世葫蘆』(1993), 27쪽.
41) 陶陽鐘, 『中國創世神話』(1989), 262쪽.

「그림 8」 조롱박을 내 건 운남성 곤명 소재 이족 한약방

雄) 이족 자치주에서는 많은 사람이 호로(葫蘆)를 자기 조상의 화신이라 여기고 숭상한다.[42]

② 라후[拉祜]족의 천지창조 신화

어새[厄莎]가 천지를 개벽하고 나서 다시 천신 묘와 지신 묘를 각각 네 개씩 만들었으나 제사를 올릴 사람이 없어 난감했다. 그래서 어새[厄莎]는 조롱박 씨를 심고서는 자신의 땀으로 물을 주며 가꾸었다. 조롱박 씨에서 싹이 나고 3년이 지나자 커다란 조롱박이 하나 열렸으며, 박 속에서 나디[娜笛]라는 여자와 자디[扎笛]라는 남자가 나왔다. ……이들은 성장하여 서로 사랑하게 되었고 나디가 임신을 하였다. 그녀가 비파나무로 다가가 가지를 붙들면 비파나무에 열매가 열렸고 올리브 나무에 다가가 가지를 붙들면 가지에 올리브 열매가 가득 열렸다. ……아이를 낳던 날, 나디는 아이를 아홉 쌍 낳았다. 이후 이 아홉 쌍이 서로 결혼하여 자손을 불려 나갔으며, 이리하여 인류가 생겨났

---

42) 劉堯漢,「論中華葫蘆文化」, 游琪·劉錫誠 편,『葫蘆與象徵』(2001), 61쪽.

고 라후족이 출현했다.[43]

라후족은 자신의 선조와 인류가 모두 조롱박에서 나왔다고 생각하기 때문에 조롱박에 대해 매우 특이한 감정이 있으며 무한한 숭배의 심리가 있다. 그래서 민간에서는 언제나 조롱박에 대해 제사를 드리고 조롱박을 숭배하는 습속이 있다. 특히 라후족의 여성들은 더더욱 조롱박에 대해 경외심이 충만하다. 그림에서처럼 젊은 여성들은 조롱박을 마주 보면서 경건한 조롱박 춤을 추기도 한다. 음력 10월은 조롱박이 익는 계절이며 10월 15일은 최초의 인류인 나디와 자디가 조롱박에서 세상에 나온 날이다. 그래서 10월 15일은 라후족의 '아펑아롱니', 즉 조롱박 축제가 열리는 날이다.[44]

이상과 같이 천지창조나 인류의 탄생과 조롱박의 연계, 조롱박 숭배는

「그림 9」 라후족 여성들의 조롱박 숭배 춤

---

43) 『牡帕密帕』. 曉根, 『拉祜族: 蘆笙戀歌口弦情』(1995), 3쪽 재인용.

중국 소수민족의 신화에 상당히 보편적으로 존재한다. 예컨대 운남성 서부의 와^{Wa}[佤]족은 '쓰강리(司崗里)'라 불리는 동굴을 인류의 발원지로 여기고 있는데, '쓰강(司崗)'은 바로 '잘 익은 호로(葫蘆)'라는 뜻이다.45) 그래서 와족은 조롱박을 자신의 조상이라 숭배해왔고, 그 때문에 명·청 시대 이후로 『속운남통지고(續雲南通志稿)』 등과 같은 문헌에서 아와^{Awa}[阿佤]족이 사는 지역을 '호로국(葫蘆國)', '호로왕(葫蘆王)의 땅'이라 부르기도 했다.46)

「그림 10」 조롱박 숭배 상징물: 라후족의 시조 상징

또 다이[傣]족의 신화에서도 인류가 조롱박에서 나오는 것으로 묘사된다. 즉 이 세상에 아무도 없던 시절, 하늘 신께서 암소 한 마리와 새매[鷂] 한 마리를 지상으로 내려다주었다. 암소는 하늘에서 이미 수십 년을 살았기 때문에 지상에서는 3년밖에 살지 못했으며 알 세 개를 낳고서는 죽어버렸다. 이후 새매가 알을 품었으며 그중 한 알에서 조롱박이 나왔고, 인류는 바로 그 조롱박 속에서 태어났다.47)

---

44) 曉根, 『拉祜族: 蘆笙戀歌口弦情』(1995), 3~4쪽.
45) 劉堯漢, 「論中華葫蘆文化」, 游琪·劉錫誠 편, 『葫蘆與象徵』(2001), 61쪽, 64쪽.
46) 王敬騮·胡德揚, 「佤族的創世記神話 – 司崗里研究」, ≪民族學研究≫ 제7집, 255쪽. 陶陽鐘, 『中國創世神話』(1989), 219~220쪽에서 재인용.
47) 陶陽鐘, 『中國創世神話』(1989), 220쪽.

이처럼 조롱박은 홍수신화에서 홍수를 피하도록 하여 인류의 명맥을 보존하게 해준 것인 동시에 인류를 직접 탄생시키고 번성시킨 것으로 묘사된다. 특히 라후족의 천지창조 신화에서는 라후족과 인류를 탄생시킨 조롱박 이외에도 나디가 임신하여 다가감으로써 열매를 맺게 한 비파나 올리브 모두 타원형으로 된 모습을 하고 있다.

　홍수신화에서 등장하는 조롱박과 다양한 종류의 박[瓜]류는 그 변형으로 보이는 북[鼓]이나 절구[臼], 통(桶) 등은 모두 우주를 계란형으로 생각한 신화적 사유의 원형을 반영한다. 그 결과 천지 만물의 근원인 「일(一)」이 조롱박을 기초로 변형한 호리병[壺]으로 연결되었고, 다시 「일(壹)」로 그려진 것으로 보인다.

③ 나시[納西]족의 우주와 인류 창조에 관한 신화

인류의 알이 하늘에서 내려와(人類之蛋由天下),
인류의 알이 땅의 품에 안기고(人類之蛋由地抱),
하늘의 알은 큰 바다 속에 안기며(天蛋抱在大海裏),
큰 바다는 헌스헌렌을 부화했다네(大海孵出恨室恨忍來).

(『창세기(創世記)』, 14쪽)

　다른 몇몇 경전에서는 이러한 과정을 더욱 자세하게 묘사한다. 전하는 바로는 "처음 하늘 알의 체질은 아무것도 나누어지지 않은 혼돈 그 자체였으며 이후 따뜻해졌으며 따뜻한 기운은 기체로 변하고 다시 기체가 이슬방울로 변했으며, 이슬방울은 큰 바다에 떨어져 인류의 조상인 헌스헌렌이 나오게 되었다."라는 내용이다.[48]

---

48) 李霖燦, 『麽些象形文字字典』「序」. 劉文英,「從『創世記』看納西族的原始宇宙觀念」, 287~288쪽에서 재인용.

달걀 같은 우주가 인류의 시조를 탄생시켰다는 나시족의 창세신화에서 달걀 모양을 한 우주는 호리병[壺]으로 연결될 수 있다. 여기서부터 인류가 시조인 헌스헌렌이 탄생하는 것은 바로 하나[一]에 해당한다. 그래서 나시족의 창세신화에서 우주는 바로「호(壺)」이자「일(壹)」과「일(一)」이다.

게다가 한어에서 여자 16세 되는 때를 '박을 깨뜨리다'는 뜻으로 '파과(破瓜)'라고 한다. 여자가 16세가 된다는 것은 육체적으로 이미 성숙하여 결혼할 수 있다는 말이고, 그래서 '파과(破瓜)'에는 결혼한다는 뜻이 들게 되었다.49) 호리병에서 나온 반고와 여와로 대표되는 두 오누이가 결혼하여 인류를 번식시켰다는 창세신화의 원형이 반영되어 '결혼하다'라는 뜻이 생긴 것이다.50) 그래서 박으로 만든 '바가지'가 결혼식 때 사용된 것도 이러한 이유 때문으로 보인다.51)

또 『예기』「혼의(昏義)」에서 혼례를 거행할 때 부부가 "동거하면서 음식을 먹고 술잔을 합하여 마신다.(共牢而食, 合巹而酯.)"라고 했는데, 정현(鄭玄)과 완담(玩湛)의 『삼례도(三禮圖)』에서 "합근(합巹)은 표주박을 갈라 만들고 양쪽 끝을 실로 연결하는데, 그 모습은 표주박 잔과 꼭 같다."라고 했다. 그렇다면 '근(巹)'은 조롱박을 둘로 쪼개 만든 술잔이며 둘로 쪼개 만든 술잔을 합한다는 것은 바로 부부 결합의 상징이므로 결혼을 '합근(合巹)'이라 부르게 된 것이다.52)

---

49) 破瓜가 여자 나이 16세를 의미하는 것에 대해서는, 여자의 몸이 처음으로 깨어진다[破身]는 뜻에서 그렇다 하기도 하고, 처음 월경이 생기는 것이 박이 깨어지는 것[破瓜]과 같다고 해서 그렇게 부른다고도 한다. 하지만 瓜자를 破字하면 八자가 두 개 나오므로, 이팔 십육이라 하여 16세를 의미하는 것으로 보는 것이 대표적인 해석이다. 『中文大辭典』 제6책 1282쪽 참조.
50) 普珍, 『中華創世胡蘆』(1993), 제1장 6~7쪽.
51) 『두산대백과사전』 '박' 조 참조.
52) 劉堯漢, 「論中華胡蘆文化」, 游琪·劉錫誠 편, 『胡蘆與象徵』(2001), 60쪽.

「그림 11」「복희여와도」(오타니 탐험대가 투르판 아스타나에서 수집. 189×79cm, 한국 국립 중앙박물관 소장)

그뿐만 아니라 한족을 비롯한 여러 소수 민족의 신화에서 인류 창조의 두 주인공으로 등장하는 복희(伏羲)와 여와(女媧)도 호로(葫蘆)의 다른 표기법이자 조롱박의 상징 이름임이 밝혀졌다. 이에 대해서는 문일다(聞一多)가 이미 매우 상세하게 고증한 바 있으므로 여기서 그대로 인용해 본다.

복(伏)은 『주역』 「계사전」(하)에 포(包)로 적혀 있으며, 포(包)와 포(匏)는 독음이 비슷해 옛날에는 통용되었다. 『주역』 「구(姤)」(九五)에 "以杞包瓜(버들로 외를 싼다)"라는 말이 있는데 『경전석문』에서 인용한 『자하전(子夏傳)』과 『정의(正義)』에서는 포(包)를 모두 포(匏)로 적고 있으며, 『주역』 「태(泰)」(九二)에 "包荒, 用馮馬, 不遐遺(대천을 품을 수 있는 가슴을 가지면, 홀로 큰 강도 건널 수 있으며, 먼 곳의 현자 또한 버리지 않는다)"라는 말이 있는데 여기에서 포(包) 역시 포(匏)로 읽어야만 할 것인데 이것들이 그 증명이 된다. 포(匏)와 호(瓠)는 『설문해자』에서 호훈(互訓)되었는데, 옛날 책에서도 간혹 통용하기도 했는데 지금 말로 하면 조롱박[葫蘆]이라는 뜻이다.

희(羲)는 달리 희(戱)로도 적는데, 『광아』 「석기(釋器)」에서 "호(瓠) · 려(蠡) · 증(甐) · 희(瓡) 등은 표주박[瓢]을 말한다."라고 했다. 또 『일체경음의』 (제18권)에서 희(瓢)는 독음이 희(羲)라는 사실을 인용한다. 왕념손(王念孫)은 의(瓡)는 언(瓡)과 같으며, 이는 바로 희(犧)이며 『장자』 「人間世」, 『장자』 「大宗師」, 『장자』 「田子方」, 『관자』 「輕重戊」, 『순자』 「成相」, 『趙策』(4) 등)에서는 희(犧)라 적었는데, 그 본래 글자는 응당 희(瓡)일 것이라 했다.

『집운』에서 희(𣱛)는 허(虛)와 의(宜)의 반절로 독음이 희(犧)와 같으며, "호(瓠)는 표주박[瓢]을 말한다."라고 뜻풀이했다. 이는 지금 말로 풀이하면 조롱박[葫蘆瓢]이 된다.

희(㰙)·희(檥)·희(㮻) 등 세 글자는 희(𣱛)의 이체자이다.

......

복희(伏羲)의 필사법에는 희(羲)·희(戲)·희(希) 등 세 가지가 있다. 희(羲)와 희(戲)는 자주 보이며, 희(希)는 『노사(路史)·후기(後記)』(二)의 주석에서 인용한 『풍속통(風俗通)』에 보인다.(女媧는 달리 女希라고 표기하기도 하는데, 이는 『初學記』(九)에서 인용한 『帝王世紀』와 『史記』「補三皇本紀」에 보인다.) 필자의 생각으로는 포(包)와 희(戲)는 모두 비교적 오래된 표기법으로 보이는데, 포희(包戲)를 만약 포희(匏𣱛)(㰙·檥·㮻)와 같이 읽으면 이는 바로 오늘날 말하는 표주박[葫蘆瓢]이다. 하지만 희(戲)는 옛날 호(乎)와 같이 읽었으므로 호(匏)와 독음이 같다. 만약 포희(包戲)를 포호(匏瓠)와 같이 읽으면 그 뜻은 바로 조롱박[葫蘆]이 된다. 이미 두 쪽으로 나눈 조롱박[葫蘆]를 표주박[瓢]라 하고 아직 나누지 않은 것을 조롱박[葫蘆]라 한다. 아마도 옛사람들이 이 둘을 세분하지 않은 것으로 보이며, 이는 호(瓠)(즉 葫蘆)와 희(𣱛)(즉 瓢)의 상고음이 완전히 같은 것을 보면 알 수 있다.

여와(女媧)의 와(媧)는 『산해경』「대황서경」의 주석과 『한서』「고금인표(古今人表)」의 주석, 『열자(列子)』「황제편(黃帝篇)」의 석문(釋文), 『광운』, 『집운』 등에서 모두 독음이 과(瓜)라고 했다. 『노사』「후기」(二)의 주석에서 인용한 『당문집(唐文集)』에서는 여와(女媧)를 '포과(女包媧)'라 하는데, 독음에 근거해 의미를 살펴본즉슨 사실은 박[匏瓜]이 된다. 포희(包戲)와 포과(女包媧), 포호(匏瓠)와 포과(匏瓜)는 모두 한 가지 말에 대한 다른 표기법이다.(庖犧가 伏羲로 변하고 女媧가 女希로 변한 것으로부터 戲와 媧도 음운적으로 바뀔 수 있음을 알 수 있다.) 그렇다면 복희(伏羲)와 여와(女媧)는 명칭은 비록 두 가지이나 의미적 실체는 하나일 뿐이다. 두 사람은 본래 조롱박[葫蘆]의 화신을 말하는 것이었으며, 성별의 차이가 있을 뿐 같은 실체이다. 즉 여성을 지칭할 때에는 '여와(女媧)'라 했으니, 이는 '여자 포희[女匏戲]'나 '여자 복희[女伏羲]'라 부르는 것과 같은 의미이다.53)

복희(伏羲)·여와(女媧)와 포호(匏瓠)와의 음운적 관계에 근거해 복희(伏羲)와 여와(女媧)가 같은 사람이며, 이는 호로(葫蘆)의 다른 표기법이자 그 화신이라고 했다. 그리고 대홍수 시절 유일하게 살아남아 남매 관계로 서로 결혼하여 인류를 만들었다는 복희와 여와는 사실 개별적으로 독립된 두 사람이 아니라, 사실 음과 양의 차이만 존재하는 하나 된 모습이라는 것이 문일다(聞一多)의 해석이다.

이러한 인식은 고대 중국인들에게 매우 보편적이었던 것으로 보이며, 복희는 호로(葫蘆)를 토템으로 삼는 중국 민족의 상징이었다.54) 그래서 복희와 여와를 묘사한 많은 벽화나 도안, 그림 등에서 여와와 복희가 상체는 둘이지만 몸뚱이는 하나로 구성된 모습을 한다. 이는 서로 부부가 되었다는 상징이기도 하지만, 그보다 더 음과 양이 아직 채 분리되기 전 혼돈의 상태로 원기가 왕성하게 움직이며 만물을 생성할 준비를 하는 우주 그 자체의 상징일 것이다.

---

53) 聞一多, 「伏羲考」(1993), 110~111쪽.
54) 한국에서도 신라를 연 시조 박혁거세는 박같이 생긴 알에서 태어났다 해서 성씨를 朴이라 했는데, 朴은 '박'을 옮긴 한자로 추정된다. 그런가 하면 인도의 대서사시 『羅摩衍那』(제1편 제37장 제17수)에도 수마티(sumatis)가 긴 조롱박을 하나 낳았는데 사람들이 그것을 깨뜨리자 아이 6만 명이 거기서 나왔다고 노래한다.[季羨林, 「關於葫蘆神話」, 游琪·劉錫誠 편, 『葫蘆與象徵』(2001), 136쪽] 이러한 것으로 보아 조롱박 숭배 신화는 중국에 제한되는 것이 아니라 적어도 아시아의 보편적인 모습이라 보인다. 물론 조롱박 숭배 신화가 아시아에서 가지는 보편성, 나아가 전세계적으로 통용될 가능성은 더 깊이 연구해야 할 것이다.

2_반고(盤古)의 천지개벽과 우주 인식

신화에 반영된 고대 중국인들의 천체에 대한 인식은 대체로 혼천설(渾天說)과 개천설(蓋天說)로 대표된다. 혼천설은 마치 달걀의 껍데기가 노른자를 둘러싸고 있듯이 우주도 하늘이 땅을 둘러싸고 있

「그림 12」「사장반(史牆盤)」[서주 시대, 1976년 섬서성 부풍현(扶風縣) 출토]

으며 하늘은 그 모습이 둥글고 끝없이 일주(一周)운동을 한다는 학설이다. 개천설은 둥근 하늘이 네모꼴 땅을 지붕처럼 덮고 있다는 견해로 천원지방(天圓地方)이라는 말로 표현된다.

중국의 여러 고대 신화를 살펴볼 때 우주를 달걀이나 호리병처럼 둥근 것으로 인식한 것은 상당히 분명해 보인다. 물론 천체를 둥근 것으로 인식한 그들의 우주관이 혼천설에 가까운 것이냐 개천설에 가까운 것이냐 하는 것에는 이론의 여지[55]가 있지만, 반고의 개벽 신화는 혼천설을 가장 직접적이며 가장 전형적으로 보여주는 신화임에는 의심의 여지가 없다.

반고의 천지개벽에 관한 신화는 문헌에 따라 조금씩 다르지만 내용은 거의 대동소이하며, 『예문유취(藝文類聚)』에 인용된 『삼오력기(三五歷紀)』에서 나오는 모습이 가장 대표적인 것으로 알려졌다. 그 대략은 다음과 같다.

하늘과 땅은 온통 뒤섞여 계란 모양을 이루고, 반고(盤古)라는 사람이 그 속

---

55) 중국 고대 우주론의 원형이 개천설보다는 혼천설이라는 논증은 金祖孟, 『中國古宇宙論』(1996), 100~159쪽 참조.

에 살고 있었다. 1만 8천년이 지나자 천지가 개벽하여 밝고 맑은 부분은 하늘
이 되고 어둡고 탁한 부분은 땅이 되었다. 반고는 그 속에서 하루에 9번씩이
나 변신하면서 하늘에서는 신 노릇, 땅에서는 성인 노릇을 했다. 하늘은 매일
한 키씩 높아졌고, 땅은 한 키씩 두터워졌으며, 반고는 한 키씩 자라났다.
……이렇게 1만 8천 년이 지나자 삼황(三皇)이 생겼다.(天地混沌如鷄子,
盤古生其中. 萬八千歲, 天地開闢, 陽淸爲天, 陰濁爲地. 盤古在其中, 一
日九變, 神於天, 聖於地. 天日高一丈, 地日厚一丈, 盤古日長一丈, 如此
萬八千歲.……後乃有三皇.)56)

여기서 볼 수 있듯 중국의 가장 대표적 천지개벽 신화에서 우주를 하
늘과 땅이 온통 뒤섞인 '달걀 모양'으로 인식한 것은 바로 혼천설(渾天
說)을 직접적으로 표명한 것이다. 그뿐만 아니라 1만 8천년이 지나 혼돈
상태의 우주가 하늘과 땅으로 나뉘면서 하늘의 높이가 자라난 만큼 같
은 깊이로 땅도 깊어졌다고 하여 혼천설의 가장 기본적인 조건을 충분
히 반영한다. 이러한 원형 의식은 비록 이처럼 덜 직접적이긴 하지만 선
진 시대의 몇몇 문헌에서도 확인 가능하다.

"하늘이 아무리 높다 해도 몸을 굽히지 않을 수 없고,
땅이 아무리 두텁다 해도 조심하여 걷지 않을 수 없다네."
(謂天蓋高, 不敢不局. 謂地蓋厚, 不敢不蹐.)(『시경』「소아」「정월」)

"높은 산에 오르지 않고서는 하늘의 높음을 알 수 없고,
깊은 계곡에 이르지 않고서는 땅의 두터움을 알 수 없다."
(不登高山, 不知天之高也, 不臨深溪, 不知地之厚也.)(『순자』「권학」)

---

56) 袁珂, 『中國神話傳說辭典』(1987), 299쪽 재인용.

이처럼 하늘의 높음과 땅의 깊음을 대칭적으로 인식한 것은 바로 하늘과 땅이 같은 거리를 가지는 것으로 인식했다는 증거이다. 이러한 인식은 이후 장형(張衡)의 『혼천의주(渾天儀注)』에 이르러 체계화되어 중국의 가장 대표적인 우주 이론의 하나가 된다. 이외에도 팔주(八柱)와 구천(九天)에 관한 신화, 떼[槎]를 타고 하늘에 올랐다는 신화, 탕곡(暘谷)과 매곡(昧谷)에 관한 신화, 과보(夸父)가 해를 쫓았다는 신화 등도 모두 혼천설에 관한 신화로[57], 고대 중국인들이 우주의 모습을 달걀이나 호리병, 조롱박처럼 둥근 모습으로 인식했음을 알 수 있다.

고대 중국인들에 인식된 우주가 혼천설과 관계된다는 것은 여기에서 그치지 않는다. 천지창조의 주인공인 반고(盤古)의 이름도 그 원형을 일부 반영한다.

주지하다시피 반고의 천지개벽 신화는 후세 사람들에 의해 문자로 기록된 것이다. 그런데 문자로 기록하는 과정에서 왜 이 신화의 주인공의 이름이 반고(盤古)가 된 것일까? 우선 이 글자의 자형에서 그 의미를 찾아보자.

『설문해자』에는 「반(盤)」[58]을 「반(槃)」의 주문(籒文)이라 설명한다.

반(槃)은 물체를 담는 쟁반을 말한다. 목(木)이 의미부이고 반(般)은 소리부이다. 고문에서는 금(金)을 의미부로 삼고 주문(籒文)에서는 명(皿)을 의미부로 삼는다.(槃, 承槃也. 從木般聲. 古文從金, 籒文從皿.)(제6편 상, 木 부수)

---

57) 金祖孟, 앞의 책, 105쪽 참조.
58) 이의 역대 자형 변화는 다음과 같다. 甲骨文 金文 簡牘文 石刻古文 唐寫本 說文小篆 說文古文 說文籒文 盤廣韻.

이에서 볼 수 있는 것처럼 「반(盤)」・「반(槃)」・「반(鑿)」은 모두 쟁반을 말한다. 청동으로 만들었으면 「금(金)」을, 나무로 만들었으면 「목(木)」을, 기물임을 나타낼 때에는 「명(皿)」을 의미부로 사용했을 뿐, 전체 의미의 차이는 없다.

하지만 허신이 이 글자의 소리부라고 해석한 「반(般)」에 「반(盤)」의 진정한 의미소가 들어 있다고 생각된다. 『설문해자』에 의하면 「반(般)」59)은 "선회하다는 뜻이다. 배가 선회하는 모습을 그렸기에 주(舟)를 의미부로 삼았다. 수(殳)도 의미부인데, 수(殳)는 배를 돌리게 하는 (상앗대 같은) 것을 말한다. 고문체에서는 복(攴)을 의미부로 삼는다."60) 라고 했다. 하지만 허신이 해설한 배[舟]는 굽 높은 쟁반을 형상한 「범(凡)」과 형체가 유사해 생겨난 오류로 보인다. 그래서 서중서(徐中舒) 는 「반(盤)」과 「반(般)」에 대해 다음과 같이 해석한다.

반(盤): 갑골문에서는 복(攴)과 범(凡)과 구(口)로 구성되었다. 이 글자를 구성하는 범(凡)은 높다란 두루마리 발[古圈足]을 한 쟁반을 형상한 것으로, 윗부분은 쟁반을, 아랫부분은 두루마리 발을 그렸다. 이 모습이 주(舟)와 유사한 까닭에 점차 잘못 변하여 반(般)이 되어버렸다.61)

이처럼 「반(盤)」은 둥근 기물을 말한다. 둥근 모양을 한 공 모양은 혼천설에서 말하는 우주의 모습이다. 그리고 「반(般)」은 다음과 같이 해석할 수 있다.

---

59) 이의 역대 자형 변화는 다음과 같다. 甲骨文 金文 說文小篆 說文古文.
60) "般, 辟也. 象舟之旋. 從舟從殳. 殳, 令舟旋者也. 古文般從攴."(제8편 하, 舟부수)
61) 徐中舒 主編,『甲骨文字典』(1988), 648쪽.

반(般): 갑골문에 의하면 범(凡)과 복(攴)으로 구성되어 있다. 범(凡)은 높다란 두루마리 발[古圈足]을 한 쟁반을 형상한 것으로, 윗부분은 쟁반을, 아랫부분은 두루마리 발을 그렸다. 쟁반을 만들려면 반드시 물레를 돌려 토기의 형태를 만들어야 하기 때문에 '돌리다'는 뜻이 생겼다.[62]

즉「반(般)」의 구조를 보면「주(舟)」(凡의 와변)와「수(殳)」로 구성되어 손으로 배(쟁반 모형)를 돌리는 모습으로, '돌리다'나 '옮기다'가 원래 뜻이다. 신화에 의하면 천지창조는 혼돈(混沌)의 상태에서 밝고[陽] 어두움[陰]이 먼저 두 가지 기운으로 나뉘고 이것이 서로 충돌과 변화의 운동을 거쳐 형성된 것이라 했는데, 이 과정이 반영된 글자가 바로「반(盤)」이다. 즉「반(盤)」은 혼돈 상태의 둥근 모습을 한 우주를,「반(般)」은 음양의 기운이 서로 돌아 운동하고 서로 옮기어 전화(轉化)하는 운동성을 상징한 것으로 볼 수 있다. 그래서 둥근 모습을 한 기물 이름인「반(盤)」이 하늘과 땅의 역사를 여는 신화의 주인공 이름으로 쓰였을 것이다. 그리고 고(古)를 사용한 것은 반고가 비역사적 인물이라는 인식, 즉 역사를 넘어선 옛사람이라는 의미에서 붙여진 것으로 보인다.[63]

또 이러한 인식의 반영에서 반고(盤古)를 다음과 같이 혼돈씨(渾敦氏)라고 지칭하기도 했는데, 혼돈(渾敦)은 바로 혼돈(混沌)이며 혼천설의 상징이다.

---

62) 같은 책, 949쪽.
63) '옛날의 盤'이라는 의미로서 정상적인 단어 구조라면 '古盤'이 되어야 할 것이다. 하지만 고대 한어에서는 현대 한어와는 달리 '피수식어＋수식어'의 구조로 된 것이 많으며 고대로 갈수록 이러한 경향이 강하다. 예컨대 '后稷'(곡식의 신: 신＋곡식), '神農'(농사의 신: 신＋농사), '后羿'(화살의 신: 신＋화살) 등이 모두 이러한 구조를 반영한다. 통사 구조에서 이러한 차이와 그 의미에 관해서는 橋本萬太郎, 『言語地理類型學』(1990), 河永三 옮김, 45~86쪽 참조.

반고(盤古):『유서외기(劉恕外紀)』에서 이렇게 말했다. 태극(太極)은 양의(兩儀)를 낳고 양의(兩儀)는 사상(四象)을 낳으며 사상(四象)은 변화하여 여러 부류가 생겨난다. 전하는 바로는 반고씨(盤古氏)라는 사람이 처음으로 세상을 제어했다 하는데, 달리 혼돈씨(渾敦氏)라 부르기도 한다.(盤古: 劉恕外紀, 太極生兩儀, 兩儀生四象, 四象變化而庶類繁矣. 相傳首出御世者 曰盤古氏, 又曰渾敦氏.)64)

게다가 『풍속통의(風俗通義)』에서는 반고(盤古)를 '반호(槃瓠)'라 기록하였으며, 『후한서』「서남이전(西南夷傳)」을 인용한다. 그런가 하면 호남이나 광서 지역에는 반호(槃瓠)를 시조로 삼는 꺼라오[仡佬]족·야오[瑤]족·주앙[壯]족·동[侗]족이 모두 자신이 '반고의 후예'라고 여긴다고 한다.65) 그렇게 되면 천지창조의 주인공 반고는 또 조롱박의 상징과 연결된다.

3_조롱박의 상징

이상의 여러 논증을 통해 볼 때, 「호(壺)」는 바로 고대 중국인들이 생각한 우주의 형상과 관련 있다. 즉 그들은 하늘을 형상할 때 주로 혼돈(混沌)의 상태와 함께 '달걀'이나 '조롱박' 등과 같은 타원형의 물체를 우주의 상징어로 사용한다. 예컨대 앞서 살펴본 것처럼 '반고(盤古)의 천지개벽' 신화에서 우주가 '달걀'로 묘사되며, 이[彝]족이나 라후[拉祜]족 등과 같은 중국의 많은 소수민족 신화에서도 '조롱박'에서 천지 만물이 생성되는 것으로 묘사되는 것이 그 증명이 될 것이다.

---

64)『古今圖書集成』「皇極典」 제7권(제22책), 31쪽,「盤古」條.
65)『路史』「發揮」「論槃瓠之妄」 幷注:『古今圖書集成』제1410권『職方典』「柳州風俗」. 劉堯漢,「論中華葫蘆文化」, 游琪·劉錫誠 편,『葫蘆與象徵』(2001), 65쪽 재인용.

그리고 천지 만물의 근원이 되는 조롱박은 다시 '호리병'으로 발전한다. 이 과정에 대해 송나라 황백사(黃伯思)의 말은 좋은 시사점을 던져준다.

> 호리병의 형상은 '조롱박 호리병'이라고 할 때의 호리병과 같다. 『시경』「빈풍」「칠월」에서 "팔월이 되면 호(壺)를 탄다."라고 한 것은 바로 조롱박을 말한다. 옛날에는 움푹한 술독을 손으로 잡고서 술을 마셨으며, 갈대로 북채를 만들고 질그릇으로 북을 만들었으며[66], 조롱박을 본떠 호리병을 만들었다. 후세에 들어 글이 더해지고 혹은 질그릇으로 혹은 쇠를 주조하였으나, 모두 그 형상을 본뜬 것일 뿐이다. 하지만 형체의 모형이 대체로 비슷하면 되지 전체가 실물과 똑같을 필요는 없다. 이것은 아마도 한나라 때에 그 형체를 본뜬 것이 너무나 교묘했기 때문일 것이다.[67]

호로(葫蘆)를 사용한 천연 용기가 먼저 사용되었으며 이는 도기로 만든 용기의 모델이 되었다.[68] 실제로 『본초강목』에서는 조롱박[葫蘆]을 다섯 종류로 나누는데 고대의 도기인 항옹(缸瓮)·병(瓶)·분(盆)·두배(豆杯)·호관(壺罐)·완발(豌鉢)·두(豆)·우준(盂尊) 등은 모두 자연 상태의 호로(葫蘆)를 본떠 만들어진 것이다.[69]

그리고 장극화(臧克和)는 「호(壺)」·「호(瓠)」·호로(葫蘆)·곤오(昆吾) 등의 관계에 대해 다음과 같이 해석한다.

---

66) 蕢는 蒯와 통하여 黃茅을 뜻하며, 土鼓는 질그릇으로 뼈대를 만들고 양쪽을 가죽으로 대어서 칠 수 있게 한 악기로 伊耆氏가 만들었다고 한다.
67) "壺之象, 如瓜壺之壺. 豳詩所謂八月斷壺, 蓋瓜壺也. 上古之時, 窪尊而抔飮, 蕢桴而土鼓, 因壺以爲壺. 後世彌文, 或陶或鑄, 皆取象焉. 然形模大致近之, 不必全體若眞物也. 然殆漢世取象太巧故爾." 宋·黃伯思, 「漢象形壺說」, 『古今圖書集成』「考工典」 제190권(제78책) 壺부.
68) 劉堯漢, 「論中華葫蘆文化」, 游琪·劉錫誠 편, 『葫蘆與象徵』(2001), 66쪽.
69) 같은 책, 57쪽.

'호(壺)'는 '호로(葫蘆)'에서 이름 지어졌으며, 이 둘은 기능적인 측면에서나 형태적인 측면에서 서로 유사하다. 고홍진(高鴻縉)은 『중국자례(中國字例)』에서 "고대의 호(壺)는 호로(葫蘆)와 극히 유사했다."라고 했다. 이는 응당 고대에는 호로(葫蘆)의 형체[體]를 갖추고 호(壺)의 쓰임[用]이 있었다고 말해야 할 것이다. 『시』「빈풍」「칠월」에서 "칠월에는 박[瓜]을 먹고 팔월에는 박[壺]을 탄다네."라고 했는데, 『모시(毛詩)』에서는 "호(壺)는 박[瓠]을 말한다."라고 해석했다. 『설문통훈정성』(豫部, 제9)에서 『이아』의 '호조(壺棗)'를 인용했는데, 손씨의 주석에서 "조(棗)는 위가 작고 아래가 커 호(壺)와 닮았다."라고 했다. 또 『갈관자』「학문」에 "강물에 빠져 배를 잃었을 때는 호(壺) 하나가 천금 값이다."라는 말이 있는데, 육전(陸佃)의 주석에서 "호(壺)는 조롱박(瓠)을 말한다. 그것을 끼고서 건널 수 있는데, 남쪽 사람들은 그것을 요주(腰舟)라 부른다."라고 했다. 호(瓠)는 바로 호로(葫蘆)를 말한다. 독음의 관계라는 측면에서, '곤(昆)'과 '호(壺)'는 쌍성이요, '오(吾)'와 '호(壺)'는 첩운이며, '호(壺)'는 독음이 '호(瓠)'와 같으니, '호(瓠)' 또한 '호(壺)'를 천천히 읽은 독음에 불과하다.70)

이처럼 「호(壺)」·「호(瓠)」·호로(葫蘆)·곤오(昆吾) 등은 어원학적으로 동원 관계를 가진다. 모두 동일한 어원 속에서 발음상의 촉급 관계에 의해 발생한 변이체일 뿐이며 그 실질은 동일하다는 것이 장극화의 해석이다.

주지하다시피 어떠한 문화물이라 할지라도 그것은 순수한 자연물도 아니요 하느님이 창제한 신물도 아니다. 그것은 인간이 자연을 개조한 결과물이다. 즉 문화는 언제나 '자연-인간화'라는 규율을 따라 발전해 온 것이다.71) 도기의 발명도 이러하다. 그것은 단시일에 이루어진 것이

---

70) 臧克和, 『說文解字的文化說解』(1995), 380~381쪽.
71) 韓民靑, 『文化論』, 廣西人民出版社(1989), 323쪽. 徐杰舜, 「中國葫蘆文化的人類學解讀」, 游琪·劉錫誠 편, 『葫蘆與象徵』(2001), 94쪽에서 재인용.

아니라 숱한 세월의 실천 과정을 통해 도기에서 청동기로 발전해왔을 것이다. 마가요 문화(앙소문화 초기)에서 호로를 세로로 반으로 쪼갠 것을 모방하여 만든 도표(陶瓢)와 호로를 가로로 반 쪼갠 것을 모방하여 만든 도관(陶罐)이 발견되었으며72), 1988년에 섬서성 미현(眉縣) 마가진(馬家鎭)의 양가촌(楊家村) 앙소문화 유적에서는 호로병(葫蘆甁)이 발견되기도 했다.73) 그리고 섬서성 강채에서 출토된 호로 모양의 채색 병만 하더라도 114점이나 된다.74)

이렇게 볼 때 호로 문화는 한족뿐만 아니라 다이족·이족·라후족을 비롯한 다양한 소수민족에게서도 공통으로 분포하는 광범위한 문화권을 형성하는 것을 알 수 있다.

이렇듯 안이 텅 비어 있는 조롱박, 이를 본떠 만든 호리병, 이들은 아무것도 없는 것에서 온갖 만물을 만들어내는 우주요 도(道)와 같다. 그래서 조롱박과 호리병을 두고서 "무릇 도(道)라는 것은 텅 빈 것을 몸체로 삼고 텅 빈 것을 쓰임으로 삼는다. 텅 비어 있되 차 있고 차 있되 텅 비어 절묘하다. 그래서 무궁하며 도(道)에 가깝다."라고 극찬할 수 있었을 것이다.75)

「일(壹)」에서 의미부를 구성하는 「호(壺)」는 바로 조롱박에서 그 의미를 형상하였다. 조롱박은 중국의 창세신화에서 보편적으로 등장하는 내용일 뿐 아니라 지금으로부터 7000~6500년 전의 하모도(河姆渡) 유적지에서 조롱박의 실물이 발견될 정도로 일찍부터 중국 문화의 중요

---

72) 徐杰舜, 「中國葫蘆文化的人類學解讀」, 92쪽.
73) 같은 글, 93쪽.
74) 劉錫誠, 「葫蘆與原始藝術」, 游琪·劉錫誠 편, 『葫蘆與象徵』(2001), 205쪽.
75) "夫道以虛爲體, 以實爲用. 虛而實, 實而虛, 妙. 故無窮, 幾乎道矣". 明·劉啓元, 「壺子傳」, 『古今圖書集成』「考工典」제190권 壺 부.

한 상징으로 존재해왔다.[76]

4_인면호(人面壺)와 신화적 사유

조롱박에서 인류가 탄생했다는 중국인들의 신화적 사유는 1953년 섬서성 낙남(洛南)현에서 발견된 「홍도인두호(紅陶人頭壺)」의 상징과 매우 유사해 보인다. 이 유물은 몸 전체가 조롱박 모양을 하고 있으며, 아가리 부분에 사람의 머리가 있어 두 눈과 코, 천진난만한 웃음을 머금은 입, 심지어는 땋은 머리칼까지 매우 사실적으로 조소되었다. 게다가 뒤쪽에는 주둥이를 만들어 물이나 술을 따를 수 있도록 설계되었다. 다른 일반 호리병들의 아가리[口]가 모두 지금처럼 위로 설계되어 실용적인데 반해, 여기서는 아가리를 뒤에다 따로 두고 원래 아가리가 있을 부분에 사람 얼굴 상을 설계한 것은 분명히 "조롱박에서 인류가 탄생했다."는 신화 사유의 상징임이 분명하다. 이 유물은 신석기 시대 앙소(仰韶)문화 유적(기원전 5000~3000년)에 해당하는 곳에서 나온 것으로, 신화에 보이는 여러 사유의 원형이 얼마나 오랜 역사를 갖는

「그림 13」 앙소문화 유적지의 「홍도인두호(紅陶人頭壺)」(1953년 섬서성 洛南현 출토, 높이 23cm, 서안 半坡박물관 소장)

---

76) 1977년 절강성 하모도 유적지의 제4문화층에 속하는 T242에서 완전한 상태로 출토되었다. 劉軍·姚仲源, 『中國河姆渡文化』(1993), 126쪽.

지를 잘 보여준다.

　이러한 사람 머리 모양 장식이 있는 호리병은 다른 곳에서도 발견되었다. 예컨대 「인두형기구채도병(人頭形器口彩陶甁)」77)은 1973년 감숙성 진안(秦安)현 소점촌(邵店村) 동쪽 대지만(大地灣)에서 지금으로부터 약 5000년 전 신석기 시대의 앙소문화 유적지에서 출토되었다. "이 채도병 아가리 부분의 머리는 서로 다른 조소 수법, 즉 머리칼과 입은 조각으로 되어 있으며 코와 이마, 얼굴 부위는 조소로 되어 있다."78) 그리고 1975년 감숙성 진안(秦安)현 사취(寺嘴)에서 출토된 「인두형기구채도병(人頭形器口彩陶甁)」도 비슷한 모습을 하고 있다. 이러한 사람 머리 형상의 호리병은 그 용도가 아직 정확하게 밝혀지지 않고 있다. 즉 "진안현의 대지만과 사취에서 출토된 도기 병들은 모두 체적이 큰 물그릇으로 밑바닥이 뾰족한 모습이다. 하지만 사람 머리 모양의 도기 병은 체적은 작고, 아가리의 사람 머리의 눈과 입이 모두 조소로 처리된 구멍으로 만들어져 있어 물을 담는 기능을 할 수 없게 되어 있다. 그러나 이러한 조소로 처리된 사람 머리의 정수리 부분에 모두 둥근 구멍이 있으며 어떤 경우에는 구멍의 지름이 상당히 작을 뿐만 아니라 기물의 형태가 길어서 곡물과 같은 것들을 저장하는 용기로 볼 수는 없으며, 아마도 자주 바꾸어 채우지 않는 액체를 보관하던 것이 아닌가 생각된다. 아니면 원시종교의 신앙과도 연계된 것이 아닌가 생각된다."79)

　물을 담는 그릇으로 쓰인 다른 일반적 도기 호리병과는 달리 이것들은 물을 담기가 불편하도록 설계되었으며, 그렇다고 곡식을 담을 수 있었던 것은 더더욱 아니다. 그렇다면 어떤 원시적 신앙이나 종교적 행위

---

77) 樋口隆康, 『古代中國の遺産』(1996), 19쪽.
78) 于錦繡·楊淑榮 주편, 『中國各民族原始宗敎資料集成·考古卷』(1996), 722쪽.
79) 같은 책, 722~723쪽.

「그림 14」 「인두기구채도병(人頭器口彩陶瓶)」(1973년 감숙성 진안현 앙소문화 유적지 출토. 泥質紅陶. 높이 31.8cm 구경 4.5cm, 감숙성 박물관 소장)

와 관련된 것으로 보이는데, 그것은 무엇일까?

1979년 강소성 연운항(連雲港)시 교외의 금병산(錦屛山) 마이봉(馬耳峰) 남쪽 산록의 장군애(將軍崖)에 새겨져 있는 신석기시대의 암각화에는 "풀에서 피어난 꽃이 아니라 사람의 얼굴을 한" 특이한 모양이 있다. '사람 얼굴'이 아래편의 '곡물'에 선으로 연결된 것의 상징에 대해서는 아직 별다른 해석이 보이지 않는다. 하지만 필자는 이것은 바로 식물에서 사람이 탄생하였다고 여겨 꽃을 그들의 토템으로 삼은 당시의 원형 의식을 그대로 형상화한 것이 아닌가 생각한다. 곡물의 꽃을 토템으로 삼은 흔적은 「화(華)」・「제(帝)」・「영(英)」 등의 형성 과정에서도 찾을 수 있다. 즉 「제(帝)」80)는 「체(蒂)」의 원래 글자로 갑골문에서 꽃꼭지를 형상했으며, 이후 천제(天帝)라는 뜻을 갖게 되었고 다시 황제(皇帝)의 의미로 쓰이게 되었다. 「화(華)」81)는 「화(花)」와 같은 글자로 꽃이 피어 있는 모습을 그렸으며, 이후 '화하(華夏)'나 '중화(中華)'와 같이 중국인들이 자신을 지칭하는 상징으로 쓰이게 되었다. 「영(英)」82)도

---

80) 이의 역대 자형 변화는 다음과 같다. 束米乘束束束甲骨文 朿朿金文 帝帛書 簡牘 帝漢印 帝石刻古文 帝說文 小篆 帝說文古文.
81) 이의 역대 자형 변화는 다음과 같다. 華古陶文 華簡牘文 華說文小篆.
82) 이의 역대 자형 변화는 다음과 같다. 英英簡牘文 英古璽文 英說文小篆.

「그림 15」 강소성 연운항(連雲港) 장군애(將軍崖) 암각화

꽃의 핵심[央], 즉 꽃꼭지를 뜻하는데, 이후 "지략이 1만 명을 넘는 자를 영(英)이라 하고, 1000명을 넘는 자를 준(俊)이라 하고, 100명을 넘는 자를 호(豪)라 하고, 10명을 넘는 자는 걸(傑)이라 한다."(『회남자』)는 말처럼 사람들 중에서 최고를 지칭했다. 중국인들이 자신을 일컫는 「화(華)」, 천제와 황제를 지칭하는 「제(帝)」, 최고의 영웅인 「영(英)」 등은 모두 꽃이나 꽃꼭지와 관련 있다. 꽃이나 꽃꼭지는 곡물의 생산을 가능하게 해주는 원동력이며, 이는 정착 농경을 일찍부터 시작한 중국인들에게는 바로 생명력 그 자체였다. 그리하여 꽃이나 꽃꼭지를 숭배하게 되었고, 이러한 의식의 원형 때문에 장군애의 암각화처럼 꽃과 사람의 얼굴이 합쳐진 것으로 생각한다.

그렇게 볼 때 이는 앞서 본 사람의 얼굴에 호리병이 합쳐진 특이한 형상의 도기 병과도 상징의 궤가 같다. 따라서 '사람 얼굴의 호리병'은 바로 중국인들의 의식 깊은 곳에 뿌리를 둔, 인류를 비롯한 만물이 조롱박에서부터 나왔다는 신화적 의식을 매우 형상적으로 보여주는 증거라 하겠다.

이외에도 1975년 청해성 낙도현 유만에서 출토된 「인면채도호(人面彩陶壺)」[83]도 모두 모양이 같다. 그리고 청해성 낙도현 유만의 마가요 문

---

83) 높이 22.4, 구경 5.5cm, 靑海省文物考古硏究所 소장・(中國文物交流中心, 『出土文物三百品』(1992), 70쪽.

화 유적지에서 채집된 「채도여자상첩부엔환문쌍이호(彩陶女子像貼付円環文雙耳壺)」[84]는 호리병의 표면에 흑채(黑彩) 무늬를 넣은 나체 여성상을 부조한 것으로, 유방과 음부를 크게 생동적으로 부각해 여성의 생산성과 호리병을 상징적으로 연결한다.

이 유물들의 발견 지역은 이후 중국 역사의 주체가 되는 한족이 본격적으로 문화 활동을 시작한 지역이라는 점에서 조롱박 인류 탄생 신화가 결코 중국의 소수민족들에 한정된 신화가 아님을 보여준다.

즉 그들에게 우주는 혼돈 상태의 둥근 물체에서 시작되었고, 이는 다시 둘로 나뉘어 반쪽은 하늘이 되고 다른 반쪽은 땅이 되었으며, 이에서 만물이 생겨난 것이다. 이러한 과정을 가장 상징적으로 설명해줄 수 있는 것이 조롱박이었고, 이를 구체화한 모습이 호리병이다. 그래서 한자에서 「일(壹)」이 「호(壺)」와 관련지어지고 「호(壺)」는 다시 「곤(昆)」과 관련지어지며, 이는 하늘의 모습과 관련 있고, 이로부터 만물의 창조와 관련지어진 것이다. 그리고 이러한 우주와 만물의 생성에 관한 원형(原型) 의식이 「일(一)」이라는 한자 부호에 철학적 의미를 부여한 것으로 보인다.

5. 맺음말

이상의 「일(一)」과 「일(壹)」의 의미 형성 과정과 상징 체계에서 확인할 수 있듯 한자는 그간 역사 속에서 사라졌거나 매우 은밀하게 숨겨진 문화의 흔적들을 싣고 있다. 그래서 한자는 그 자형과 의미 체계 속에

---

[84] 樋口隆康, 『古代中國の遺産』(1996), 31쪽.

숨은 중국인들의 의식과 문화를 재구하거나 재창조하는 중요한 텍스트가 된다. 즉 한자 속의 내재된 원형적 표상 내지는 문화성을 통해 이에 반영된 문화를 재구하는 것은 한자 연구의 중요한 임무 중의 하나가 될 것이다.

하지만 이를 위해서는 무엇보다도 한자학과 문화학 간의 경계 허물기가 이루어져야 할 것이다. 한자를 단순한 언어 표현 수단이 아니라 초(超)언어metalanguage적 접근, 다시 말해 전(前)이론 단계의 사유, 전(前)철학의 세계관, 전(前)의식 형태의 총화로 보고서 연구해야 할 것이다.

그리고 한자학과 사유 과학 간의 경계 허물기가 이루어져야 할 것이다. 즉 지금까지 해온 한자 자체에 대한 연구, 순수 언어학적 연구에서 벗어나 인근 학문 간의 연계 고리로서 한자를 연구해야 할 것이다. 특히 동아시아의 정체성을 담보해주는 기층으로 연구해야 할 것이다. 이러한 의미에서 한자의 연구는 미시적 연구에서 거시적 연구로 확장되어야 할 것이다.

또 동양학과 서구 학문 간의 벽 허물기도 이루어져야 할 것이다. 서양의 다양한 문화 이론을 응용해 한자에 담긴 문화적 뜻을 해석하고 이를 근거로 동양적인 문화학적 틀을 만들어 나가야 할 것이며, 이를 역으로 서양 문화 이론의 수정이나 새로운 이해에 훌륭한 자료로서 제공해야 할 것이다.

하지만 우리가 여기서 주의해야 할 것은, 무한적인 벽 허물기만이 아니라 동양적인 시각, 특히 한국적 시각에서 한자의 문화성을 해석하며 경계선을 다시 긋는 태도를 언제나 보여야 한다는 것이다. 그렇지 않으면 한자에 의한 또 다른 '동양중심주의'나 '중국중심주의'에 파묻히고 말 것이기 때문이다.

이러한 몇 가지를 담보할 수 있을 때, "필로로기Philologie는 필로소피

Philosophie보다 앞선다."[85]라는 말처럼 한자의 연구는 문화 이론을 재창조하는 중요한 텍스트로서, 문화 부호로서 새롭게 인식하는 것이 가능할 것이다. 이것이 바로 한자가 세계 문화의 연구에 공헌할 수 있는 점이며, '한자학의 세계화'를 가능하게 하는 부분이 될 것이다.

그러나 지금까지 서구의 전통적 관점은 로고스 중심의 사유, 심령이 사상의 근원이라고 여기며 이성과 논리를 추구하는 사유가 그 중심에 자리해 있었다. 그래서 논리적 규칙에 들어맞는 사상만이 진정한 사상이며 진리에 들어맞을 수 있다고 믿었다. 그리고 사상의 진리란 언어의 중개에 의해서만 교류되고 이해될 수 있는데, 음성언어와 문자언어 두 가지 중 음성언어는 직접적으로 심령을 표달할 수 있지만 문자언어는 간접적이며 2차적일 수밖에 없다고 믿었다. 이러한 관점에서 본다면 한자는 반로고스적일 수밖에 없었다. 그래서 라이프니츠가 한자를 두고서 "아마도 벙어리가 창조했을 것이다."라는 무지에 가까운 편파적인 혹평을 감히 할 수 있었던 것이다. 이는 바로 그들이 얼마나 로고스 중심, 소리 중심, 유럽 중심의 '백색 신화' 속에 갇혀 있었지 여실히 보여주는 대목이기도 하다.

다행히도 근년에 들어 데리다$^{Jaques\ Derrida}$는 『그라마톨로지(Of Grammatology)』에서 '차이/차연'이라는 가상 속의 표의문자를 통해 적어도 서구의 '말' 중심의 연구가 유일한 방법이 아니며 '문자'의 연구도 가능하다고 하였다. 그래서 지금까지의 서구 중심, 이성 중심, 말 중심의 명제 이외에 다른 명제도 가능하다는 다원적 가치의 인식을 끌어내었으며, 이러한 논의가 문학, 문화 등의 제반 연구에 영향을 끼쳐 포스트모더니즘, 후기구조주의, 탈식민주의 등등의 문화 사조가 생겨났다.

---

85) 김용옥, 『중국어란 무엇인가·서문』(1998), 9쪽.

하지만 동양, 특히 중국에서는 한자가 가지는 표의적 특성 때문에 동양 문화는 언제나 '문자 중심'이었으며, 형상성 풍부한 한자를 보면서 직관에 따라 판단하고 추리하는 인식 체계가 아무런 불편 없이 서구를 뛰어넘는 역사를 만들며 훌륭히 살아왔다.

이러한 의미에서 '한자의 문화성'은 문자를 중심으로 살아온 한 문명의 특징을 찾아내고 그 가치를 재조명하는 데 그 어떤 자료보다 중요하고 가치가 있다. 동양의 문화와 동양적 가치가 세계 문명에 공헌하는 길, 그 길을 찾는 연구의 중심에 바로 '한자'가 자리한다.

제8장

한자와 시간: 실천적·수행적 시간

1. 머리말

"나는 시간에 대해 알고 있다고 생각한다. 하지만 사람들이 시간이 무엇인지 물으면, 내가 시간에 대해 아는 것은 아무것도 없다는 것을 발견하게 된다."
(아우구스티누스, 『고백록』 중에서)

시간에 대해 말할 때, 우리는 딱 무엇이라 지칭하지 않더라도 시간이 무엇인지 다 안다고 생각한다. 하지만 시간이라는 것은 다른 대상들처럼 뒤로 물러서서 관찰할 수도 없고 붙잡을 수도 없다. 시간은 오감으로 느낄 수 있는 '사물'이 아니다. 그러므로 서양 철학자 아우구스티누스Aurelius Augustinus의 말처럼 시간은 그것이 표현하기로 되어 있는 대상에 대해 실질적으로 말해주는 바가 아무것도 없다. 시간이 인간 경험의 근본적인 특징임에도 시계와 달력에 의해 시간을 측정하는 것 자체가 사회적 관습의 산물이며 밤 12시, 즉 자정을 하루의 시작으로 정하는 것 역시 사회의 인위적 약속에 불과한 것이라는 것을 상기할 때, 우리가 일상적으로 시간이라고 생각하는 개념은 안개 속으로 사라져버린다.

물론 인간에게 시간이라는 개념이 생긴 것은 인류의 아주 초기 역사까지 거슬러 올라갈 수 있다. 그들은 탄생과 죽음, 낮과 밤, 계절 등의 변화를 통해 시간을 인식했다. 그들에게 시간은 그들이 지각하는 변화와 다르지 않은 개념이었고, 추상적 시간 단위나 시간을 측정하는 방법이 없었다. 따라서 시간을 환경의 변화와 다르게 지각할 수 있는 계기를 열어준 것은 천문학의 발달이다. 시간이 사물이나 환경의 변화만이 아니라 천체의 운행과 같은 자연의 변함없는 규칙성이나 질서를 의미하기 시작한 것은 아무래도 천문학 발달과 무관하지 않을 것이다. 따라서 플라톤과 같은 철학자들은 단순히 여러 가지 물질 등의 변화가 아니라, 변화하는 것처럼 보이는 현상 속에 변화하지 않는 규칙성이 있다는 것을 보여주기를 원했다. 또 아리스토텔레스는 시간이란 운동이 아니라 "셀 수 있는 가능성"이자 "측정할 수 있는 단위"로 생각했다.

그러나 세계의 여러 문화는 각자 다른 시간관을 가지고 발전해왔으며, 서로 다른 시간 모델이 있다. 하지만 우리가 오늘날 너무나 당연하다고 생각하는 시간관은 서양의 모델에 근거한 것이다. 시간을 역사발전의 법칙에 따라서 사유하기 시작한 사람은 잠바티스타 비코$^{Giambattista\ Vico}$라고 알려져 있으며, 계몽주의 시대로 접어들면서 시간은 곧 진보이며, 미신의 상태에서 이성으로 진보하는 것으로 생각하였다.

서구 철학의 맥락에서 시간은 추상적이고 때때로 선험적인 개념으로 이론화되었다. 그들의 관점에서는 경험적 대상이 시간 이미지로서 받아들여지는 것은 말이 되지 않는다. 하지만 한자를 자원적으로 살피면 오늘날의 시간관과 다른 고대 시간관이 가진 가치를 다시 읽어낼 수 있을 것이다.

예컨대 중국어에서 시간의 이미지는 한 대상이 공간을 통해서 움직이는 과정의 지속으로서 이해되는 것을 발견할 수 있다. 즉 「선(先)」은 갑골문에서 ⺊⺊⺊⺊ 등으로 그려, 발[止]이 사람[人]의 '앞[先]'으로 나갔음을 형상하여 이것에서 '앞쪽'의 의미가, 다시 '이전'의 의미가 생겼다. 또 「후(後)」는 금문(金文)에서 後後後後 등으로 발의 뒤쪽[夂]을 실[幺]로 묶은 모습으로 그려 남보다 뒤처져 길을 가다[彳]는 의미를 형상화해 시간, 공간, 순서상의 '뒤'와 후계자나 후손을 뜻하게 되었는데, 모두 사물의 움직임에서 시간적 개념을 그려냈다.

이러한 종류의 시간은 모두 추상적이고 객관적인 시간이 아니다. 이것은 절대적 시간이 아니라 상대적인 시간이다. 한자 자원으로 보면 시간은 언제나 변화이자 과정으로서 이해된다. 그러나 서구 철학에서 변화는 사유의 대상이 되지 않는다. 변화하는 것은 불확실성을 증가시키기 때문에 가능한 한 축소되어야 한다. 중요한 것은 객관성이다. 앞서도 언급했지만 아리스토텔레스는 그의 논리학에 시간을 포함하지 않았다. 시간은 지속적으로 변화하는 것이었기 때문에 객관화하기 위해서는 시간을 넘어서야 했기 때문이다.

하지만 피에르 부르디외$^{\text{Pierre Bourdieu}}$가 설명했듯이 객관적인 법칙만을 강조할 때, "본성을 강제로 변화시키지 않고서는 실제적 논리 원칙을 포착할 수 없다."[1] 또 이렇게 말했다.

> 과학적 실천은 너무나 비시간화하였기 때문에 과학은 그것이 배제하고자 하는 것[즉 시간, 변화]에 대한 관념까지도 배제하는 경향이 있다. 과학은 실천과는 반대되는 시간과의 관계 속에서만 가능하기 때문에 과학은 시간을 무시하고, 그래서 실천을 탈시간화한다.[2]

---

1) Pierre Bourdieu, *The Logic of Practice*(1990), 90쪽.
2) 같은 책, 81쪽.

부르디외가 말했듯이 실천은 시간 속에서 펼쳐진다는 점을 상기할 때, 실천과 변화를 그 형체 속에 담아낸 발생 시기의 한자 자원을 풀어서 보면 그것은 21세기를 살아가는 우리에게도 시사하는 바가 크다. 물론 우리는 시간이 무엇인지 다 안다고 생각한다. 그러나 당연한 것으로 여겨지는 시간 개념들의 근원을 추적해 올라갔을 때, 그것은 우리가 생각하는 것만큼 명확하게 드러나지 않는다. 시간이 물질이 아님에도 시간 의식의 발전은 사물에 대한 지각과 무관하지 않다. 다시 말해 새로운 생명의 탄생이나 죽음, 계절과 같은 환경의 변화, 그 변화의 지각이 가장 원시적 형태의 시간 의식을 형성하기 때문이다. 그러나 변화의 지각에 따른 시간은 현재 우리가 생각하는 시간과는 상당한 거리가 있다.

초보적인 관찰에 의하면 갑골문자에 나타난 시간 표현은 지금처럼 세밀하고 분석적이지는 못하지만 상당히 다양한 표현법이 있어서 그들의 시간에 대한 인식을 파악하는 데 중요한 단서를 제공해준다. 그래서 이 장에서는 갑골문자에 나타난 시간 표현법과 시간 표시어를 주 분석 대상으로 하여 이들의 구체적인 표현 방식과 특징을 살피고, 이를 나시[納西] 문자·영어·한국어 등과 같은 기타 언어의 시간 표현 방식과 비교해 고대 중국인들의 시간 인식에 관한 사유의 특징적인 한 단면을 밝히고자 한다. 편의를 위해 여기서는 더 구체적으로 하루, 달, 해와 추상적인 시간 등의 표현으로 나누어 살펴보기로 한다.

2. 하루 시간대의 표현

갑골문에 보이는 하루 시간대는 상상 이상으로 자세하게 구분되어 있으며, 이에 관한 시간 표현어는 갑골문의 시기별에 따라 다소 다르게 나타난다. 1945년 거작『은력보(殷曆譜)』를 발표하면서 다년간 세밀하게 역법을 연구한 동작빈(董作賓)은 하루 내 시간의 구분에 대해, 구파(무정·문무정)의 경우 "명(明) → 대채(大采) → 대식(大食) → 중일(中日)/일중(日中) → 측(昃) → 소식(小食) → 대채(小采) → 석(夕)(밤 전체)", 신파(조갑·늠신·강정·제을·제신)의 경우 "매(妹) → 혜(兮) → 조(朝) → 중일(中日) → 모(暮) → 혼(昏) → 석(夕)(밤)"이 존재한다고 했다.3) 진몽가(陳夢家)는 1956년『은허복사 종술(殷虛卜辭綜述)』의 제7장「하루 내의 시간 구분[一日內的時間分段]」에서 무정 시기의 복사에서는 "단(旦)/명(明)/일명(日明) → 대채(大采)/대식(大食) → 개일(盖日) → 중일(中日) → 측(昃) → 소식(小食) → 소채(小采) → 석(夕)"으로 8단계가, 무정 이후 시기의 복사에서는 "매단(妹旦) → 조(朝)/대식(大食) → 중일(中日) → 측(昃) → 곽혜(郭兮)/곽(郭)/혜(兮) → 막(莫)/혼락일(昏落日) → 석(夕)"으로 7단계가 존재한다고 했다.4) 또 송진호(宋鎭豪)는 1985년「은나라 때의 시간 기록 제도에 대한 시론[試論殷代的記時制度]」에서 하루는 "단(旦) → 조(朝)/대채(大采) → 식일(食日) → 중일(中日)/주(晝)/주(督) → 측(昃) → 곽혜(郭兮) → 소식(小食) → 맹(萌)/소채(小采) → 막(莫) → 회(會)/𠂤 → 혼(昏) → 예(枑) → 주(住) → 석(夕) → 오(寤) → 숙(宿)"으로 16단계로 나뉘며, 이외에 '측(昃)'과 '곽혜(郭兮)'를 포괄하는 개념으로 '일서(日西)'가 있으며, '단(旦)'에서 '회(會)'까지가 낮 시간대를, 나머지는 밤 시간대를 나타낸다고 했다.5) 주(督)·예(枑)·주(住)·숙(夙)·주(晝)·일서(日西)·회(會)·𠂤·맹(萌)·오(寤) 등 10개 시간

---

3) 董作賓,『殷曆譜』, 上編卷一, 제4쪽 하. 王宇信 等,『甲骨學一百年』(1999), 655쪽에서 재인용.
4) 陳夢家,『殷虛卜辭綜述』(1956), 53쪽.
5) 宋鎭豪,「試論殷代的記時制度」, 王宇信 等,『甲骨學一百年』(1999), 666~667쪽에서 재인용.

명칭은 송진호가 새로 고증했다.6)

그리고 상옥지(常玉芝)는 1998년 『은상역법연구(殷商曆法研究)』에서, 시간 표시법이 가장 세분된 무명조(無名組) 복사의 경우, "조(朝)/단(旦) → 식일(食日)/대식(大食) → 일중(日中)/중일(中日)/주(晝)/주(晝) → 측(昃) → 곽혜(郭兮)/곽(郭) → 혼(昏)/막(莫) → 예(枏) → 주(住) → 숙(宿)"으로 9단계로 나뉘며, 조별에 따른 시간 표시법은 다음과 같이 정리 가능하다고 했다.7)

조별	시 칭								
무명조	단(旦), 조(朝)	식일(食日) 대식(大食)	중일(中日), 일중(日中), 주(晝), 주(晝)	측(昃)	곽혜(郭兮), 곽(郭)	혼(昏), 막(莫), 막(暮)	예(枏)	주(住)	숙(宿)
사조	명(明), 대채(大采), 대채일(大采日)	대식(大食)	중일(中日)	측(昃)	소식(小食)	소채(小采), 소채일(小采日)			숙(宿)
빈조	농(農), 상(牒)	명(明), 대채(大采), 대채일(大采日)	대식일(大食日), 식일(食日)	중일(中日), 일중(日中)	측(昃), 측일(昃日)		예(枏)		
출조	농(農)	조(朝)		주(晝)			막(暮)	예(枏)	
하조		조(朝)	대식(大食)	중일(中日)			혼(昏), 막(莫)	예(枏)	
역조							막(莫)		숙(宿)

「표 1」 갑골문에 나타난 하루 시간대 표시어의 시기별 비교

---

6) 王宇信 等, 『甲骨學一百年』(1999), 667쪽.
7) 常玉芝, 『殷商曆法研究』(1998), 179쪽.

이상의 표에서 볼 수 있듯, 만약 시기별 차이를 고려하지 않는다면 상나라 때의 하루 시간대 구분은 기간의 추이에 따라 "농(農)·상(朡) → 단(旦)·조(朝)·명(明)·대채(大采)·대채일(大采日) → 대식(大食)·대식일(大食日)·식일(食日) → 중일(中日)·일중(日中)·주(晝)·주(督) → 측(昃)·측일(昃日) → 곽혜(郭兮)·곽(郭)·소식(小食) → 혼(昏)·막(莫)·소채(小采)·소채일(小采日) → 예(枏) → 주(住) → 숙(宿)"으로 10개 시간대(낮 시간대는 7개 시간대, 밤은 3개 시간대) 26개 명칭(낮은 23개 명칭, 밤은 3개 명칭)이 나타남을 알 수 있다.

여기서는 상옥지의 분류를 중심으로, 이들이 대표하는 시간 표시어를 나시 문자와 한국어, 영어에서 이들과 대칭 관계를 이루는 관련 어휘들의 어원을 서로 비교하여 도표로 정리해보면 다음과 같다.8)

시간대		갑골문자	나시 문자	한국어	영어
낮	새벽 (해 뜬 후)	[農] [朡]	[淸農] 從天 聲 [明農] 從天從日 聲	새벽 동틀녘 *여명(黎明)	dawn daybreak
	아침	[旦] [朝] [明] [大采] [大采日]		아침	morning
	오전	[大食] [大食日] [食日]		*오전(午前)	

---

8) 어원 자료는 나시 문자의 경우 方國瑜 編撰, 和志武 參訂, 『納西象形文字譜』(1995), 한국어는 김민수 편, 『우리말 어원 사전』(1997)과 최창렬, 『우리말 어원 연구』(1986), 영어는 *The Random House Dictionary of English Language*(1991)와 *The Barnhart Concise Dictionary of Etymology*(1995)를 주로 참고했다. 이하 마찬가지이다.

	정오	[中日] [日中] [晝] [督]	[午]日當中, 光直射也. [晝]從日省	한낮 *정오(正午)	noon midday
	낮	[昃] [昃日]	[下午] 從日光下降	낮 *주간(晝間)	the daytime the day light the day
	오후	[郭兮] [郭] [小食]		해거름 *오후(午後)	afternoon
	저녁	[昏] [莫] [小采] [小采日]	[暮]象日沒將盡, 又作ᑦ.	해저녁 저녁	evening
밤	밤	[枏]	[夜]從月倒形無光, 又作ᑣ.	밤	night
	한밤중	[住]	[夜半]月當中, 暗光微弱, 又作ᑣ, (從)月ᑣ聲.	한밤중	midnight
	새벽(해 뜨기 전)	[宿]			early in the mounting

「표 2」 하루 시간대 표시어의 비교

이상에서 볼 수 있는 것처럼 아침·점심·저녁 등 하루 중 각 시간대는 다른 문화권의 경우보다 상당히 자세하게 구분된 것을 알 수 있다. 갑골문에서 나타난 이들 관련 어휘들의 자원을 순서대로 살펴보면 다음과 같다.

---

9) 약 1250년경 스칸디나비아어에서 온 역성어(back formation)로 추정된다.
10) 영어 어원 풀이에 표시된 쪽수는 Robert K. Barnhart(1995)의 쪽수를 말한다.
11) 오후 3시로부터 12시로 그 의미가 변천했다. 이는 교회의 기도가 제9시과에서 제6시과로 옮겨진 까닭이다. noon이라는 표기법은 1280년쯤에 처음으로 나타난다.
12) 천주교 定時課의 제9시과. 고대 로마에서는 오후 3시, 지금은 정오에 드리는 기도를 말한다.
13) ninth hour of daylight by Roman reckoning, or about 3 P.M.
14) 이의 비교급은 nēar(NEAR), 최상급은 nēhst(NEXT)이다.

한국어	새벽	싁[東]+붉[明](새복>새벽)(최창렬, 97쪽). 새[新]+붉[明](ˇ새밝>새박/새배>새볘>사볘/새벼>새벽)(김민수, 561쪽)
	동틀녘	(먼)동이 트다. 동쪽이 트이다에서 온 것으로 보인다.
	아침	아젹[早; 앛: 이르다」아직(최창렬, 49쪽). 앗/앛[始, 初]+옴[접사](아춤>아침)(김민수, 698쪽)
	한낮	(하~[大]+ㄴ[어미]): 접두사로 어미 뒤에 붙어서 크다는 뜻을 나타낸다.
	낮	(낟[日]/나죄[夕]>낮)
	해거름	히~[白]
	해저녘	해[日]+져[落]+녘[際](최창렬, 99~100쪽)
	저녁	져[落]/져물다[暮]+녁[便]>져녁>저녁). 져믈[暮]+녁[際]: 져믈+녁>저녁>저녁)(김민수, 893쪽)
	밤	밤[夜]+암[접사](서정범, 310쪽)
	한밤중	한[大]+밤[夜]+중[中]
영어	dawn	dawn＜dawninge(ME)9)＜dagung(OE)[become day]＜dagian＜dæg[DAY] (186쪽10))
	drybreak	day(＜dai＜dæg(OE)(186쪽)[낮])+break
	morning	MORN+~ing＜morning/morewening＜morn/morewen(ME) morn＜maregen/marewen＜margen/morgen(OE)(488~489쪽)
	noon11)	noon＜non(midday)＜nōn(OE)(오후 3시)12)＜nōna hōra(Latin)13)(509쪽)
	midday	mid+day
	evening	evening＜ǽfnung(OE)＜ǽfen(EVEN)+~ung(~ing) (256쪽) even＜ǽfen(OE) 저녁/밤(일몰부터 잘 때까지)

	night	night＜nigt/niʒt＜niht(OE)
		  nigh＜nih(1200년 이전)/neigh(1325년 이전)/nygh(1369년)
		    ＜nēah(OE/West Saxon)/nēh(Anglian)14) (506쪽)

	now	now＜nou(1200년 이전)/now(1250년 이전)＜nū(ME; OE)(725년 이전) ← nun(G), nun(L) (511쪽)

「표 3」 하루 시간대 표시어 관련 한국어와 영어 어원

새벽

「신(晨)」(𣇃 𢏛): 조개껍데기[辰]를 두 손에 들고[𦥑] 숲[林/艸]을 개간하는 모습이며, 이러한 농사일은 새벽 일찍 해야 한다는 뜻에서 '새벽'이라는 뜻이 생겼다.15) 이후 숲[林/艸]이나 두 손[𦥑]이 일(日)로 변해 지금처럼 되었다.16)

「상(䘮)」: 원래는 월(月)과 상(桑)으로 구성되어 달빛 아래에서 뽕잎 따는 [採桑] 모습을 그렸다. 채상(採桑)을 그린 상(桑)이 이후 '죽다'는 뜻으로 쓰이게 되자 상(喪)으로 바뀌었으며, 원래 의미를 살리고자 월(月)이 더해진 것으로 보인다.17)

아침

「단(旦)」: 일(日)과 구(口)로 구성되었으며, 구(口)는 태양[日]의 그림자를 나타낸 것으로, 금문에서는 속이 채워진 ●의 모습으로 등장한다.······이는 태양과 그림자를 함께 연이어 그려놓음으로써 태양이 막 솟아오르는 모습을 그렸다.18)

---

15) 許進雄, 『中國古代社會』(1991), 洪熹 옮김, 118쪽. 또 『淮南子』「天文訓」에 의하면 "晨明이 旦明보다 이르다."라고 했으며, 『좌전』「僖公」(5년)의 疏에서도 "晨은 막 날이 밝을 무렵, 닭이 울 때쯤을 말한다.(晨謂夜將旦, 鷄鳴時也..)"라고 했고, 『주례』「春官」「司寤氏」에서도 "晨이란 날이 밝기 전을 말한다.(晨, 先明也..)"라고 했다.

16) 갑골문에는 ①林/森이나 艸와 辰으로 구성된 형체와 ②두 손과 辰으로 구성된 형체의 두 가지가 보이는데, 徐中舒는 전자를 "大辰星이 숲 속에 있는 모습을 그려 辰時를 나타내는 晨"으로, 후자를 "두 손으로 조개껍데기[辰]를 든 모습으로서 農의 본래 글자였으나 이후 새벽이라는 뜻의 晨으로 쓰이게 되었다고 했다."[『甲骨文字典』(1988), 257쪽] 하지만 같은 辰을 두고서 전자는 大辰星으로, 후자는 조개껍데기로 달리 해석했으며 다른 두 글자가 결국에는 같은 의미로 쓰이게 된 것으로 해석했는데, 논리적 연계가 매끄럽지 못하다. 차라리 許進雄처럼 辰을 모두 조개껍데기로 보고 전자를 晨으로, 후자를 農자로 달리 해석하는 것이 나을 것 같다. 이 둘은 다른 글자로 정착되긴 했지만 그 의미 형상에서는 극히 유사한 과정을 거쳤다.

17) 李實, 『甲骨文字叢考』(1997), 508~509쪽.
18) 徐中舒, 『甲骨文字典』(1989), 730쪽.

「조(朝)」: 일(日)과 월(月)과 초목(艸木)의 모습으로 구성되었으며, 태양과 달이 함께 풀숲 가운데로 떠오른 모습을 그렸다. 아침 태양이 떠올랐을 때 달이 아직 지지 않고 남아 있는 모습을 그림으로써 아침이라는 의미를 갖게 되었다.[19]

「명(明)」: 월(月)과 경(囧)으로 구성되었으며, 경(囧)은 일(日)이나 전(田)으로 표기되기도 한다. 경(囧)은 창문의 형상이며, 밤에 달이 창문 틈으로 비추어 드는 모습에서 '밝다'는 의미가 생겼다. 또 일(日)로 구성될 때는 달이 아직 지지 않았는데 태양이 떠오른 모습을 그렸다. 전(田)은 일(日)이 잘못 변한 결과이다.[20]

식사 시간

「식(食)」: 식기의 모습을 형상했는데, '대식(大食)'과 '소식(小食)'이라는 표현을 통해 '인간의 식사' 시간을 표시하고 이를 통해 다시 시간을 나타냈다. 상나라 때에는 하루 두 끼를 먹은 것으로 보이며, '대식(大食)'은 아침을, '소식(小食)'은 오후 식사를 말한다. '대식(大食)'은 '아침 9시쯤'으로 보이며, '소식(小食)'은 '오후 4시쯤'으로 보인다.[21]

「채(采)」: 손[爪]으로 나무[木]의 열매를 따는 모습을 형상했다. 해가 뜬 이후 채집을 하는 인간의 노동 행위를 그려 시간을 표시했다. 갑골문자에서는 '대채(大采)'와 '소채(小采)'라는 표현으로 나타나는데, '대채(大采)'는 날이 밝고서 아침 식사[大食]를 하기 전 들일을 하던 시간을 말하는 것으로 "이후의 조(朝)에 해당하는 시간이며 대략 8시쯤"으로 보면 된다. '소채(小采)'는 오후 식사[小食] 후 들일을 하던 시간으로 대략 '지금의 6시쯤'으로 보면 될 것이다.[22]

---

19) 같은 책, 731쪽.
20) 같은 책, 747쪽
21) 趙誠, 『甲骨文簡明辭典』(1988), 260~261쪽.
22) 같은 책, 260~261쪽.

낮

중일(中日)/일중(日中): 태양이 한가운데 놓일 때라는 의미로 정오를 뜻한다.
「주(晝)」(𣏟): 금문에서 손으로 붓을 잡고[聿] 무엇을 그리는 모습과 일(日)로 구성된 회의 구조로, 태양이 있을 때 그림을 그릴 수 있다는 뜻에서 '대낮'이라는 의미가 생긴 것으로 보인다.

「측(昃)」(𣅀𣅁𣅂𣅃): 태양(日)과 길게 드리워진 '사람의 그림자'를 그렸으며, 해가 넘어가면서 사람의 그림자를 길게 드리우는 시간대라는 개념을 그렸다.[23] 갑골문에 "中日至昃(정오에서 '측'까지)", "昃至郭('측'에서 '곽'까지)" 등의 표현법에 근거해 볼 때 측(昃)은 정오(中日, 즉 日中) 이후 곽혜(郭兮)(郭 혹은 墉兮로 해석하기도 함) 이전에 놓인 시간으로 오후 2시쯤임을 알 수 있다.[24]

오후

곽혜(郭兮)/곽(郭): 곽말약(郭沫若)에 의하면 곽(郭)은 날이 밝다는 뜻이며, 혜(兮)는 희(曦)의 가차자라고 했으며, 동작빈(董作賓)은 "혜(兮)는 『설문』의 흔(昕)과 같은데, 『설문』에서 '흔(昕)은 단명(旦明)과 같은 뜻으로 날이 막 밝으려 할 때를 말한다……'. 흔(昕)은 해가 뜨기 전을 말하고 혼(昏)은 해가 진 뒤를 말하여, 하나는 조(朝) 앞에 놓이고 다른 하나는 모(暮) 뒤에 놓이는 시간대를 말한다."라고 했다.[25] 하지만 상옥지는 이를 측(昃)과 혼(昏) 사이에 놓이는 시간대로 보았다.[26]

---

23) 徐中舒, 앞의 책, 723쪽.
24) 陳夢家는 갑골문의 표현법에 근거해 정오인 日中과 저녁 6시쯤인 昏 사이에 昃과 郭兮가 있다 보고 昃를 오후 2시, 郭兮를 오후 4시로 보았다. 『殷墟卜辭綜述』(1956), 230~231쪽.
25) 郭沫若, 『殷契粹編』, 제715편 고석; 董作賓, 『殷曆譜』 상편 제1권 7쪽 상. 모두 常玉芝, 『殷商曆法研究』(1988), 138~139쪽에서 재인용.
26) 常玉芝, 『殷商曆法研究』(1988), 139쪽.

저녁

「혼(昏)」(昏): 씨(氏)와 일(日)로 구성되어 태양이 '사람의 발밑'까지 떨어진 모습을 형상했다. 일반적으로 단(旦)과 대칭적으로 쓰여[27] 단(旦)이 해 뜨는 시간을 말하는 반면에 혼(昏)은 해가 지는 시간을 말하는 것으로 보인다. "시간 표시 명사로서 곽혜(郭兮)의 뒤에 놓이며, 소채(小采)에 상당하고, 이후의 황혼(黃昏)에 해당하는 시간대를 말한다".[28]

밤

「막(莫)」(暮): 일(日)과 망(茻)으로 구성되어 태양이 풀숲으로 넘어가는 모습을 그렸다. 혹은 추(隹)가 첨가되어 해질 때가 되어 새가 숲으로 돌아가는 모습을 그리기도 했다.

「예(埶)」: 사람이 나무나 풀을 손에 든 모습을 그렸는데, 손에 든 나무나 풀은 횃불이다······이는 예(埶)의 본래 글자이며 그 뜻은 이후의 열(熱)이나 열(爇)과 같은 뜻이다.[29] 갑골문에서 시간대를 지칭할 때에는 막(莫)의 다음에 해당하는 시간대이며, 해가 진 후 등을 밝힐 때라는 의미로 쓰였다.[30]

「주(住)」: 송진호에 의하면 이는 모두 잠이 들어 고요해진 시간, 한밤중을 의미하여 대략 지금의 21시에서 23시 정도를 가리킨다고 했다.[31]

「숙(夙)」(夙): 갑골문에서 한 사람이 달[夕] 아래에서 꿇어앉아 무엇을 하는 모습을 형상했다.[32] 달이 아직 떠 있고 날이 채 밝기도 전에 일어나 일을

---

27) "······旦至于昏不雨?"『合集』, 29272, 29781편)
28) 徐中舒, 앞의 책, 724쪽.
29) 唐蘭,『天壤閣甲骨文字·考釋』, 46쪽. 李孝定,『甲骨文字集釋』(1982), 873쪽에서 재인용.
30) 常玉芝,『殷商曆法硏究』(1988), 144쪽.
31) 이를 夘(唐蘭, 『殷墟文字記』, 78b~79a쪽)·卲(李孝定, 『甲骨文字集釋』, 9.2871~2872쪽)·色(徐中舒,『甲骨文字典』, 1012~1013쪽) 등으로 해석했으나, 宋鎭豪는 住로 해석하고 한밤중을 지칭하는 시간 표시어라 했다. 宋鎭豪,「釋住」, ≪殷都學刊≫ 1987년 제2기. 常玉芝,『殷商曆法硏究』(1988), 145쪽에서 재인용.

한다는 뜻에서 '해가 뜨기 전'의 시간대를 말하며, 이로부터 '일찍'이라는 의미가 생겼다.

갑골문에 나타난 시간 표시어의 표현상 특징은 위에서 살펴볼 수 있는 바와 같이 크게 태양이나 달 등의 자연계에 대한 직접적 관찰, 태양이나 달 등과 사람의 관계적 관찰, 인간 행위에 의한 파악 등으로 나뉠 수 있다. 우선 「단(旦)」·「조(朝)」· 일중(日中) ·「막(莫)」 등은 순전히 태양이나 달의 운행에 근거해 시간을 표시한 경우이다. 즉 아침 해가 수면이나 지평선 위로 떠오르는 모습을 형상한 「단(旦)」, 태양이 풀 사이로 떠올랐으나 아직 달이 채 지지 않은 모습을 형상한 「조(朝)」, 태양이 한가운데 떠오른 일중(日中), 태양이 풀 속으로 떨어진 모습을 형상한 「막(莫)」이 그러한 예이며, 이외에도 이지러진 달의 모습을 형상한 「석(夕)」 등은 모두 태양과 달을 직접 관찰하여 나온 표현이다.

다음으로 「상(朡)」·「주(晝)」·「주(督)」·「측(昃)」·「혼(昏)」·「숙(夙)」 등은 태양이나 달과 사람 간의 관계적 관찰에 근거해 시간을 표시한 경우이다. 즉, 「상(朡)」은 달빛 아래에서 뽕잎을 따는 모습을, 「주(晝)」는 햇빛 아래에서 붓을 들고 무엇을 그리는 모습을, 「주(督)」 역시 햇빛 아래에서 손으로 붓 같은 것을 잡고서 무엇을 그리는 모습을, 「측(昃)」은 햇빛에 길게 드리워진 사람의 그림자를, 「혼(昏)」은 사람 발밑으로 태양이 넘어간 상태를, 「야(夜)」는 사람의 모습에 달이 더해진 모습을, 「숙(夙)」은 달빛 아래에서 손으로 무엇을 하는 모습을 그린 것이다.

또 「신(晨)」·식일(食日)·대식(大食)·대채(大采)·소식(小食)·소채(小采)·「예(栖)」·「주(住)」 등은 순전히 인간의 행위에 근거해 시간을 표시한 경우이다. 즉 신(晨)은 농사짓는 모습을, 식일(食日)·대식(大食)

---

32) 徐中舒, 『甲骨文字典』(1989), 751쪽.

・소식(小食)은 식사 시간과 관련 있는 의미를, 대채(大采)와 소채(小采)는 채집 행위와 같은 인간 노동 행위의 길고 짧음에 따른 의미를, 「예(杸)」는 풀단이나 나무를 묶어 만든 횃불을 든 모습을, 「주(住)」는 사람이 자는 모습을 그려서 시간적 개념을 형상해낸 경우이다.

이상의 예에서 볼 수 있는 바와 같이 갑골문의 시간개념 표시어는 태양과 달의 운행을 객관화하여 숫자로 환원하지 않고, 그 변화를 시간 이미지로 나타냈다. 그러나 다른 문자 체계와 달리 한자에서 특징적인 것은 이 과정에서 인간의 경험을 배제하지 않는다는 점이다.

이에 비해 나시 문자나 한국어, 영어 등은 주로 태양이나 달의 운행이나 모습과 관련해 해당 개념을 표시한다. 예컨대 나시 문자의 경우, 새벽을 나타낼 때에는 하늘과 태양을 의미부로, 정오와 낮을 나타낼 때에는 태양이 내리쬐는 광선을 중심으로, 저녁은 태양이 지는 모습을, 밤과 한밤중은 달빛의 강약에 근거해 표현한다.

또 영어도 이와 비슷하며, 한국어 역시 태양이 뜰 때부터 질 때까지 변화 양상에 근거해 시간대를 지칭한다. 또 오로첸[鄂倫春]족의 경우, 수렵 기간의 하루 시간대를 '어얼더(태양이 막 떠올랐을 때)', '두얼자(태양이 높이 떠올랐을 때)', '이능두룬(태양이 하늘 한가운데 있을 때)', '더러선(태양이 산으로 넘어갈 때)', '아커러(해가 졌을 때)', '다얼바오(잠에 들었을 때)' 일곱 단계로 나누어[33], 철저히 태양 운행의 관찰에 근거한다. 이러한 표현법은 인간의 경험과 실천을 중시하는 갑골문자의 표현법과 분명하게 대비를 이룬다.

---

33) 劉文英, 『漫長的歷史源頭: 原始思維與原始文化新探』(1996), 244쪽.

3. 날과 달의 표현

날과 달은 기본적으로 삼일(三日), 칠일(七日), 십일(十日)이나 일월(一月), 이월(二月), 삼월(三月)……등과 같이 숫자와 일(日), 월(月)의 결합으로 표현하거나 간지자를 이용해 표시하는 경우가 일반적이다. 하지만 이러한 추상적 표현법 이외에도 다음과 같은 몇 가지 표현법도 보인다.

「순(旬)」(𠃊𠃊): 갑골문에서 십(十)이 의미부, 선(㫃)이 소리부인 구조로 되었는데, 한 주기를 도는[㫃] 10일[十]이 1순(旬)임을 말했다. 금문에서 이것이 날짜의 순환 주기임을 강조하기 위해 일(日)이 더해져 지금의 자형이 되었다. 이는 갑(甲)에서 계(癸)에 이르는 10일 주기가 한 바퀴 도는 것을 지칭하며,[34] 이로부터 10일이라는 뜻이 생겼다.

「망(望)」(): 한 사람이 뒤꿈치를 들고[壬] 눈[臣]을 크게 뜨고 멀리 바라보는 모습을 형상이며, 이후 달[月]이 첨가되었다. 달을 멀리서 바라보는 행위를 그려 달이 가득 차는 시점, 즉 보름을 나타냈다.[35]

식맥(食麥): 이는 정월(正月)을 말하는데, 이는 보리 수확 이후 보리를 먹는 때라는 의미를 표현한 것으로 보인다.[36] 이는 "맹춘지월에는 보리와 양고기를 먹는다.(孟春之月, 食麥與羊.)"라고 한 『예기』「월령(月令)」의 습속과 같다고 할 수 있다. 또 『제민요술(齊民要術)』「종곡편(種穀篇)」에서 "4월과 5월에 심는 것은 어린 벼(稺禾)를 심는다."라고 했는데, "치(稺)라고 부르는 것은 보리[麥]를 베고서 심기 때문에 치(稺)라 한다."라고 한 것으로 보아, 보리의 수확은 하력(夏曆)에서 4~5월에 해당하는 일이며, 복사에서 말한

---

34) 徐中舒, 앞의 책, 1016~1017쪽.
35) "望, 月滿之名也." 『釋名』「釋天」.
36) 陳夢家, 『殷墟卜辭綜述』(1956), 228쪽.

"1월 식맥"도 하력에서 4월 보리를 베고 나서 등장하는 4~5월 때의 활동임을 알 수 있다.

부현(父䄔): 이는 2월을 말하는데, 어떻게 2월을 지칭하게 되었는지에 대한 확실한 해석은 없다. 그러나 '아비가 파종하다'나 '돌도끼로 파종하다'는 뜻으로 해석될 수 있으므로 보아37) 보리 수확 후 벼를 파종하는 시기를 말하는 뜻에서 2월을 지칭하게 된 것으로 보인다.38)

갑골문에서는 정월을 '식맥(食麥)'이라 하는데("月一正日食麥", 『합집』 24440편, 『후·하』 1.5편) 이는 보리를 먹을 때라는 뜻이며, 2월을 '부현(父䄔)'이라 하는데("二月父䄔", 『합집』 24440편) 이는 돌도끼를 들고서[父] 곡식[禾]과 관련된 일을 하는 모습을 형상한 것으로 보인다. 이는 그 표현에서 상당히 인간의 경험과 실천을 중시하는 점이 두드러지며, 나시 문자나 영어와 비교해볼 때 이 점이 더 명확히 드러난다.

예컨대 영어에서 'January'(Janus+ary)(<Jānu(s)+ārius(L))는 일출과 일몰을 관장한다는 고대 로마 신인 야누스(Janus)에 그 어원이 있으며, 일출에서 모든 사물의 개시라는 의미가 생겨났다. 또 'February' [<Februarius(ME; OE)<Februārius mēnsis(L)]는 속죄의 달이라는 뜻에서 왔다.

또 나시 문자에서는 12띠의 순서에 근거해 정월을 호랑이의 달, 2월을 토끼의 달, 3월을 용의 달이라는 식으로 표현하거나, 아예 숫자와 결합해 1월, 2월, 3월 등으로 표현한다.39)

---

37) 父는 생계를 책임지는 아비의 모습을 강조하여 원시시대에 가장 중요한 연장의 하나인 돌도끼를 손으로 든 모습을 형상했으며, 이후 이 글자는 '아비' 이외에 사회적 통념에 어긋나지 않게 살아가는 대다수의 일반 남자를 지칭하는 개념으로 의미가 확대된다.
38) 陳夢家, 『殷墟卜辭綜述』(1956), 228쪽.
39) 方國瑜 編撰·和志武 參訂, 『納西象形文字譜』(1995), 109~111쪽 참조.

4. 계절의 표현

갑골문 당시에도 지금과 같이 봄[春]·여름[夏]·가을[秋]·겨울[冬]의 사계절 구분이 있었을까? 이에 대해서는 그간 많은 논란이 있었으나, 대체로 봄[春]·여름[夏]·가을[秋]·겨울[冬]과 같은 사계절의 분리는 춘추시대 이후에야 이루어졌으며 당시에는 봄[春]과 가을[秋] 두 계절에 대한 인식만이 있었던 것으로 보아왔다.[40] 이러한 근거는 주로 갑골문자에서 여름의 의미로 쓰인 「하(夏)」가 나타나지 않고 「동(冬)」도 겨울의 의미로 쓰이지 않다는 점에 주로 근거를 둔다. 하지만 이학근(李學勤)은 이렇게 말했다. "갑골문에서 하(夏)와 동(冬)이 발견되지 않는다는 것이 상나라 때 사계절에 대한 인식이 존재하지 않았다는 것과 동일시될 수는 없다……. 상나라 사람들이 살던 화북 지역에서 사계절에 대한 인식이 없었을 리 없다……. 갑골문에는 사방(四方)과 사풍(四風)에 관한 기록이 있으며[41], 사방풍(四方風)에 관한 인식은 사계절에 대한 인식과 긴밀하게 연계되기 때문에 이는 사계절에 대한 언급이다. 봄에 소생하고 여름에 자라나고 가을에 거두고 겨울에 저장한다는 명칭들, '석(析)'이니 '인(因)'이니 하는 명칭들은 바로 이렇게 해서 만들어진 것일진대 어떻게 사계절이 존재하지 않았겠는가? 사실 우성오(于省吾)도 『갑골문자석림(甲骨文字釋林)』에서 이 부분에 대해 언급했다. 사방풍의 이름을 기

---

40) 陳夢家, 『殷墟卜辭綜述』(1956), 226쪽.
41) 은허 갑골문에는 東·西·南·北 사방의 방위명과 사방의 바람 이름은 6판 갑골에서 보이는데 『합집』 14294편이 대표적이며 구체적 내용은 다음과 같다. "동쪽을 '석'이라 하며, 그 바람을 '협'이라 하며(東方曰析, 風曰劦), 남쪽을 '인'이라 하며, 그 바람을 '개'라 하며(南方曰因, 風曰兇), 서쪽을 '이'라 하며, 그 바람을 '이'라 하며(西方曰夷, 風曰彝), [북쪽을] '복'이라 [하며], 그 바람을 '역'이라 한다[北方曰伏, 風曰殳)." 이외에도 『합집』 14295편, 『영국 소장』 1288편(『홉킨스』 472편), 『수』 195편, 『경』 4316편, 『전』 4.42.6편 등에 보인다.

록한 갑골은 사계의 존재를 분명하게 증명해주는 자료이다."라고 했다.[42] 송진호(宋鎭豪)도 "사방신의 이름과 사방의 바람 신의 이름은 그 자체가 방위와 지역과 춘하추동 사계라는 의미를 함께 담는다."라고 했다.[43] 비록 「하(夏)」와 「동(冬)」과 같이 여름과 겨울을 나타내는 구체적 명칭이 아직 보이지 않긴 하지만 화북 지역의 기후 속에서 이루어진 농경생활로 미루어볼 때 당시 사계절에 대한 인식은 분명 존재했을 것으로 보인다는 설명이다.

여기서는 갑골문에 나타나는 「춘(春)」과 「추(秋)」, 이후 겨울의 의미로 쓰이게 된 「동(冬)」, 금문 단계에서 처음 보이는 「하(夏)」의 개념 형성에 관해 함께 살펴보기로 하자.

개념	갑골문자	나시 문자	한국어	영어
봄	[從屮從日, 屮春始生也, 屯聲". 屯又象屮木之初生之形.]	[從天從風, 春爲風季] [或從風從布谷, 布谷爲春鳥]	봄(보다[見]+ㅁ[접사](최창렬, 38)	spring[到春萬物蘇生之象, 正如泉水之湧出]
여름	*[象舞蹈求雨之巫形]	[從天從雨, 夏爲雨季] [或從雨從野鴨, 野鴨爲夏鳥]	여름(열[結實]+음[접미사])(최창렬, 72)	summer[草木茂盛之季]
가을	[象蝗蟲形, 或以火驅趕蝗蟲之意. 收穫之前常有蝗災]	[從天從地上有花, 秋爲花季] [或從花從雁, 雁爲秋鳥]	가을(ㅈ~/ㅁ~[切斷]+을[접사]: ㅁ술ㅎ/ㅁ술/ㅁ을)가을)(김민수, 20)	autumn[收穫之季] fall[葉落之季]

---

42) 李學勤, 『走出擬古時代』(1997), 12쪽.
43) 宋鎭豪, 『夏商社會生活史』(1994), 487쪽.

겨울	![] [可釋爲終之初字, 象下垂之繞線板. 卽爲在家裏織布之季]	![] [從天從雪, 冬爲雪季] ![] [或從雪從鶴, 鶴爲冬鳥]	겨/겻~[在, 居]을[어미])(최창렬, 74)	winter[雪・雨・氷之季; a wet season]
	*夏는 갑골문자가 아니라 금문에서 처음 보인다.			

「표 4」 계절 표시어의 비교

갑골문자를 비롯한 한자에서 사계절에 관한 어원을 좀 더 자세히 살피면 다음과 같다.

「춘(春)」(![]): 초(艸)와 일(日)과 둔(屯)으로 구성되었고 둔(屯)은 소리부도 겸하는 구조로, 따뜻한 햇살[日] 아래 풀[艸]이 피어나는 모습을 형상했다.44) 소리부로 기능을 하는 둔(屯) 역시 초목의 떡잎이 땅을 뚫고 처음 솟아나는 모습을 형상한 글자임을 고려하면 이러한 의미는 더욱 명확해진다.45)

「하(夏)」(![] 金文 ![] 簡牘文 ![] 帛書): 갑골문에서는 보이지 않고 금문 단계에서 나타나는데 무당이 춤을 추는 모습을 형상했다.46) 이는 기우제를 지내는 모습을 그린 것으로 보이며, 가뭄이 자주 드는 계절임을 그린다.

「추(秋)」(![]): 메뚜기의 모양, 혹은 메뚜기를 불에 태우는 모습을 형상하여 수확 전에 메뚜기에 의한 재앙이 자주 있었음을 그렸다.

「동(冬)」(![] 甲骨文 ![] 金文 ![] 古陶文): 윗부분인 ∧는 실의 모습을, 아래 두 둥근 부분은 실 끝에 달린 실패의 모습을 형상했으며, 실의 끝이라는 뜻이

---

44) "春, 從艸從日, 屯亦聲." 『說文解字』(1편・하・53).
45) "屯, 象草木之初生, 屯然而難, 從中貫一屈曲之也. 一, 地也." 『說文解字』1편・하・1).
46) 許進雄, 『中國古代社會』(1991), 洪憙 옮김, 567쪽.

다.47) 그래서 갑골문 당시에는 계절 이름으로 쓰이지 않고 다하다[終]는 의미로 쓰였다. 아마도 계절의 끝이라는 의미에서 '겨울'이라는 의미가 생겨난 것으로 보인다.

여름에는 홍수와 함께 인간에게 가장 큰 재해 중의 하나인 가뭄이 자주 들었다. 그래서 가뭄이 들면 무당을 불러 하늘에 기우제를 지내 비 내리기를 기원하는 일은 고대 사회에서 자주 볼 수 있는 일이었다. 「하(夏)」는 바로 이러한 모습을 그린 글자로, 이로부터 '여름'이라는 계절을 표시하는 단어로 쓰이게 되었다.

또 메뚜기는 수확 전에 항상 마주치게 되는 재해이며 그 피해는 가뭄보다 더 심각하기도 했다. 그래서 『춘추』에서도 메뚜기에 의한 재해를 수십 차례에 걸쳐 설명한다.48) 바로 곡식의 수확 철에 인간에게 더 없는 피해를 가져다주는 메뚜기 떼를 제거하는 모습을 그려 '가을'이라는 계절을 표시했다.

그밖에 「춘(春)」은 "초(艸)와 일(日)과 둔(屯)이 의미부인데, 둔(屯)은 소리부도 겸하는" 글자로 따뜻한 햇살[日] 아래 풀[艸]이 피어나는 모습을 형상했다. 또 「동(冬)」이 갑골문 당시에는 계절 이름으로 쓰이지 않고 다하다[終]는 의미로 쓰이다가 나중에 '겨울'이라는 의미로 쓰이게 된 것은 아마도 겨울이 실잣기와 베 짜기를 하는 계절이라거나 계절의 끝이라는 의미에서 그 의미가 생겨난 것으로 보인다.

이렇게 보면 「하(夏)」는 인간에게 가장 커다란 재앙의 하나인 가뭄과 그 해소를 갈망하는 기우제를 드리는 무당의 모습을 빌어 계절을 표시한 것이 되고, 「추(秋)」는 '인간'에게 피해를 가져다주는 메뚜기나 해충

---

47) 趙誠, 『甲骨文簡明辭典』(1988), 325쪽.
48) 앞의 책, 566쪽.

을 불태워 없애는 것을 그려 가을이라는 계절을 나타냈다. 「동(冬)」도 집에서 베 짜기를 하는 계절임을 강조하여, 이 세 글자는 인간의 처지에서 주관적으로 관찰한 계절의 특징을 그려내는 것을 확인할 수 있다. 다만 「춘(春)」은 순전히 자연물의 변화를 객관적으로 그려낸다.

이러한 것은 나시 문자나 영어에서 '봄'과 '가을'에 관련된 어휘가 순전히 대자연의 변화를 표현한 것임을 고려한다면 상당히 두드러지는 점이다. 예컨대 나시 문자에서의 '봄'은 하늘과 바람으로 구성되어 봄이란 따뜻한 바람의 계절임을 그리거나 하늘과 뻐꾸기를 그려 뻐꾸기가 우는 계절임을 그렸다.[49] 또 '여름'은 하늘과 비를 그려 여름이 비의 계절임을 그리거나 하늘과 물오리를 그려 여름은 물오리의 계절임을 그렸다.[50] 그런가 하면 '가을'은 하늘과 땅 위에 피어난 꽃을 그려 가을은 꽃의 계절임을 그리거나 하늘과 기러기를 그려 기러기가 날아오는 계절임을 그렸다.[51] '겨울'은 하늘과 눈을 그려 겨울은 눈의 계절임을 그리거나 하늘과 학을 그려 학이 날아오는 계절임을 그렸다.[52] 이들 계절 관련 표시어에는 전혀 인간의 경험과 실천을 중시하는 흔적은 보이지 않는다.

또 영어에서 'spring'은 봄이 되어 만물이 마치 샘솟듯 소생하는 모습을 표현하며, 'summer'는 초목이 무성한 계절임을 나타낸다. 'autumn'은 수확의 계절을, 'fall'은 낙엽의 계절임을 나타내며, 'winter'는 눈과 비, 얼음의 계절임을 표현한 것으로 'a wet season'에서 그 어원을 찾을 수 있다.

---

49) "從天從風, 春爲風季. 或從風從布谷, 布谷爲春鳥." 方國瑜 編撰・和志武 參訂, 『納西象形文字譜』(1995), 106쪽.
50) "從天從雨, 夏爲雨季. 或從雨從野鴨, 野鴨爲夏鳥." 같은 책, 106쪽.
51) "從天從地上有花, 秋爲花季. 或從花從雁, 雁爲秋鳥." 같은 책, 106~107쪽).
52) "從天從雪, 冬爲雪季. 或從雪從鶴, 鶴爲冬鳥."(方國瑜(編撰)・和志武(參訂), 앞의 책(1995), 107쪽).

그리고 한국어에서 '봄'은 '보다'의 명사형으로 봄날 새 생명이 충만한 만물을 보는 계절이라는 뜻에서, '여름'은 열매가 맺는 결실의 계절이라는 뜻에서, '가을'은 거두어 들이는 수확의 계절이라는 뜻에서, '겨울'은 바깥출입을 삼가고 집안에 머무는 계절이라는 뜻에서 왔다.[53) 한국어의 경우, 갑골문자처럼 계절 변화에 대한 인간의 경험적 인식이나 계절에 따른 인간 노동의 특징에 근거해 계절 표시어를 표현하는 것을 볼 수 있다.

5. 해[年]의 표현

고대 중국에서 한 해를 나타내는 한자로는 「년(年)」·「세(歲)」·「사(祀)」 등이 쓰였다고 한다.[54) 이의 자원을 다른 문자들과 비교해 보면 다음 표와 같다.

개념	갑골문	나시 문자	한국어	영어
해	[歲] [祀] [年]	[鼠字, 爲十二生肖之首, 故用爲年字] [或從鼠 聲]	해	year

「표 5」 한 해 표시어의 비교

---

53) 崔昌烈, 『우리말 어원연구』(1986), 71~77쪽.
54) 『爾雅』「釋天」에서는 "하나라 때에는 歲, 상나라 때에는 祀, 주나라 때에는 年, 당우 때에는 載라 했다.(夏曰歲, 商曰祀, 周曰年, 唐虞曰載.)"라 하여 상나라 때 이 세 가지가 사용된 외에도 당우 시대 때에는 載를 사용했다 했다. 이러한 언급은 今本 『尙書』·『虞書』에도 보이지만 갑골문에서는 載가 해를 나타내는 단위로 쓰이지 않는다. 陳夢家, 『殷墟卜辭綜述』(1956), 223~225쪽 참조. 또 주나라에 들어 年을 사용했다 했지만, 상나라 때의 갑골문자에서 "年十月," "年十二月" 등과 같이 이미 '해'를 나타내는 단위로 사용된다.

한 해를 나타내는 표시어에 관련된 한자의 어원은 다음과 같이 해석 가능할 것이다.

「세(歲)」: 창[戌]과 두 발[步]로 구성된 글자로 수확의 행위를 표현했다. 이로부터 년(年)과 같이 한 해 한 번 하는 '수확'의 개념으로 한 해를 표현했다.[55]

「사(祀)」: 시(示)가 의미부이고 사(巳)가 소리부인 형성 구조인데, 시(示)는 위패나 제단의 모습을 형상해 제사를 뜻하고 사(巳)는 원래 태아의 모습을 형상해 이로부터 '자손'이라는 의미를 그렸다. 이렇게 보면 사(祀)는 자손이 제단 앞에서 제사를 드리는 모습이며[56], 제사가 한 바퀴 돌아오는 주기가 1년임을 나타냈다.

「년(年)」: 사람[人]이 볏단[禾]을 지고 가는 모습을 형상했다. '수확'이 원래 뜻이며, 이로부터 한 해 한 번 수확한다는 의미에서 이를 '년'을 표시하는 시간 단위로 삼았다.

이상에서 볼 수 있는 것처럼 「세(歲)」는 갑골문자에서 낫칼을 형상한 「술(戌)」과 두 발을 형상한 「보(步)」로 구성되어 수확하는 행위를 그렸다. 「년(年)」은 사람이 볏단을 지고 가는 모습을 그림으로써 역시 수확 행위를 그렸다. 당시 농작물은 일반적으로 1년에 한 번 수확할 수 있었

---

[55] 歲는 갑골문자에서 간단한 형태는 ᛍ와 같이 도끼[戌]를 형상한 모습으로 나타나지만, 어떤 경우에는 ᛍ와 같이 두 점이 더해진 형태로, 또 복잡한 경우에는 ᛍ와 같이 두 발[止]이 분명하게 그려진 모습으로 나타난다. 또 금문에서는 대부분 ᛍ와 같이 갑골문자에서 두 발이 그려진 가장 복잡한 형태와 유사한 모습으로 나타나며, 소전의 歲는 금문의 형체에서 변화된 것이다. 여기서 말하는 도끼[戌]는 낫과 같이 날이 있어 수확할 수 있는 도구로 보인다. 그래서 歲의 원래 뜻이 '벨 수 있는 낫'과 같은 기구를 말하며, 여기에 두 발이 더해진 것은 수확하는 행위를 더욱 명확하게 나타낸 것으로 볼 수 있다. 그래서 갑골문에서도 대부분 이삭[穗]이나 베다[劌]는 뜻으로 쓰이는 것으로 보아 바로 이것이 원래 뜻임을 반영한 것이다.

[56] 溫少峰・袁庭棟, 『殷墟卜辭硏究・科學技術篇』(1983), 96쪽.

다. 그래서 이번 수확 시점에서 다음 수확 때까지 한 주기를 1년의 단위로 삼았음을 알 수 있다. 이에 비해 「사(祀)」는 「시(示)」와 「사(巳)」로 구성되었는데, 「사(巳)」는 의미부 겸 소리부이다. 「시(示)」는 신주나 제단의 모습을 형상했고, 「사(巳)」는 태아의 모습을 형상하여 여기서는 자손이라는 의미로 쓰였다. 자손이 신주 앞에서 제사를 드리는 모습이 「사(祀)」의 본래 의미로 보인다. 상나라는 제사를 중시한 것으로 정평이 나 있다. 그래서 이번 제사에서 다음 제사가 돌아오는 한 주기로 한 해를 나타냈을 것이다. 일반적으로 상나라 때의 제사 주기는 약 360~370일 사이로, 실제 태양년의 길이와 상당히 근접하는 것으로 알려졌다.[57]

이렇게 볼 때 고대 한자에서 '해'를 나타내는 글자들의 의미 형상은 상당히 독특하다. 즉 다른 문화권에서는 '해'를 나타내는 단어가 일반적으로 태양과 관련이 있거나 추상적 개념에 의해 표현되는 것이 일반적이다. 예컨대 영어에서 'year'나 한국어에서 '해'는 모두 태양과 관련 있고[58], 나시족의 문자에서는 쥐를 그려놓고 한 해를 나타낸다.[59] 또 이스라엘 어에서 한 해를 뜻하는 'těšubå'는 '돌아옴', 즉 한 해의 주기가 끝나고 새로운 시작이 돌아오는 때를 뜻한다.[60] 이에 비해 중국에서는 인간의 수확 행위나 제사 행위를 형상하여 이 주기를 '해'를 나타내는 것으로 삼았다는 것은 인간의 경험과 실천이 한자의 형성에 가장 중요한 역할을 하는 것을 보여준다.

---

57) 같은 책, 97쪽.
58) (ME)yeer<(OE)gēar<(GK)hôros(해), hóra(한 해의 계절, 하루의 부분, 시간)의 어원 변천을 거친다. 그리고 한국어의 '해'도 태양과 관련 있을 것으로 생각하며, 해는 희[白]>해(김민수, 『우리말 어원사전』(1997), 1167쪽)의 어원을 가지는 것으로 생각한다.
59) 12띠 중에서 쥐가 처음이므로 해서 이를 한 해의 상징으로 삼고 해를 헤아리는 단위로 삼았다.
60) 토를라이프 보만, 『히브리적 思惟와 그리스적 思惟의 比較』(1982), 160쪽.

6. 추상적 시간의 표현

추상적 시간 표시어는 대체로 시간에 대한 총괄적 명칭, 현재시, 과거시, 미래시, 시간의 폭, 시간의 위치, 시간의 진행을 지칭하는 것 등으로 나눌 수 있다. 갑골문에 나타난 추상적 시간 개념어를 도표로 정리하면 다음과 같다.

개념		한자	나시 문자	한국어	영어
總名	시간	時	[日光照臨, 以日光移動定時也.]	*시간(時間)	time
현재시	지금	今		지금(어원 미상) 이제(어원 미상)	now
미래시	다음	翌		다음	next, following
	(다가)올	來		올	come up to, near
	뒤	後		뒤	after, afterwards
	곧	卽		곧	immediately, soon
	건너뛰어	龠		건너뛰어	jump across (over) leap over
과거시	옛날	昔		옛날	past, ancient time antiquity
	먼저	先		먼저(어원 미상)	ago, previously, before
	이미	旣		이미(어원 미상)	already
시간의 위치	시작	*始, 初	[最初也, 鷄鳴破曉, 日之始也. 從係名 聲.]	처음	begin
	끝	終	[結尾也. 爲尾, 爲結.]	끝	end
시간의 폭	제때	及		제때(어원 미상) *적시(適時)	opportune timely
	순간			*순간(瞬間)	twinkle
	오래	久		오래(어원 미상)	long for a long time
시간의 진행	느리다	遲		느리다	slow, tardy

「표 6」 추상적 시간 표시어의 비교

한국어	다음	다ᄋ~[盡]+ㅁ[접사] (김민수, 224쪽).
	올	오다[來]+ㄹ[어미]]
	옛날	녜[舊]+ㅅ[사잇소리]: 녯>녣>옛)+날(김민수, 765쪽).
	먼저	어원 미상이나 (몬져>먼저)로 추정됨.
	뒤	(뒤ㅎ/뒤[後]>뒤)(김민수, 277쪽)의 파생 과정을 거친 것으로 보이며, 북쪽을 의미하는 '뒤'도 어원은 같다. 즉 향하는 쪽의 방향과 반대되는 쪽이라는 의미이다.
	곧	곧~[直]: 곧>곧)(김민수, 97쪽), 혹은 '곧다'의 어간이 직접 부사로 파생된 것으로 보기도 함.
	이미	이미: 어원 미상. (이믜>이미)의 변화 과정을 거쳤다.
	건너뛰다	건너다[걷~[步]+나~[出]+다[어미]. 걷나다>걷너다>건너다) +뛰다(어원 미상. 뛰다>쮜다>뛰다)(김민수, 58쪽, 290쪽).
	처음	첫[始]+엄[접사]: 처엄>처음>처음>처음)(김민수, 997쪽).
	끝	ᄀᆞᆾ/굿[邊/終/端]: ᄀᆞᆾ>굿>끝)(김민수, 169쪽). 시간, 공간, 사물 등에서 다 되어 마지막 한계가 되는 곳을 의미한다.
	오래	어원 미상. (오라다>오래다)의 부사형.
	느리다	느리다: 어원 미상. (날호다>ᄂᆞ리다>느리다>느리다)의 과정을 거쳤다(김민수, 213쪽).

「표 7」 추상적 시간 관련 한국어 어원

영어	time	time<tīma(OE)<tīd[time] see TIDE (815쪽)
	tide	tide<tīd(OE) (814쪽). 1121년 이전에는 계절이라는 의미였고, OE에서는 시간의 한 지점, due time의 의미. 네덜란드 어에서는 바다의 조수(밀물과 썰물)이라는 뜻.
	present	present<praesenten(L). '손이 닿는 곳(being at hand), 바로 옆에, 부재하는 것이 아닌(not absent)'이라는 의미.
	now	now<nou/now<nū(OE) (511쪽)
	next	next<neste/nexte(nearest or closest)<nēhst~(OE)/nīehsta/nýhsta (West Saxon)/nēsta(Anglian)~nēha(West Saxon)/nēh(Anglian)[NIGH]의 최상급 (505쪽). '가장 가까이'라는 뜻에서 '다음'이라는 뜻이 생김
	ancient	ancient<auncien<ancien/auncien(OF)<*anteānus(Vulgar Latin)[옛날부터, 이전부터] (25쪽)
	ago	ago<agon(의 과거분사형)['go away', 'go forth']<āgān(OE) (16쪽). 없어지다, 사라지다, 가버리다 등의 의미에서 변화.
	direct	direct<directen('to address or direct(a letter, document, spoken words')<dīrēctus(Latin)('straight, dīrigere'('set straight'의 과거분사형)) (207쪽). 연설하다, 직접적, 직선의 의미에서 변화.
	begin	begin<beginnan(OE)(be~ by, about + ~ginnan to begin) (63쪽)
	end	end<ende(OE, OF)/endi(Old Saxon). 끝내다, 완성하다의 의미에서 변화. end<enden<endia(OE)('to finish, complete') (242쪽)
	opportune	opportune<opportūnus(L)('favorable/coming toward a port in reference to the wind')
	timely	timely<time + ~ly
	twinkle	twinkle<twynkelen(ME)('sparkle, glitter, wink')<twinclian(OE) (wink, blink)
	long	long<longe(ME)<lang, long(OE)
	slow	slow<slāw(ME, OE)<sloth(slowth(ME)<slǽwth(OE)<~slǽw). '나태, 태만, 게으름, 빈둥거리는, 곰의 무리' 등의 의미가 있다[61].
	tardy	tardy<tarditee(ME)<tarditās(L)(<tardus('늦다') + ~tās(부사형))).[62]

「표 8」 추상적 시간 관련 영어 어원

---

61) 이와 유사한 어원을 가지는 sluggish('꾸물거리는, 굼뜬')(<slug+_ish)는 括胎蟲(달팽이와 비슷한 가늘고 긴 육생 腹足 동물)에서 '느린 동물'이라는 의미가 생겼고 다

이상에서 볼 수 있는 갑골문에서의 추상적인 시간 표시어의 어원을 분석하면 다음과 같다. 먼저 시간에 대한 총체적 지칭으로「시(時)」가 있다.

「시(時)」(簡牘文 說文小篆 說文古文): 이는 지(之)와 일(日)의 합문(合文)으로 보는 견해도 있으나, 일(日)이 의미부이고 지(之)가 소리부로 '태양[日]의 운행[之]'이라는 의미에서 '시간'이라는 추상적 개념을 그려냈다. 이로부터 계절, 때, 역법, 시간, 세월 등의 뜻이 나왔고, 시간을 헤아리는 단위로도 쓰였다.

둘째, 현재시를 표시하는 것으로, 이에는「금(今)」이 있다.

「금(今)」(甲骨文 金文 盟書 簡牘文 石刻古文 說文小篆): 이를 두고 왈(曰)자를 거꾸로 그린 것이라고 하나, 갑골문에서 요령의 불알을 형상화하여 윗부분은 몸체를, 아래의 가로획은 요령의 추를 상징한다. 상나라 때에는 요령이나 목탁을 쳐 명령을 내렸으며 명령을 내리는 때가 바로 '현재 시점'이 되므로 이로부터 '지금'의 뜻이 나왔고, 이후 '즉시'나 '이때'라는 의미로 파생했다.63)

셋째, 미래시를 표시하는 것으로, 이에는「욱(昱)」·「래(來)」·「후(後)」·「즉(卽)」·「약(龠)」 등이 있다.

시 '느린 사람'이나 '느린 것'을 지칭하게 되었다.
62) 이와 유사한 어원을 가지는 tardigrade는 緩步動物門을 지칭하며 이로부터 걸음걸이나 움직임이 '느리다'나 '굼뜨다'의 의미가 나왔다.
63) 徐中舒, 앞의 책, 574쪽.

「욱(昱)」(![갑골문자] 甲骨文 ![금문자] 金文 昱說文小篆): 일(日)이 의미부이고 우(羽)가 소리부인 구조로, 날[日]이 밝아 새들이 깃[羽]을 세워[立] 날갯짓을 시작하다는 뜻에서 '다음날[翌日]'의 의미를 그렸다. 소전 단계에 이르러 소리부인 우(羽)가 입(立)으로 바뀌었으며, 『설문』에서 "욱(昱)은 다음날[明日]이라는 의미이다. 일(日)이 의미부이고 입(立)이 소리부이다."라고 했다. 복사에서는 다가올 날을 나타내며 꼭 다음날을 지칭하는 것에 제한되지는 않았다.[64]

「래(來)」(![갑골문자] 甲骨文 ![금문자] 金文 ![고도문자] 古陶文 ![간독문자] 簡牘文 ![석각고문자] 石刻古文 來說文小篆): 보리의 모습을 그렸다. 보리를 하늘에서 내려주신 귀한 곡식이라는 의미, 혹은 중앙아시아 지역에서 들어온 곡식이라는 점에서 '오다'는 의미가 생겼고, 시간상으로 '다가올'이라는 의미가 있다.[65]「후(後)」(![금문자] 金文 ![고도문자] 古陶文 ![맹서문자] 盟書 ![간독문자] 簡牘文 ![석각고문자] 石刻古文 後說文小篆 後說文古文): 이는 길을 가는 사람의 발을 새끼로 묶어놓은 모습을 형상했다.[66] 발이 묶였으니 정상인보다 걷는 속도가 느려 다른 사람보다 뒤에 처지게 마련이고, 이로부터 '뒤'라는 공간적 의미가 생겼고, 다시 시간적 의미의 '뒤'라는 뜻도 갖게 되었다.

---

64) 같은 책, 724쪽. 常玉芝의 연구에 의하면 그녀가 조사한 총 599여개 중에서 翌이 지칭하는 날짜가 오늘 이후의 11일째, 12일째, 22일째, 33일째, 34일째, 42일째, 61일째 되는 날을 의미하는 경우가 각각 1회씩 나타나긴 하지만 10일째 이내를 지칭하는 경우가 총 592회로 전체의 약 99%로 대부분을 차지하며, 그중에서도 2일째를 지칭하는 경우가 총 438회로 전체의 약 73%를 차지한다.(『殷商曆法研究』(1998), 239~247쪽) 이로 볼 때 翌이 지칭하는 시간은 대체로 9일 이내이며, 특히 5일 이내에 집중되며, 2일 이내를 지칭하는 것이 가장 많음을 알 수 있다.
65) 갑골문의 경우 4일 후부터 43일 후까지 지칭하는 용례가 보이는데, '來'가 지칭하는 시간적 범위는 상당히 고르게 분포한다. 하지만 10일을 지칭하는 '旬'과의 결합 관계를 고려할 때, '來二旬', '來三旬'과 같은 형식으로 결합한 경우가 84.3%(86/102)를 차지한 것으로 보아, 대체로 2~3주 이후를 지칭하는 데 주로 쓰였을 것으로 추정된다. 常玉芝, 『殷商曆法研究』(1998), 247~255쪽 참조.
66) 許進雄, 앞의 책, 334쪽.

「즉(卽)」(♦♦♦甲骨文 ♦♦♦金文 ♦古陶文 ♦♦♦簡牘文 ♦石刻古文♦說文小篆): 밥이 소복하게 담긴 그릇[皀] 앞에 앉은 사람[卩]을 그려 막 밥을 먹으려 하는 모습에서 '곧'이라는 시간적 개념을 그렸다.

「약(龠)」(♦♦♦甲骨文 ♦♦♦金文 ♦簡牘文 龠說文小篆): 관이 여럿인 다관(多管) 악기를 그렸는데, 갑골문에서는 대로 만든 피리를 실로 묶었고 피리의 소리를 내는 혀(reed)까지 그려졌다. 위의 부분은 입으로 보기도 하고 집(亼)(集의 옛날 글자)로 보아 피리 여럿을 모아[亼] 놓은 것을 상징하는 것으로 보기도 한다. 갑골문에서는 주로 제사 이름으로 쓰이는데, 제사에 악기가 사용되었기 때문이다.[67] 갑골문에서 '융일(彡日)'과 '융석(彡夕)'의 '일(日)'이나 '석(夕)'이 융제(彡祭)를 지내는 시간을 표시한 것이듯, '융약(彡龠)'의 형태로 쓰인 용례에서 '약(龠)'도 시간 지칭어로 보인다. 이는 '약(禴)'의 생략된 형태이며, '약(禴)'은 또 '약(躍)'의 가차자로 보인다. 그래서 이는 어떤 일정 시간을 '건너뛰다'라는 의미로 해석 가능하다.[68]

넷째, 과거시를 표시하는 것으로, 이에는 「석(昔)」·「선(先)」·「기(旣)」 등이 있다.

「석(昔)」(♦♦♦甲骨文 ♦♦♦金文 ♦古陶文 ♦♦♦簡牘文 ♦石刻古文 ♦說文小篆 ♦說文籒文): 재앙이라는 의미의 천(巛)과 일(日)로 구성되었으며, "천(巛)은 홍수가 범람하여 물결이 넘실대는 모양을 본떴고, 일(日)은 홍수의 대재난이 있었던 때를 말한다".[69] 이로부터 대홍수가 난 '옛날'이라는 과거의 시간을 나타내었다.

「선(先)」(♦♦♦♦甲骨文 ♦♦♦♦♦♦金文 ♦盟書 ♦♦♦簡牘文 ♦石刻

---

67) 徐中舒, 앞의 책, 199쪽.
68) 常玉芝, 『殷商曆法研究』(1998), 260~265쪽.
69) 許進雄, 앞의 책, 48쪽.

古文 ※說文小篆): 발[止]이 사람[人] 앞에 놓인 모습으로 앞서 가고 있음을 그렸다. 이로부터 '앞'이라는 공간을 나타내게 되었고, 다시 '이전'이라는 시간적인 의미도 표현하게 되었다.[70]

「기(旣)」(갑骨文 金文 古陶文 盟書 簡牘文 帛書 石刻古文 說文小篆): 식기[皀] 앞에 사람이 머리를 돌리고 앉아 있는 모습을 그려 식사를 마친 모습에서 '이미'라는 시간 개념을 그려내었다.

다섯 번째, 시간의 위치를 표시하는 것으로, 이에는 「시(始)」・「초(初)」・「종(終)」 등이 있다.

「시(始)」(金文 簡牘文 說文小篆): 여(女)가 의미부고 태(台)가 소리부로, '어미[女]가 아이를 가져서 기뻐한대[台]'에서 만물의 시작을 나타냈는데, 이는 만물의 '시작'이 여성 혹은 암컷에서 시작하며 생명의 탄생과 모성의 시작이 바로 여성이라는 인식이 동양 사상의 연원이요, '시작'임을 보여준다.[71]

---

70) 갑골문에서 보이는 "先日"의 용례는 주로 하루 전을 뜻한 것으로 보인다. 常玉芝, 『殷商曆法硏究』(1998), 258쪽.
71) 『爾雅』「釋詁」에는 시작을 의미하는 단어로, 始 이외에 初・哉・首・基・肇・祖・元・胎・俶・落・權輿 등이 있다고 했다. 이들 중 元과 首는 사람의 머리를 직접 형상했다. 肇는 聿과 啓의 생략된 모습으로 구성되어, '붓[聿]으로 쓴 글을 열다[啓]'는 의미를 담았다. 원래는 戶와 攴로 구성되어, '문[戶]을 열다[攴]'는 뜻으로 썼으며, 이후 의미를 강조하기 위해 聿을 더해 지금의 자형이 되었다. 이는 "자신의 몸으로써 武王의 병을 대신하고자 신께 기도드렸던 周公의 祝辭가 담긴 궤짝을 열었다."라는 金縢神話의 반영으로 알려졌다. 周公이 쓴[聿] 글이 담긴 궤짝이 '열림'으로써 周公의 저주 때문에 武王이 죽었다는 대중의 오해가 '처음' 풀리게 되었다는 의미에서 '비롯하다'의 뜻이 생겼을 것으로 추정된다. 또 基는 사람이 살집을 지을 때의 기초 터라는 뜻에서, 初는 사람이 입을 옷을 만들 때 첫 단계인 마름질에서 나왔다. 또 祖는 인간의 시작이 할아비에서 시작한다는 의미에서, 胎는 인간 자신의 몸을 대표하는 것이 태아에서 처음 시작한다는 뜻에서 만들어졌다. 이는 모두 인간의 직접적인

「초(初)」(🔸甲骨文 🔸金文 🔸古陶文 🔸簡牘文 🔸說文小篆): 의(衣)가 의미부이고 도(刀)가 소리부로, 칼[刀]로 옷감[衣]을 마름질 하는 모습을 그렸고 마름질이 옷을 짓는 '처음'임을 말했으며, 이로부터 '시작' 이라는 의미가 생겼고, 다시 시간적 의미까지 지칭하게 되었다.

「종(終)」(🔸甲骨文 🔸金文 🔸古陶文 🔸簡牘文 🔸說文小篆 🔸說文古文): 원래는 동(冬)으로 써, 윗부분의 ∧는 실의 모습을, 아래 두 둥근 부분은 실 끝에 달린 실패의 모습을 형상했다. 베 짜기[糸]를 하는 겨울[冬]이 계절의 '마지막'임을 그렸으며, 이로부터 '마지막'이나 '끝'이라는 추상적 의미가 생겨났다.

여섯 번째, 시간의 폭에 관한 표시어로 「급(及)」과 「구(久)」 등이 있다.

「급(及)」(🔸甲骨文 🔸金文 🔸古陶文 🔸簡牘文 🔸石刻古文 🔸說文小篆 🔸說文古文): 손[又]을 사람[人] 뒤에 그려 넣음으로써 사람을 뒤쫓아 따라 잡는 모습을 형상했다. 이로부터 '미치다'라 는 뜻을 갖게 되었고, 다시 시간적으로 "(어떤 시점까지)이르다"라는 의미를 나타내게 되었으며, 다시 '적시에'나 '제때에'라는 시간적 개념까지 나타내게 되었다.

「구(久)」(🔸說文小篆): 구(灸)의 본래 글자로, 불로 지지는 고대 형벌[炮烙] 법의 하나이다. "갑골문에서 자형은 바로 청동 인두[銅格]를 측면에서 그린 것이다. 인두 속에 그려진 짧은 획은 아마도 덧보태진 필획이거나, 육서에서 말하는 지사 부호로서 희생물을 지지는 청동 인두의 기능 부분이 바가지 부분에 있지 손잡이 부분에 있지 않음을 표시할 수도 있다. 청동 인두의 모습이 말[斗]과 비슷하여서 동두(銅斗), 화두(火斗), 위두(熨斗) 등으로 불렸

관찰이나 인간을 매개로 한 관찰의 결과로 보인다. 이를 제외한 哉와 權興는 초목이 처음 돋아나는 뜻에서, 落은 잎이 떨어지면 새싹이 돋아날 수 있고 그래서 새로운 사물의 시작이 된다는 의미에서 만들어진 글자이다.

다."72) 불로 지지는 도구에서 불로 지지는 방법인 '뜸'이라는 뜻이 파생되었고, 다시 '오래(동안)'이라는 의미가 생겨났다.

마지막으로 시간의 진행에 관한 표시어로 「지(遲)」가 있다.

「지(遲)」(卻从徉甲骨文 䢔遲金文 䢔說文小篆 䢔說文籀文): 갑골문에서는 사람이 사람을 업고 가는 모습으로써 혼자 걸을 때보다 '더딘' 모습을 그렸다.73) 금문에 들면서 여기에 지(止)가 더해져 착(辶)이 되었고, 소전체에서 사람을 업은 모습이 무소[犀]로 대체되어 무소[犀]처럼 느릿느릿한 걸음[辶]을 말하며, 이로부터 '늦다'라는 뜻이 나왔다. 걷는 속도가 느리다는 것에서 시간이 오래 걸린다는 의미로 쓰이게 되었다.

이상에서 볼 수 있는 것과 같이 갑골문자에서는 추상적 개념까지도 매우 구체적인 인간 경험에 근거해 표현한다. 즉 시간을 수량적으로 파악하지 않고, 공간의 개념과 변화를 이미지로 포착했다. 예를 들어 「선(先)」·「후(後)」·「지(遲)」 등은 모두 인간의 동작이나 신체가 어떻게 이동하고 변화하는지 살핌으로써 시간을 나타내었다.

그뿐만 아니라 「즉(卽)」·「기(旣)」·「시(始)」·「육(昱)」·「순(瞬)」 등 역시 인간 경험과 행위를 직접적인 대상으로 삼으며, 「금(今)」·「래(來)」·「석(昔)」·「초(初)」·「종(終)」 등은 인간의 행위나 인간 생활을 중심에 넣어 이를 매개로 해당 개념을 추상적인 것이 아니라 변화하는 구체적인 모습을 포착하여 시간 이미지로 그려낸다.

이러한 표현들은 다른 언어에서 추상적인 시간에 관한 표현이 매우 추상적임에 비추어 볼 때 상당히 특징적이라 할 수 있다. 다만 나시 문

---

72) 詹勤鑫, 「釋甲骨文 '久'字」(1985), 387쪽.
73) 許進雄, 앞의 책, 334쪽.

자에서는 문자 체계가 아직 상형 단계에 머물러 있기 때문에 글자 수가 아직 한정적이어서 추상적 개념의 시간 표시어가 다양하게 나타나지 않아서 깊이 있게 분석할 수 없었다.

7. 맺음말

시간의 구체적 분석은 고대 상나라 사람들이 상당한 관심을 둔 부분으로, 우선 하루 내의 시간대 표현은 날마다 반복되는 주기성을 띠는 자연물의 규율이나 인간의 생활 리듬에 근거해 파악되었다. 즉 그들은 순환 운동을 하는 객관적 존재물에 근거를 두고 사람과 객관적 존재물의 관계 속에서 인식하거나 사람의 행위 자체를 순환 운동 측정의 표준으로 삼고 이에 근거를 두고 시간대를 나누어 표현하였다. 그 결과 태양과 달의 운행에 의한 측정, 인간과의 관계에 의한 측정, 인간의 노동이나 생활에 근거한 측정 등의 모습으로 나타난다. 그리고 한 달에 관한 시간 인식은 아무래도 달이 찼다가 이지러지는 주기가 가장 쉽고 규칙적으로 파악될 수 있었기에 달의 모습을 형상한 「월(月)」로 표현되었다.

다음으로 계절에 관한 표현은 아마도 계절의 변화에 따른 만물의 변화가 가장 두드러지게 관찰되었을 것이며, 이와 관련해 수반하는 인간의 생산 활동도 관찰되기에 충분했을 것이다. 「춘(春)」에서 볼 수 있듯, 봄날 따뜻한 햇볕을 받아 돋아나는 대자연의 새 생명은 대자연에 기대어 대자연을 생활 기반으로 살아갔던 당시 사람들의 경험이 반영되었다. 또 가을은 분명히 수확의 계절이다. 수확과 관련된 행위로서 한자를 그려냈다. 여름은 온갖 만물이 무성하게 자라나는 계절이기도 하지만 농경사회를 살던 상나라 사람들에게는 가뭄이 그 무엇보다 해결해야 할 중요한 과제였을 것이다. 그래서 가뭄을 해결해 달라고 비는 모습을 무당의 모습을 그려 여름을 나타냈다. 차가운 북풍이 몰아치는 화북 평원의 겨울은 농사를 지을 수 없는 이상 집에서 베 짜기를 중심으로 생활할 수밖에 없었을 것이다. 그래서 실패의 모습을 그린 「동(冬)」으로 겨울을 이미지화하였다.

한 해에 관한 시간 인식은 일반적으로 그 순환의 시간이 상당히 길어서 그만한 순환 주기를 가진 정확한 표지를 잡기가 그다지 쉽지는 않았을 것이다. 화북 지역에서 정착 농경으로 생활한 상나라 사람들은 수확이 가장 쉽게 접근할 수 있는 주기였을 것이며, 그래서 수확 행위를 형상한 「년(年)」과 「세(歲)」를 그 단위로 썼다. 하지만 여기서 우리가 반드시 주의해야 할 것은, 그들이 수확의 주기를 가지고서 한 해의 단위로 삼았지만 익은 곡식을 그린 것이 아니라 수확한 볏단을 나르는 '사람의 행위'를 그린다는 점이다. 특히 다른 문화권에서 볼 수 없는 '제사 행위'에 근거해 한 해의 단위로 삼은 「사(祀)」는 매우 특징적이다. 상나라 때의 제사는 기본적으로 조상신을 모시기 위함이다. 농경 사회에서 절대적으로 필요한 인력인 후손을 만들어주고, 수많은 세월을 거쳐 직접적으로 경험한 농경에 대한 갖가지 복잡한 지식 체계를 전수해 줄 수 있는 선조는 그만큼 그들에게 중요했을 것이다. 이러한 중시와 섬김의 행위가 「사(祀)」로 표현되었고, 이를 한 해를 헤아리는 단위로 쓴 것이다.

하지만 이러한 특징들 이외에도 갑골문자에 나타난 시간 표시법을 다른 몇몇 언어들과 비교해 확인할 수 있듯, 다른 문화권과는 대비되는 다음과 같은 몇 가지 표현 방식상의 특징을 발견할 수 있다. 첫째, 가장 눈에 띄는 점은 아무래도 그 표현 방법상 "인간의 경험과 실천을 주제로 삼고 그를 통해 시간 이미지를 그려낸다."라는 점이다.

과거는 언제나 현재에 의해서 재구성된다. 이것은 우리의 성격이 고정된 것이거나 항상적인 것, 변화하지 않는 것이 아니라 언제나 변화하는 것임을 의미한다. 체험된 시간은 분해할 수 없다. 그래서 시간이란 순수한 지속이다. 그래서 특히 시간은 인간의 경험이나 실천과 분리할 수 없다. 그러나 오늘날의 시계에 의거한 시간은 마치 시간에 운동과 변화를 속성이 없는 것처럼 시간을 분절한다. 이것은 언제나 움직이는 사물이 마치 전혀 움직임이 없는 정지된 것처럼 움직임이나 운동과 분리되어서 사유될 수 있다는 착각을 낳는다. 즉 움직임을 강제로 수량화하고 객관화하려고 할 때, "날아가는 화살은 사실은 정지해 있다."라고 말하는 소피스트 제논$^{Zēnōn\ ho\ Kyprios}$의 주장과 같은 모순을 낳을 수 있다.

한편, 클렝$^{E.\ Klein}$의 시간 구분에 의거할 때, 한자에 담긴 시간관은 물리적 시간^{chronos}이 아니라 주관적 시간^{tempus}이라고 볼 수 있다. 클랭에 의하면, 물리적 시간이란 우리에게 종속된 것이 아니라 객관적이라고 여겨지는 획일적으로 흐르는 시간이며, 주관적 시간이란 우리가 체험한 시간, 우리가 자기 내면에서 측정하는 시간으로 이는 획일적으로 흐르는 시간이 아니다.[74]

그러나 갑골문자에 객관적이고 수량화된 시간이 존재하지 않는 것은 아니다. 태양 운행의 측정에 의해 하루를 획정하고 그 집합을 천간과 지지를 조합한 60주기의 추상적인 부호에 의해 나열했으며, 달의 운행에 근거해 한 달의 길이를 획정하고 이를 1월, 2월, 3월 등 수학적 순서에 의해 배치하는 방법을 채택한다. 그리고 다시 지구가 태양의 둘레를 한 바퀴 도는 데 걸리는 시간을 측정하여 1년을 삼았다. 현재의 연구 결과에 의하면, 한 달은 작은 달이 29일, 큰 달은 30일이었고, 윤달을 13월, 14월이라는 이름으로 불렀으며, 1년은 약 365.25일인 것으로 밝혀졌

---

74) 에티엔느 클렝, 『시간』(1997), 17~18쪽.

다.75) 이러한 결과는 상나라 때의 중국인들이 시간을 언제나 주관적이고 경험적인 시간으로만 파악한 것은 아니라는 사실을 보여준다.

하지만 하루 내의 시간대를 지칭하는 명칭들, 계절을 나타내는 한자 등은 수량화된 시간보다는 변화와 운동에 따른 시간관이 주를 이룬다. 인간의 경험과 실천이 무엇보다 중요하고, 사물이 끊임없는 움직임을 배제하지 않는다. 특히 달을 나타날 때, 1월, 2월, 3월 등과 같은 수량화된 명칭이 존재하는데도 '식맥(食麥)'이나 '부현(父袨)'과 같은 명칭에서 볼 수 있는 것처럼 인간의 경험과 실천을 결코 시간 표현에서 배제하지 않았다. 또 1년의 길이가 365.25일로 상당히 객관적인 파악이 이루어졌음에도 1년을 지칭하는 개념을 수확의 주기로 본 「세(歲)」나 「년(年)」, 제사의 주기로 본 「사(祀)」 등을 사용하는 것 역시 같은 맥락이라고 할 수 있을 것이다.

또 그들은 시간의 표현을 공간적 개념에 근거한다. 공간적 개념에 의한 시간의 파악은, 시간을 순수하게 시간상으로 파악할 때에는 고정된 시점이 발생하지 않으며 우리의 의식의 흐름이라는 내적 경험 속에 시점은 상대화되어버리기 때문에 동원된 방법일 것이다. 그래서 『노자』(제2장)에서도 "전과 후라는 시간상의 시점은 흐르는 시간 사이에서 서로 관계 지어진 것이라는 뜻, 즉 도(道)라는 시간의 전체상(全體相)에서 파악할 때는 전과 후라는 고정된 절대 시간 관념은 성립되지 않는 것"으로 보았다.76) 그래서 중국인들은 공간을 동원하여 시간을 표시했다. 앞서 든 여러 예 중 특히 「선(先)」과 「후(後)」가 이러한 모습을 잘 보인다. 「선(先)」은 '발이 사람의 앞에 있음'에서 '먼저'와 '이전'이라는 개념

---

75) 董作賓, 『殷曆譜』 상편 제1권, 「殷曆鳥瞰」 제10쪽 하. 常玉芝, 『殷商曆法硏究』 (1998), 371쪽에서 재인용.
76) 김용옥, 『동양학 어떻게 할 것인가?』(1985), 108쪽.

이 생겨나고, 「후(後)」는 '길에서 사람의 발이 묶여 있음'에서 빨리 나아가지 못해 '남의 뒤에 놓인다'는 공간적 설정으로 시간적 의미의 '뒤'를 표현했다.

  이상에서 간략하게 귀납한 몇 가지 표현 방식상의 특징은 바로 갑골문 당시의 특징으로 동시대의 서구 문자에도 일정 정도 있던 특징이라고 볼 수 있다. 그러나 시간의 분절화로 나아갔고 객관성을 위해 경험과 변화를 시간 개념에서 솎아내고자 했고, 자연 속에서 비시간적인 것을 찾아서 세계를 정돈된 세계로 바라보려고 한 서구와는 달리, 한자를 보유한 동양은 현재 속에서 여전히 공존하는 과거와 미래를 포착하려고 했고, 운동을 분할하고 분절하여 인간의 사고와 행동을 제약하려고 하지 않았다. 이런 점에서 21세기를 살아가는 오늘날, 한자의 힘은 오래된 과거를 담는다는 데서 연유하는 것이 아니라, 그 속에 담긴 과거가 오늘을 반성하게 하고 다가올 내일을 여는 성찰의 힘을 도모하게 하는 데 있지 않을까 한다.

참고문헌

가라타니 고진,『언어와 비극』, 조영일 옮김, 서울: 도서출판b, 2004.
葛兆光,『中國思想史－七世紀前中國的知識, 思想與信仰世界』, 上海: 復旦大學出版社, 1998.
桂馥,『說文解字義證』, 北京: 中華書局(影印), 1988(제2차 인쇄).
顧嘉祖 주편,『語言與文化』, 上海: 上海外語教育出版社, 1990.
古文字詁林編纂委員會,『古文字詁林』(12冊), 上海: 上海教育出版社, 1999~2005.
郭沫若 主編,『甲骨文合集』, 北京: 中華書局, 1982.
郭沫若,「釋祖妣」,『甲骨文字研究』,『郭沫若全集』考古篇(第1卷), 北京: 人民出版社, 1982.
＿＿＿,「先秦天道觀之進展」,『靑銅時代』,『郭沫若全集』歷史篇(第1卷), 北京: 人民出版社, 1982.
＿＿＿,『甲骨文字研究』,『郭沫若全集』考古篇(第1卷), 北京: 人民出版社, 1982.
＿＿＿,『卜辭通纂』, 北京: 科學出版社, 1983.
＿＿＿,『郭沫若全集』, 北京: 人民出版社, 1982.
郭錫良,『漢字古音手冊』, 北京: 北京大學出版社, 1986.
橋本萬太郎,『言語地理類型學』, 河永三 옮김, 서울: 學古房, 1990.
裘錫圭,『古代文史研究新探』, 南京: 江蘇古籍出版社, 1992.
金祖孟,『中國古宇宙論』, 上海: 華東師範大學出版社, 1996.
김근,『한자는 중국을 어떻게 지배했는가?』, 서울: 민음사, 1999.
＿＿＿,『한자의 역설』, 서울: 삼인, 2009.
김기봉,「독일역사철학의 오리엔탈리즘」,《담론 201》7.1.
김민수 외,『우리말 어원사전』, 서울: 태학사, 1997.
김용옥,『동양학 어떻게 할 것인가?』, 서울: 민음사, 1985.
＿＿＿,『중국어란 무엇인가』, 서울: 통나무, 1998.
羅常培,『語言與文化』, 北京: 北京大學出版社, 1950;『언어와 문화』, 河永三 옮김, 서울: 서울대학교출판부, 2002
노부쿠니 고야스,『귀신론』, 이승연 옮김, 서울: 역사비평사, 2006.

349

魯迅, 「無聲的中國」(1927), 『魯迅全集』 제4책, 北京: 人民文學出版社, 1991.
魯迅, 「漢字和拉丁化」(1934), 『魯迅全集』 제5책, 北京: 人民文學出版社, 1991.
魯迅, 「漢字とラテン化」(1934), 『魯迅全集』 제7책, 東京: 學習研究社, 1986.
니덤, 조지프, 『중국의 과학과 문명』(1~3), 이석호 옮김, 서울: 을유문화사, 1989~1990.
니덤, 조지프, 『중국의 과학과 문명』(사상적 배경), 김영식 외 옮김, 서울: 까치, 1998.
니덤, 조지프, 『중국의 과학과 문명』(수학, 하늘과 땅의 과학), 이면우 옮김, 서울: 까치, 2000.
唐蘭, 『唐蘭先生論文論集』, 北京: 故宮博物院, 1995.
戴昭銘, 『文化語言學導論』, 北京: 語文出版社, 1996.
陶陽鍾, 『中國創世神話』, 上海: 上海人民出版社, 1989.
董蓮池, 「魚鼎匕銘文釋讀的一點意見」(2009年中國文字研究與教學暨 ≪中國文字研究≫ 創刊十周年國際研討會 發表論文), 上海: 華東師範大學中國文字研究與應用中心, 2009. 12. 11~13.
雷漢卿, 『說文示部字與神靈祭祀考』, 成都: 巴蜀書社, 2000.
劉軍·姚仲源, 『中國河姆渡文化』, 杭州: 浙江人民出版社, 1993.
링퀴비스트, 세실리아, 『漢字王國』, 河永三·김하림 옮김, 서울: 청년사, 2002.
마르크스·엥겔스, 『칼 맑스 프리드리히 엥겔스 저작 선집』, 최인호 외 옮김, 서울: 박종철출판사, 1991.
마사야 다케다, 『창힐의 향연: 한자의 신화와 유토피아』, 서은숙(옮김), 서울: 이산, 2004.
馬敍倫, 『說文解字六書疏證』, 『古文字詁林』 9책 재인용.
馬承源 주편, 『上海博物館藏戰國楚竹書』(五), 上海: 上海古籍出版社, 2005.
孟世凱, 『甲骨文小辭典』, 上海: 上海辭書出版社, 1987.
_____, 『甲骨學辭典』, 上海: 上海人民出版社, 2009.
聞一多, 「伏羲考」, 『聞一多全集』, 武漢: 湖北人民出版社, 1993.
미셸 레빈, 데이비드 편, 『모더니티와 시각의 헤게모니』, 정성철·백문임 옮김, 서울: 시각과 언어, 2004.
박성규, 『주자철학의 귀신론』, 서울: 한국학술정보, 2005.

朴胤朝, 「현대 중국어 '보다'류 동사의 선택과 응용」, ≪중국어문학지≫ 제 14집, 2003.
박현주, 『'文'字에 담긴 고대 중국의 문화와 문학』, 서울: 한국학술정보, 2008.
潘德榮, 『文字·詮釋·傳統―中國詮釋傳統的現代轉化』, 上海: 上海譯文出版社, 2003.
方國瑜 編撰, 和志武 參訂, 『納西象形文字譜』, 昆明: 雲南人民出版社, 1995(第2版).
方克立, 『中國哲學大辭典』, 北京: 社會科學出版社, 1994.
方述鑫 等, 『甲骨金文字典』, 成都: 巴蜀書社, 1993.
白川靜, 『한자 백가지 이야기』, 심경호 옮김, 서울: 황소자리, 2005.
_____, 『漢字의 世界』, 고인덕 옮김, 서울: 솔, 2008.
_____, 『常用字解』, 東京: 平凡社, 2003.
_____, 『字統』, 東京: 平凡社, 1984.
_____, 『中國古代文化』, 加地伸行·范月嬌 옮김, 臺北: 文津出版社, 1983.
보만, 토를라이프, 『히브리적 思惟와 그리스적 思惟의 比較』, 허혁 옮김, 서울: 분도출판사, 1982(재판).
普珍, 『中華創世葫蘆』, 昆明: 雲南人民出版社, 1993.
謝棟元, 『說文解字與中國古代文化』, 鄭州: 河南人民出版社, 1994.
尙杰, 「簡論結構主義文字學與漢字文化的關係」, ≪哲學研究≫ 1995年 第2期.
常玉芝, 『殷商曆法研究』, 長春: 吉林文史出版社, 1998.
徐復 主編, 『廣雅疏證』, 杭州 江蘇古籍出版社, 2000.
徐在國 編, 『傳抄古文字編』, 北京: 線裝書局, 2006.
徐中舒 主編, 『甲骨文字典』, 成都: 四川辭書出版社, 1989.
徐華龍, 『中國鬼文化』, 上海: 上海文藝出版社, 1991.
葉舒憲, 「原型與漢字」, ≪北京大學報≫ 1995年 第2期.
_____, 『中國神話哲學』, 北京: 中國社會科學出版社, 1992, 1997(3쇄).
成中英, 「占卜的詮釋與貞之五義」, ≪中國文化≫ 1994年 第2期.
_____, 「中國語言與中國傳統哲學思維方式」, ≪哲學與文化≫ 1988.
蘇新春 主編, 『漢字文化引論』, 南寧: 廣西教育出版社, 1996.
孫維張 主編, 『佛源語詞詞典』, 北京: 語文出版社, 2007.

宋永培,『"說文"漢字體系與中國上古史』, 南寧: 廣西教育出版社, 1996.
宋永培·端木黎明 編,『中國文化語言學辭典』, 成都: 四川人民出版社, 1993.
宋鎮豪,『百年甲骨學論著目』, 北京: 語文出版社, 1999.
_____,『夏商社會生活史』, 北京: 中國社會科學出版社, 1994.
松丸道雄·高嶋謙一 編,『甲骨文字字釋綜覽』, 東京: 東京大學出版會, 1994.
申小龍,『漢語與中國文化』, 上海: 復旦大學出版社, 2003.
申小龍·張汝倫 主編,『文化的語言視界: 中國文化語言學論集』, 上海: 上海三聯書店, 1981.
沈培,「80年代以來大陸地區漢字學研究狀況調查報告」, 許嘉璐 외,『中國語言學現狀與展望』, 外語教學與研究出版社, 1996.
씨빈, 네이산,「중국의 시간 개념과 역법」,『중국 전통문화와 과학』, 서울: 창작과 비평사, 1992(3판).
아른하임, 루돌프,『시각적 사고』(개정판), 김정오 옮김, 서울: 이화여자대학교출판부, 2004. [중국어판 阿恩海姆, 魯道夫,『視覺思維－審美直觀心理學』, 滕守曉 譯, 成都: 四川人民出版社, 1998].
아른하임, 루돌프,『美術과 視知覺』, 김춘일 옮김, 서울: 미진사, 1996.
알란, 사라,『거북의 비밀: 중국인의 우주와 신화』, 오만종 옮김, 서울: 예문서원, 2002.
艾蘭,「"亞"形與殷人的宇宙觀」, ≪中國文化≫ 第4기, 홍콩: 三聯書店, 1991.
楊啓光,「漢字與漢民族傳統思維方式」, 蘇新春 主編,『漢字文化引論』, 廣西教育出版社, 1996.
楊伯峻,『春秋左傳注』, 北京: 中華書局, 1990.
楊適,『中西人論的衝突: 文化比較的一種新探究』, 北京: 中國人民大學出版社, 1991.
余延,「20世紀漢字結構的理論研究」, ≪漢字文化≫ 1997年 第3期.
呂浩,『漢字學十講』, 上海: 學林出版社, 2006.
易孟醇,『先秦語法』, 長沙: 湖南教育出版社, 1989.
葉舒憲,『中國神話哲學』, 北京: 社會科學出版社, 1992.
吳國盛,『時間的觀念』, 北京: 社會科學出版社, 1996.
吳其昌,「金文名象疏證」, ≪武漢大學文史季刊≫ 5권3호
吳人生,「貞人的學識修養」, ≪殷都學刊≫ 1991年 第4期.
溫少峰·袁庭棟,『殷墟卜辭研究·科學技術篇』, 成都: 四川省社會科學院,

1983.

阮元,『經籍纂詁』, 臺北: 宏業書局, 1977(再版).

王筠,『說文解字句讀』, 北京: 中華書局(影印), 1988(제2차 인쇄)

王寧,『漢語認知研究』, 濟南: 山東教育出版社, 1997.

王力,『同源字典』, 臺北: 文史哲出版社(影印), 1983.

王樹仁・喩柏林,『傳統智慧再發現: 精神的現實與超越』, 北京: 作家出版社, 1996.

王延林(編),『常用古文字字典』, 上海: 上海書畫出版社, 1987.

王玉哲,「鬼方考補正」,≪考古≫ 1986年 第10期.

王宇信 等,『甲骨學一百年』, 北京: 社會科學文獻出版社, 1999.『갑골학 일백 년』, 河永三 옮김, 서울: 소명, 2011.

姚淦銘,『漢字文化思維』, 北京: 首都師範大學出版社, 2008.

_____,『漢字與書法文化』, 南寧: 廣西教育出版社, 1996.

饒宗頤,『殷代貞人人物通考』, 香港: 香港大學出版社, 1959.

于錦繡・楊淑榮 主編,『中國各民族原始宗教資料集成 考古卷』, 北京: 中國社會科學出版社, 1996.

于省吾,『甲骨文字詁林』, 北京: 中華書局, 1996.

_____,『甲骨文字釋林』, 北京: 中華書局, 1979.

于玉安 주편,『字典彙編』, 北京: 國際文化出版公司, 1993.

袁珂,『中國神話傳說辭典』, 臺北: 華世出版社(影印), 1987.

袁貴仁 主編,『對人的哲學理解』, 鄭州: 河南人民出版社, 1994.

游琪・劉錫誠 편,『葫蘆與象徵』, 北京: 商務印書館, 2001.

劉文英,「從『創世記』看納西族的原始宇宙觀念」,≪哲學研究≫ 1982年 第11期.

_____,『漫長的歷史源頭: 原始思維與原始文化新探』, 北京: 中國社會科學出版社, 1996.

劉翔,『中國傳統價值觀念詮釋學』, 臺北: 桂冠圖書公司, 1992.

劉長林,『中國系統思維』, 北京: 中國社會科學出版社, 1997.

劉志基,『漢字文化總論』, 南寧: 廣西教育出版社, 1997.

_____,『漢字體態論』, 南寧: 廣西教育出版社, 1999.

劉熙 撰, 畢沅 注疏, 王先謙 補,『釋名疏證補』, 北京: 中華書局, 2008.

陸思賢,『神話考古』, 北京: 文物出版社, 1995.

陸揚,「漢字文化與解構主義」,≪漢字文化≫ 1997年 第1期.
李國英,『說文形聲字研究』,北京: 北京師範大學出版社, 1996.
李玲璞 主編,『語言文學學刊』,上海: 漢語大辭典出版社, 1998.
李玲璞·臧克和·劉志基, 『古漢字與中國文化源』, 貴陽: 貴州人民出版社, 1997.
李鳳鳴 主編,『眼科全書』(上中下), 北京: 人民衛生出版社, 1996.
伊斯特林, B. A.,『文字的産生與發展』, 左小興 옮김, 北京: 北京大學出版社, 1989.
李時珍,『本草綱目』, 北京: 中國書店, 1994.
李實,『甲骨文字叢考』, 蘭州: 甘肅人民出版社, 1997.
李學勤,『古文字學 첫걸음』, 河永三 옮김, 서울: 동문선, 1995(제2판).
＿＿＿,『走出擬古時代』, 瀋陽: 遼寧大學, 1997.
李孝定,『甲骨文字集釋』, 臺北: 中央研究院歷史語言研究所, 1982(제4판).
任繼愈,『中國哲學發展史』(先秦分冊), 北京: 人民出版社, 1983.
張光直,『神話·美術·祭祀』, 이철 옮김, 서울: 동문선, 1990.
臧克和,「結構的整體性―漢字與視知覺」, ≪語言文字應用≫ 2006年 第3期.
＿＿＿,「古漢字結構取象類型原始移情考略」, 華東師範大學中文系, ≪語言文學學刊≫ 漢語大辭典出版社, 1998.
＿＿＿,『說文解字的文化說解』, 武漢: 湖北人民出版社, 1995.
＿＿＿,『中國文字與儒學思想』, 南寧: 廣西教育出版社, 1996.
＿＿＿,『漢語文字與審美心理』, 上海: 學林出版社, 1998(2차 개정판).
＿＿＿,『漢字單位觀念史考述』, 上海: 學林出版社, 1998.
臧克和·王平 校定,『說文解字新訂』, 北京: 中華書局, 2002.
張秉權,『甲骨文與甲骨學』, 臺北: 國立編譯館, 1988.
張汝倫,「文化的語言視界」, 申小龍·張汝倫 주편,『文化的語言視界: 中國文化語言學論集』上海: 三聯書店, 1981.
張玉金,「甲骨文中的'貞'和『易經』中的'貞'」, ≪古籍整理研究學刊≫ 2000年 第2期.
張衛中,『母語的障碍: 從中西語言的差異看中西文學差異』, 合肥: 安徽大學出版社, 1998.
張儒·劉毓慶,『漢字字素通用研究』, 太原: 山西古籍出版社, 2002.
張再興,『西周金文文字系統論』, 上海: 華東師範大學出版社, 2005.

田兆元, 「論鬼神崇拜的起源與鬼神之分野」, ≪歷史敎學問題≫ 1993年 1期.
____, 『神話與中國社會』, 上海: 上海人民出版社, 1998.
錢鍾書, 『管錐編』, 香港: 中華書局香港有限公司, 1980.
錢玄同, 「中國今後之文字問題」, ≪新靑年≫ 第4卷 第4號, 1918年 3月 14日.
丁福保, 『說文解字詁林』, 臺北: 鼎文書局, 1983(제2판).
丁山, 『中國古代宗敎與神話考』, 上海: 上海文藝出版社, 1988(龍門聯合書局 1961年版 影印).
鄭春燕, 「漢語的'神''鬼'文化滴定」, ≪金華技術職業學院學報≫ 5卷 第3期, 2005.
曹念明, 「從文字差異看中西哲學文化之比較」, ≪開放時代≫ 1996年 제3기.
____, 「漢字與漢民族精神世界」, 蘇新春 主編, 『漢字文化引論』, 廣西敎育出版社, 1996.
晁福林, 「戰國時期的鬼神觀念及其社會影響」, ≪歷史研究≫ 1998年 第2期.
趙誠, 『甲骨文簡明辭典』, 北京: 中華書局, 1988.
宗福邦 等 主編, 『故訓匯纂』, 北京: 商務印書館, 2003.
朱歧祥, 「殷武丁時期方國研究-鬼方考」, ≪許昌師專學報≫ 1988年 第3期.
周法高 主編, 『漢字古今音彙』, 香港: 香港中文大學, 1982(3차 인쇄).
周法高, 『金文詁林』(附索引), 京都: 中文出版社, 1981.
周有光, 『世界文字發展史』, 上海: 上海敎育出版社, 1997.
周裕鍇, 『中國古代闡釋學研究』, 上海: 上海人民出版社, 2003.
朱駿聲, 『說文通訓定聲』, 北京: 中華書局(影印), 1988(제2차 인쇄).
中國文物交流中心, 『出土文物三百品』, 北京: 新世界出版社, 1992.
中村元, 『東洋人の思惟方法 2』, 김지견 옮김, 『중국인의 사유방법』, 서울: 까치, 1990.
曾昭聰, 『形聲字聲符示源功能述論』, 合肥: 黃山書社, 2002.
陳江風, 『天人合一觀念與華夏文化傳統』, 北京: 三聯書店, 1996.
陳夢家, 『殷墟卜辭綜述』, 北京: 科學出版社, 1956.
陳初生, 『金文常用字典』, 西安: 陝西人民出版社, 1987.
蔡鏡浩, 「漢語與中國文化」, 顧嘉祖 主編, 『語言與文化』, 上海外語敎育出版社, 1990.
詹勤鑫, 「釋甲骨文'久'字」, ≪中國語文≫ 1985년 제5기.
詹鄞鑫, 「釋辛及與辛有關的幾個字」, ≪中國語文≫ 1983년 제5기.

최영애,『중국어란 무엇인가』, 서울: 통나무, 1998.
최영찬·최남규 외,『동양철학과 문자학』, 서울: 아카넷, 2003.
崔昌烈,『우리말 어원연구』, 서울: 일지사, 1986.
崔恒昇,『簡明甲骨文詞典』, 合肥: 安徽教育出版社, 2001.
캠벨, 조지프,『신의 가면(Ⅱ): 동양 신화』, 이진구 옮김, 서울: 까치, 1999.
클랭, 에티엔느(Etienne Klein),『시간』, 박혜영 옮김, 서울: 영림카디널, 1997.
템플, 로버트,『그림으로 보는 중국의 과학과 문명』, 과학세대 옮김, 서울: 까치, 2009.
樋口隆康,『古代中國の遺産』[『世界の大遺跡』(9)], 東京: 講談社, 1996(6쇄).
何九盈 主編,『中國漢字文化大觀』, 北京: 北京大學出版社, 1995.
何九盈,『漢字文化學』, 沈陽: 遼寧人民出版社, 2000.
何琳儀,『戰國文字字典』, 北京: 中華書局, 1998.
河永三, 「'單'자의 자형과 '單'族字의 의미지향」,《중국학》제22집, 2004.
_____, 「'言'과 '文' 系列 漢字群의 字源을 通해 본 中國의 文字中心의 象徵體系」,《中語中文學》38집, 2006.
_____, 「'一'의 象徵과 '壹'의 原型: 漢字의 文化性」,《중국학》제16집, 2001.
_____, 「甲骨文에 나타난 人間中心主義」,《中國學研究》第10輯, 1996.
_____, 「甲骨文에 나타난 天人關係」,《중국어문학》제30집, 1997.
_____, 「甲骨文에 나타난 天人關係-人間中心的 思惟」,《中國語文學》제30집, 1997.
_____, 「甲骨文字에 나타난 古代 中國人의 時間觀」,《중국언어연구》제10집, 2000.
_____, 「鬼 系列 漢字群의 字源으로 살펴본 古代 中國人들의 鬼神 認識」,《中國語文學》제50집, 2007.
_____, 「文字中心 文化에서 이데올로기가 형성되는 방식」,《비평》제2호, 2000.
_____, 「진리의 근원: '眞'의 자원고」,《중국인문과학》제43집, 2009.
_____, 「『說文解字』'目'·'見' 系列字를 중심으로 살펴본 中國의 視覺思惟」,《中國文學》52집, 2007.
_____,『文化로 읽는 漢字』, 서울: 東方미디어, 1997.
_____,『聯想漢字: 文化 속에 녹아 있는 漢字 字源 읽기』, 서울: 예담 차이

나, 2004.
_____, 『한자야 미안해』(부수편, 어휘편), 서울: 랜덤하우스, 2007.
許成道, 「甲骨文義素功能研究」, ≪'21세기 한자문화연구의 새로운 모색-동서양의 방법론 비교' 학술대회 논문집≫, 부산: 韓國漢字研究所, 2010.8.
_____, 「한자 의미론 서설」, ≪성곡논총≫ 제17집, 1996.
許慎 저, 段玉裁 주석, 『說文解字注』, 臺北: 漢京文化事業公司, 1983.
許進雄, 『中國古代社會』, 洪熹 옮김, 서울: 동문선, 1991.
華東師範大學中國文字研究與應用中心, 『金文今譯類檢』, 南寧: 廣西教育出版社, 2003.
_____, 『金文引得』(殷商西周卷), 南寧: 廣西教育出版社, 2001.
_____, 『金文引得』(春秋戰國卷), 南寧: 廣西教育出版社, 2002.
華東師範大學中國文字研究與應用中心 編, "商周金文檢索系統"上海.
華東師範大學中國文字研究與應用中心 編, "楚文字檢索系統", 上海.
黃德寬, 『漢語文字學史』, 河永三 옮김, 서울: 동문선, 2000.
黃亞平·孟華, 『漢字符號學』, 上海: 上海古籍出版社, 2001.
黃永武, 『形聲多兼會意考』, 臺北: 文史哲出版社, 1984(제5판).
曉根, 『拉祜族: 蘆笙戀歌口弦情』, 昆明: 雲南教育出版社, 1995.
휘트로, G. J., 『時間의 文化史』, 李宗仁 옮김, 서울: 영림카디널, 1998.

Aristoteles, *Metaphysics*, Book III, Bohn's classical library, 1857. 『형이상학』. 김진성 옮김, 서울: 이제이북스, 2007.
Arnheim, Rudolf, *Visual Thinking*, Berkeley: U of California P, 1969. 김정오 옮김, 서울: 이화여자대학교출판부, 2004.
Barnhart, Robert K., *The Barnhart Concise Dictionary of Etymology*, New York: Harper Collins, 1995.
Barthes, Roland, "Alors, la Chine?" *Le Monde*, May 24, 1974.
_____, *Empire of Signs*, New York: Hill and Wang, 1982. 『기호의 제국』, 김주환 옮김, 서울: 산책자, 2008.
_____, *Mythologies*, New York: Hill and Wang, 1972. 『신화론』, 정현 옮김, 서울: 현대미학사, 1995.
_____, *Elements of Semiology*, New York: Hill and Wang, 1968.

Benveniste, Emile, *Problems in General Linguistics*, Coral Gables: U of Miami P, 1971.

Bolton, Kingsley and Christopher Hutton, "Orientalism and Linguistics and and Postcolonial Studies", *Interventions* 2.1(2000): 1~5.

_____, "Linguistics in Cross-cultural Communication: from the Chinese Repository to the 'Chinese Emerson'" *Journal of Asian Pacific Communication* 9(2000): 145~163.

Boltz, William, "Review of The Chinese Language: Fact and Fantasy by John DeFrances", *Journal of the American Oriental Society* 106(1986): 405~407.

Boodberg, "Some Proleptical Remarks on the Evolution of Archaic Chinese", *Harvard Journal of Asiatic Studies* 2(1937): 329~372.

_____. "'Ideography' or Iconolatory?", *T'oung Pao* 35(1939): 266~288.

Bourdieu, Pierre, *The Logic of Practice*, Standfold: Standford UP, 1990.

Branner, David Prager, "The linguistic ideas of Edward Harper Parker", *Journal of the American Oriental Society* 119.1(1999): 12~34.

Cayley, John and Yang Lian, "Hallucination and Coherence", *Positions* 10: 3 (2002): 773~784.

Chow, Tse~Tsung, *The May Fourth Movement*, Cambridge: Cambridge UP, 1960.

Clark, Grahame, *Space, Time and Man: A Prehistorian's View*. Cambridge: Cambridge UP, 1992. 『공간과 시간의 역사』, 정기문 옮김, 서울: 푸른길, 1999.

Connery, Christopher Leigh, *The Empire of the Text: Writing and Authority in Early Imperial China*, New York: Rowman and Littlefield, 1998.

Coulmas, Florian, *The Writing Systems of the World*, Oxford: Blackwell, 1989.

Creel, "On the Ideographic Element in Ancient Chinese", *T'oung Pao* 34(1938): 265~294.

_____, "On the Nature of Chinese Ideography", *T'oung Pao* 32(1936): 85~161.

Daniels, Peter and William Bright, eds, *The World's Writing Systems*, Oxford: Oxford UP, 1996.

Paul de Man, "Sign and Symbol in Hegel's Aesthetics", ed. Andrzej Warminski, *Aesthetic Ideology*, Minneapolis: U of Minnesota P, 1996.

Dean, Kenneth and Brian Massumi, *First and Last Emperors*, New York: Autonomedia, 1990.

DeFrancis, John, *The Chinese Language: Fact and Fantasy*, Honolulu: U of Hawai'i P, 1984.

_____, *Visible Speech: The Diverse Oneness of Writing Systems*, Honolulu: U of Hawai'i P. 1989.

Derrida, Jaques, *De la grammatologie*, Paris: Minuit, 1967. *Of Grammatology*, trans. G. Spivak, Baltimore: Johns Hopkins UP, 1976. 『그라마톨로지에 대하여』, 김웅권 옮김, 서울: 동문선, 2004. 『論文字學』, 汪堂家 譯, 上海: 上海譯文出版社, 1999.

_____, "Structure, Sign and Play in the Discourse of the Human Sciences", Richard Macksey and Eugenio Donato, eds, *The Structuralist Controversy: The Languages of Criticism and the Sciences of Man*, Baltimore: Johns Hopkins UP, 1972.

_____, "Le Puits et la pyramide: introduction a la semiologie de Hegel", *Marges de la philosophie*, Paris: Minuit, 1972. "The Pit and the Pyramid: Introduction to Hegel's Semiology", *Margins of Philosophy*, trans. Alan Bass, Chicago: U Of Chicago P, 1985. 69~108.

Erbaugh, Mary S. ed, *Difficult Characters: Interdisciplinary Studies of Chinese and Japanese Writing*, Colombus: Ohio State University National East Asian Language Resource Center, 2002.

Foucault, Michel, *Les Mots et les choses*, Paris: Gallimard, 1966. *The Order of Things: An Archaeology of the Human Sciences*, New York: Random House, 1970. 『말과 사물』, 이광래 옮김, 서울: 민음사, 1986.

Freud, Sigmund. *Totem and Taboo*, New York: Prometheus, 2000. [한국어판 『토템과 터부』, 강영계 옮김, 서울: 지만지, 2009]

Gadamer, Hans-Georg, *Truth and Method*, New York: Continuum International Publishing Group, 1989. 『진리와 방법』, 이길우 외 옮김,

서울: 문학동네, 2000.

Gardet, Louis, *Cultures and Time*, 『文化與時間』, 臺北: 淑馨出版社, 1992.

Graham, A. C., "Chuang Tzu's Essay on Seeing Things as Equal", *Journal of the History of Religions* 9.2/3(1969~1970): 137~159. URL: http://www.jstor.org/stable/1061836

Gu, Ming Dong. "The Universial One: Toward a Common Conceptual Basis for Chinese and Western Studies" *Diacritics*(2002): 86~105.

_____, "The Taiji Diagram: A Meta-Sign in Chinese Thought", *Journal of Chinese Philophy* 30: 2(2003): 195~218.

Hall, David. L and Roger T. Ames, *Thinking from the Han: Self, Truth, and Transcendence in Chinese and Western Culture*, Albany: State U of New York, 1998.

Hansen, Chad, *Language and Logic in Ancient China*, Ann Arbor: U. of Michigan, 1983. 陳漢生, 『中國古代的語言和邏輯』, 周云之 外 譯, 北京: 社會科學出版社, 1998.

Hansen, Clad, "Chinese Language, Chinese Philosophy, and Truth", *The Journal of Asian Studies* 44.3(1985): 491~519.

Harris, Roy, *The Origin of Writing*, LaSalle, Illinois: Open Court, 1986.

Hegel, Georg. W. F., "China", *The History of Philosophy*: trans. Sibree, Kitchener: Batoche, 2001. 「중국」, 『역사철학강의』, 권기철 옮김, 서울: 동서문화사, 2008.

Heidegger, Martin, *The Essence of Truth: On Plato's Cave Allegory and Theaetetus*, New York: Continuum, 2005. 「플라톤의 진리론」, 『이정표 1』, 신상희 옮김, 서울: 한길사, 2005.

Jakobson, Roman, "Two Aspects of Language and Two Types of Linguistic Disturbances", Jakobson and Morris Halle, *Fundamentals of Language*, Hague: Mouton, 1956. 『언어의 토대: 구조기능주의 입문』, 박여성 옮김, 서울: 문학과지성사, 2009.

Kristeva, Julia, *Des Chinoises*. Paris: Editions des femmes, 1974. *About Chinese Women*, trans. Anita Barrows, New York: Marion Boyars, 1986.

_____, *La Traversee des signes*, Paris: Seuil, 1975.

_____, "From Symbol to Sign", *The Kristeva Reader*. ed. Toril Moi, New York: Columbia UP, 1986.

Lacan, Jacques, *Écrits: The First Complete Edition in English*, New York: W. W. Norton & Company, 2007.

_____, *The Four Fundamental Concepts of Psychoanalysis*, trans. Alan Sheridan, London: Hogarth, 1977. 『자크 라캉 세미나. 11: 정신분석의 네 가지 근본개념』, 맹정현, 이수련 옮김, 서울: 새물결, 2008.

Lewis, Mark Edward, *Writing and Authority in Early China*, Albany: State U of New York P, 1999.

Little, William and Charles Talbut Onions, eds., *The Shorter Oxford English Dictionary: On Historical Principles*, 3rd Ed., Oxford UP., 1973.

Longxi, Zhang, *The Tao and the Logos: Literary Hermeneutics, East and West*, Durham: Duke UP, 1992.

Lowe, Lisa, *Critical Terrains: French and British Orientalisms*, Ithaca: Cornell UP, 1991.

McGee, M. C, "The Ideograph: A Link Between Rhetoric and Ideology", *Quarterly Journal of Speech* 66(1980): 1~16.

Mitchell, W. J. T., *Iconology: Image, Text, Ideology*, Chicago: U of Chicago P, 1986.

Munro, Donald J., *The Concept of Man in Ancient China*, Standford: Standford UP.

Needham, Joseph, *The Grand Titration: Science and Society in East and West*. New York: Routledge, 2005. 『大滴定』, 范庭育 譯, 台北: 帕米爾 書店, 1987(再版).

Ong, Walter J., *Orality and Literary: the technologizing of the words*, London: Metheun, 1982.

Plato, "Phaedrus", Edith Hamilton and Huntington Cairns, *The Collected Dialogues of Plato: Including the Letters*(Bollingen Series LXXI), eds. trans. Lane Cooper, Princeton: Princeton UP, 1961.

Qian, Xuantong, "Zhongguo jinhouzhi wenzi wenti"(The problem of written Chinese characters in the future), *Xinqingnian*(New youth) IV: 4(1918): 350~56.

Ricci, Matthew, *China in the Sixteenth Century: the Journals of Matthew Ricci 1583~1610*, trans. Louis J. Galliagher, New York: Random House, 1953.

Russell, Bertand, *The Problem of China*, London: George Allen & Unwin, 1922.

Said, Edward, *Orientalism*, London: Penguin, 1978. 『오리엔탈리즘』, 박홍규 옮김, 교보문고, 2007.

_____, *Culture and Imperialism*, London: Vintage, 1994. 『문화와 제국주의』, 박홍규 옮김, 문예출판사, 2005.

Sapir, Edward, *Language*, Orlando, Florida: Harcourt Brace & Co., 1921.

Saussure, Ferdinand De, *Cours de linguistique générale*, Paris: Editions Payot, 1952. *Course in General Linguistics*, trans. Wade Baskin, Illinois: Open Court, 1972. 『일반언어학강의』, 최승언 옮김, 서울: 민음사, 1990. 『普通語言學教程』, 高名凱 譯, 北京: 商務印書館, 2002.

_____, *Troisième Cours de linguistique générale*, U of Gakushuin, Tyoko, 1993. 『第三次普通語言學教程』, 屠友祥 譯, 上海: 上海人民出版社, 2002.

Shankman, Steven (ed.), *Early China/Ancient Greece: Thinking and Thought Comparisons*, New York: State U of New York, 2002.

Shankman, Steven, Durrant, Stephen, *The Siren and the Sage: Knowledge and Wisdom in Ancient Greece and China*, Cassell Academy, 2000.

Shipley, Joseph T., *The Origin of English Words: A Discursive Dictionary of Indo-European Roots*, New York: Johns Hopkins P, 1984.

Sollers, Philippe, *Sur le materialisme*, Paris: Seuil, 1974.

Spivak, Gayatri Chakravorty, *A Critique of Postcolonial Reason: Toward a History of the Vanishing Present*, Cambridge: Harvard UP, 1999. 『포스트식민이성비판』, 태혜숙 옮김, 서울: 갈무리, 2005.

_____, "Introduction", *Of Grammatology*, Baltimore: Johns Hopkins UP, 1976.

Tong, Q. S., "Myths about the Chinese Language" *Canadian Review of Comparative Literature* 20(1999): 29~47.

Wilde, Oscar, "Intentions", Richard Ellmann, ed., *The Artist as Critic: Critical Writings of Oscar Wilde*, Chicago: U of Chicago P, 1969.

Wilkins, John, *An Essay Towards a Real Character and a Philosophical Language*, London: Gellibrand, 1668.

Yasuo, Yuasa, "Image-Thinking and the Understanding of 'Being': The Psychological Basis of Linguistic Expression", *Philosophy East & West* 55.2, 2005.

Yu, Pauline, *Ways with Words: Writing about Reading Texts from Early China*, U of California P, 2000.

Zhiming, Bao, "Language and world view in Ancient China", *Philosophy East & West*, Apr 90, 40.2.

| 찾아보기 |

가다머 81, 131, 169
가상(appearance) 74, 76, 80, 128, 308
가시중 157
개천설 293
객가족 283
경방 263
고산족 20, 134, 283
고유 160
고홍진 300
곤오 252, 258~262, 278, 299, 300
공자 24, 25, 32, 221
공포 180, 181, 183~185, 188, 189, 192, 197, 199, 200, 203, 218, 269
곽말약 47, 49, 53, 54, 154, 192, 241, 242, 249, 321
곽박 51, 159
곽상 159
곽석량 168
관찰의 철학 81
구석규 50
귀신 2, 77, 175, 177, 179, 180, 185, 186, 188, 189, 192~226
귀신합일 225
그레이엄 128

그림문자 40, 70, 77, 83
기의 73, 76, 77, 80
기표 33~36, 65, 73, 74, 76, 77, 80, 126
기호의 제국 36
꺼라오족 298
꽃꼭지 179, 229, 239, 241~251, 305

나상배 23
나시 문자 316, 324, 326, 328, 331, 332, 335, 344
나시족 189, 239, 289, 334
나진옥 181
노신 15, 31, 32
노자 25
『노자』 217, 230, 238, 256, 347
뇌한경 187
니비슨 146

다이족 283, 287, 301
단옥재 107~109, 113, 125, 132, 134 ~137, 141, 153~156, 158, 159, 201, 205, 258, 265, 274~277
당란 138, 140, 141
데리다 6, 32, 35, 65, 308

데카르트 123, 124
도(道) 252, 254~257
도잠 159
동굴의 우화 80, 128
동동화 167, 168
동양중심주의 307
동연지 143
동원(cognate) 54, 132, 167, 168, 245, 273, 300
동작빈 314, 321
동족 298

라이프니츠 308
라캉, 자크 33, 34, 36
라후족 253, 285~288, 298, 301
랑그 45, 46, 62, 63, 70
로고스 36, 44, 63, 64, 74, 75, 80, 127, 130, 308
루소 31
루이스, 마크 6, 40, 41
르푸웨 146
리치 16, 31, 122
링퀴비스트 48

마르크스, 칼 29, 153, 225, 226
마서륜 112, 141, 155, 157, 206
마윤 263
맹자 25
『맹자』 154, 230
먼로 128
모놀로그 152
무의식 6, 80, 81, 108, 125, 126, 226
묵가 128
묵자 214
『묵자』 47, 221, 230
문자중심주의 37, 176
뮈토스 127

바흐친, 미하일 152
박성규 177
반고 289, 293~295, 297, 298, 293~297
백천정 48, 67, 140, 141, 187, 266
변화 234, 243
복희 72, 109, 215, 290~292
부르디외, 피에르 312, 313
분절 45, 346, 348
붓다 21, 34, 134
비코, 잠바티스타 311

사이드, 에드워드 29, 32
삼황오제 246
상옥지 315, 316, 321
상징 질서 42, 227
생식 숭배 242, 249
서개 93, 116, 275
서레이 146
서중서 47, 48, 185, 193, 296
『설문해자』 24, 43, 46, 55, 63, 65, 71, 72, 82, 83, 85, 88, 89, 106, 127, 178, 198, 200, 206, 236, 248, 254, 257~259, 261, 264, 265, 269, 270, 274, 277, 290, 295, 296

설형문자 40, 77
섭옥삼 53
성중경 148
성현영 159
소쉬르 16, 31, 32, 38, 39, 42, 44~46, 62, 64, 73, 76~80, 123
송영배 23
송진호 314, 315, 328, 322
순자 214, 231
『순자』 155, 159, 230, 256, 290, 294
스피박 35
시각중심주의 37, 82
신성 문자 239
신소룡 23
심겸사 185, 192

아리스토텔레스 129, 311, 312
아우구스티누스 310
안사고 159
알레테이아 130, 148
야누스 326
야오족 298
양경 159
언어활동 45
에피스테메 21
여와 72, 109, 289~292
오기창 49, 66
오대징 207
오로체 324
오리엔탈리즘 6, 16, 29, 30, 32, 36, 37, 41, 81, 130
완담 289

왕국유 249
왕균 260, 264, 275, 276
왕념손 290
왕빙 154
왕숙 263
왕진탁 208
왕충 196
왜상 226
요종이 145
요효수 183
우성오 53, 54, 195, 327
웅백룡 196
원근법 82, 123
원기 215, 252, 254, 255, 257, 264, 265, 274~276, 279, 292
원형 의식 294, 304, 252, 253, 279
위소 113, 135, 261
유(類) 225
유상 178
유여걸 23
유지기 178
육적 263
육전 300
음성중심주의 37, 176
음양가 214
이누이트 181
이데아 80, 128, 169
이령박 23, 178, 181, 182, 219
이선 160
이시진 263
이족 284, 285, 301
이학근 327

이효정 195

자소 85
자안선방 177
장극화 23, 24, 71, 178, 188, 299, 300
장병린 185
장순휘 260, 275
장아초 143
장여륜 23
장옥금 148
장자 25, 140, 214
『장자』 155, 159, 160, 214, 216, 230, 255, 256, 290
장지총 159
장형 295
적자현 263
전일적 사고 124
전종서 220
전현동 31, 32
절대정신 31, 74, 176
정신분석학 125, 127
정인 132, 145, 146, 149, 151, 153, 161, 163, 164, 168
정초 47
정현 289
제곡 246, 248
제논 346
제르네, 자크 39, 40
제자백가 135, 214
제준 246~248
조롱박 252, 253, 256, 262~265, 278~280, 283~292, 295, 298~302, 305, 306
주방포 138, 141,
주법고 167, 168
주앙족 298
주준성 112, 158
주진학 23
주체 32, 34, 74, 122~126, 129, 169
주희 222, 223
중국중심주의 307
진리 36, 37, 41, 64, 74, 75, 79, 80, 123, 127~132, 141, 148~151, 153, 160, 161, 164, 166, 167, 169
진몽가 149, 314
진방복 195

창힐 83, 135
채옹 162, 265
천인 관계 230, 234, 238
천인상분론 231
천인합일론 231
천지개벽 298, 293~295
첨은홈 49
청각 인상 45
청각중심주의 37
청취 철학 81
초(超)언어 307
최영찬 177

칼그렌 167, 168
크리스테바, 줄리아 35, 36
클렝 346

키틀리 145, 146

타카시마 켄이치 146, 166
탈근대 17, 32, 33, 36, 126
탈식민주의 35, 308
토템 250, 292, 304
통가자 161, 162, 167
투쟈족 283
트리고 16, 31, 122

파롤 45, 62
파르마콘 77
포스트모더니즘 17, 35, 308
폭력 65, 73, 76, 81
표음문자 5, 6, 13, 15, 16, 18, 19, 31, 32, 35, 36, 39, 40, 64, 74, 77, 78, 80, 82, 124, 178, 226, 253
표의문자 16, 19, 36, 39, 40, 77, 78, 308
푸코, 미셸 21, 22, 34
프로이트 24, 33, 81, 184
플라톤 38, 64, 76, 80, 127~130, 169, 311
필로로기 307
필로소피 307, 308

하구영 23, 24
하림의 138~141
하이데거 130, 131, 169
학의행 160
한센 128
한족 252, 279, 283, 290, 301, 306
합성자 61, 72, 74, 85, 86, 89, 114, 117, 132, 136, 137, 153, 158, 180, 206
허신 46, 132, 134~137, 140, 141, 165, 194, 207, 254, 258~260, 265, 266, 269, 270, 275~278, 296
허진웅 48, 67
헤겔 31, 74, 176, 228, 230, 231
형복의 23
형이상학 36, 38, 76, 79, 80, 123, 168, 169
혜정우 263
호리병 81, 252, 253, 256, 258, 259, 276, 278, 288, 289, 293, 295, 299, 301~303, 305, 306
혼천설 293~297
황백사 299
황제 83, 215, 228, 246, 304, 305
후기구조주의 308
후직 246, 248
훈고학 137, 230, 273

Chinese characters and écriture

CONTENTS

Prologue

Introduction

Part 1. Beyond Orientalism

1. Non-alphabetical Writing Systems and Orientalism
2. Speech and Writing: 'yan(言)' and 'wen(文)'
3. Visuality and Ocularcentrism: 'mu(目)' and 'jian(見)'
4. The Concept of Truth: 'zhen(眞)' and 'zhen(貞)'

Part 2. Substrates of Writing and Culture

5. Between Ghosts and Gods: 'gui(鬼)' and 'shen(神)'
6. The Crown of the Head: 'tian(天)' and 'di(帝)'
7. A Calabash and Number 1: 'yi(一)' and 'yi(壹)'
8. The Images of Time

Works Cited

Index

Abstract

Speech and writing are two fundamental elements of language. Speech has been considered as primary to the study of language in the west. But we cannot say writing has been subordinate to speech in Chinese context. Chinese using mutually unintelligible dialects have communicated one another by writing. One of key elements of Chinese civilization is their common writing system, which has played a pivotal role in accumulating and establishing its knowledge system. As Mark Lewis noted, writing in China is an act of authority because it expresses the alliance of sovereignty and remembrance not only preserving what must not be forgotten but equally important, systematically forgetting what should never have happened. Chinese writing therefore has the privileging function of logos, too. This is true if one investigates the function of writing in the networks of representation.

I believe man is born, lives and dies in language(including written language), as M. Heidegger said, "language is the house of being." Since language, culture and social practices are closely interconnected, language represents not merely an external reality but language shapes one's perceptions of the world. I suggest that Chinese non-phonetical writing can be viewed differently on the following basis. In the Derridan sense, Chinese Characters(or more specifically as "archi-écriture") retain marks of radical anteriority, marks which are not a part of conscious memory, but the permanent traces which authorities would not erase nor efface. You can not easily find on the daily usages of them, but both archeological and etymological approach can open the spaces repressed, hidden or disappeared. By this approach, I firstly try to undo what Europeans have already done in constructing China as the other and secondly offer new insights for a global age. From this perspective, this book aims to provide the investigation of Chinese Characters including Hanja and Kanji.

This book is divided into an introduction and two main parts, each of which is further subdivided into smaller chapters. The introduction discuses changing status of Chinese characters after the west-east encounter and writing as sites of discursive struggle. In the frist part, to unmask orientalist prejudices in the non-phonetic writing systems, I investigate such controversial concepts as speech(文), writing(文), vision(目, 見) and truth (眞, 貞). The second part, "Substrates of writing and culture" focuses on the various origins of such words as ghosts(鬼), Gods(神), Heaven(天), King (帝), Number 1(一, 壹) and Time showing the ancient Chinese religious sensibilities.

About the Author

Ha, Young-Sam(ysha@ks.ac.kr) is currently professor of Chinese Studies at Kyungsung University and Director of Center for the Study of Chinese Characters in Korea. His works on Chinese Characters range from *Etymological and Cultural Presentation on Chinese Common Characters*(2004), to *Etymological Presentation on 150 Chinese Common Vocabularies*(2007) and *Etymological Presentation on 3500 Chinese Characters with 214 Radicals*(2007). He's translated *The Study of Oracle-Bone Inscriptions in Century*(5 vols. 2011), Zhusi Kaoxinlu(2009), *China: Empire of Living Symbols*(2003), *Language and Culture*(2001), *The History of Study on Chinese Characters*(2000), and so on.

하영삼(河永三, 1962~현재)

경남 의령 출생. 경성대학교 중문과 교수, 한국한자연구소 소장, 한국중국언어학회 부회장.
한자학이 주 전공이며, 한자에 반영된 문화 특징을 연구하고 있다.
1983년 부산대학교 중문과를 졸업하고 대만 정치(政治)대학 중문과 대학원에서 문학 석사·박사 학위를 취득했다.
『한자야 미안해』(부수편, 어휘편), 『문화로 읽는 한자』, 『한자의 세계』 등의 저서와 『갑골학 일백 년』,
『한어문자학사』, 『한자왕국』, 『언어와 문화』, 『언어지리유형학』, 『고문자학 첫걸음』,
『수사고신록』(洙泗考信錄)(공역) 등의 역서가 있다.

한자와 에크리튀르

대우학술총서 605

1판 1쇄 찍음 2011년 8월 29일
1판 1쇄 펴냄 2011년 9월 8일

지은이 | 하영삼
펴낸이 | 김정호
펴낸곳 | 아카넷

출판등록 2000년 1월 24일(제2-3009호)
100-802 서울 중구 남대문로 5가 526 대우재단빌딩 8층
전화 6366-0511(편집)·6366-0514(주문) · 팩시밀리 6366-0515
책임편집 김일수
www.acanet.co.kr

ⓒ 하영삼, 2011
한자(중국어) KDC 721.2

Printed in Seoul, Korea.

ISBN 978-89-5733-210-8 94700
ISBN 978-89-89103-00-4 (세트)